AF784266

Julia Samuel

Jede Familie hat eine Geschichte

Julia Samuel

Jede Familie hat eine Geschichte

Wie Liebe und Schmerz uns prägen und was wir daraus machen

Aus dem Englischen
von Stefanie Schäfer

BELTZ

Das Werk einschließlich aller seiner Teile ist urheberrechtlich geschützt. Jede Verwertung ist ohne Zustimmung des Verlags unzulässig. Das gilt insbesondere für Vervielfältigungen, Übersetzungen, Mikroverfilmungen und die Einspeicherung und Verarbeitung in elektronische Systeme.
Die im Buch veröffentlichten Hinweise wurden mit größter Sorgfalt und nach bestem Gewissen von der Autorin erarbeitet und geprüft. Eine Garantie kann jedoch weder vom Verlag noch von der Verfasserin übernommen werden. Trotz sorgfältiger inhaltlicher Kontrolle können wir auch für den Inhalt externer Links keine Haftung übernehmen. Für den Inhalt der verlinkten Seiten sind ausschließlich deren Betreiber verantwortlich. Die Haftung der Autorin bzw. Verlages und seiner Beauftragten für Personen-, Sach- oder Vermögensschäden ist ausgeschlossen

FSC www.fsc.org
MIX
Papier aus verantwortungsvollen Quellen
FSC® C089473

Klimaneutral
Papier
ClimatePartner.com/13732-1910-1001

Dieses Buch ist erhältlich als:
ISBN 978-3-407-86760-5 Print
ISBN 978-3-407-86761-2 E-Book (EPUB)

1. Auflage 2023

© 2023 im Beltz Verlag
in der Verlagsgruppe Beltz • Weinheim Basel
Werderstraße 10, 69469 Weinheim
Alle deutschsprachigen Rechte vorbehalten

Copyright © 2022 by Julia Samuel
First published in the UK in 2022 by Penguin Life
Titel der englischen Originalausgabe: »Every Family Has a Story: How We Inherit Love and Loss«

Lektorat: Judith Roth, Frankfurt
Umschlaggestaltung: www.stefanielevers.de (Gestaltung), www.stephanengelke.de (Beratung)
Bildnachweis: ©Irina_QQQ/Shutterstock.com (Bildnummer: 98286905)
Herstellung: Sonja Frank
Gesamtherstellung: Beltz Grafische Betriebe, Bad Langensalza
Beltz Grafische Betriebe ist ein klimaneutrales Unternehmen (ID 15985-2104-100).
Printed in Germany

Weitere Informationen zu unseren Autor:innen und Titeln finden Sie unter: www.beltz.de

Für Catherine und Rachel, in Liebe

Inhalt

Vorwort von Gitta Jacob

Bei Familie denkt man oft an Vater-Mutter-Kind. Und wenn es in der Therapie um die Kindheit geht, dann liegt häufig ein großer Fokus darauf, welche schädlichen Muster, Verhaltensweisen und Appelle der Eltern Narben auf den Seelen der erwachsenen Kinder, die unsere Klienten und Klientinnen sind, zurückgelassen haben. Nicht ganz selten kommt es vor, dass unsere Gespräche darauf hinauslaufen, dass die Eltern alles Mögliche kaputt gemacht haben und am Elend unserer Klientin die Schuld tragen. In der Schematherapie erkennen wir das dann beispielsweise mit Konzepten wie dem verletzlichen inneren Kind, das die Gefühle der Klientin in ihrer Kindheit repräsentiert, und strengen inneren Stimmen, mit denen sich die Klientin oder der Klient das Leben schwer machen und die als strafende oder kritische Elternstimmen bezeichnet werden. Andere Therapiekonzepte machen sehr ähnliche Annahmen.

Es gibt eigentlich einen Konsens unter Psychotherapeuten, dass jeder Mensch letztlich selbst dafür verantwortlich ist, sein Leben in die Hand zu nehmen und seine Probleme zu überwinden. So wollen wir in der Schematherapie unseren Klientinnen beibringen, sich empathisch und liebevoll um ihre verletzliche Kind-Seite zu kümmern, um ihr Leid und ihre Störung zu überwinden. Dennoch bleibt oft viel Schuldzuweisung an die Eltern im Raum stehen, und immer wieder finden sich Klienten und Klientinnen, die über diese Schuldzuweisungen kaum oder gar nicht hinausgehen.

Von dieser einfachen und linearen Sichtweise war ich noch nie so richtig überzeugt. Es ist so einfach und bequem, die Schuld auf die Mutter abzuschieben – und womöglich sitzt die Tochter der Klientin in 20 Jahren (oder auch jetzt schon) ebenfalls bei einer Psychotherapeutin und macht das Gleiche. Ich erinnere mich an einen Vortrag über Schematherapie bei Borderline-Störung, den ich bei einer Trialog-Veranstaltung in einer psychiatrischen Klinik halten durfte. Bei diesen Trialogen treffen sich Menschen mit psychiatrischen Störungen, ihre Ärzte, Therapeuten und ihre Angehörigen, um sich gemeinsam über mögliche Wege aus der Erkrankung oder den Umgang damit auszutauschen. Da stand ich nun und stellte das Konzept der strafenden inneren Elternstimmen vor – und vor mir im Publikum ein Drittel Angehörige, darunter viele Elternteile von Borderline-Patientinnen, die ihr Wochenende auf dieser Trialog-Veranstaltung verbrachten, um für ihre Kinder da zu sein. Ich schämte mich ordentlich, sie als Verursacher dieser bösen inneren Stimmen zu bezichtigen, und konnte mir beim Blick auf diese Gesichter auch nicht vorstellen, dass das alles so einfach ist.

Wenn ich außerdem auf mein eigenes Leben blicke, dann gibt es zwar Eltern und Geschwister, die zu bestimmten Mustern neigen, die sich sicherlich gegenseitig verstärken oder erklären. Und wenn ich heute meine Geschwister treffe, dann fühlt sich manches an wie seit mittlerweile fast 50 Jahren, und auch ich verfalle in bestimmte Muster, die für die anderen bestimmt manchmal schwierig sind. Aber: Es gibt auch Menschen, die ich als einflussreich erinnere, die nicht zu meiner Familie gehörten. Der Deutschlehrer, der mir beigebracht hat, die Struktur von Texten zu sehen und zu gestalten, und an den ich heute dankbar denke, wenn ich dieses Vorwort schreibe. Die Klavierlehrerin, deren Familie eine zweite Heimat für mich war.

Was mich an diesem Buch von Julia Samuel so überzeugt, ist, dass sie mit ihren tiefen, unterhaltsamen, überraschenden und sehr liebevollen Geschichten das einfache Bild von den bösen oder schuldigen Eltern so ganz nebenher über den Haufen wirft. Es wird deutlich, wie jede und jeder in seiner Rolle für sich und seine Liebsten kämpft; und wie jede und jeder seine Grenzen und Macken hat – nicht nur durch frühe Beziehungen, sondern auch durch prägende

Erlebnisse, durch soziale und historische Bedingungen und durch sein Wesen. Es wird auch deutlich, wie komplex die Einflüsse auf die Entwicklung von Menschen sind und dass nicht nur die Eltern, sondern viele andere Personen eine Rolle spielen. Auch später im Leben gibt es Beziehungen, die tragen und heilen – oder das eben auch nicht tun.

Julia Samuel zeigt, wie wichtig Liebe ist, um zu heilen, und wie tief heilsam Liebe tatsächlich sein kann, wenn sie gespürt werden kann. Sie zeigt aber auch, wie wichtig es ist, für sich und sein Leben Verantwortung zu übernehmen und Verständnis dafür zu haben, wenn andere sich nicht optimal verhalten – wer von uns tut das schon immer! Sehr wichtig finde ich auch, dass an ihren Fallgeschichten deutlich wird, wie spannend und gleichzeitig hoffnungsvoll es ist, dass die Entwicklung von Menschen in ihren Familien nie zu Ende ist.

Ich wünsche diesem Buch viele begeisterte Leser und Leserinnen, die sich davon inspirieren lassen mögen. Die danach vielleicht auch mit etwas mehr Liebe und Verständnis auf sich und auf die Menschen sehen, von denen sie in ihrem Leben umgeben sind.

Gitta Jacob zählt zu den einflussreichsten deutschen Psychotherapeutinnen. Ihre Bücher, die in viele Sprachen übersetzt wurden, haben dazu beigetragen, die Schematherapie und damit die Arbeit zum inneren Kind weltweit zu etablieren.

Einführung

Jede Familie hat ihre Geschichte. Eine Geschichte von Liebe und Leid, Freude und Schmerz.

Die Geschichte der Familie, in die ich hineingeboren wurde, war eine Geschichte großer Privilegien und zahlreicher Traumata. Aber darüber wurde nie gesprochen. Es gab kein Narrativ und kein Verständnis dafür, was sich ereignet hatte, was vor sich ging und wie man damit umgehen sollte. Meine Eltern waren während des Zweiten Weltkriegs junge Erwachsene. Mein Vater war bei der Marine, meine Mutter kam vom Land. Doch das war nicht der Grund für ihre Traumata. Als meine Mutter 25 Jahre alt war, waren bereits ihre Eltern und zwei ihrer Geschwister verstorben. Auch mein Vater musste schon als junger Mann den plötzlichen Verlust seines Bruders und seines Vaters verkraften. Die Väter meiner Eltern hatten beide im Ersten Weltkrieg gekämpft. Wie die meisten Menschen in der damaligen Zeit, wie meine Generation der Babyboomer bestätigen kann, fügten sie sich der Notwendigkeit, zu überleben und sich fortzupflanzen. Sie waren bewundernswert hartnäckig, zäh und mutig. Für sie gab es nur eine Möglichkeit, die Vergangenheit zu bewältigen: Sie mussten versuchen, zu vergessen und einfach weiterzumachen. Sie lebten nach dem Motto »Worüber man nicht spricht oder nachdenkt, tut einem nicht weh«. Gute Miene zum bösen Spiel machen, keine Schwäche zeigen und die Ohren steifhalten, das waren die Mantras meiner Kindheit und der meisten meiner Generation. Aber auch wenn es äußerlich nicht sichtbar ist – ja, vielleicht gerade dann –, vertieft sich unsere Prägung durch Liebe und Leid, wird komplexer. Sie ist nicht mit bloßem Auge erkennbar, hat aber weiterhin vielschichtige, schmerzhafte Auswirkungen.

Oft bleibt unerkannt, dass solche Verhaltensweisen (wie die meiner Eltern) das Erbe eines Traumas sind. Trauma hat keine Sprache. Trauma hat kein Zeitkonzept. Es verbirgt sich in unserem Körper, ständig alarmbereit, und kann noch viele Jahrzehnte nach dem ursprünglichen traumatischen Ereignis ausgelöst werden. Es lässt keine Verarbeitung von Gefühlen zu. Mir fehlten viele Teile meines Familienpuzzles. Ich erinnere mich daran, dass ich mir Schwarz-Weiß-Fotos meiner toten Großeltern, Tanten und Onkel anschaute und sie nach Hinweisen untersuchte, weil ich praktisch nichts über sie wusste. Ein Foto meines Großvaters mütterlicherseits sah ich erstmals in diesem Jahr. Es gab so viele Geheimnisse, und so viel blieb unausgesprochen, dass ich jetzt auf meine Eltern zurückblicke und mich frage: Was haben sie gewusst? Woran haben sie gedacht? War ihnen bewusst, was sie fühlten? Haben sie als Paar jemals über die Dinge gesprochen, die ihnen wichtig waren? Haben sie einander von diesen Geheimnissen erzählt oder nicht? Während ich in Hörweite war, ließen sie jedenfalls nichts darüber verlauten.

Folglich beobachtete ich sie ständig und lauschte nach Hinweisen. Wie sich herausstellte, war das das perfekte Rezept, um eine Psychotherapeutin aus mir werden zu lassen: Ich war stets neugierig, hörte aufmerksam zu und interessierte mich brennend dafür, was hinter der Fassade geschah, wie eine Detektivin, die im Staub nach Fußspuren sucht.

Meine Eltern leben nicht mehr. Beim Schreiben dieses Buch haben sich meine Liebe zu ihnen und mein Verständnis für sie verändert und sind gewachsen. Sie leben in mir weiter, prägen und beeinflussen mich fortgesetzt, genau wie alle unsere wichtigen Beziehungen. Ich bin ihnen unendlich dankbar. Ich habe von ihnen viele wichtige Fähigkeiten, Verhaltensweisen und Lebensweisheiten gelernt, die mir sehr nützlich sind. Noch heute profitiere ich von den immensen Möglichkeiten, die sie mir geboten haben.

Ich habe dieses Buch über Familien geschrieben, weil bisher allen meinen Klientinnen und Klienten ihre Familienbeziehungen das Wichtigste waren. Alle wollten wissen, warum sie Schwierigkeiten mit ihren Verwandten haben, oder beschreiben, warum sie sie lieben, und alles dazwischen. Auch ich selbst: In meiner Therapie habe ich viel Zeit damit verbracht, meine Herkunftsfamilie und meine jetzige Familie zu erforschen, um zu verstehen, welche Mechanismen eine Rolle spielen.

Familien und ihre Rollen heute

Der Begriff »Kernfamilie«, also zwei miteinander verheiratete Elternteile und ihre Kinder, beschreibt die 19 Millionen Familien, die zum Beispiel in Großbritannien leben, nicht mehr ausreichend. Familien gibt es in vielen Formen: Alleinerziehende, gleichgeschlechtliche Familien, Adoptivfamilien, Großfamilien, polyamore Familien, Patchworkfamilien, Familien ohne Kinder und Familien, die sich aus Freunden zusammensetzen, zwischen denen keine Blutsverwandtschaft besteht.

In der Vergangenheit bestanden der zentrale Zweck und die Funktion einer Familie darin, Kinder aufzuziehen. In der Gesellschaft hat jedoch mittlerweile ein tief greifender Wandel stattgefunden: Immer mehr Mütter sind berufstätig und haben im Durchschnitt weniger Kinder. Da wir länger leben, nimmt die Kindererziehung nur noch die Hälfte unserer Lebenszeit als Erwachsene in Anspruch. Wir leben heute aber viel länger in unserer Familie, tragen ihre Bürde oder genießen die Vorteile. Jeder Mensch, in welchem dieser unterschiedlichen Familienmodelle er auch lebt, reagiert darauf auf seine eigene Art und Weise, die geprägt ist von seinen Genen, seiner Umgebung und seinen Erfahrungen.

Ich wollte hinter die Fassade einiger dieser Familientypen blicken, um herauszufinden, was dort vor sich geht, und um Fragen zu stellen: Was ermöglicht es manchen Familien, trotz enormer Widrigkeiten zu gedeihen, während andere zerbrechen? Welche Faktoren lassen das Scheitern von Familien im Voraus erahnen? Warum treiben uns unsere Familien in den Wahnsinn?

Dieses Buch zielt darauf ab, solchen Fragen nachzugehen und unser Verständnis für sie zu vertiefen. Es geht nicht darum, wie man perfekte Familien konstruiert. Die gibt es nicht. Familien bewegen sich auf einem Spektrum zwischen Dysfunktion und Funktionstüchtigkeit, das von internen und externen Stressfaktoren abhängt. Ich erzähle die Geschichten von acht Familien, die mit einer besonderen Herausforderung konfrontiert sind, und untersuche sie über mehrere Generationen hinweg. Der Einfluss, den eine Generation auf die nächste ausübt, wird so oft unterschätzt. Die ungelösten Stressfaktoren einer Generation können tradiert werden und den täglichen Lebensdruck der nächsten Generation verstärken.

Familien sind ständig in Veränderung begriffen; deshalb sind sie so kompliziert und nervenaufreibend. Während die ältere Generation dem Alter entgegensieht, müssen sich die erwachsenen Kinder damit auseinandersetzen, dass ihr eigener Nachwuchs das Haus verlässt, und gleichzeitig gewöhnen sich die jungen Menschen ans Erwachsensein und suchen ihren eigenen Weg. Was früher als normaler vierstufiger Lebenszyklus galt – Gründung (Heirat), Expansion (Kinder), Schrumpfung (Auszug der Kinder), Auflösung (Tod des Partners) – gilt heute bei Weitem nicht mehr für alle. Beziehungen enden oft mit einer Scheidung, die Kinder ziehen nicht aus oder kehren nach einigen Jahren zurück oder es gibt gar keine Kinder. In den folgenden Geschichten sehen wir, wie manche Familien sich zusammenraufen, während in anderen Bindungen brüchig werden oder zerreißen. Es ist dieser Tanz – das Hin-und-herziehen als Familie, das Streben nach Harmonie und das Akzeptieren von Unterschieden –, der für Stabilität sorgt.

Ich bin aus gutem Grund von Familien fasziniert: Familien sind wichtig. Die Familie übt den bedeutendsten Einfluss auf das Leben eines Kindes und seine Entwicklung aus. Verlässliche Liebe trägt Kinder bis ins Erwachsenenalter: Sie stärkt ihr emotionales, körperliches und geistiges Wohlbefinden und ermöglicht ihnen ein glückliches, gesundes und produktives Leben. Im besten Fall ist die Familie der sichere Ort, an dem wir ganz wir selbst sein können, mit all unseren Schwächen und Fehlern, und trotzdem geliebt und zutiefst verstanden werden. Im Idealfall ist sie ein Ort, an dem die Wurzeln unserer Entwicklung vollständig bekannt sind und allen die Atmosphäre bewusst ist, in der wir aufgewachsen sind.

Im Zentrum unseres Wohlbefindens steht die Bindung zu anderen. Die Qualität unseres Lebens hängt von der Qualität unserer Beziehungen ab. Als Therapeutin, die sich auf die Bindungstheorien von John Bowlby stützt, sehe ich, dass unser gesamtes Beziehungsleben in unserer Familie seinen Anfang nimmt. Die Familie ist der zentrale Schauplatz, an dem wir lernen, miteinander in Kontakt zu treten und mit Emotionen in jedem Aspekt unseres Lebens umzugehen – in uns selbst, in der Liebe, in der Freundschaft, bei der Arbeit. Die Grundlage unserer Überzeugungen und Werte wird uns durch unsere Familie einprogrammiert, egal ob wir uns diesem Familiensystem fügen oder dagegen rebellieren. Am wichtigsten ist jedoch, dass uns unser Selbstwertgefühl von unserer Herkunftsfamilie vermittelt wird: Von Geburt an entwickeln wir die Überzeugung, dass wir etwas wert sind oder nicht.

Wenn sie »gut genug« ist, wie es Donald Winnicott, der berühmte Kinderarzt und Psychoanalytiker, formuliert hat, bildet die Familie das Fundament unseres Lebens, ein Fundament, das uns Halt gibt, wenn wir mit den Widrigkeiten des Lebens konfrontiert werden. Wenn die Familie intakt ist, können wir uns in schlechten Zeiten an sie wenden und auf die Unterstützung unserer »Teams« zählen. Wenn sich die Außenwelt zerrissen und entfremdet anfühlt, können unser Zuhause und unsere Familie uns helfen, uns zu erholen und neue Kraft zu schöpfen.

Auch wenn unsere Familie nicht um uns ist, bleibt sie für immer ein Teil von uns: genetisch, durch unsere Erinnerungen und in unserem Unterbewusstsein. Wir können sie nie in der Art und Weise hinter uns lassen, wie wir einen Partner oder eine Freundin verlassen können.

Außergewöhnliche Familien sind ganz normal

Die Familien, über die ich schreibe, sind sowohl außergewöhnlich als auch ganz normal. Ich bin davon überzeugt, dass ich gemeinsam mit jeder Familie zu jedem Zeitpunkt so einiges herausfinden könnte, was sich hinter ihrer äußeren Fassade verbirgt, was sie prägt und beeinflusst. Seien es die »Geister ihrer Kindheit«, also die Einflüsse ihrer Kindheit, ihrer Eltern oder Großeltern, oder ihre eigenen Kinder, die sie zwingen, sich Aspekten ihres Selbst zu stellen, mit denen sie sich noch nicht auseinanderzusetzen wagten. Was wir entdeckten, wäre ganz individuell und doch auch, auf gewisse Weise, auf uns alle zutreffend.

Die Entdeckung dieser verborgenen Anteile in sich selbst verlieh meinen Klientinnen und Klienten – und verliehe jeder Familie – Klarheit und Zuversicht, um ihr Leben in all seinen Turbulenzen zu meistern.

Es fasziniert mich, dass in Familien das meiste, worüber gesprochen wird, bedeutungslos ist, während vieles, was wichtig ist, unausgesprochen bleibt. Das bedeutet, dass sich unsere Vorstellungskraft an unbekannte und beängstigende Orte vorwagt: Die Geschichten, die wir uns erzählen, sind voller Lücken und Spekulationen. Da Familiengeschichten sich durch die Generationen fortschreiben, interessierten mich besonders diese machtvollen Geheimnisse und die

Kraft des Verschweigens. Mir wurde klar, dass das, was in uns abgelehnt wird, was in einen dunklen, unausgesprochenen Winkel verbannt wird, oft beginnt, zu gären und feindselig und gefährlich zu werden.

Meine Klienten und Klientinnen wandten sich nicht an mich, weil sie durch eine Therapie mit den Wunden der Vergangenheit fertig werden wollten, sondern weil es ihnen in der Gegenwart schlecht ging. Wir fanden jedoch gemeinsam heraus, dass ihre Gegenwart mit Fäden aus ihrer Vergangenheit verwoben war. Unter anderem sah ich deutlich, wie ein Trauma von einer Generation an die nächste tradiert werden kann.

Mir war die Theorie vertraut, dass ein traumatisches Ereignis, das in einer Generation nicht angesprochen und verarbeitet wird, über die nächsten Generationen hinweg weitergegeben wird, bis irgendjemand bereit ist, den Schmerz zu fühlen. Ich kannte auch die Forschungen zur Epigenetik: Wie ein Trauma die chemische Zusammensetzung in unseren Genen verändert, die unser Betriebssystem beeinflusst, unsere Reaktion auf äußere Ereignisse verstärkt und den für das Kampf-/Flucht-/Starreverhalten zuständigen Teil unseres Gehirns, die Amygdala, aktiviert. Ich habe festgestellt, dass die Amygdala noch Jahrzehnte nach dem Ereignis in Alarmbereitschaft bleibt, wenn das Trauma nicht verarbeitet wurde. Hätten wir zum Beispiel das Trauma des Suizids in der Familie Rossi nicht aufgearbeitet, wäre womöglich eines der Enkelkinder von Ängsten, verzerrten Körperbildern und Empfindungen heimgesucht worden, die es sich nicht hätte erklären können; es hätte geglaubt, dass etwas mit ihm nicht stimmt. Die Lehre, die ich daraus ziehe, ist erstens, dass es uns und zukünftigen Generationen helfen wird, zu erkennen, dass die Wunden unserer Seele vielleicht gar nicht aus uns selbst rühren und keineswegs unser persönliches Versagen bedeuten. Und zweitens, dass wir die zukünftigen Generationen schützen, indem wir den Schmerz ansprechen und verarbeiten.

Jede der acht Familien stand vor schwierigen Herausforderungen, wie sie uns allen im Leben begegnen. Besonders die ganz großen Veränderungen – wie Tod, Krankheit und Trennung – bringen Familien oft ins Wanken. Die Neigung, an der Vergangenheit festzuhalten und sich vor der Zukunft zu fürchten, macht den familiären Wandel sowohl bedrohlich als auch aufregend, da jedes Familienmitglied eine andere, manchmal sogar gegensätzliche Haltung einnimmt. Die acht Familien haben gezeigt, dass es enormer Hingabe und viel Engagements bedarf, um die Familie zu schützen, ihr Vorrang vor anderen Lebensanforderungen einzuräumen und in Krisenzeiten zusammenzuhalten. An ihrem Beispiel sieht man, dass Familien im Umbruch, ja, im Grunde auch zu allen anderen Zeiten, von uns verlangen, dass wir all unsere Reserven an Liebe, Geduld, Selbstbewusstsein, Zeit, Mühe und natürlich auch Geld ausschöpfen. Ich habe versucht, alle Kleinigkeiten innerhalb der jeweiligen Familien zu beleuchten, da ich überzeugt bin, dass noch das persönlichste Detail die Perspektive zu einem universellen Gesamtbild öffnen kann.

Generationen

Die Arbeit mit Familiensystemen fesselt mich zunehmend, weil ich unsere Leben als miteinander verbunden und voneinander abhängig und nicht als voneinander getrennt betrachte. Ich sehe den Prozess der Veränderung als eine kollektive Angelegenheit. Durch meine Arbeit habe ich erkannt, dass nicht die äußeren Einflüsse auf die Familie, sondern die Qualität der Beziehungen und die gezielte Hinwendung unter ihren Mitgliedern deren Fähigkeit beeinflusst, mit Traumata umzugehen.

Welche Macht Großeltern und Eltern besitzen, selbst erwachsene Kinder positiv oder negativ zu beeinflussen, hat mich wirklich erstaunt und war mir neu. In den Fallstudien sehen wir, dass

Familie mehr ist als ihre einzelnen Mitglieder. Jedes Mitglied hat seine eigene Geschichte, aber sie alle verbinden sich auch zu einem Familiensystem und einer Lebensweise. Die Beispiele zeigen, dass der Lebenszyklus der Familie, von der Geburt über die Jugend und das Erwachsensein bis ins hohe Alter, der wichtigste Kontext für die menschliche Entwicklung ist. Indem wir die unterschiedlichen Geschichten von einer Generation zur anderen betrachten und uns anschauen, wie sie sich gegenseitig beeinflussen, können wir lernen, uns selbst zu verstehen.

In jedem Kapitel bildet die Familie die Struktur, die das emotionale System jeder ihrer lebenden Generationen enthält, über drei oder sogar fünf Generationen hinweg. Wie die einzelnen Familienmitglieder mit diesem emotionalen System umgehen, beginnend mit den Eltern und Großeltern, prägt ihre Widerstandsfähigkeit gegenüber großen Veränderungen im Leben oder sogar bei traumatischen Verlusten. Es zeigt sich dabei, dass emotionale Systeme nicht logisch sind. Möglicherweise finden wir, dass unser Kind/Elternteil/Großelternteil sich nicht über etwas aufregen sollte, was wir für trivial – oder, im anderen Extrem, für traumatisch – halten, aber so funktioniert es nicht. Die Aufgabe unseres emotionalen Systems besteht darin, uns Botschaften über Sicherheit und Gefahr zu vermitteln, die unseren Körper durchströmen und uns erlauben, Freude zu empfinden und unsere Bedürfnisse zu befriedigen. Dabei sollte man sich vor Augen halten, wie wichtig es ist, dass die Emotionen frei durch uns hindurchfließen können, egal ob sie schmerzhaft oder freudig sind. Wenn Emotionen unterdrückt werden, treten Störungen auf. In Familien kann Dysfunktion von Generation zu Generation weitergegeben werden, wenn die Eltern sie ihren Kindern durch ihr Verhalten vermitteln, und auf diese Weise setzt sich der Kreislauf immer weiter fort.

Eine dysfunktionale Familie weist zahlreiche Schattierungen und Ausprägungen von Störungen auf. In der Regel finden in einer solchen Familie mehr negative als positive Interaktionen statt. Es gibt keine vorhersehbare, wohlwollende Haltung unter den einzelnen Familienmitgliedern, keine gegenseitige Fürsorge und Unterstützung. Sie wissen nicht, wie sie mit Schwierigkeiten umgehen sollen: Ein Konflikt kann zu einer Auseinandersetzung eskalieren, die unter Umständen Monate, Jahre oder sogar Generationen dauert. Sie neigen zu einer starren Haltung mit festen Vorstellungen von richtig und falsch und blocken die Kommunikation eher ab, als sie zu suchen. In ihrem Verhalten und ihrer Psyche sind sie unberechenbar und eine Quelle des Leids für jedes Familienmitglied, wenn keine Lösung gesucht oder gefunden wird. Das kann dazu führen, dass sich die Familienmitglieder sowohl vernachlässigt als auch gefangen fühlen. Sie können die süchtig machende Anziehungskraft der intermittierenden Verstärkung erleben, indem sie manchmal die ersehnte Liebe und Aufmerksamkeit erhalten und dann ohne Grund den Entzug erleben: Alle sind süchtig und warten auf den nächsten Kick.

Es ist unwahrscheinlich, dass sich solche Familien, die am extremen Ende des Spektrums stehen und sich keinen Zentimeter bewegen, an mich wenden. Ich wundere mich oft über das scheinbar unlösbare Problem, dass gerade die, die besondere Unterstützung und Einsicht brauchen, am seltensten darum bitten. Oder, noch schlimmer, keinen Zugang dazu haben.

Familiensysteme übertragen mehr als Prägungen und Gefühle. Sie legen auch implizit und explizit die Verhaltensmuster und Verbindungen zwischen den einzelnen Familienmitgliedern fest – wer welche Rolle spielt, wer die Macht hat – sowie die Überzeugungen und Regeln, was kommuniziert werden darf, was blockiert und welches Verhalten sanktioniert wird. Ist die Familiendynamik negativ, kann sie zu den Problemen eines bestimmten Familienmitglieds beitragen und zur Ursache für individuelle und kollektive Ängste werden. Wenn zum Beispiel der Vater schwach ist, kann sein Kind herrschsüchtig werden. Die Dynamik zwischen den beiden wird gemeinsam geschaffen und wirkt sich auf alle aus. Anstatt sich nur mit dem schwachen Vater zu befassen, ist es daher wichtig, die gesamte Familiendynamik anzugehen, da die Familie in ihrer Gesamtheit das Medium für Veränderungen darstellt.

Manchmal zeigt eine Person ein Verhalten, das Ausdruck einer systemischen Schwierigkeit ist. Wenn zum Beispiel Geldsorgen nicht von allen in der Familie angesprochen werden, kann eines der Kinder Probleme in Bezug auf Kontrolle entwickeln. Manchmal klammern sich Familien bei Veränderungen und Krisen an ein überholtes Bewältigungsmuster, in der Hoffnung, dass das Ergebnis diesmal anders ausfällt, und verfangen sich daraufhin noch mehr in ihren Schwierigkeiten. Es ist die Familie als Ganzes, die verstanden werden muss. Manchmal braucht sie mehr als nur Verständnis: Sie braucht eine aktive Veränderung und Hilfe, um andere Verhaltensweisen anzunehmen. Bei meiner Arbeit mit diesen Familien habe ich mir die Muster zwischen allen Familienmitgliedern angesehen und versucht, die Ursachen für die Probleme herauszufinden, statt nur auf eine »Problemperson« zu fokussieren.

Alle, die sich mit ihrer Familie beschäftigen, können davon profitieren, wenn sie ihre tradierten Familienmuster und Verhaltensweisen daraufhin überprüfen, was möglicherweise verändert werden muss. Oft sind es kleine, überraschende Korrekturen, die Verbesserungen bringen. Die Familie Wynne zum Beispiel half dem depressiven Sohn, indem sie sich gemeinsam sämtliche Staffeln von *Modern Family* anschauten.

Auf die Liebe kommt es an!

Liebe, die grundlegende Ressource für Familien, um ihre Emotionen zu bewältigen, ist der Schlüssel. Liebe in all ihren Formen: die Fähigkeit, sie zu geben und zu empfangen, indem man sich zurückzieht, loslässt oder sich auf sie zubewegt, indem man Brüche überwindet und kittet.

Die Ursache für Zerwürfnisse und Herzensleid in Familien sind oft Eifersucht und der Wettbewerb um die als begrenzt angesehene Ressource der Liebe in all ihren Formen. Das führt zu Elend und Schmerz durch die daraus resultierenden Kämpfe zwischen Geschwistern und Paaren oder die Rivalität zwischen den Generationen.

Immer wieder wird die Debatte über *nature or nurture* geführt – was beeinflusst einen Menschen mehr, Anlage oder Umwelt? Bei der Geburt bringen wir einen genetischen Bauplan mit: unsere Veranlagung zu Intelligenz, Sportlichkeit und bestimmten Charaktereigenschaften, und wir wissen, dass dieses Potenzial durch unsere Umwelt gefördert oder unterdrückt werden kann. Das zufällige Schicksal der Familie, in die wir hineingeboren werden, Reichtum oder Armut, Geschichte, psychische Gesundheit und Familienmuster beeinflussen die Qualität der Erziehung. Doch das Herzstück für unser Wohlbefindens ist unsere Kernidentität: »Ich werde geliebt und gehöre dazu. Diese Familie ist mein Zuhause und ein sicherer Ort, egal was mit mir oder den anderen passiert.«

Nach meiner eigenen Erfahrung und dem, was ich von den Familien in diesem Buch gelernt habe, im Vergleich zwischen verwandten und nicht verwandten Familien, werden die Geschichten, die wir uns erzählen, zu dem, was wir sind. Wenn dieses Narrativ wahrhaftig ist, gewinnen wir das feste Vertrauen darauf, dass wir geliebt werden und dazugehören. Und wir fühlen uns wohl, unabhängig von unserem genetischen Erbe, egal, ob und wie nah wir verwandt sind oder nicht.

Familien sind wirr, chaotisch und unvollkommen. In dem Umfeld, in dem wir die größte Liebe empfinden und die größte Zuwendung geben und empfangen, fügen wir anderen die schlimmsten Verletzungen zu, streiten am erbittertsten und machen die größten Fehler. Und andererseits blühen wir auf, wenn uns unsere Familie innerlich und äußerlich sicheren Halt bietet. Sie lohnt die Mühe, den Herzschmerz und den Streit. Solange wir auf sie vertrauen können, kann sie die Kraft sein, die uns zusammenhält, wenn unsere Welt aus den Fugen gerät. Wenn wir uns auf unsere Familie fokussieren, kann sie uns auch über große Entfernungen hinweg helfen, trotz der Unordnung und des Wahnsinns um uns herum unser Gleichgewicht zu finden.

Dafür können wir am besten sorgen, indem wir unserer Familie Priorität einräumen, in unseren Herzen, in unserem Verstand – und bei unserer Zeitplanung.

Therapie

Ich bin meinen Klientinnen und Klienten, die mir die Erlaubnis erteilten, über ihre persönlichsten und schwierigsten Themen zu schreiben, zu großem Dank verpflichtet. Ich bezeichne ihre Erzählungen als Geschichten, was auch stimmt, aber es lohnt sich, daran zu denken, dass ich jeweils ihr ganz persönliches Leben beschreibe. Für sie ist es keine »Geschichte«. Ihre Großzügigkeit und ihr Mut beruhten auf der Hoffnung, dass andere durch das Erzählen ihrer Familiengeschichte Einblick in ihre eigene erhalten und so vielleicht manche Wunden heilen könnten. Ich glaube, dass die Erkenntnisse, die beide Seiten in der Verschwiegenheit des Sprechzimmers sammeln, viel zu lange eine ungenutzte Ressource waren, die doch für alle von großem Wert ist.

Ich habe die wahre Identität meiner Klientinnen und Klienten verschleiert, um ihre Privatsphäre zu schützen. Bei einigen handelt es sich um Kombinationen mehrerer Persönlichkeiten, und abgesehen von einer Familie fanden alle Kontakte, über die ich in diesem Buch berichte, während der Coronapandemie 2020/21 und daher online statt. Ich habe die Auswirkungen der Pandemie nur dann erwähnt, wenn sie meine Klienten und Klientinnen wesentlich betrafen. Bei all den Herausforderungen, die Corona mit sich brachte, gab es auch einige unerwartete Vorteile für den therapeutischen Prozess. Aus praktischer Sicht bedeutete es, dass ich mehr Menschen zu einer vereinbarten Zeit sehen konnte: Es ist eine viel größere logistische Herausforderung, mehr als ein oder zwei Personen in einem Raum mit mir zusammenzubringen, da man die Anreise mit einkalkulieren und mit Zeitplänen jonglieren muss. Außerdem habe ich festgestellt, dass Ferntherapien weniger beängstigend sind, besonders für ältere Generationen. In der Sicherheit des eigenen Zuhauses zu sitzen, vielleicht mit einer Tasse Tee in der Hand, und die anderen Familienmitglieder und mich auf demselben Bildschirm zu sehen, schuf eine freundliche Umgebung, in der wichtige, oft intensive Themen besprochen werden konnten. Am Ende der Sitzung verließ ich die Videokonferenz, die Familie aber blieb häufig noch beisammen und redete weiter über das, was wir besprochen hatten. Ich dachte oft, dass dies die besten Gespräche waren, und bat regelmäßig um ein Update, aber es kam keines. Bei allen Nachteilen, die es mit sich bringt, etwa dass ich die Körpersignale meiner Klientinnen und Klienten nicht wahrnehme, dass die Verbindung oft schlecht ist, dass ich anderen teilweise eher in die Nasenlöcher als in die Augen blicke, so überwiegen doch die Vorteile von Videokonferenzen bei Weitem die negativen Aspekte. Mein Bestreben wird es immer sein, mit meinen Klienten und Klientinnen in meinem Sprechzimmer zu arbeiten, aber für Familien ist die Videokonferenz meiner Erfahrung nach der richtige Weg.

Viele der Familien gehörten bereits vor dem Buchprojekt zu meiner Klientel. Andere, wie die Bergers und die Familie Singh/Kelly, habe ich ausgewählt, weil sie ganz andere Sichtweise mitbringen oder weil sie mit besonderen Schwierigkeiten zu kämpfen haben, wie zum Beispiel die Craigs. Jede Geschichte kann auch für sich allein gelesen werden. Die Gemeinsamkeit zwischen allen Familien besteht darin, dass sie den Mut aufbrachten, die Schwierigkeiten, mit denen sie zu kämpfen hatten, zu benennen und Unterstützung zu suchen. Sie erkannten, dass sie neue Wege finden mussten, um mit ihnen umzugehen. Wenn ich dagegen meinen Klienten und Klientinnen zuhöre, die schmerzhafte und hartnäckige Probleme mit Familienmitgliedern haben, welche nicht mit ihnen in die Therapie gehen, beharren deren Eltern oder Geschwister oft darauf, im Recht zu sein, anstatt zu schauen, was sonst noch Teil des Problems sein könnte. Das Festhalten an starren Positionen ist typisch für Familien, die in negativen Mustern gefangen sind. Ich glaube, die Familien in diesem Buch zeigen, dass sie die wichtige Fähigkeit besitzen, sich auf der Suche nach Nähe und stabilen Beziehungen anzupassen und ihre Perspektive zu verändern. In dieser Hinsicht reagieren sie sehr gesund. Eine Therapie war und ist in der Regel ein sehr guter Ausgangspunkt, um diese bedeutende Fähigkeit zu erforschen und sogar zu üben. Dass diese Familien dazu in der Lage waren, zu lernen, mit ihren Emotionen umzugehen und sie auch zuzulassen, war ein wichtiger Faktor dafür, dass sie die Herausforderungen des Lebens über Generationen hinweg gut gemeistert hatten.

In diesem Zusammenhang ist es hilfreich, einen Blick in Daniel Golemans Buch *EQ Emotionale Intelligenz* zu werfen. Nach seiner Definition ist emotionale Intelligenz »die Fähigkeit, die eigenen Emotionen zu erkennen, zu bewerten und zu kontrollieren«. Wenn wir uns nicht vom Dauerstress des modernen Familienlebens vereinnahmen lassen wollen, sollten wir intelligent mit unseren Emotionen umgehen. Wir müssen unser Selbstbewusstsein stärken, indem wir erkennen, was wir fühlen und warum wir es fühlen. Wenn wir uns unserer selbst bewusst sind, können wir uns in schlimmen Stresssituationen daran erinnern, dass es auch andere Stimmungen und Emotionen gibt: Wir sind nicht immer so und werden nicht für immer so bleiben. Das ermöglicht uns, durch erlernte Achtsamkeitsübungen oder auch nur dadurch, dass wir kurz den Raum verlassen, wieder in Balance zu kommen, wodurch wir besser einschätzen können, wie wir unseren Ärger am besten überwinden, ohne ihn ausagieren zu müssen. Dies verleiht uns die Disziplin, Worte und Gefühle zugunsten der Beziehung zu filtern und nicht direkt zum Angriff überzugehen. Wir aktivieren unser Denken und Empfinden und stellen uns mit Empathie auf andere ein. Wenn wir uns selbst beruhigen können und sehen, dass andere das auch tun, müssen wir uns nicht mehr unbedingt durchsetzen, sondern können darauf vertrauen, dass im Familiensystem genug Liebe vorhanden ist.

Eine Familientherapie ist oft intensiver als eine Einzeltherapie. Jede Erfahrung in der Gruppe wird durch die Anzahl der Personen vergrößert. Für die Eltern, die die Verantwortung für ihre Situation tragen (auch wenn sie es nicht wollen), kann es besonders hart sein. Sich die Kritik oder den Schmerz der eigenen Kinder anzuhören braucht Nachsicht. Man benötigt Mut und Engagement, um diese Gefühle auszuhalten. Schmerzhafte Enthüllungen verletzen tief, aber es kann auch unerwartet viel Positives dabei herauskommen. Ich glaube daher, dass die Familien, die es wagten, sich der Wucht ihrer Gefühle zu stellen, sie durch sich hindurchfließen zu lassen und ihre Beziehungen untereinander zu verändern, sich in einigen Fällen verwandelt und in anderen eine große Hilfe dadurch erfahren haben. Schmerz ist leider der Motor der Veränderung. Ihn zu vermeiden verhindert den Wandel. Die Bereitschaft jeder dieser Familien, immer wieder ihre Schwierigkeiten zu benennen, zu durchleben und zu verarbeiten, wird ihr neues Familienmuster prägen.

Ich bin keine Spezialistin für Familiensystemtherapie, die eine bestimmte Form der Psychotherapie darstellt. Meine Arbeit beruht jedoch auf den Theorien dieser Richtung. Ich berate die Familien mit dem Ziel, eine starke Bindung zu ihnen aufzubauen, die Vertrauen schafft: die Voraussetzung für gute Ergebnisse in der Therapie. Die matrilinearen überwiegen die patrilinearen Perspektiven, da mehr Frauen in meine Praxis kommen, was die Zahl der Männer in der Therapie insgesamt widerspiegelt. Männer kommen zwar in zunehmendem Maße, aber in viel geringerer Zahl als Frauen.

Die Vereinbarungen mit meinen Klientinnen und Klienten sind unterschiedlich. Manche Paare wünschen sich nur ein paarmal im Jahr eine Sitzung zur Unterstützung, und einige Familien kommen aus ähnlichen Gründen einmal im Monat. Einzelsitzungen dagegen finden in der Regel einmal pro Woche oder alle zwei Wochen statt. Ich freue mich darüber, wenn mir meine Klienten und Klientinnen nach Beendigung der Therapie weiterhin Berichte über ihr Leben oder Weihnachtskarten schicken, aber ich erwarte es nicht von ihnen. Doch ihre Geschichten wirken in mir weiter. Sie prägen und beeinflussen mich, wie alle wichtigen Beziehungen in meinem Leben.

Eine Therapie dauert nicht ewig. Sie hat immer ein Ende. Nachdem wir zwischendurch immer wieder Resümee ziehen, kommt irgendwann der Zeitpunkt, an dem ich mich mit den Klientinnen und Klienten darauf verständige, die Therapie zu beenden. Sie sind dann in der Lage, ihr Leben ohne Psychotherapie weiterzuführen. Wenn alles gut geht, haben sie ihre Resilienz so weit gestärkt, dass sie mit Hindernissen und Verlusten fertig werden und aus eigener Verantwortung heraus weitermachen können. Sie haben die Verletzungen durch ihre Eltern, ihren Partner oder ein Ereignis zur Kenntnis genommen, sind aber nicht in einer Schuldzuweisungsschleife gefangen. Eine Therapie bringt nicht in Ordnung, was schiefgelaufen ist: Sie hilft uns zu lernen, uns anzupassen, zu wachsen und uns zu verändern, obwohl etwas schiefgelaufen ist.

Die Beendigung einer Therapie ist ein wichtiges, integrales und entscheidendes Element im Therapieprozess. Es ist Teil der ursprünglichen Vereinbarung, und es ist wichtig, dass es nicht als Schock empfunden wird. Das Ende wird geplant und erfolgt in der Regel schrittweise. Wenn sich eine so enge und vertrauensvolle Beziehung entwickelt hat, bin ich immer traurig, wenn sie endet. Es kann verlockend sein, anschließend befreundet zu bleiben, aber es ist nicht ratsam. Wenn ich tatsächlich überlege, eine andere Art von Beziehung zu ehemaligen Klientinnen oder Klienten einzugehen, spielt es eine wichtige Rolle, ob dadurch irgendein Schaden entstehen könnte. Die Therapie und ihre Bedeutung für beide Seiten wird nicht zuletzt dadurch wertgeschätzt, dass man klare Grenzen zieht. Ich habe gelegentlich Doppelrollen bei früherer Klientel entwickelt, meist beruflich, die nicht schädlich sind, aber ich versuche, dies zu vermeiden.

Ich erwähne meine Supervisorin mehrmals im Text. Alle Therapeuten und Therapeutinnen integrieren die Supervision in ihre klinische Praxis, um ihre Klienten und Klientinnen vor therapeutischen Fehlern zu schützen. Als Therapeutin lernt man durch die Supervision, denn sie bietet die Möglichkeit, über seine Gedanken, Gefühle und Verhaltensweisen im Umgang mit den Klientinnen und Klienten nachzudenken. Meine Supervisorin ist eine renommierte, verehrte und wichtige Kollegin, an die ich mich mit all meinen ethischen Fragen, meinen Fehlern, meinen Dilemmata, meiner Wut oder meinen Sorgen über meine klinische Praxis wende – und manchmal auch mit meiner Zufriedenheit oder den guten Ergebnissen meiner Klienten und Klientinnen. Ohne meine Supervisorin könnte ich nicht effektiv arbeiten. Die Arbeit mit Menschen wirft immer wieder Fragen, Konflikte und eigene Probleme auf, die eine kluge und vertrauenswürdige Person zu klären hilft.

Mit Gruppen statt mit Einzelpersonen zu arbeiten und darüber zu schreiben war ein psychologischer Balanceakt. Es bedeutete, dass ich viele Aspekte des Lebens dieser Menschen ausklammern und mich darauf beschränken musste, über die Anteile zu schreiben, die die ganze Familie betreffen. Alle, mit denen ich gearbeitet habe – und von denen die meisten zuvor noch nie eine Therapie gemacht hatten –, fanden unsere Sitzungen erhellend und hilfreich für ihre Beziehungen. Sie waren froh über die Gelegenheit, sich selbst zu reflektieren und sich heiklen Themen zu stellen, während ich die Verantwortung für Konflikte übernahm und zu mehr Einsicht verhalf. Ihre Ängste zu offenbaren und schmerzhafte Gefühle zuzulassen war schwierig, mutig und heilsam. Ich durfte miterleben, wie sich die Energie meiner Klientinnen und Klienten im Zuge neuer Erkenntnisse verlagerte. Ein Schlüsselelement der Psychotherapie ist die Möglichkeit, sich selbst und den anderen auf eine neue Art und Weise zu hören: die magische Kraft des Zuhörens und Gehörtwerdens. Die Familien, mit denen ich gearbeitet habe, haben viele komplexe Probleme bewältigt und lernten, mit unbeantworteten Fragen zu leben und trotz großer Verluste wieder zu lieben. In diesem Prozess entwickelten sie die Fähigkeit, die Ungewissheit des Lebens mithilfe eines starken Bekenntnisses zur Hoffnung zu überbrücken.

Wenn ich Klienten und Klientinnen therapiere, schreibe ich immer im Rückblick und nehme so bei der Betrachtung unserer gemeinsamen Arbeit die Position einer Außenstehenden ein. Ich stieg in unseren intensiven Prozess ein, trat zurück und oszillierte zwischen den beiden Polen Klient:in und Therapeutin, um mehr Klarheit zu schaffen. Es ging darum, ihre und meine Gedanken zu betrachten. Der Psychologe Dan Siegel nennt das »mindsight«. Eine ähnliche Methode wandte ich auch bei meinen Klientinnen und Klienten an: Ich trat zurück und legte ihnen meine Gedanken dar, um ihnen eine neue Sichtweise zu vermitteln. Aus der Verhaltenslehre wissen wir, dass wir dazu neigen, unsere bisherigen Entscheidungen zu wiederholen, auch wenn neue Informationen darauf hindeuten, dass sie falsch sind. Wir verwechseln vertraute Muster mit Sicherheit. Es braucht den Blick einer Außenstehenden, wie den meinen, um diese hartnäckigen Reaktionen zu beleuchten. In der geschützten Atmosphäre des Therapieraums haben die Klientinnen und Klienten die Möglichkeit einer tieferen Introspektion. Sie können festgefahrene Narrative entschlüsseln sowie neue Perspektiven auf das Geschehene und darauf, wie sie zueinander stehen, gewinnen. Man kann nie wissen, wie lange die Therapie dauern wird oder wie sie ausgeht. Mit den meisten Familien habe ich nur sechs oder acht Sitzungen abgehalten. Wenn man bedenkt, wie festgefahren Familienmuster und -dynamiken sein können, haben mich das Tempo und das Ausmaß der Veränderungen, die sich zeigten, ermutigt. Jemandem, der den Zeitfaktor als Hindernis für eine Therapie ansieht, würde ich – augenzwinkernd – erwidern, dass sie weniger Stunden in Anspruch nimmt, als eine Fernsehserie zu schauen.

Ich verstehe, wie abschreckend es sein kann, wenn man sich Zeit zur Reflexion nehmen soll, aber die Wirksamkeit der Therapie als präventive Medizin für Familien in der Gegenwart und für die kommenden Generationen kann weitreichend sein.

Unklare Vaterschaft

Wer bin ich? Die Summe meiner Gene oder erschaffe ich mich selbst?

Familie Wynne

Ivo Wynne war 51 Jahre alt, Tischler und verheiratet mit Suky, 59 Jahre alt, einer aus Amerika stammenden Dokumentarfilmerin. Sie hatten zwei Kinder: Jethro, 19 Jahre alt, und Lottie, 17 Jahre alt. Ivo wandte sich an mich, weil er Zweifel daran hatte, ob er der leibliche Sohn seines Vaters Mark war oder nicht. Er empfand dies als belastend und suchte eine Antwort auf die Frage, was besser für ihn wäre: weitere Nachforschungen anzustellen oder mit dem Status quo – seiner Ungewissheit – zu leben? Ivo hatte noch einen älteren Bruder, Henry, 57 Jahre alt, und eine jüngere Schwester, Camilla, 49 Jahre alt. Mark, Ivos Vater, war vor fünf Jahren gestorben. Ivos Mutter Penelope war 87 und trank, um ihre Gefühle zu betäuben – eine Alkoholikerin, die gerade noch so die Fassade aufrechterhielt.

»Ich bin 51 Jahre alt und habe entgegen jeder Vernunft das dringende Bedürfnis, herauszufinden, wer mein leiblicher Vater ist. Im Nachhinein kann man es kaum verstehen, aber ich fand das nie seltsam, dass mein Vater mich als Kind kaum beachtet hat. Meine Schulfreunde haben mich oft gefragt: ›Warum kommt dein Vater nie zum Sportfest und schaut dir zu?‹ Ich war sehr sportlich, habe jeden Wettlauf gewonnen und war Kapitän des Kricket-Teams. Ich erwiderte dann: ›Ach, er hat eben viel zu tun‹, und ehrlich, ich hielt das nicht für falsch oder seltsam. Ich kannte es ja nicht anders.«

Als Ivo mir das erzählte, las ich Verwirrung, aber auch tiefen Schmerz in seinen haselnussbraunen Augen. Er hatte attraktive Gesichtszüge, trug das braune, gewellte Haar zurückgekämmt und vermittelte mit der Designerbrille auf seiner Adlernase einen aris-

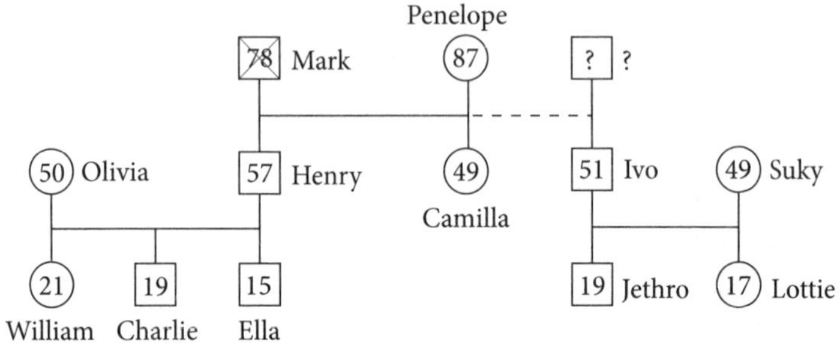

tokratischen Eindruck. Er war elegant gekleidet, und seine ganze Art, sich zu bewegen, wie er die Beine übereinanderschlug, wirkte ausgesprochen distinguiert. Die Geschichte seine Eltern zu kennen ist ein fundamentaler Bestandteil der eigenen Identität, aber wenn diese zusätzlich einen hohen Status mit sich bringt, dann ist deren Verlust um noch eine Ebene komplexer.

Ich bat Ivo, mir mehr von sich erzählen. Er war Handwerker mit einer eigenen Firma, die hochwertige Küchen und Möbel entwarf und herstellte. Ich ertappte mich dabei, wie ich ein wenig neugierig seine Hände betrachtete, mit denen er solche schönen Gegenstände anfertigte. Seit jeher habe ich Menschen bewundert, die etwas Greifbares produzieren.

Ivo war das mittlere von drei Geschwistern. Sein älterer Bruder Henry hatte nach Marks Tod den Familientitel und das Anwesen geerbt. Henry war 57 Jahre alt, verheiratet und hatte drei Kinder. Er verwaltete das Anwesen und modernisierte es, um es rentabel zu machen. Camilla, Ivos jüngere Schwester, habe »schon immer Probleme gehabt«. Ich konnte mir lebhaft vorstellen, welche Rivalitäten zwischen den Geschwistern geherrscht haben mussten: der älteste Sohn, Alleinerbe und Stammhalter, und daneben Ivo, der seinem Bruder in allem nachgeordnet war und sich minderwertig vorgekommen sein musste.

Die 49-jährige Camilla gehörte zur (hoffentlich) letzten Generation von Frauen aus der Oberschicht, die in ein Patriarchat hineingeboren worden waren und deren Ausbildung auf die Ehe und nicht auf eine berufliche Karriere abgezielt hatte. Nach mehreren gescheiterten Beziehungen lebte sie inzwischen allein auf dem Familienanwesen und arbeitete in Teilzeit für einen Auktionator auf dem Land. Ihre Bindung zum Vater war zuletzt sehr eng gewesen. Alle drei Kinder waren von Kindermädchen erzogen und in Ganztageseinrichtungen betreut worden, während die Eltern sich kaum um sie kümmerten. Henry und Ivo waren mit sieben Jahren ins Internat geschickt worden, Camilla mit elf. Bei allen dreien hatten Prügelstrafen zum Erziehungssystem gehört, und ich war mir sicher, dass sie noch als recht kleine Kinder gelernt hatten, ihre Schwächen und Emotionen zu unterdrücken, um in einem so unbarmherzigen Umfeld zu überleben.

Ivo erzählte mir: »Zweimal habe ich meinen Vater um Hilfe gebeten. Einmal gab er mir Schlaftabletten und das andere Mal schlug er vor, gemeinsam nach Italien in den Urlaub zu fahren, um mal rauszukommen. Er konnte schlecht zuhören und wusste nicht, wie er mir beistehen sollte, aber die Lösungen, die er mir anbot, zeigten mir, dass er es gut meinte. Ich erinnere mich daran, dass er einmal meine Hand hielt, als wir meine Mutter nach ihrem Suizidversuch im Krankenhaus besuchten.«

Ich schnappte nach Luft: Wie beiläufig er dieses schlimme Ereignis erwähnt hatte! Ich fragte ihn, wie alt er gewesen sei, und er antwortete: »Fünfzehn.« Ich ging darauf ein, wie traumatisch das für ihn gewesen sein müsse, und merkte mir seine Reaktion als Beispiel dafür, wie er auf seelischen Schmerz reagierte: ausweichend und banalisierend. Ich schwieg und ließ ihm Zeit, um mit seinen aufsteigenden Gefühlen fertig zu werden.

Ivo umfasste seinen Daumen und drehte die Hand hin und her, mit geistesabwesendem Blick und Tränen in den Augen. Auf den

Suizidversuch seiner Mutter ging er weiterhin nicht ein, sondern fuhr mit der Erinnerung an seinen Vater fort: »Ich hielt seine Hand, als er dement war. Das war ein schönes Gefühl … er wusste nicht, wer ich war …« Er lächelte unter Tränen. »Ich fühlte mich ihm sehr nahe.« Dann hüstelte er und erzählte weiter von dem distanzierten Verhältnis seines Vaters zu ihm: »Ich glaube nicht, dass er wusste, wann ich Geburtstag hatte oder wie ich mit zweitem Vornamen heiße – und natürlich hatte er keine Ahnung, wofür ich mich interessierte, wer meine Freunde waren oder sonst irgendetwas, was mit mir zu tun hatte … Aber das war nicht das Schlimmste für mich. Es war seine Kälte mir gegenüber, die viel ausgeprägter war als die gegenüber Henry und Camilla.« Mit gesenktem Kopf und etwas verlegen sagte er: »Er konnte mir nie in die Augen sehen.« Danach schwiegen wir beide und ließen uns Zeit, die Erschütterung über seine Worte auf uns wirken zu lassen.

Ich nahm mir vor, unter die Oberfläche zu gehen und die Verhältnisse in Ivos Kindheit und Jugend genauer zu erforschen, da die Rollen, die ein Kind annimmt und die von seinen Eltern verstärkt werden, einen wesentlichen Einfluss auf das Verhalten einer Familie haben können. Sie werden oft in unserer Herkunftsfamilie geprägt, um das Familiensystem zu stabilisieren. Mir war noch nicht klar, wer in der Familie Wynne welche Rolle übernommen hatte: War Ivo »der Stille« gewesen und Henry »der Macher«? Während dies in ihrer Herkunftsfamilie gut funktioniert haben mochte, passte es jetzt, wo sie erwachsen waren und sich anderen Familiensystemen angegliedert hatten, vielleicht nicht mehr und konnte sogar zum Bruch führen. Wenn es zur Sprache käme, würde ich vorschlagen, dass sie ihr Verhalten offen analysierten, um festzustellen, was möglicherweise geändert werden musste.

Drei Kinder können von denselben Eltern im selben Haus großgezogen werden und eine völlig unterschiedliche Kindheit erleben.

Ich habe schon oft gehört, wie Eltern sagten: »Ich weiß nicht, warum sie solche Probleme verursacht und ihr Bruder so unkompliziert ist – schließlich haben wir sie beide gleich erzogen.« Doch jedes Kind ruft bei seinen Eltern eine ganz eigene Reaktion hervor, und die Erinnerungen an jedes Ereignis sind von dieser Reaktion geprägt.

Henry war organisiert, ehrgeizig und der geborene Anführer – alles Eigenschaften eines ältesten Kindes. Ich stellte die Hypothese auf, dass seine Position als Erbe ihm Machtgefühl und Selbstbewusstsein verliehen hatte, während die Erwartungen der Eltern und der Neid seiner jüngeren Geschwister zugleich eine Bürde gewesen waren.

Mittlere Kinder wie Ivo sind schwieriger zu kategorisieren, aber sie entwickeln sich als Reaktion auf ihr älteres Geschwisterkind. Wenn das ältere Kind brav ist, kann das mittlere Kind unartig sein, um Aufmerksamkeit zu erregen. Ich hatte noch nicht herausgefunden, wie seine Rolle im Gefüge Ivo geprägt hatte, der sowohl unberechenbar als auch erfolgreich zu sein schien. Außerdem stellte sich die Frage: Wie wäre es, ein Kind aufzuziehen, von dem man wusste, dass es nicht das eigene war, ohne dieses Geheimnis zu verraten?

Mark wusste, dass Ivo nichts dafür konnte, aber sein Anblick musste einen Cocktail von Gefühlen ausgelöst haben, die von Wut, Eifersucht und Zorn bis hin zu Abscheu reichten. Kein Wunder, dass er ihn lieber nicht ansehen wollte. Henry und Camilla hätten seine Aversion zweifellos mitbekommen und wären vielleicht beunruhigt gewesen, doch andererseits hätten sie es bei dem generellen Mangel an elterlicher Zuwendung wahrscheinlich sogar als positiv empfunden.

Camilla interessierte mich. Die jüngsten Kinder können sich mehr erlauben als ihre älteren Geschwister, da ihre Eltern meist die Regeln lockern. Sie sind meist liebevoll, lustig und unbekümmert, aber sie versuchen oft, mit ihren älteren Geschwistern mitzuhalten, die größer und schneller sind und mehr wissen. Ich wollte mehr darüber wissen, konnte mir aber vorstellen, dass Camilla, die Jüngste, es in gewisser Weise leichter gehabt hatte als die Jungs. Andererseits war sie in patriarchalischen Strukturen aufgewachsen, in denen Männer privilegiert und Frauen unterbewertet wurden. Um dem entgegenzuwirken, entwickelte Camilla Interesse an den Hobbys ihres Vaters und beschäftigte sich mit Botanik, Literatur und Genealogie. Dafür wurde sie mit einer engen Beziehung zu ihrem Vater belohnt. So wie ich es verstanden hatte, war ihr das aber nicht sonderlich gut bekommen. Sie war kein lustiges, liebevolles Kind gewesen, sondern spröde und nervös. Als ich das Genogramm der Familie zeichnete und mir die Beziehungen und Zusammenhänge zwischen ihnen ansah, stellte ich die Hypothese auf, dass Camillas Brüder ihr Selbstvertrauen zerstört hatten. Die Auswirkungen von aggressiver Geschwisterrivalität, also von Mobbing, sind genauso schädlich wie in der Schule, doch ihnen wird oft kein Riegel vorgeschoben.

In der Annahme, dass er seit seiner Kindheit diesem Verhalten ausgesetzt gewesen war, fragte ich Ivo, was er sich davon versprach, sich zu diesem Zeitpunkt an mich zu wenden. »Ich habe das alles wirklich sehr erfolgreich verdrängt«, antwortete er. Er hielt inne und lächelte. »Ich bin nicht umsonst der Sohn meiner Mutter. Sie ist eine Meisterin der Verleugnung. Im Lauf der Jahre habe ich immer wieder Gespräche geführt oder mitgehört, die mich daran zweifeln ließen, ob Dad wirklich mein Vater war. Das spukte mir immer im Hinterkopf herum. Wenn ich Papa besuchen ging, verhielt er sich unbeholfen und sehr distanziert. Ich hatte das Gefühl, ein Außenseiter zu sein. Henry und Camilla waren grausam zueinander, aber sie taten sich gern zusammen, um mir übel mitzuspielen. Sie fesselten mich und schlugen mich mit einer Haarbürste, beschmierten mein Gesicht mit Schlamm, der sich wie Exkremente anfühlte, stopften ihn mir in Ohren und Nase – und noch vieles andere mehr.

Sie hänselten mich, nannten mich hässlich und dumm. Ich weiß noch, wie Camilla einmal zu mir gesagt hat: ›Wenn ich dich nur ansehe, wird mir schon schlecht.‹«

Erneut schockierte mich die Brutalität seiner Erinnerungen und die Emotionslosigkeit, mit der er davon erzählte – ich dagegen spürte diese Grausamkeiten als Ziehen in meiner Brust. Es war sehr traurig, den wehrlosen Jungen vor meinem geistigen Auge zu sehen, dem so übel mitgespielt wurde.

Mir kam der Gedanke, dass sich die Vernachlässigung durch die Eltern in den Geschwistern erst in Wut und dann in Selbstekel verwandelt hatte, den sie aneinander ausließen. Ivo war inzwischen ruhiger geworden und ließ sich mehr Zeit, zu erzählen und seine Emotionen in sich aufsteigen zu lassen. Ich fragte mich, ob er meine Gefühle an meinem Gesichtsausdruck abgelesen hatte. Gefühle sind ansteckend. »Damals konnte ich nicht ausdrücken, was mir fehlte, aber rückblickend weiß ich, dass ich mir sehnlichst Geborgenheit und das Gefühl der Zugehörigkeit wünschte. Beides habe ich nie bekommen. Das Ausmaß, in dem uns unsere Eltern damals seelisch und emotional vernachlässigten, würde heute das Jugendamt auf den Plan rufen, aber wenn man in einem Schloss wohnt und adelige Eltern hat, geht jeder automatisch davon aus, dass man vom Glück begünstigt ist und ein Traumleben führt.«

Ich sah Ivo seinen Schmerz und die innerlich aufgestaute Wut an: Er biss die Zähne zusammen, so schlimm waren diese Erinnerungen für ihn. Ich vermutete, dass er zum ersten Mal die vielen Schichten des Unbehagens, die sich in ihm verbargen, in Worte gefasst hatte. Ich teilte ihm mit, wie schockierend seine Erfahrungen auf mich wirkten. Die Vorstellung, wie er von seinen Geschwistern körperlich misshandelt wurde, war verstörend, und ich verspürte zum einen Zorn auf sie und ein Schutzbedürfnis ihm gegenüber, während mir gleichzeitig bewusst war, dass sie alle gelitten haben mussten, um derart gewalttätig zu handeln.

Das Ausmaß der Vernachlässigung, obwohl die Kinder in so großem Luxus lebten, war erstaunlich. Ivo und ich wunderten uns beide darüber, wie unsere kollektive Blindheit uns daran hindern kann, zu erkennen, dass Oberschichtzugehörigkeit und Privilegien nicht vor Leid schützen. In unserer Gesellschaft beurteilen wir Menschen meist nach ihrer äußeren Fassade und fragen nicht, wie es ihnen wirklich geht. Ein großes Auto steht für Reichtum und vermeintliches Glück, doch die traurigen Augen seines Besitzers sprechen unter Umständen eine andere Sprache. Ich fragte Ivo, ob es sein könne, dass er diese Sichtweise verinnerlicht hatte. Er nickte und hielt die Luft an, um sich gegen das, was ich sagte, zu wappnen.

Aus psychologischer Sicht erhielt keines der Geschwister verlässliche, sichere Liebe von seinen Eltern. Sie alle entwickelten negative Bewältigungsmechanismen, um mit diesem Mangel an innerem Halt in ihrer Kindheit umzugehen, doch die Lieblosigkeit führte dazu, dass sie miteinander um das wenige kämpften, das da war. Das war das Grausamste daran. Intakte Familien nutzen Streitigkeiten, um den Unterschied zwischen Frechsein und Verletzen zu verdeutlichen: Die Kinder lernen von den vertrauten Erwachsenen in ihrem Umfeld, was sie im Streit sagen und tun dürfen und was nicht. In Ivos Familie hingegen hatten die Kinder gelernt, wie man anderen absichtlich schlimme Verletzungen zufügte. Die Erwachsenen in ihrem Umfeld hinderten sie nicht daran und brachten ihnen keine Streitkultur bei. Ich musste an Jungvögel im Nest denken, die im Kampf um Futter aufeinander herumhackten.

Ich merkte Ivo an, dass er erschöpft war, aber er wollte weitermachen. »Meiner ersten Freundin gegenüber hatte ein enger Freund der Familie kategorisch behauptet, dass Mark nicht mein Vater sei. Sie sprach Henry darauf an, der schwor, dass es sich um nichts als bösen Tratsch handle, und sie gerieten in einen heftigen Streit deswegen. Ich glaubte Henry und dachte nicht mehr daran. Dann besuchte mich meine Mutter einmal an der Uni – es war übrigens das einzige Mal. Sie erzählte mir den üblichen banalen Gesellschaftsklatsch, und dann, als sie die Autotür schloss, kurz bevor sie wegfuhr, sagte sie: ›Ich weiß, dass du glaubst, Mark sei nicht dein Vater, aber das ist er. Das ist die Wahrheit, das schwöre ich dir.‹ Im Grunde habe ich seitdem mein Leben weitergeführt und die Frage völlig verdrängt. Aber dann hat mir vor einem Monat meine frühere Freundin eine E-Mail mit dem Foto eines Mannes geschickt, der mir ähnlich sieht – sie hatte es irgendwo bei jemandem zu Hause entdeckt. Und er sieht nicht nur so aus wie ich, sondern auch wie ein Klon meines Sohnes Jethro.« Ich hatte Mühe, mit alldem Schritt zu halten, was Ivo mir erzählte, was umso schwerer war, als er immer schneller redete, je verzweifelter er wurde. Ich saß in der Zwickmühle: Sollte ich ihn bitten, eine Pause einzulegen, um kurz Resümee ziehen zu können? Stattdessen wartete ich, bis er seinen Wortschwall beendet hatte, und beschloss, dass wir uns in der nächsten Sitzung damit befassen würden. Heftig fuhr Ivo fort: »Ich war stinksauer auf sie! Was hatte sie sich bloß dabei gedacht, mir das einfach so zu schicken, als wäre es etwas vollkommen Nebensächliches? Aber noch viel, viel schlimmer ist, dass sie es auch an Henry und Camilla geschickt hat. Ohne es mit mir abzusprechen! Ich war fassungslos! Wie konnte sie mit einer einzigen unbedachten E-Mail einfach so mein Leben zerstören? Henry hat mich angerufen, um mit mir darüber zu reden, und wir hatten einen Riesenkrach. Wie immer wurden dabei alle alten Streitigkeiten wieder aufgewärmt, und wir haben uns gegenseitig an Bösartigkeit überboten. Es war furchtbar. Ich legte mitten im Gespräch auf, wie ich es schon unzählige Male getan hatte, und dachte, wie sehr ich ihn hasse und dass ich nie wieder mit ihm reden würde, aber andererseits hat mich unser Streit aus meiner Verleugnung herausgeholt.

Von diesem Moment an drehte sich alles, was ich las, im Fernsehen sah oder und hörte, um Väter und Söhne … Ich konnte nicht mehr schlafen, mich nicht mehr konzentrieren, nicht mehr essen und habe viel getrunken. Auch in dieser Hinsicht bin ich der Sohn meiner Mutter ... In den letzten Wochen habe ich mich in meiner Melancholie gesuhlt. Mir ging es die ganze Zeit schlecht. Ich bin dem allen nicht gewachsen ... Ich bin dem Alltag nicht gewachsen ... Ich tue, was ich tun muss, das absolute Minimum, aber ich vegetiere nur noch vor mich hin. Leben kann man das nicht nennen. Es fällt mir sehr schwer, zuzugeben, dass ich so nicht mehr weitermachen kann. Ich möchte wissen, wie ich damit umgehen soll, was ich damit machen soll. Wenn es wahr ist, wer bin ich dann? Inwiefern verändert es mich? Ich schaue in den Spiegel und sehe das gleiche Gesicht wie immer, aber ich fühle mich anders. Habe ich diese Nase von meinem Vater? Das habe ich immer geglaubt. Es hat mir immer gefallen, dass ich ihm in dieser Hinsicht ähnlich war. Ich bin gut in Mathe, genau wie er es war. Wir hatten keine besonders enge emotionale Beziehung, aber bis jetzt war mir nicht klar, wie viel von meinem Selbstverständnis in meinen Eltern verankert ist – ihre Gene, ihre Geschichte, die auf mich übergegangen ist, bis hin zu blutigen Zwischenfällen. Die Familie meines Vaters hat ihr Vermögen durch Politik und Landwirtschaft gemacht und das Anwesen in Norfolk gebaut. In Norfolk lagen also von jeher meine Wurzeln – in der ganzen Grafschaft, ihrem Geruch, ihrer Topografie, bis hin zu meinem Elternhaus mit den Porträts ›meiner‹ Vorfahren. Muss ich das alles aufgeben? Vielleicht hat mein Vater nicht geglaubt, dass ich sein Kind bin, aber er hat mich als sein Kind großgezogen. Wenn ich nicht biologisch von ihm abstamme, ist er dann noch mein Vater? Verliere ich dann meine halbe Familie? Sind alle meine Cousins und Cousinen von dieser Seite der Familie plötzlich für mich verloren? Wo gehöre ich jetzt hin? Zu wem gehöre ich? Was ist mit meinen Kindern und ihrem biologischen Erbe?«

Das waren viele Fragen auf einmal. Ich spürte, wie sehr dieser Zustand Ivo belastete. Meine Kehle schnürte sich zu, als ich intensiv überlegte, wie ich Ivo bestmöglich würde unterstützen können. Wir waren uns einig, dass wir unter Umständen nicht auf alle seine Fragen eine Antwort würden finden können, aber in den kommenden Wochen gemeinsam erarbeiten könnten, was sie für Ivo bedeuteten.

Zu meiner Arbeitsweise gehört es, Recherchen zu den Problemen meiner Klienten und Klientinnen durchzuführen, um gut informiert zu sein und optimale psychologische Unterstützung bieten zu können. Ich weiß, wie bedeutsam es für die individuelle Entwicklung ist, zu wissen, woher man kommt. In den 1990er-Jahren entwickelten Dr. Marshall Duke und Dr. Robyn Fivush die »Do You Know?«-Skala (siehe Anhang), mit deren Hilfe sie Jugendliche über ihre Familie befragten. Sie fanden heraus, dass diejenigen, die gut über ihre Familiengeschichte Bescheid wussten, im Vergleich zu den weniger Informierten ein höheres Selbstwertgefühl, weniger Verhaltensprobleme und mehr Selbstwirksamkeit aufwiesen – sie vertrauten darauf, dass sie Einfluss auf ihr Sein und Werden hatten. Ivo war sich sein halbes Leben lang seiner Wurzeln nicht sicher gewesen, und nun war die Hälfte des Fundamentes, das seine Herkunft gebildet hatte, herausgerissen worden. Mir war bewusst, dass wir behutsam vorgehen mussten.

Außerdem musste ich mir über das Ausmaß klar werden, in dem Ivo als Kind misshandelt und vernachlässigt worden war, sowie seine Bewältigungsmechanismen ergründen. Stress und Traumata in der Kindheit beeinträchtigen generell die kognitive, soziale und emotionale Entwicklung und können zu Gesundheitsproblemen im Erwachsenenalter führen. In der Forschung wurde ein unmittelbarer Zusammenhang mit Depressionen, Sucht und Suizid sowie einer ganzen Reihe körperlicher Beschwerden von Krebs bis hin zu Herzerkrankungen nachgewiesen. Ich entschied mich, den Fragebogen zu verwenden, den die Psychologen Dr. Vincent Felitti und Dr. Rob Anda im Rahmen ihrer *Adverse Childhood Experiences*

(ACE) Study (*Studie über belastende Kindheitserfahrungen*) entwickelt hatten (siehe Anhang). Dabei werden zehn verschiedene Kategorien solcher belastenden Erfahrungen abgefragt. Auf Grundlage von Ivos Antworten würde ich besser beurteilen können, inwiefern sein Verhalten und sein Gesundheitszustand als Erwachsener auf den Erlebnissen in seiner Kindheit und Jugend basierten.

Die zehn Fragen reichen von »Hat dich ein Elternteil oder ein anderer Erwachsener im Haushalt oft geschubst, gepackt, geohrfeigt oder Gegenstände nach dir geworfen?« bis hin zu »Hattest du oft das Gefühl, dass du nicht genug zu essen hattest, schmutzige Kleidung tragen musstest und niemand da war, der dich beschützt?«.

Für jedes »Ja« gibt es einen Punkt; je höher die Punktzahl, desto höher die Wahrscheinlichkeit für Risikoverhalten und gesundheitliche Probleme im Erwachsenenalter. Ivos Punktzahl lag bei fünf; das bedeutete für mich, dass wir langsam vorgehen und eine vertrauensvolle Beziehung aufbauen mussten, um ihn zu stabilisieren. Darüber hinaus würden wir gemeinsam Strategien entwickeln müssen, die ihm dabei halfen, mit seinen Emotionen umzugehen, bevor wir uns der belastenden Frage nach seiner Herkunft zuwandten. Ivo hatte gelernt, sich zu betäuben, um sich vor schmerzlichen Gefühlen wie Scham, Wut und Schuld zu schützen. Wenn er sich durch die Therapie heftigen Gefühlen aussetzte, ohne vorher einen neuen Weg gefunden zu haben, mit ihnen umzugehen, konnte das zu einem Zusammenbruch oder sogar zu Suizid führen. In dieser intensiven Anfangsphase unserer Beziehung war ich dankbar für meine jahrelange Erfahrung: So konnte ich darauf vertrauen, dass ich wusste, wie ich Ivo unterstützen konnte, egal wie schlecht es ihm ging. Ich hatte zwar keinen Einfluss darauf, wie die Sache ausgehen würde, aber ich konnte ihn dort abholen, wo er es brauchte, und das würde unter Umständen genügen.

Nachdem Ivo nun also den Fragebogen beantwortet und ich ihm geholfen hatte, zu entdecken, dass es andere Wege gab, mit

Verzweiflung umzugehen, begann er mich als Verbündete zu sehen, die ihn ernst nahm. Das war ein wichtiger Schritt. Im Lauf seines Lebens waren seine Gefühle immer wieder verharmlost oder ignoriert worden, und manchmal sah ich ihm an, dass er mit einer sarkastischen Reaktion von mir rechnete. Wenn sie ausblieb, seufzte er ein wenig erleichtert und schluckte die scharfe Erwiderung hinunter, die ihm bereits auf der Zunge gelegen hatte. Ivo hatte eingangs gesagt, er sei »gut im Verleugnen«, und das merkte ich bei jeder unserer Sitzungen. Leugnen kennzeichnet die erste Stufe eines Trauerprozesses. Als Kind hatte er sich so geschützt, und es zeigte, wie sehr der Verlust ihn traf. Wobei »Verlust« in seinem Fall nicht gleichbedeutend mit »Tod« war, sondern es handelte sich gleichsam um einen »lebendigen Verlust«: den Verlust des Vertrauens in seine Identität als Sohn seines Vaters, und das in einem Umfeld, das ihm keine Geborgenheit vermittelte, sodass er seine Trauer nicht ausdrücken konnte. Das Konzept des »Safe Place«, eines sicheren Hafens in seinem Inneren, half Ivo, sich zu beruhigen: Er stellte sich einen Ort vor, der ihm ein Gefühl der Ruhe und des Friedens vermittelte, und atmete tief durch, während er diesen Ort mit Erinnerungen an das füllte, was er gehört, gesehen und gerochen hatte. Zusätzlich entwickelten wir gemeinsam ein Bild, das wir »Der Container« nannten: die Vorstellung von einem Stahltresor, in dem er beängstigende Erinnerungen aufbewahren konnte, wenn er nicht bei mir war.

Die Techniken, die wir gemeinsam erarbeiteten, vermittelten ihm eine Alternative zum Abschotten. Sie ermöglichten es ihm, seine unangenehmen Gefühle zuzulassen, sie behutsam auszudrücken und sich dann mithilfe der Selbstwirksamkeit zu beruhigen. Das klingt vielleicht nicht nach einem großen Unterschied zum Abschotten, ist es aber. Ivos frühere Methode trug dazu bei, seine schmerzlichen Gefühle zu konservieren, sodass sie ihn immer wieder quälten; die andere erlaubte es ihm, loszulassen, wodurch sich diese Gefühle veränderten und er nach und nach lernte, sich nicht mehr von ihnen überwältigen zu lassen.

Dass Ivo sich die neuen Techniken aneignete, wurde umso wichtiger, je mehr er sich öffnete. Anfangs reagierte er folgendermaßen: Nachdem es ihm gelungen war, seine Gefühle in Worte zu fassen, drehte er sich auf seinem Sessel beiseite, schlug seine langen Beine übereinander und wechselte zu einem ganz anderen Thema. Oder er senkte den Kopf und schwieg. Ich konnte mir vorstellen, wie sich Ivo schon als kleines Kind genauso verhalten hatte. Es rief Beschützerinstinkte in mir hervor und das Bedürfnis, ihn zu trösten. Wir setzten eine stabilisierende Technik ein, um es ihm zu ermöglichen, zu schmerzlichen Erinnerungen zurückzukehren, die sich zunächst auf sein erstes Schuljahr im Internat konzentrierten – seine früheste Erinnerung an Leid. Er versetzte sich in die Zeit zurück, als er als kleiner Junge krampfhaft versucht hatte, nicht zu weinen, wenn er in seinem Bett im Schlafsaal lag, einem großen, weiß getünchten Raum mit zwölf Betten. Mich überlief es kalt: Er war erst sieben Jahre alt gewesen! Viel zu jung.

Es gibt nur wenige Untersuchungen über die Auswirkungen von Internatsaufenthalten, und die vorhandenen Untersuchungen sind zudem umstritten. Einige, etwa der Psychotherapeut und Autor Nick Duffell, sind jedoch der Meinung, dass das »Internatssyndrom« bei »Internatsopfern« in der Zeit zwischen ihrem 20. und 30. Lebensjahr oder sogar erst mit über 30 auftritt. Er geht davon aus, dass Internatsschüler:innen ein typisches Verhaltensmuster aufweisen, das sie zum Schutz vor ihren Verlassenheitsgefühlen in der Schule erlernt haben und das sich auf die Menschen und Ereignisse, denen sie in ihrem Leben begegnen, auswirkt und zu ernsthaften psychischen Problemen führen kann.

In Ivos Erinnerung war es in der Grundschule immer kalt gewesen, und als besonders schlimm hatte er es empfunden, morgens beim Aufstehen auf den eiskalten Steinboden zu treten. Während er diese Zeit beschrieb, wechselte er in seinem Verhalten zwischen Offenheit und Distanz, was ihm eine gewisse Kontrolle über seine Fähigkeit, seinen Kummer zu ertragen, ermöglichte. In der Therapie haben wir dafür einen Begriff: das »Toleranzfenster«. Unser Bestreben ist, unsere Klientinnen und Klienten dabei zu unterstützen, bis an den Rand ihrer Toleranz zu gehen – aus ihrer Komfortzone heraus –, sodass sie erfahren können, dass sie Schmerz empfinden und ausdrücken können, ohne dass es sie umbringt. Diese Strategie kann befreiend wirken und den Schmerz sogar lindern. Anschließend können sie sich wieder von der Grenze zurückziehen, bis der Schmerz erträglicher wird und sie sich beruhigen und sogar Erleichterung empfinden können.

Viele Sitzungen später waren Ivo und ich uns einig, dass er die Frage nach der Identität seines Vaters nicht für sich behalten konnte, da dies nicht nur belastend, sondern regelrecht toxisch für ihn war – wie so oft bei Familiengeheimnissen. Unterstützung fand er bei seiner Frau Suky, zu der er ein sehr gutes Verhältnis hatte und die von Anfang an im Bilde gewesen war. Als Amerikanerin hegte Suky eine gesunde Skepsis gegenüber dem britischen Klassensystem, erkannte aber gleichzeitig, dass seine Herkunft ein wichtiger Aspekt von Ivos Identität war. Das Ehepaar erklärte sich bereit, mit seinen beiden Kindern zu sprechen: Jethro, 19 Jahre alt, und Lottie, 17 Jahre alt, denn schließlich ging es auch um ihre Vorfahren. Das Foto, das Ivo zugeschickt worden war, stellte keinen endgültigen Beweis dar: Er würde einen DNA-Vergleich mit Henry und Camilla machen müssen. Dadurch würde er definitiv herausfinden, ob sie Voll- oder Halbgeschwister waren. Keiner von uns konnte im Voraus wissen, ob es besser für Ivo war, den Test zu machen oder mit der Ungewissheit zu leben. Ich war bisher immer der Überzeugung gewesen, dass die Wahrheit, so schwierig sie auch sein mag, einer Lüge vorzuziehen ist. Aber Ivo hatte die letzten 51 Jahre gelebt, ohne die Wahrheit zu wissen: Würde er die psychologischen Folgen ertragen können, falls er nicht der Sohn seines Vaters war?

Letztendlich war die Ungewissheit schlimmer für ihn als der drohende Schmerz, falls sich seine Ahnung bestätigen sollte. Auch Henry und Camilla wollten eine endgültige Antwort und schickten beide Proben ab.

Sie mussten drei Wochen lang warten. An einem kalten Novembermorgen erhielt Ivo eine E-Mail des Gentestlabors. Es fiel ihm schwer, sie zu öffnen. Er erzählte mir, dass sich ihm beim Lesen des Ergebnisses – er war der Halbbruder seiner Geschwister, mit 23 Prozent gemeinsamer DNS – der Magen umgedreht habe. Mit vor Zorn funkelnden Augen sagte er zu mir: »Es ist also definitiv wahr. FUCK! Ich könnte laut schreien vor Wut!« Dann beruhigte er sich und fuhr erschüttert fort: »Ich weiß nicht, was ich jetzt machen soll. Ich habe etwas verloren, was für mich grundlegend ist, ein Kernstück von mir, unsichtbar und doch konkret … Ein schwerer Verlust.« Er schlug die Hände vors Gesicht und zitterte am ganzen Körper, während er immer wieder flüsterte: »Was soll ich denn bloß machen?«

Ich konnte in dem Moment nichts weiter tun, als ihm in seiner Verzweiflung beizustehen. Ich spürte die Wogen seiner Emotionen bis in die Magengrube. Ich atmete langsam, um die Fassung zu bewahren, und versicherte Ivo, wie leid es mir tat. Es war eine stürmische, schmerzhafte Sitzung.

Trotz unserer stabilisierenden Techniken versetzte die Nachricht Ivo in eine Spirale aus Saufgelagen und Chaos. Er begann sogar wieder zu rauchen, obwohl er unter Asthma litt. Manchmal erschien er nicht zu einem Termin, manchmal war er noch betrunken von der Nacht zuvor. Ich wandte mich an meine Supervisorin, fühlte mich schuldig und machte mir große Sorgen. Offensichtlich hatten wir die Wahrheit zu früh herausgefunden: Ivo war noch nicht bereit gewesen, mit ihr umzugehen. Von Babette Rothschild, der herausragenden Traumaspezialistin, hatte ich gelernt, dass Therapeutinnen und Therapeuten ihre Klientel nicht immer ausreichend stabilisieren und zu schnell mit der Verarbeitung beginnen. Meine Supervisorin stimmte mir zu und stellte die Vermutung an, dass ich parallel zu meinen Klienten und Klientinnen ebenfalls dabei war, mich selbst zu attackieren. Sie half mir, mich zu beruhigen, und ermutigte mich, mich zunächst einmal weiterhin darauf zu konzentrieren, wie wir Ivo helfen konnten, anstatt mich selbst zu kritisieren. Wir kamen überein, dass ich ihn dazu ermuntern würde, ein Netzwerk von Freunden aufzubauen und verschiedene beruhigende Techniken wie Yoga oder Meditation anzuwenden, um mit der Intensität seiner schmerzlichen Gefühle fertig zu werden. Außerdem sollte ich überprüfen, ob er suizidgefährdet war, und mit seinem Hausarzt und seiner Frau sprechen. Suizid schien auf den ersten Blick weit hergeholt zu sein bei einem Problem wie dem seinen, aber immerhin hatte seine Mutter einen Selbsttötungsversuch unternommen: Dies machte ihn tendenziell anfällig, ebenso wie seine negativen Kindheitserfahrungen. Ich war entschlossen, nichts unversucht zu lassen, um ihn zu schützen.

Ich sprach Ivo auf seinen Alkoholkonsum an und fragte ihn, ob er Selbsttötungsgedanken habe. Er winkte ab, mit einer gereizten Geste, als wäre ich eine lästige Lehrerin. Obwohl mich seine Reaktion verletzte, wusste ich, dass ich mitfühlend mit ihm in Kontakt bleiben musste. In dieser Phase zeigte er selbstverletzendes Verhalten, und es war wichtig, dass er spürte, dass ich auf seiner Seite war, mir große Sorgen um ihn machte und ihn weder ablehnte noch ihm etwas übelnahm. Wir wussten beide, dass er das unschuldige Opfer der Handlungen seiner Mutter war, aber dennoch schämte er sich in gewisser Weise und hatte das Gefühl, nicht richtig und irgendwie defizitär zu sein. Und natürlich befürchtete er, dass seine Familie, ja, sein ganzes Umfeld ihn nun mit anderen Augen sehen würde.

Der Sturm führte ein Eigenleben: Er wütete in Ivo und legte sich schließlich, Gott sei Dank, aber Ivo war danach erschöpft und ausgelaugt. Nachdem er sich ein wenig beruhigt hatte, vermutete er, dass diese Gefühle schon seit Jahrzehnten in ihm gesteckt hatten. Möglicherweise hatte sich die jahrelange Verleugnung in ihm aufgestaut wie Sedimentschichten, die quasi weggesprengt werden mussten. Er trank und rauchte immer noch, aber er konnte wieder besser schlafen und sich konzentrieren. Rührenderweise fühlte er sich seinen beiden Kindern näher denn je. Am Ende war es ihre Liebe, die ihn stabilisierte, nicht mein Set an Techniken.

Ivo hatte im Lauf der Jahre einen Schutzwall um sich gezogen, der auch seine Kinder auf Distanz hielt, und jetzt brachen sie hindurch, mitten in sein Herz, hauptsächlich durch Umarmungen, mit denen sie ihn ihre Liebe auch körperlich und unmittelbar spüren ließen. Sie umarmten ihn einfach immer wieder. Jethro bezeichnete Ivos leiblichen Vater als »Samenspender«, und Lottie beschwor ihn: »Es hat sich nichts geändert, Dad. Du bist immer noch hundertprozentig derselbe Mensch, der du warst, bevor du dieses Ergebnis erhalten hast.« Sie lachten ihn regelrecht aus, als er sie fragte, ob Norfolk wirklich seine Heimat sei: »Du spinnst, Dad! Na klar doch! Durch deine Erinnerungen und die lange Zeit, die du dort verbracht hast, ist es immer noch genauso deine Heimat wie früher.« Ihre Reaktionen waren sehr klug, und ich fand es faszinierend, mitzuerleben, wie ihre Offenheit es wiederum Ivo ermöglichte, sich ihnen gegenüber zu öffnen.

Ivo war besonders von Jethro gerührt. Er erzählte mir: »Als Jethro 15 war, fing es an, dass er nur noch in seinem Zimmer hockte und gespielt hat- so ging das zwei Jahre lang. Wir haben uns große Sorgen um ihn gemacht. Er hat gesagt, das Leben sei nicht lebenswert. Wir wollten ihm helfen, ihn zu einer Therapie anmelden, aber er weigerte sich und schottete sich vollständig ab. Wie durch ein Wunder war er jedoch einverstanden, als Suky vorschlug, gemeinsam *Modern Family* zu schauen. Wir schauten die Serie fast jeden Abend, alle elf Staffeln – 250 Episoden. Wir sprachen nicht viel miteinander, aber er saß immer in der Mitte zwischen Suky und mir. Das brachte uns ihm allmählich wieder näher. Das und die Tatsache, dass er in einem Jahr 20 Zentimeter gewachsen ist – jetzt ist er 1,78 Meter und das ist doch okay. Letztes Jahr ist er an die Uni gegangen und hat sich sehr verändert. Er hat einen tollen Freundeskreis, Freunde, wie er sie noch nie in seinem Leben hatte …« Niemand kann vorhersagen, was heilsam ist. *Modern Family* bot der Familie einen Rahmen für ihr Zusammensein, der sie emotional nicht überforderte und gleichzeitig einen gemeinsamen Fokus und ein verbindendes Element.

Es wunderte mich nicht, dass Ivo Jethros jugendliche Depression nicht schon früher erwähnt hatte: Obwohl sie ihn beunruhigt hatte, glaube ich nicht, dass sie ihn tief berührte. Doch nun war eine Schutzschicht von ihm abgefallen, und er war offener für all seine Gefühle.

Henry, der immer noch sauer über den letzten Streit war, hatte Ivo besucht und von ihm die Rückgabe einiger Gegenstände aus dem Familienbesitz verlangt: Ivo sei nicht länger ein Wynne. Ich war schockiert, Ivo nicht. Er hatte Suky schon prophezeit, dass eines seiner Geschwister so reagieren würde. Er wusste, wie seine Familie tickte.

Die besondere Ironie bestand darin, dass ausgerechnet Henry diesen Schritt machte, der doch den Löwenanteil des Familienvermögens geerbt hatte. Ivo verweigerte die Herausgabe der Sachen, sogar mit einem gewissen Vergnügen: Henry konnte darauf bestehen, solange er wollte – juristisch hatte er keine Handhabe. Ivo ärgerte sich über seinen Halbbruder, ließ sich aber nicht zum Opfer machen. Er wusste im Voraus, dass eine Weile lang Funkstille zwischen ihnen herrschen würde, sie irgendwann aber wieder miteinander würden reden können. So entsprach es dem Muster in dieser Familie. Sie zankten sich bis aufs Blut und hatten anschließend monatelang keinen Kontakt, bis sich schließlich einer von ihnen wieder meldete. Keiner dieser Konflikte wurde jemals besprochen oder gelöst, alles wurde auf den großen Stapel der Verletzungen aufgetürmt, und es ging einfach weiter.

Dann erzählte Ivo jedoch, dass etwas passiert sei, was er zuvor noch nie erlebt habe. Henry habe ihm geschrieben und sich aufrichtig bei ihm entschuldigt, und daraufhin hätten sie sich versöhnt. Er sei seinem Bruder jetzt näher, und das sei schön und wirklich erstaunlich.

Ich interpretierte Henrys erste Reaktion als fest verankertes Standardrepertoire. Das habsüchtige Verhalten, mit dem er Ivo unter Druck setzte, hatte seine Wurzeln im ewigen Mangel. Wenn es so wenig Liebe zu verteilen gibt, klammert man sich an Gegenstände, die die Leere ausfüllen sollen. Henry war darauf geprägt, sich zu nehmen, was immer er bekommen konnte. Selbst sein großes Erbe konnte sein tiefes Gefühl der Entbehrung nicht lindern. Was Henry dazu veranlasst hatte, sich zu entschuldigen und das Familienverhalten zu ändern, konnte ich nicht ahnen, aber ich vermutete, dass seine Frau ihn dazu bewegt hatte, vernünftiger und empathischer zu handeln. Möglicherweise würde die Tatsache, dass sein Bruder auf ihn zugegangen war, Ivo eine Brücke bauen. Zwar war er genetisch nicht so eng mit seinen Geschwistern verwandt wie gedacht, aber vielleicht konnte er ihnen jetzt endlich emotional näherkommen.

Als Ivo und ich ein paar Wochen später über all das reflektierten, kam heraus, dass in ihrer Familie die Äußerlichkeiten – der Titel, das Land, das Geld und der Status – einen hohen Stellenwert besaßen, die einzelnen Mitglieder jedoch nicht. »Dinge« oder »Sachen« waren für sie zuverlässiger als Menschen – doch, wie der Journalist Art Buchwald schrieb: »Die besten Dinge im Leben sind keine

Dinge.« Die Besitztümer konnten sie zur Schau stellen oder zu Geld machen. Menschen hingegen betrachtete die Familie als potenzielle Gefahr: Sie konnten einen verletzen und verlassen. Ein viel riskanteres Gut.

Ich verglich diese Einstellung mit der einer Einwandererfamilie, mit der ich arbeitete, und die keine »Sachen« hatte: Ihnen waren die Familienmitglieder wichtiger als alles andere. Sie waren bereit, alles für sie zu opfern. Die Menschen waren ihr Reichtum, ihre Sicherheit und die Garantie für ihr Überleben: Sie wussten, dass sie nicht allein in einem fremden Land zurechtkommen konnten. Niemand kommt ohne enge, liebevolle Bindungen erfolgreich durchs Leben.

Ivo und ich kamen zu dem Schluss, dass wir als Menschen in der Lage sein müssen, unser Vertrauen in irgendetwas zu setzen, und wenn es nicht die Personen in unserem Umfeld sind, verlegen wir uns auf Dinge. Für mich gehört es zu den Merkmalen einer dysfunktionalen Familie, wenn die Menschen zweitrangig sind und allem anderen eine höhere Bedeutung beigemessen wird.

Nach vielen Diskussionen beschloss Ivo, seine Mutter zu bitten, an einer Sitzung mit ihm und seinen Geschwistern teilzunehmen. Außerdem schlug ich Ivo vor, einige Fotos von Mark herauszusuchen und ihm zu schreiben, als ob er mit ihm sprechen würde. Denn wir erkannten, dass er zwar seinen leiblichen Vater verlieren konnte, aber keinesfalls die Beziehung zu einem Vater, der immer da gewesen war und den er von klein auf gekannt hatte. Mark war natürlich alles andere als ein perfekter Vater gewesen. Doch obwohl er gewusst hatte, dass Ivo genetisch gesehen nicht sein Kind war, hatte er ihn trotzdem als seinen Sohn großgezogen, ihm seinen Namen gegeben und für ihn bezahlt. Darüber hinaus hatte sich das Verhältnis Ivos zu seinem Vater etwas gebessert, als dieser in die Jahre gekommen war.

Wir würden daran arbeiten müssen, dass Ivo um den Vater trauerte, den er gehabt hatte, und er eine neue Sichtweise auf ihn entwickelte. Ivo schien seinen Vater inzwischen aus einem anderen Blickwinkel zu betrachten: »Als ich älter wurde, von zu Hause auszog, beruflich erfolgreich war und weniger von ihm brauchte, kamen wir uns näher. Wir schätzten uns mehr. Er hat es nie ausgesprochen, aber ich glaube, er war stolz auf mich. Meinen Geschwistern brachte er andere Gefühle entgegen als mir, aber ich weiß, dass er mich auf seine Art und Weise geliebt hat. Er wusste nur nicht, wie er es zeigen sollte.«

Dieses Bild eines gütigen, aber weitgehend abwesenden Vaters war mir und vielen anderen meiner Generation vertraut. Mark war ein Mann seiner Zeit gewesen. Er hatte keine Worte und kein Verständnis für Gefühle; Gefühle machten ihm wahrscheinlich Angst. Ich konnte mir vorstellen, dass er absolut nicht wusste, wie er mit Ivo umgehen sollte, dem lebenden Beweis dafür, dass seine Frau ihm untreu gewesen war, der ja aber unschuldig war und sich gut entwickelte. Welche gegensätzlichen Gefühle das alles in ihm hervorgerufen haben musste: Wut, Scham, Liebe und Stolz.

Ich war überrascht und ein wenig besorgt zugleich, als sich sowohl Ivos Mutter Penelope als auch seine Schwester Camilla zu einer gemeinsamen Sitzung bereiterklärten. Henry war ebenfalls offen für ein Treffen, aber nach eingehender Beratung kamen die Geschwister überein, dass sie zu dritt die Mutter zu sehr einschüchtern und möglicherweise in die Defensive drängen würden.

Vorab versuchte ich, mit Ivo zu klären, was er sich von einer Sitzung mit ihnen erhoffte. Wie immer dauerte es eine Weile, bis er seine Abwehrhaltung überwunden hatte, aber dann sagte er mit einer Stimme, die weit entfernt und jung wirkte, fast jenseits seiner bewussten Kontrolle: »Ich möchte mit ihnen in einem Raum sitzen, ohne mich zu fühlen, als würde ich ertrinken, noch bevor ich den Mund aufmache.«

Ich nickte und dachte: Allein in diesem Satz steckt schon eine Menge, aber darauf können wir später zurückkommen.

Er fuhr fort: »Ich möchte, dass meine Mutter mir die Wahrheit sagt und mir eine Erklärung gibt. Ich fände es gut, wenn sie sich entschuldigen würde, aber noch viel wichtiger ist mir, endlich die ganze Geschichte zu erfahren. Und was Camilla angeht … ich weiß nicht. Sie ist unglücklich. Wenn es einem nicht gut geht, reagiert man oft gereizt, deshalb verstehe ich, warum sie oft so gemein ist. Ich fände es schön, wenn wir darüber reden könnten, ohne dass sie mich angreift und sich an meinem Leid ergötzt. Wenn sie nur ein bisschen Verständnis dafür aufbringen könnte, wie es mir geht, wäre das schon ein Gewinn, aber ehrlich gesagt bezweifle ich, dass es dazu kommt.«

Und dann war es so weit: Der Morgen unserer Gruppensitzung mit Ivo, Penelope und Camilla war gekommen. Ich war nervös. Ich hatte das Bedürfnis, Ivo zu beschützen, und befürchtete, dass ich nicht in der Lage sein würde, das Gespräch so zu steuern, dass er das Ergebnis erzielte, das er sich wünschte – und das er brauchte.

Penelope kam in mein Sprechzimmer – eine kleine Frau, auf ihren Stock gestützt, laut schnaufend und nach Gardenien duftend. Ivo hatte sie mir als »sehr schön, sehr gelassen, sehr natürlich wirkend und immer lachend« beschrieben. Um ihre Schultern lag ein Seidenschal, um den Hals trug sie ein Kruzifix und sie war ungeschminkt. Sie funkelte mich mit ihren blauen Augen an und ich erhielt einen Eindruck davon, wie beherrschend sie sein konnte.

Camilla war größer als sie und hatte die Ansicht ihrer Mutter übernommen, dass Make-up »hässlich« sei. Sie trieb die Natürlichkeit so weit, dass es auf mich wirkte, als würde sie sich nicht gut pflegen. Ihr grau meliertes Haar war zu einem Pferdeschwanz gebunden, sie war dicklich und trug eine Schlabberhose und einen ausgeleierten Pulli. Sie hatte einen blassen Teint, Couperose auf den Wangen und auffällig blaue Augen. Sie fragte gar nicht erst, wo sie Platz nehmen sollte, sondern setzte sich auf den Stuhl gleich neben der Tür, um im Notfall schnell flüchten zu können.

Als Penelope sprach, erinnerte mich ihre geschliffene Sprache an eine vergangene Ära: »Herrje, was für Umstände! Bis man erst mal hier ist. Der viele Verkehr, und nirgendwo ein Parkplatz weit und breit.« Ivo, der seinen linken Daumen umklammert hielt und ihn mit der rechten Hand wie einen Korkenzieher drehte, schaute abwechselnd zu seiner Mutter und auf den Boden, und er warf mir einen kurzen, flehentlichen Blick zu, den ich als »Bitte vermasseln Sie das nicht!« interpretierte. Ich fühlte mich unter Druck gesetzt, und meine Atmung wurde flacher, als mir lieb war. Auch Camilla war nervös: Von ihr als der »gemeinen Schwester« hatte ich erwartet, dass ihre unstrittige adelige Herkunft ihr Überlegenheit verleihen würde, doch sie saß ganz vorn auf der Stuhlkante und mied jeglichen Blickkontakt.

Ich eröffnete die Sitzung mit den Fakten, soweit sie mir bekannt waren. Die Gentests der Geschwister bewiesen eindeutig, dass Mark biologisch gesehen nicht Ivos Vater war. Ivo hatte schon als Kind diesen Verdacht gehabt und war belogen worden, aber nun lautete die logische Frage: Wer war sein richtiger Vater? Ich sprach Penelope direkt darauf an: »Wer war Ivos Vater?«

Wir wandten uns alle zu ihr, und Camilla sagte mit kräftiger, tiefer Stimme: »Ja, Mama, du hast uns jahrzehntelang belogen, sag uns endlich die Wahrheit!«

Penelope starrte sie an. »Du warst schon immer eine Tyrannin, und das bist du bis heute!«

Ich wollte mich einmischen und versuchen, einen drohenden Streit im Keim zu ersticken, aber Penelope ließ sich nicht bremsen: »Allington [Allington Hall, der Familiensitz] war herrlich. Du hattest eine unbeschwerte Kindheit. Als wir Miss Barrett einstellten, wusste ich gleich am ersten Morgen, was wir an ihr hatten. Du hast morgens immer herumgetobt und Krach gemacht, um uns zu wecken, aber an Miss Barretts erstem Morgen hattest du beim Aufwachen einen Apfel und ein Glas Limonade neben deinem Bett …«

Camilla und Ivo warfen sich einen einvernehmlichen Blick zu, als wollten sie sagen: »So wird es heute die ganze Zeit weitergehen.« Ich wiederholte meine Eingangsfrage, Penelope sagte: »Ich erinnere mich nicht«, und wechselte ohne Zusammenhang das Thema, erzählte von ihrem Elternhaus, der Anzahl der Bediensteten und ihren Erinnerungen an ihre Zeit in Paris als junge Frau. Zwischendurch murmelte sie vor sich hin, als wüsste sie nicht, wo sie sei, geistesabwesend, aber dann schilderte sie wieder eine andere Episode aus ihrem früheren Leben.

Ivo versuchte, sie zu unterbrechen: »Mum, ich bin dir nicht böse. Ich verurteile dich nicht, aber ich will mehr wissen.« Daraufhin kratzte sie sich heftig an dem wunden Ausschlag auf ihren Armen.

Camilla mahnte: »Mum, hör auf zu kratzen. Du machst es nur noch schlimmer.« Penelope reagierte nicht auf sie.

Ich stellte fest, dass Penelopes Abwehrhaltung so tief in ihr verankert war, dass sie schlicht und einfach nicht hörte, was wir zu ihr sagten. Es war, als säße sie in einem Wehrturm mit winzigen Fenstern hoch oben, der sie vor Eindringlingen schützte. Mit 87 und als langjährige Alkoholikerin führten ihre Lebensgewohnheiten zwangsläufig dazu, dass sie manchmal geistig verwirrt war.

Der Durchbruch kam, als Camilla sich an Ivo wandte: »Ich durfte es dir nicht sagen, aber ich wusste, dass es Robert war.«

Penelope richtete sich auf, warf ihren Schal über die Schulter, klopfte Ivo auf den Oberschenkel und sagte: »Ach, merde alors [eine affektierte Art zu fluchen, eine typische Verteidigung für jemanden von Penelopes Stand] – ja, verdammt noch mal: Er ist es!«, und ging hinaus.

Bis dahin war eine halbe Stunde unserer 90-minütigen Sitzung verstrichen, und ich fühlte mich, als ob ich einen Marathon gelaufen wäre, ohne vom Fleck zu kommen. Ivo äußerte: »Das war jetzt aber wirklich seltsam [sein allumfassender Begriff für alles, was er nicht verstand und nicht verwinden konnte].«

Camilla lehnte sich in ihrem Stuhl zurück und stellte fest: »Na ja, wenigstens hat sie es zugegeben.« Sie hatte recht: Ivo wusste jetzt, wer sein Vater war. Die Stimmung im Raum hatte sich verändert, sich aufgehellt. Camilla und Ivo fielen in ihr vertrautes Geplänkel darüber, wie unmöglich ihre Mutter war, und zählten mit schwarzem Humor eine Reihe anderer möglicher Väter auf, die für Ivo noch viel schlimmer gewesen wären.

Ab einem gewissen Punkt veränderte sich Camillas Tonfall, und sie warf ein, dass Ivo Glück habe, Marks Veranlagung nicht geerbt zu haben, der an Krebs und Herzproblemen gelitten habe. Ivo sagte nur: »Lass das.«

Als sie daraufhin antwortete: »Was?«, klang das für mich wie der Auftakt zu einer vertrauten Abfolge von kleinen Sticheleien, die sie seit ihrer frühen Kindheit ausgetauscht hatten.

Es musste Ivo schwer getroffen haben, dass Camilla und nicht seine Mutter ihm eröffnet hatte, wer sein Vater war, aber ich beschloss, dass jetzt nicht der richtige Zeitpunkt war, um darauf einzugehen.

Wenn ich Ivo nach seiner Mutter fragte, erzählte er mir immer von der formellen Erziehung der Geschwister und dem regen gesellschaftlichen Leben seiner Eltern. Erst ab dem Teenageralter durften sie gemeinsam mit ihren Eltern an einem Tisch essen. Abgesehen von seiner ausgeprägten Fähigkeit zur Verleugnung, die er von seiner Mutter übernommen hatte, um unerträgliche Gefühle zu verdrängen, hatte ich keinen Einblick in die Art und Weise erhalten, wie seine Mutter ihn tatsächlich erzogen hatte.

Camilla war viel offener. Sie war zorniger. »Meine Mutter war – und sie ist immer noch, wie Sie eben erlebt haben – eine schreckliche, hysterische Dramaqueen, die immer im Mittelpunkt stehen musste und zu Trotzanfällen neigte. Sie konnte sehr unterhaltsam sein. Sie trank viel. Sie war ein emotionaler Wirbelsturm – eine richtige Mutter war sie nie. Sie war eine Schönheit, wodurch sich für sie umso mehr Gelegenheiten ergaben, fremdzugehen. Sie war und ist furchtbar zu mir. Sie hat nie zu mir gesagt, dass ich hübsch bin, sondern hat mir das Gefühl vermittelt, fett und hässlich zu sein. Beim Essen hat sie mir immer so einen gewissen Blick zugeworfen. Daraufhin habe ich eine Essstörung entwickelt, eine Kontrollsucht. Ich kann schlecht loslassen. Ich weine nie. Ich schwitze nie. Ich kann nicht aufs Klo. Ich konnte mich noch nie übergeben … Man könnte sagen, ich bin verklemmt …«

Ich wollte gerade etwas sagen, als sie hinzufügte: »Ich will nicht, dass Sie Mitleid mit mir haben oder glauben, ich würde mich zum Opfer machen.«

Dieser Satz ließ mich innehalten. Ich wusste nicht, was ich darauf antworten sollte, also griff ich auf das Einmaleins der Psychotherapie zurück und gab wieder, was ich sie hatte sagen hören. Sie nickte mit einer gewissen Genugtuung. »Ja, das ist richtig.«

Ivo meldete sich zu Wort: »Ich finde, sie hat dich ganz furchtbar behandelt. Ich kann mich nicht erinnern, dass bei uns jemals gekuschelt wurde. Vielleicht war sie ein bisschen altmodisch, aber ich kann mich nicht erinnern, dass Mum uns jemals gesagt hätte, dass sie uns lieb hat. Sie hat dich nicht umarmt, aber wenigstens hat sie manchmal deine Hand gehalten und sie zwischen ihren Fingern und ihrem Daumen gestreichelt. Ich weiß noch, dass ich stundenlang alleine gelesen habe.«

Camilla antwortete: »Du hattest das Gefühl, dass sie dich nicht gesehen hat, dass du nur da warst, um sie zu unterhalten. Ansonsten warst du eine lästige Pflicht.« Mir fiel auf, dass Camilla sich mit dem unpersönlichen »du« beschrieb anstatt in der ersten Person, »ich«, so vermittelte sie einen Eindruck von Distanz, die jede ihrer Interaktionen zu prägen schien.

Ivo sah seine Mutter etwas positiver; zu ihren Söhnen war sie netter gewesen als zu ihrer Tochter, von deren Aussehen sie enttäuscht war. Er hatte also quasi eine »andere« Mutter, obwohl es sich um dieselbe Person handelte. Ich dachte bei mir, wie verlogen diese Frau sich verhalten hatte: Wenn man selbst mit Schönheit gesegnet ist, ist es leicht, ein »natürliches Aussehen« zu propagieren, aber ihrer Tochter hatte sie dadurch das Gefühl vermittelt, fett und hässlich zu sein.

Von Ivo wusste ich, dass Camilla ihrem Vater nähergestanden hatte, und ich bat sie, mir von ihm zu erzählen. »Er hat mich sehr lieb gehabt. Zwar konnte er es nicht zeigen, aber wenn wir etwas zusammen unternahmen, wie zum Beispiel Wildblumen bestimmen, brauchten wir nicht viele Worte zu machen. Wir waren einfach glücklich, zusammen zu sein. Dabei hatten wir so unsere kleinen Gewohnheiten: Wir schlugen die Blumen, die wir fanden, in unserem Pflanzenführer nach und pressten sie. Er konnte übrigens auch bemerkenswert gut zeichnen. Ich habe viele seiner Notizbücher aufbewahrt, die ihm so wichtig waren. Wenn es regnete, kamen wir verdreckt nach Hause, aßen Crumpets und tranken heißen Kakao dazu. Wenn es heiß war, tranken wir selbst gemachte Limonade.« Während sie erzählte, wirkte sie viel lebendiger als zuvor.

Ivo nickte gedankenverloren, lächelte aber zustimmend, als seine Schwester fortfuhr: »Bei uns wurde nie über irgendetwas geredet. Mein Vater hatte viel zu große Angst, meine Mutter zu verärgern. Wenn sie sich aufregte, mussten alle darunter leiden, und er hatte längst gelernt, sich zu ducken. In unserer Familie fiel häufig der Satz: ›Wechseln wir das Thema.‹ Wir konnten über Politik oder die Katze oder das Wetter reden, aber nie über etwas wirklich Wichtiges.« Ivo und seine Schwester waren sich einig, dass ihre Mutter mit ihrer Neigung zu Wutanfällen das Familienleben dominiert habe. Ihr Vater dagegen sei schwach gewesen.

Mitfühlend bestätigte ich ihnen, dass sie viel zu wenig elterliche Liebe und häusliche Geborgenheit erfahren und so beide auf unterschiedliche Weise keine sichere Kindheit gehabt hatten – ganz im Gegenteil.

Es erschien mir wichtig, die Art, wie die Kinder erzogen worden waren, in einen größeren Zusammenhang zu bringen, nicht um zu beschönigen, was sie erlitten hatten, sondern um ihnen zu zeigen, dass ihre Eltern in Anbetracht ihrer eigenen familiären Umstände ihr Bestes gegeben hatten. Ich machte den Geschwistern klar, dass die meisten aus dieser Generation nicht die geringste Ahnung davon hatten, wie man Beziehungen zu anderen Menschen führt. Die Kontrolle ihrer Emotionen, ihre »stiff upper lip«, war ein notwendiger Überlebensmechanismus jener, die von Veteranen des Ersten Weltkriegs erzogen worden waren und dann den Zweiten Weltkrieg durchlebt und mitausgefochten hatten.

Ich bat die beiden, mir von der Kindheit ihrer Eltern zu erzählen. Man merkte sowohl Camilla als auch Ivo ihr großes Mitgefühl mit ihren Eltern an, als sie deren schwierige Kindheit beschrieben. Ihr Großvater väterlicherseits hatte im Ersten Weltkrieg ein schweres Kriegstrauma erlitten und war als gebrochener Mann nach Hause zurückgekehrt. Marks Bruder war 1944 im Zweiten Weltkrieg gefallen, und Mark selbst war ein dekorierter Pilot der Royal Air Force gewesen. Doch obwohl er offenbar ein Kriegsheld gewesen war, konnte er sich gegenüber seiner Frau nicht durchsetzen.

Penelopes Vater war gestorben, als sie sechs Jahre alt war. Mit 23 teilte ihr die Nachbarin ihrer Mutter eines Tages telefonisch mit, dass sie diese tot in ihrem Bett gefunden habe. Ich vermutete, dass dies bei Penelope große Schuldgefühle ausgelöst haben musste, weil nicht sie diejenige gewesen war, die ihre Mutter gefunden hatte. Doch ihre Mutter war Alkoholikerin gewesen: Die Obduktion ergab als Todesursache Leberzirrhose. Die Neigung, negative Gefühle mit Alkohol zu betäuben, ließ sich also zwei Generationen zurückverfolgen. Wahrscheinlich hatte Penelope viele gute Gründe gehabt, ihre Mutter nicht zu besuchen.

Als Kind war Penelope während des Krieges nach Wales evakuiert worden, was sehr schlimm für sie gewesen war. Die Familie, in der sie untergebracht war, sprach Walisisch. Sie beanspruchten ihre Essensrationen, sodass sie immer Hunger hatte und fror. Ivo und Camilla waren sich jedoch einig, dass ihre Mutter sich oft die Wahrheit ein wenig zurechtbog, weshalb sie manchmal nicht wussten, was sie ihr glauben sollten. Eines stimmte jedoch definitiv: Nach der Heirat mit Mark entfremdete sich Penelope von ihren beiden Brüdern. Ivo und Camilla vermuteten, dass Penelope ihre Kindheit und die damit verknüpften Erfahrungen so weit wie möglich hinter sich lassen und ein ganz neues Leben anfangen wollte. Ich nahm an, dass Penelope entscheidende Entwicklungsschritte nicht vollzogen hatte: Ihre Wutanfälle waren die eines kleinen Kindes, das nicht beachtet worden war. Das gibt es häufig: Eltern, die selbst noch Kinder sind und dadurch ihren eigenen Kindern großen Schaden zufügen.

Ich erklärte Ivo und Camilla, dass sie mir zwei Familien beschrieben hatten, in denen es über Generationen hinweg mehrere Traumata gab, von denen keines erkannt oder aufgearbeitet worden war. Ein Trauma ist die emotionale Reaktion auf ein schreckliches Ereignis, das als überwältigend erlebt wird. Es prägt sich im Gehirn in Regionen ein, in denen keine verbalen Erinnerungen abgespeichert werden , sodass es kognitiv nicht verarbeitet werden kann. Außerdem streben diejenigen, die ein Trauma erlebt haben, verständlicherweise danach, es zu vergessen, und sprechen nicht darüber. Doch das Trauma verändert die Gehirnstrukturen, sodass die Betroffenen die Welt aus einer anderen Perspektive heraus sehen und sie als gefährlichen Ort betrachten. Zu den häufigsten Abwehrmechanismen bei einem Trauma gehören psychische Abschottung, wie bei Mark, oder die Einnahme von Drogen und Alkohol, um sich zu betäuben, wie bei Penelope.

Mit Blick auf Ivos starken Alkoholkonsum recherchierte ich über vererbten Alkoholismus. Inwieweit die Sucht genetisch bedingt ist, lässt sich allerdings nur unzureichend sagen, da eine Kombination von vererbten Varianten in mehreren Genen eine Rolle spielt.

Heute geht man davon aus, dass Suchtverhalten innerhalb von Familien – wie alle genetisch bedingten Faktoren – durch ein Zusammenspiel von Umwelt und genetischer Veranlagung getriggert wird. Es ist sinnvoll, die Geschichte einer Sucht innerhalb der eigenen Familie über mehrere Generationen hinweg zu betrachten, um sich klarzumachen, ob man selbst ein erhöhtes Risiko hat, abhängig zu werden, besonders wenn man an sich so etwas wie ein unkontrollierbares Verlangen nach Alkohol feststellt, das alle anderen Beziehungen und Prioritäten überlagert.

Bei Marks und Penelopes Verhalten spielte der gesellschaftliche Stand eine zusätzliche Rolle: Sie waren überzeugt, dass jeglicher Gefühlsausdruck, abgesehen von Humor und Fröhlichkeit, etwas Ekelhaftes oder »Gewöhnliches« war. Sich Schmerzen anmerken zu lassen wurde als Schwäche angesehen. Wir lernen, mit Schwierigkeiten umzugehen, indem wir die Bewältigungsmechanismen unserer Bezugspersonen spiegeln. Daher war es keine Überraschung, dass Ivo trank und rauchte, um seinen Kummer zu lindern.

Ich äußerte Ivo und Camilla gegenüber meine Vermutung, dass sie zwar in materielle Sicherheit hineingeboren worden waren, die ihnen der familiäre Reichtum und Status boten, doch andererseits die Beziehungen zu ihren Eltern auf der traumatischen Unberechenbarkeit einer alkoholkranken, emotional instabilen Mutter und eines abwesenden Vaters basierten. Beide Eltern hatten ihre Kinder zweifellos geliebt und dies gelegentlich auch ausgedrückt, aber sie waren nicht in der Lage gewesen, eine sichere Grundlage für eine intakte Familie zu schaffen.

Kurz und knapp, in einer Art und Weise, die keine Antwort zuließ, äußerte Camilla mit einem schallenden Lachen: »Vielleicht erklärt das mein zersplittertes Herz. Vielleicht sollte ich mich gar nicht darüber wundern, dass ich jetzt so lebe, geschieden von diesem Arsch und ohne Partner. Ich habe mir immer vorgestellt, eines Tages auf dem Land zu leben, mit einem schönen Garten, einem

Mann und Kindern. Aber ich kann es immer noch nicht fassen, dass mich ausgerechnet diejenigen, denen ich am meisten vertraut habe, im Stich gelassen haben [ihr Exmann und eine ihrer besten Freundinnen sprachen nicht mehr mit ihr] und dass mich meine zickige Schwägerin [Henrys Frau] auch noch aus Allington aussperrt, anstatt mich zu unterstützen.« Sie schwieg eine Weile. »Ich wäre so gern anders, aber ich weiß nicht, wie ich das anstellen soll …«

Ich sah ihr an, wie erschrocken sie darüber war, dass sie ihren Kummer in Worte gefasst hatte. Sie besaß eine Art fiebrige Energie, mit der sie ständig auf der Suche nach Gefahren war, was aber paradoxerweise bedeutete, dass sie Liebe und Fürsorge nicht annehmen konnte. Immer wieder rieb sie sich nervös die Nase, als wüsste sie nicht wohin mit ihren Händen. Mitfühlend antwortete ich, dass es schwer sein musste, allein zu leben, ohne Kinder, während ihre Brüder ein glücklicheres Leben zu führen schienen. Die Aversion gegen ihre Schwägerin erschwerte die Situation noch zusätzlich. Camilla nickte und stieß ihr typisches freudloses Lachen aus. »Das bestätigt nur meine generelle Lebenseinstellung: Diese Zufälligkeit und Sinnlosigkeit der Existenz, die bedroht wird von Massenarbeitslosigkeit, Klimawandel und so vielem mehr.«

Ivo lachte jetzt ebenfalls auf: »Vielen Dank, Cami, du kannst einen wirklich aufmuntern«, aber ich sah ihm an, dass er Verständnis für ihren Weltschmerz hatte.

Ganz nach dem Beispiel ihrer Mutter lenkte Camilla das Gespräch nun auf ein anderes Thema und fragte uns, wie unserer Meinung nach die nächsten Schritte aussehen könnten. Sie schlug Ivo vor, ein Treffen mit seinem leiblichen Vater Robert zu arrangieren. Ivo verzog das Gesicht, als würde ihm schon bei dem Gedanken an Robert übel werden. »Ich habe von Mum bekommen, was ich wollte. Mehr möchte ich gar nicht wissen. Ich will jetzt einfach normal weiterleben.« Camilla fand das nicht gut, aber sie verließen die Sitzung mit dem Vorsatz, gemeinsam richtig lecker zu Mittag zu essen. Ich war ein bisschen besorgt, wie das wohl ablaufen würde, wenn Alkohol im Spiel war, aber schließlich waren sie Erwachsene und keine Teenager.

Ich war etwas erleichtert, als sie die Praxis verließen, und ging etwas im Park spazieren, um mich zu entspannen. Dabei dachte ich viel über Camilla nach. Ich hoffte, dass die Sitzung sie dazu bewegen würde, nach neuen Wegen zu suchen, um ihre Bedürfnisse zu erfüllen und glücklicher werden zu können.

Nicht lange nach unserer Sitzung traf sich Ivo mit seiner Mutter, doch sie verlor kein Wort über das, was geschehen war, und er konnte ihr keine weitere Erklärung entlocken. Penelope war für ein paar Minuten aus ihren Festungsmauern hervorgetreten und hatte sich gleich darauf wieder hinter sie zurückgezogen. Ivo wusste, dass es keinen Sinn hatte, mehr von ihr zu verlangen. Dieses Wissen war eine Erleichterung. Er hatte herausgefunden, wer sein leiblicher Vater war. Welche Schritte er als Nächstes unternehmen würde, lag an ihm. Ivo stürzte sich in die Arbeit, um seine Gedanken zu verdrängen und das Gefühl zu haben, dass er sein Leben unter Kontrolle hatte. Mit großem Stolz zeigte er mir einige Esszimmerstühle, die er angefertigt hatte. Ich dachte an Sigmund Freud: »Arbeit und Liebe, Liebe und Arbeit ist alles, was es gibt.« Ivos Arbeit vermittelte ihm ein Gefühl der Selbstwirksamkeit, ein wichtiger Aspekt des Wohlbefindens. Trost suchte und fand er bei seiner Familie.

Die Unterstützung, die er von Suky und den Kindern erhielt, war entscheidend für seine Entwicklung. Mir gegenüber gab Ivo zögerlich und etwas verlegen zu: »Mir ging es in den letzten Wochen nicht gut. Kann sein, dass ich ein paar schlechte Eigenschaften von meiner Mutter geerbt habe, zum Beispiel ihre Neigung zu Trotzanfällen und Wutausbrüchen.« Ich fragte ihn, ob er glaube, dass er sich ändern könne. Er meinte, das könne er, aber »je tiefer es verankert ist, desto schwieriger wird es«. Damit hatte er natürlich recht.

Wir kamen überein, dass es sinnvoll wäre, wenn seine Frau und seine Kinder zu einer Sitzung kämen.

In der traditionellen Therapie ist es nicht üblich, dass verschiedene Familienmitglieder an den Sitzungen des eigentlichen Klienten teilnehmen, und so hatte auch ich es jahrzehntelang gehalten. In den letzten Jahren hat sich meine Sichtweise jedoch geändert, weil ich erkannt habe, dass jeder Teil von uns, unsere Familie und unsere Umwelt miteinander verwoben sind. Ob Ivo es schaffte, die Enthüllung über seinen biologischen Vater zu verarbeiten, hing davon ab, ob die Menschen, die ihm am nächsten standen, ihn auffingen, falls er umkippte. Wir vereinbarten schließlich einen Termin, der uns allen passte.

Die Erinnerung an diese Sitzung ist so wohltuend wie warmer Sonnenschein, auch wenn es heikle Momente gab. Es war bemerkenswert, wie unterschiedlich die Gesprächsqualität und die Atmosphäre im Raum waren, verglichen mit der Sitzung mit Ivos Mutter.

Als Ivo hereinkam, lächelte er ein wenig verlegen. Suky trat nach ihm ein. Sie strich ihr dickes blondes Haar über die Schulter nach hinten, als sie sich setzte. Mit einem sympathischen Lächeln sah sie mir in die Augen, lässig gestylt in einem taillierten Hemd, Jeans und Ballerinas. Jethro und Lottie wirkten etwas skeptisch, lächelten aber ebenfalls und schienen neugierig zu sein. Derart jugendliche Frische und unvoreingenommene Offenheit sind für mich insofern besonders herzerwärmend, als ich von Berufs wegen meist in kummervolle Gesichter blicke. Ich konnte nicht anders, als sie mit ihren Eltern zu vergleichen und zu überprüfen, wem sie ähnlich sahen. Jethro glich seinem Vater, Lottie hatte seine Augen und die schlanke, athletische Statur ihrer Mutter.

Ich bat sie, mir zu erzählen, wie es ihnen seit Ivos Nachricht ergangen war. Ich sah Suky an, dass sie gern etwas loswerden wollte, aber zuerst waren die Kinder an der Reihe. Jethro meldete sich zu Wort: »Ich kann dir gar nicht sagen, wie unwichtig das für uns ist.

Außerdem hast du die besten Gene von euch. Du bist lustiger und cleverer als die anderen.« Auf die Frage, ob er jetzt ein anderes Verhältnis zu seinen Cousins habe, antwortete er mit einem klaren Nein: Sie stünden sich noch genauso nahe wie vorher, es sei kein Unterschied.

Lottie sprach leise und schaute zwischen Jethro und ihrem Vater hin und her: »Pops, ich hab dich lieb. Es ist schon ganz schön komisch und verwirrend, aber für uns hat sich eigentlich nichts geändert. Ich bin nur ein bisschen sauer auf Grandma.«

Ivos Gesicht errötete bei diesen Zeichen der Liebe, die sie ihm entgegenbrachten. Er stellte sich selbst und ihnen die Frage, ob sie weiterhin den Familiennamen Wynne tragen sollten, obwohl er kein leibliches Kind seines Vaters sei. Doch sie waren moderne junge Leute und weniger binär in ihren Ansichten als ihre Eltern: Auch das spielte für sie keine Rolle. Ihr Vater war ein Wynne, war immer ein Wynne gewesen; er hatte sie unter diesem Nachnamen großgezogen und daran hatte sich nichts geändert.

Jethro fügte hinzu: »Ich habe es dir zu verdanken, dass ich musikalisch bin, und das hast du von deinem Vater, Grandpa Mark.«

Ivo lächelte stolz. »Mein Vater liebte Musik. Als ich klein war, hatte ich eine schöne Stimme, und die Musik war mir mein Leben lang wichtig. Mir ist klar, dass ich das von meinem Vater habe. Dafür bin ich dankbar.« Es war bewegend, mitzuerleben, wie Ivo bei der Erinnerung daran aufblühte und dass die Leidenschaft für Musik in Jethro weiterlebte.

Suky, die als Dokumentarfilmproduzentin arbeitete, strahlte Ausgeglichenheit und Wärme aus – offenbar hatte Ivo kein Abbild seiner Mutter geheiratet, ein Fehler, der häufig vorkommt. Suky besaß viel Energie, sie konnte aufmerksam und sehr konzentriert zuhören, verständnisvoll, wertschätzend. Ich spürte, dass sie Ivo jene tiefe Bindung und Zuneigung schenkte, die er sein Leben lang vermisst hatte.

Ich wiederholte, wie ich die Situation bisher verstanden hatte, und sie erwiderte darauf: »Ich glaube, das Wichtigste hierbei ist Ivos Identität. Sein Selbstverständnis und seine innere Struktur beruhen auf der DNA seiner Eltern, aber es gehört ja noch viel mehr dazu. Sein Wesen besteht aus den miteinander verbundenen und verwobenen Beziehungen zwischen der Familie und den Menschen in seinem Leben. Wie wir alle ihn behandelt haben, ob wir liebevoll oder grausam oder gleichgültig waren, ob wir ihn vergessen haben oder unzuverlässig waren. Das und seine eigenen Lebenserfahrungen haben ihn zu dem gemacht, der er ist.« Ivo nickte. Es schien ihm jetzt viel besser zu gehen, aber er rutschte immer noch nervös auf seinem Stuhl hin und her.

Ich fragte sie alle, ob es noch etwas zu besprechen gebe. Lottie sagte etwas zögerlich: »Dad, gäbe es die Möglichkeit, dass du weniger schnell aus der Haut fahren würdest?« Suky streichelte Ivos Bein und bat Lottie, sich genauer auszudrücken. Lottie zählte eine Reihe von Beispielen auf, kleine häusliche Auseinandersetzungen, bei denen Ivo ausgeflippt und durch die Küche marschiert war und alle angeschrien hatte.

Ivo saß stocksteif da. Er war verletzt und traurig, aber er befand sich in einer Therapiesitzung. Meine Anwesenheit zwang ihn, die spontane Erwiderung hinunterzuschlucken, die ihm in den Sinn kam. Er wandte sich an Suky. »Ich weiß, dass ich manchmal zu impulsiv bin … Ich wär gerne anders, aber ich weiß nicht, wie ich das schaffen kann.«

Jetzt war es an mir, nützlich zu sein. Ich fragte mich, ob sie sich auf einen Deal einigen könnten. Niemand sollte seine Gefühle unterdrücken, vielmehr geht es darum, einen neuen Weg des Umgangs mit ihnen zu finden – waren sie als Familie dazu bereit? Ob es ihnen gelingen könnte, sich zwischen dem aufsteigenden Gefühl und den davon getriggerten Worten oder Handlungen einen Moment Zeit zu lassen? Diesen Moment zu nutzen, um durchzuatmen, sich zu beruhigen und nachzudenken? Aus der Situation rauszugehen, ein Glas Wasser zu trinken, zurückzukehren und dann überlegt zu reagieren? Und anschließend in Ruhe zu äußern, was man fühlte und brauchte, ohne sein Gegenüber anzugreifen. Dabei handelt es sich um eine einfache, aber effektive Strategie zum Entschärfen explosiver Situationen, die oft auch bei Kindern angewendet wird.

Nachdem sich Ivos Wut allmählich etwas gelegt hatte, gewann der Schmerz die Oberhand. Er schaute zur Wand hinter seinen Kindern, an ihnen vorbei, und sprach langsam, um nicht in Tränen auszubrechen: »Oh mein Gott, ich bin wie meine Mutter. Oh, nein! Ich will nicht so sein wie sie …« Er presste die Finger an die Schläfen. »Wenn ihr die Geduld mit mir aufbringt, verspreche ich, an mir zu arbeiten.« Lottie sprang auf, durchquerte mit einem Satz den Raum und nahm ihren niedergeschlagenen Vater in die Arme, was ihm sichtlich guttat. Jethro ging gleich zum nächsten Punkt über. Er äußerte den Wunsch, sich mit Roberts Familie in Verbindung setzen zu wollen, um sie kennenzulernen und womöglich nette neue Cousins und Cousinen ausfindig zu machen. Obwohl Ivo fix und fertig war, blieb er in diesem Punkt unnachgiebig. Suky wies ihn sanft darauf hin, dass Roberts Familie auch die seiner Kinder war: Ob er das Recht habe, sie aufzuhalten? Ivo gab zu, dass er das nicht habe, aber er habe momentan genug Chaos und Veränderungen durchgemacht und könne einfach nicht noch mehr ertragen. Jethro und Lottie reagierten verständnisvoll. Sie einigten sich darauf, die Sache zunächst auf sich beruhen zu lassen, um vielleicht später darauf zurückzukommen.

Ich fasste zusammen, wie ich ihre Situation verstanden hatte. Sie waren eine starke, intakte Familie, die einen tiefen Einschnitt zu verarbeiten hatte. In mancher Hinsicht hatte sie das näher zusammengebracht.

Später erfuhr ich, dass Suky für jedes Familienmitglied, dem es gelungen war, seine Affekte zu zügeln, einen Stern in eine Tabelle an der Wand eintrug. Alle fanden das lustig, aber es war zugleich eine sanfte Ermahnung, dass man sein Temperament im Zaum halten solle. Die Sitzung mit mir hatte ihnen die Gelegenheit gegeben, sowohl ihre Streitpunkte als auch ihre tiefe Verbundenheit auszusprechen, und würde sie hoffentlich davon abhalten, die Fehler ihrer Vorfahren zu wiederholen.

Lottie und Jethro grinsten und animierten mit ihrer optimistischen Energie ihren ziemlich erschöpften Vater und ihre kluge Mutter dazu, nun zusammen Pizza essen zu gehen. Anscheinend war es typisch für diese Familie, Therapie mit Essen als wohlverdienter Belohnung zu verbinden. Andere führen vielleicht anschließend Tagebuch, um das Gelernte zu verfestigen, oder sprechen mit einem Partner oder einem Freund darüber. Die Wynnes hatten keine solche Strategie in petto, sondern zogen ein gemeinsames Essen vor.

Ivo hatte sich in einer Krise an mich gewandt. Zu erfahren, dass sein leiblicher Vater ein anderer war als derjenige, mit dem er aufgewachsen war, hatte ihn getroffen wie ein Hammerschlag. Er hatte das Gefühl, dass ihm etwas Wesentliches im Leben genommen worden war. Sein Kummer wurde noch dadurch verstärkt, dass er selbst das nie so genau hatte wissen wollen, sondern eher andere darauf bestanden hatten, »die Wahrheit« herauszufinden, ohne Rücksicht auf seine Gefühle oder Wünsche zu nehmen. Ich weiß noch, wie er verzweifelt hervorstieß: »Es dringt in jeden Winkel meines Wesens ein und lässt keinen Zentimeter übrig für andere Gefühle, vor allem nicht für Liebe oder Verbundenheit.« Daran zu arbeiten und die Veränderung allmählich zu akzeptieren ist schmerzlich. Doch er musste die Turbulenzen durchleben, um sich anzupassen. Sein neues Identitätsgefühl war noch in der Entwicklung begriffen: Veränderungen brauchen länger, als uns lieb ist. Aber er räumte seinem biologischen Vater einen kleinen Platz neben Mark ein, dem Vater, den er sein ganzes Leben lang gekannt und geliebt hatte.

Ivo erholte sich und kam zu Hause und bei der Arbeit besser zurecht. Seine Beziehungen zu seiner Mutter und seinen Geschwistern verfielen wieder in die alten Muster von Bindung und Abstoßung. Das Wichtigste war jedoch, dass er das Gefühl hatte, zu dieser Familie zu gehören, so dysfunktional sie auch sein mochte. Er fühlte sich nicht als Außenseiter. Ivo hatte seinen Freunden von seiner Entdeckung erzählt: Einige hatten sich Sorgen um ihn gemacht, andere hatten gelacht, und manche waren fasziniert von der uralten Frage nach dem entwicklungspsychologischen Einfluss von Anlage oder Umwelt (nature or nurture), aber keiner hatte eine andere Haltung gegenüber Ivo eingenommen. Das stärkte sein Selbstvertrauen.

Viele Probleme, die ihre Wurzeln in Ivos Kindheit hatten, waren unangetastet geblieben – er rauchte und trank immer noch zu viel. Das Problem, dass er unerträgliche Gefühle mit Alkohol, Arbeit, Zigaretten, Essen und Geschäftigkeit betäubte, zog sich durch unsere gemeinsame Arbeit. Dieses Verhalten hatte er eins zu eins von seinen Eltern übernommen. Ich glaube, dass viele von uns solche altbekannten Abwehrmechanismen identifizieren würden, wenn sie ihre Familie oder sich selbst genauer betrachteten. Und ich bin überzeugt, dass es die Belohnung durch den emotionalen Zugewinn wert ist, ein eingefahrenes Muster zu ändern. Doch Ivo entgegnete: »Ehrlich gesagt, ich kann mir das einfach nicht vorstellen.«

Dabei muss man bedenken, dass er tatsächlich nicht das notwendige seelische Rüstzeug dafür besaß, da er von seinen Eltern nicht gelernt hatte, wie man schmerzhafte Gefühle verarbeitet. Er war ein Produkt seiner Erziehung. Inzwischen hatte er zahlreiche sinnvollere Taktiken erlernt mit Schwierigkeiten umzugehen, aber das Ganze hatte seine Grenzen. Ich hatte kurz zuvor eine Theorie darüber gelesen, unter welchen Bedingungen sich Menschen am wahrscheinlichsten ändern: Professor Richard Beckhard postuliert, dass der Widerstand geringer sein muss als die Unzufriedenheit, die Vision und die ersten Schritte der Veränderung. Mit anderen Worten: Es muss der Glaube daran vorhanden sein, dass die Anstrengung, die man unternimmt, um sich zu ändern, die Mühe wert ist. Ich glaube, wenn Ivo es hätte in Worte fassen können, hätte er wahrscheinlich erwidert, dass er nicht glaube, anders sein zu können.

Durch die Krise war Ivo offener geworden. Er hatte sich verändert, aber viel mehr würde er nicht erreichen. Er sah keinen Sinn darin, die psychologische Anstrengung auf sich zu nehmen, die eine Veränderung erfordert hätte. Das Leid, das es verursacht hätte, seine tief sitzenden Verletzungen und die Spuren, die sie in seiner Psyche hinterlassen hatten, zu überwinden, war ihm zu groß. Er hatte hart daran gearbeitet, seine akute Krise zu überstehen, und das war genug.

Die amerikanischen Psychologen Dr. James Prochaska und Dr. Carlo DiClemente haben das Transtheoretische Modell (TTM) entwickelt, mit dem sie den Prozess der Verhaltensänderung als Rad darstellen: vom Absichtslosigkeitsstadium (precontemplation) über das Vorbereitungsstadium (preparation) und das Handlungsstadium (action) bis zum Stadium der Aufrechterhaltung (maintenance) und hin zum Abschluss (exit) oder zum Rückfallsstadium (relapse). Das Modell zeigt, dass die Verhaltensänderung ein sechsstufiger Prozess ist. Ivo schien sich in der »kontemplativen« Phase zu befinden, in der er abwog, ob die Vorteile einer Veränderung das Leiden, das aus dem derzeitigen Verhalten resultierte, überwiegen könnten. Diesen Konflikt hatte er noch nicht gelöst, daher war er noch nicht bereit, über weitere Veränderungen nachzudenken. Manche Menschen befinden sich viele Jahre lang – sogar ein Leben lang – in dieser Phase, in der sie zwischen dem Erwägen und dem Nichtwollen hin- und herpendeln und manchmal sogar in eine präkontemplative Phase der Verleugnung zurückfallen.

Über die »Nature versus Nuture«-Frage wird weiterhin lebhaft diskutiert, wobei die meisten Experten der Meinung sind, dass sowohl die Biologie als auch die Umwelt unseren Charakter und unsere erwachsene Persönlichkeit beeinflussen. Doch vielleicht ist die Frage nach Vererbung oder Erziehung nicht einmal die richtige. Es gibt keinen einfachen Weg, die vielen Kräfte zu entwirren, die auf uns einwirken, vor allem, da so viele unberechenbare Faktoren – Schicksal, Glück, Unglück – eine Rolle spielen. Mir schien, dass die wichtigste lebensprägende Entscheidung, die Ivo getroffen hatte, die Heirat mit Suky gewesen war. Welche Rolle hatten Gene, Glück, Umwelt und Erziehung dabei gespielt?

Für mich stellt sich folgende Frage: Wenn wir wissen, woher wir kommen, wer wir sind und vor welchen Herausforderungen und Möglichkeiten wir stehen, was können wir dann selbst dazu beitragen, um uns optimal zu entwickeln? Eindeutig erwiesen ist jedenfalls, dass unsere Beziehungen einen grundlegenden Einfluss auf unsere Gesundheit, unseren Wohlstand und unser Glück haben. Unsere Gesellschaft, unsere Gemeinschaft, unsere Familie und wir persönlich stehen in der Verantwortung, diesen Beziehungen absolute Priorität einzuräumen.

Eltern werden durch Adoption

Wie verarbeiten wir große Lebensereignisse?

Familie Singh und Kelly

Der 43-jährige Devanj Singh war Anwalt und mit dem 45-jährigen Iren Aengus Kelly, einem Grafikdesigner, verheiratet. Sie waren seit 15 Jahren zusammen und hatten 2014 geheiratet, sobald dies gesetzlich möglich war. Nun hatten sie beschlossen, ein Kind zu adoptieren, und wünschten sich Unterstützung bei der Bewältigung dieses großen, lebensverändernden Ereignisses, sowohl vor als auch nach der Adoption. Obwohl Devanj einige Schwierigkeiten damit gehabt hatte, sich seiner Familie gegenüber zu outen, hatten beide Männer inzwischen eine gute, liebevolle Beziehung zu ihren Eltern und Geschwistern. In ihrer Vergangenheit gab es keine nennenswerten traumatischen Verluste oder Defizite, was die berechtigte Hoffnung auf eine positive Entwicklung zuließ.

Als ich begann, mir Gedanken über diese Familie zu machen, noch bevor ich sie persönlich kennenlernte, war ich für einen Moment unsicher. Ich befürchtete, zu wenig Hintergrundwissen zu besitzen und aufgrund dessen voreingenommen zu sein. Ich hatte bis dahin noch nie mit einem gleichgeschlechtlichen Ehepaar gearbeitet. Wenn ich als Therapeutin Neuland betrete, werde ich leicht nervös, weil ich so viel lernen muss, und habe Angst, Fehler zu machen. Zu meiner eigenen Verwunderung betraf eine meiner ersten Überlegungen die scheinbar triviale Frage nach dem Nachnamen. Trugen sie einen Doppelnamen mit Bindestrich? Oder hatten sie ihre jeweiligen Nachnamen behalten? Falls sie tatsächlich ein Kind ad-

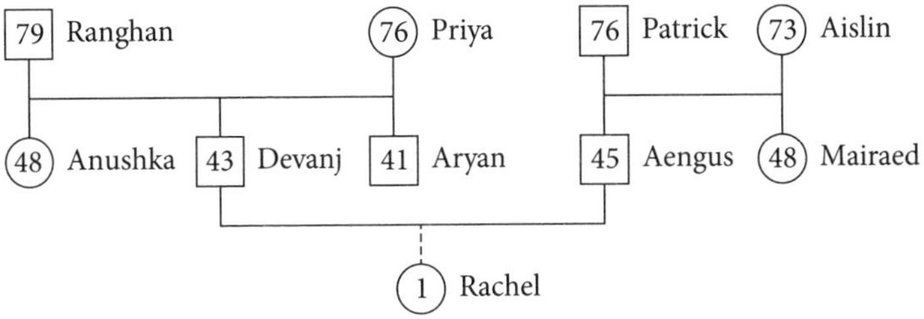

optieren könnten, welchen Nachnamen würde dieses dann tragen? Unabhängig davon, ob diese Fragen sinnvoll waren oder nicht, beschloss ich, dass ich besser informiert sein musste, um dem Paar vertrauensvoll begegnen zu können. Außerdem bin ich keine Spezialistin für Adoptionsfragen und stimmte mit meiner Supervisorin darin überein, dass ich mich zunächst schlau machen und im Verlauf der Therapie ein Auge darauf haben sollte, ob ich meine Fachkompetenz überschritt.

Ich vertiefte mich also in Forschungsarbeiten, Unterlagen von Adoptionsorganisationen wie *Adoption UK* und *Coram*, LGBTQ+-Bücher und Memoiren wie Mohsin Zaidis *A Dutiful Boy*, die Geschichte über seine Selbstfindung und die Hindernisse, die er überwinden musste, um sich als schwuler Mann in seiner liebevollen, religiösen muslimischen Familie treu zu bleiben. Eine Studie des *Office for National Statistics* (ONS) besagt: »Gleichgeschlechtliche Ehepaare sind die am schnellsten wachsende Form der gleichgeschlechtlichen Familie. Gleichgeschlechtliche Ehen und Adoptionen [durch gleichgeschlechtliche Ehepaare] sind in Großbritannien relativ neu. Im Jahr 2019 gab es 212 000 gleichgeschlechtliche Familien in Großbritannien, was einem Anstieg von 40 Prozent seit 2015 entspricht.« Gleichgeschlechtliche Paare und alleinstehende LGBTQ+-Personen können seit dem Adoptions- und Kindergesetz von 2005 legal adoptieren. Jahr für Jahr steigt die Zahl der Kinder, die von bi-, homo-

und transsexuellen Paaren adoptiert werden: Im Jahr 2020 wurde jedes fünfte Kind in LGBTQ+-Familien vermittelt.

Als ich diese Daten sah, machte ich mir Vorwürfe. Ich hatte bisher viel zu sehr in meiner heterosexuellen Blase gelebt. Obwohl ich wusste, dass diese Gesetze verabschiedet worden waren, hatte ich die Bedeutung der enormen Veränderung, die sie für LGBTQ+-Personen und -Familien bewirkt hatten, nicht erkannt. Da ich nun besser informiert war, konnte ich Devanj (Dev) und Aengus zu ihrer ersten Sitzung willkommen heißen.

Dev und Aengus betraten entspannt mein Sprechzimmer, besprachen kurz, wo sie sich hinsetzen wollten, und ließen sich auf ihre Sessel fallen, als hätten sie schon oft dort gesessen – ungewöhnlich selbstbewusst für eine erste Sitzung. Dev war hochgewachsen und in einen eleganten Anzug mit blauem Businesshemd gekleidet. Sein schwarzes, nach hinten gekämmtes Haar betonte sein markantes Gesicht, das mich freundlich lächelnd ansah.

Aengus war legerer angezogen, in T-Shirt, Chinohose und Sneakers, wie es vermutlich zu seinem Beruf passte. Er hatte eine blasse Haut, einen sommersprossigen Teint, einen gepflegten Bart und glänzendes kastanienbraunes Haar. Mir fiel auf, dass er ruckartig den Kopf umwandte, nachdem er Platz genommen hatte, und mich mit seinen auffallend blauen Augen nervös ansah.

Er fragte: »Und was jetzt?«

Ich schlug vor, dass sie mir zunächst einmal erklärten, was sie sich von dem Besuch bei mir erhofften. Die beiden waren mir auf Anhieb sympathisch. Natürlich konnte ich nicht voraussehen, wie sich die Arbeit mit ihnen entwickeln würde, aber sie strahlten eine Energie aus, die mich vermuten ließ, dass die Sitzungen mit ihnen eine interessante Bereicherung werden würden. Ich spürte, dass wir genügend Vertrauen zueinander würden aufbauen können, um uns auf unbekanntes Terrain zu begeben. Nun war ich aber erst einmal sehr gespannt darauf, was sie von der Therapie erwarteten.

Aengus sprach mit einem leichten irischen Akzent, der mich auf eine angenehme Art und Weise an die vielen glücklichen Urlaube erinnerte, die ich als Kind in Irland verbracht hatte. Mir ist klar, dass unsere Reaktionen auf andere Menschen durch unsere gelebten Erfahrungen beeinflusst werden, und sie, egal ob gut oder schlecht, möglicherweise gar nichts mit der Person uns gegenüber zu tun haben.

Aengus erzählte mir, dass sie sich als Paar grundsätzlich für alles Zeit ließen. Sie waren seit 15 Jahren zusammen und seit der Gesetzesänderung im Jahr 2014 verheiratet. Es sei ein schrittweiser Prozess gewesen, aber mit der Zeit seien sie zu der Entscheidung gekommen, dass sie Eltern werden wollten.

Wir klärten miteinander, dass dies nicht zu meinem Fachgebiet gehört und ich sie weitervermitteln würde, falls sich herausstellen sollte, dass die Problematik meine Kompetenzen überstieg. Es war wichtig, dass ich ihren Entscheidungsprozess nachvollziehen konnte, aber zunächst musste ich mehr über ihre Vorgeschichte erfahren. Wir tragen unsere Vergangenheit in uns wie eine Mitgift von Talenten und Bürden, die unsere Gegenwart und jeden Aspekt unseres Lebens beeinflusst. Nur selten begibt sich jemand wegen in der Vergangenheit erlittener Verletzungen in Therapie: Die Klienten und Klientinnen wenden sich an mich, weil diese Wunden die Gegenwart überschatten. Um mich richtig auf die beiden einzustellen, brauchte ich den Kontext, in dem sie diese lebensverändernde Entscheidung getroffen hatten. Ihre Erkenntnis, dass es sich bei der Adoption um ein bedeutendes Übergangsereignis handelte, das verarbeitet werden musste, war jedoch bereits ein Indikator dafür, dass sie gut damit umgehen würden. Oft sind es gerade diejenigen, die am meisten Unterstützung brauchen, die sich nicht dafür entscheiden, Hilfe in Anspruch zu nehmen.

Dev lächelte Aengus an und gab mir einen kurzen Abriss über ihre Beziehung. Sie hatten sich 15 Jahre zuvor bei einem Pride-Dinner kennengelernt: »Als ich Aengus traf, hat es bei mir Klick gemacht.« Er hatte zu diesem Zeitpunkt zahlreiche enttäuschende Erfahrungen beim Onlinedating hinter sich. Immer, wenn er jemanden kennengelernt hatte und dachte, er sei »der Richtige«, meldete sich derjenige nicht mehr bei ihm. Er war lange Single gewesen. Aengus hatte mehrere feste Beziehungen gehabt, aber keine, die sich »so richtig« angefühlt hatte. Dev überlegte gerade, ob er Aengus eine SMS schreiben solle, als er eine Nachricht von ihm erhielt: »Hast du Lust, zu mir zum Essen zu kommen?« Beide hatten das Gefühl, dass es diesmal »keine Spielchen« und kein »Soll ich mir eine Woche Zeit lassen, bis ich antworte?« geben sollte.

Schon bald darauf mietete Aengus eine Wohnung in der gleichen Straße wie Dev, und es dauerte nicht lange, bis sie zusammenzogen. Obwohl sie scheinbar so unterschiedlich waren, hatten sie viel gemeinsam: Familie war ihnen sehr wichtig, sie hatten ähnliche Wertvorstellungen, in der Beziehung legten sie Wert auf Respekt, gemeinsame Interessen und Humor, und ihnen war klar, dass es Arbeit erfordern würde, einander nahe zu bleiben. Sie nahmen sich vor, immer offen miteinander zu reden und Probleme pragmatisch zu lösen. Beziehungen reparieren sich nicht von selbst.

Das fand ich besonders interessant, da sie aus zwei verschiedenen Kulturkreisen stammten: Dev hatte indische, Aengus irische Wurzeln, Dev war Hindu, Aengus Christ. Es bestand durchaus die Gefahr, dass ihre Überzeugungen aufeinanderprallten und Fragen aufkämen wie »Welche Normen gelten für uns?« oder »Wer dominiert?« Mit einem leisen Lachen antwortete Aengus: »Wir kriegen das schon alles hin.« Ich spürte wie eng verbunden sie waren und wie ähnlich sie tickten. Ich fühlte mich an die erste der zehn Fragen der Psychologieprofessorin Anne Barlow (siehe Anhang) erinnert, die Paare einander stellen können, um ihre Chancen auf eine dauerhafte, glückliche und gesunde Beziehung zu erkunden: »Passen wir zusammen?« Dev und Aengus lagen auf der Skala weit oben, was ein Glück war, denn der Weg zu einer Adoption erfordert eine tiefe, unterstützende Bindung. Wie Dev später sagen sollte: »Es ist wie ein Gedankenexperiment.«

Ich fragte sie, ob sie schon einmal eine Therapie gemacht hätten. Aengus schüttelte den Kopf und sagte leichthin: »Nö.«

Dev strich sich die Haare zurück, als müsse er sich einen Ruck geben, um sich mir anzuvertrauen. Dann erzählte er mir von der Krise, die er vor zehn Jahren durchgemacht hatte: »Eines Morgens bin ich weinend aufgewacht und konnte nicht mal daran denken, zur Arbeit zu gehen. Es war alles zu viel für mich. Aengus zwang mich, mich krank zu melden und schwimmen zu gehen. Rückblickend war es nicht die Arbeit, die so stressig war, sondern der Zwang, den ich auf mich selbst ausübte, jemand anderer zu sein, als ich eigentlich war. Viele Jahre lang habe ich mich niemandem außer Aengus anvertraut. Es war echt schrecklich. Man weiß nicht, wie schlimm es ist, bis man es selbst durchgemacht hat. Bei der Arbeit war ich kaum noch in der Lage, Entscheidungen zu treffen, ich konnte nicht einmal eine E-Mail beantworten. Die unerledigten Aufgaben türmten sich; ich fing an, mehr von zu Hause aus zu arbeiten, und irgendwann machte ich viele Überstunden und dachte die ganze Zeit an die Arbeit.« Ich bemerkte, dass das klinge, als sei ihm alles über den Kopf gewachsen. Er nickte, und ich spürte, wie schwer es ihm fiel, daran und an seinen Kummer zurückzudenken. »Mir wurde allmählich klar, wie schwer es ist, Entscheidungen zu treffen, wenn man nicht weiß, wer man ist. Meine Gefühle waren vollkommen durcheinander. Ich hatte mich selbst aus den Augen verloren.«

Dev hatte eine innere Spaltung zwischen dem erlebt, wer er war, und dem, wer er glaubte, sein zu müssen. Glücklicherweise betraf dies nicht seine Beziehung zu Aengus, sondern es passierte nur, wenn er nach außen hin auftreten musste.

Ich fragte ihn, ob er wisse, welchen Ursprung diese Gefühle hätten, und Dev beschrieb mir, wie er erzogen worden war. Über mehrere Generationen hinweg hatte seine Familie ein erfolgreiches Geschäft im Seidenhandel in Indien aufgebaut. In den 1960er-Jahren war sein Vater Ranghan als Jugendlicher mit seinen Eltern von Mumbai nach Großbritannien gekommen. Sein Großvater und dann sein Vater hatten geschäftlich nach Europa expandiert. Finanziell abgesichert zu sein war ein wichtiger Schutz bei ihrem Akkulturationsprozess. So wie ich es verstand, hatte Ranghan sein indisches Erbe und seinen westlichen Lebensstil durch Kämpfe mit seinen Eltern verhandeln müssen. Das bedeutete, dass Dev zwar immer noch vor einigen Herausforderungen stand, die kulturelle Assimilation für ihn aber nicht so komplex war. Er lebte seinen hinduistischen Glauben, der ein wichtiger Aspekt seiner Identität war, aber nicht auf eine dogmatische Art und Weise. Ranghan war sehr fleißig, reiste viel und beschäftigte sich mit zahlreichen globalen Themen und Ideen. Er war ein engagierter, pflichtbewusster Vater, der das Beste für seine vier Kinder wollte, ein Mädchen und drei Jungen, von denen Dev der Älteste war. Doch Devs Vater war still und sagte zu Hause nicht viel. Wie Dev es ausdrückte: »Er hatte ›Alles, was ich will, ist ein ruhiges Leben‹ auf die Stirn tätowiert.«

Seine Mutter Priya, die auch im Familienunternehmen arbeitete, war zu Hause für alles zuständig. Devs Krise hatte mehr mit seiner Mutter als mit seinem Vater zu tun, und er entschloss sich letztendlich für eine Therapie, um der Sache auf den Grund zu gehen.

Dev sagte: »Wir sind alle so aufgewachsen, dass unsere Mutter uns sagte, was wir zu tun hatten. ›Du machst diese Prüfung. Du wirst eine Eins bekommen, wenn du genug lernst.‹ So war es noch im Studium und während unserer beruflichen Laufbahn. Es war, als bestimme sie: ›Du gehst deinen Lebensweg mit folgenden

Schritten …‹ Mir war vorherbestimmt, in den Familienbetrieb einzusteigen, und ich musste darum kämpfen, Anwalt werden zu können. Aber obwohl ich das durchgezogen habe, habe ich die meisten meiner Entscheidungen getroffen, weil ich jemand anderem gefallen wollte. Sie basierten nicht auf dem, was ich wollte. Ich habe nach einem System von Sollvorgaben gearbeitet und immer nach Perfektion gestrebt, die ich natürlich nie erreichen konnte.

Wenn es bei der Arbeit richtig stressig wurde, flippte ich innerlich aus und konnte keine Entscheidungen treffen. Meine automatische Reaktion war, meine Mutter um Rat zu fragen. Natürlich half mir ihr Rat nicht, weil sie sich nicht in mich hineinversetzen konnte. Sie war nicht ich. In der Therapie habe ich festgestellt, dass ich mich selbst zensiert habe …«, er holte tief Luft, mit schmerzlichem Blick, »… und zwar die ganze Zeit.« Er erklärte mir, wie zerrissen er in seiner Kindheit und Jugend innerlich gewesen war, weil sein Inneres ständig im Konflikt mit den Anforderungen gestanden hatte, die von außen an ihn herangetragen wurden.

Er erzählte mir, dass er sich zwar nach der Universität geoutet habe, aber in ihm noch eine große Menge an unausgesprochenen Gefühlen stecke, weil er seine sexuelle Identität während seiner gesamten Kindheit und Jugend verborgen habe. Dev beschrieb die Scham, die er empfunden hatte: »Ich lebte in einer vollkommen heterosexuellen Welt, in der Homosexualität nicht vorkam. Ich musste mich als Jugendlicher ständig beweisen und die Leute beeindrucken, weil ich einfach nicht normal war. Lange Zeit habe ich es nicht mal mir selbst gegenüber eingestanden.«

Es überstieg meine Vorstellungskraft, mir auszumalen, wie es war, wenn man einen wichtigen Teil seiner Identität verstecken musste. Das Wort, das mir in den Sinn kam, war »Gift«. Ich sagte: »Das klingt, als hätte es Sie vergiftet. Dieses Theater, dass Sie gespielt haben, die Maske, die Sie aus Scham getragen haben, weil Sie anders waren, weil Sie Angst hatten, verurteilt zu werden – ich finde das sehr bewegend und traurig.« Ich spürte die Intensität seiner Gefühle als Druck auf meiner Brust.

Während Dev seine schmerzlichen Erinnerungen wieder hervorgerufen hatte, hatte er entweder aus dem Fenster oder auf den Teppich geschaut. Als ich dann mein Mitgefühl darüber äußerte, wie schlimm es gewesen sein musste, schaute er erst mich an und drehte sich dann zu Aengus um, als suche er Schutz in seinem sicheren Hafen.

Aengus nickte ihm liebevoll zu und vermittelte ihm damit die Botschaft: »Ja, so war es damals, aber jetzt geht es dir besser.« Es war nur ein kurzer Moment, eine Sache von Sekunden, der Dev aber den entscheidenden Rückhalt vermittelte: Solange wir uns nicht sicher fühlen, können wir es auch nicht riskieren, an schmerzhaften Stellen in unserem Innern zu rühren.

Aengus' Reaktion verlieh Dev den Mut, darüber zu sprechen, wie seine Mutter es aufgenommen hatte, dass er schwul war. Es hatte lange gedauert, bis sie es akzeptiert hatte. Dev erzählte: »Bei meiner Geburt stellte sich meine Mutter vor, dass ich eines Tages ein erfolgreicher Firmenboss werden würde, dass ich nach Oxford gehen und in einem Riesenhaus leben würde, und stattdessen war ich irgendwann vollkommen orientierungslos. Anfangs hat meine Mutter meine Homosexualität abgelehnt. Sie war nicht böse, aber sie tat einfach so, als wäre alles ganz normal, und weigerte sich, darüber zu reden. Ich sagte irgendetwas, wir stritten uns. Anschließend herrschte Funkstille. Sie hoffte, das werde sich rauswachsen, glaubte, es sei nur eine Phase. Einmal habe ich ihr erzählt, dass ich einen Nebenjob als Friseur annehmen wolle, und sie war vehement dagegen.

In unseren Gesprächen ging es ständig darum, was für ihren Jungen angemessen und was unangemessen war. Ich weiß natürlich, dass das auch teilweise an unserer indischen Herkunft liegt und wir uns immer anpassen und nicht auffallen oder anecken wollten. Wir sind durchaus anders, und dass ich in noch höherem Maß anders war, machte ihr Angst. Sie war absolut unnachgiebig. Als wir zum Beispiel im Urlaub waren und ich ihr sagte, dass ich es meinem jüngsten Bruder erzählen wolle, versuchte sie es zu verhindern, weil er angeblich noch zu jung sei. Aber ich habe es ihm trotzdem gesagt. Ich hatte es satt, mich ständig zu verstellen. Er war alt genug. Ihr Verhalten basierte darauf, dass sie eine ganz bestimmte Vorstellung davon hatte, wer ich sein sollte, was sie ihrer Familie und ihren Freunden erzählen konnte, was sie stolz machen würde, aber sie nahm keine Rücksicht darauf, wer ich tatsächlich war.«

Wir sprachen über die Bedeutung seines hinduistischen Glaubens und die Probleme, die sich daraus ergaben. Für manche Hindus ist Homosexualität inakzeptabel: Sie widerspricht der Lehre, dass es für Männer und Frauen »natürlich« sei, zu heiraten und Kinder zu bekommen. Andere wiederum glauben, sie gehöre durchaus dazu, weil alte Reliefs in Tempeln Männer und Frauen beim gleichgeschlechtlichen Sex zeigten. Wie in allen Religionen waren einige dagegen, andere aktiv dafür und viele einfach neutral oder, wie im Fall von Devs Vater, stillschweigend einverstanden. Dev war sich darüber im Klaren, dass er keinen Einfluss auf die Meinungen anderer hatte. Aber für ihn war es wichtig, sich selbst ohne Verurteilung seinen Glauben und seine Überzeugungen mitfühlend zu bewahren.

Dev war nun ganz in seine Erinnerungen eingetaucht. »Mein Vater hat das Thema natürlich peinlich gemieden. Das war an sich zwar schwierig, aber obwohl er von Natur aus traditionell eingestellt ist, wusste ich überraschenderweise, dass er hinter mir stand und es ihn nicht wirklich störte. Wenn es ihn gestört hätte, hätte er irgendetwas gesagt. Wir haben nie darüber geredet, so von Vater zu Sohn. Es wäre furchtbar peinlich gewesen …«

Dann kam Dev wieder auf seine Mutter zurück. Sie habe so viel für ihn getan und ihn so liebevoll erzogen, und trotzdem habe er immer das ungute Gefühl gehabt, zu versagen: »Fast nichts, was ich tat, war gut genug.« Das rührte daher, dass er einen wichtigen Teil seiner Identität verbergen musste. Ein grundlegender Aspekt unserer Identität ist das Gefühl, dass wir geliebt werden und dazugehören. Dev empfand das Gegenteil. »Mein Schwulsein passte nicht in ihre Pläne für mich, und ihr Widerstand verletzte mich sehr.« Es bedeutete, dass er keine Freunde mit nach Hause brachte, und es blockierte ihn in seiner Fähigkeit, eine Beziehung zu führen: »Ich habe nie jemanden wirklich ausreichend gemocht.«

Die Begegnung mit Aengus hatte alles verändert. Er zog daraus das Selbstvertrauen, seiner Mutter ein Ultimatum zu stellen: Entweder, sie erklärte sich bereit, Aengus kennenzulernen, oder Dev würde weder zu Diwali noch überhaupt je wieder nach Hause kommen. Das war zu viel für sie. Priya liebte ihren Sohn sehr. An einem Wintertag lernte sie Aengus schließlich kennen und war ganz begeistert von ihm. »Seitdem ist das Problem vom Tisch. Sie vergöttert ihn und hätte ihn am liebsten die ganze Zeit um sich.« Während ich Dev zuhörte, dachte ich bei mir, dass es sicherlich Tausende von Versionen der elterlichen Reaktion auf das Schwulsein ihrer Kinder gab, nicht weil sie sie nicht liebten, sondern weil sie es taten. Sie wollten sie vor den Vorurteilen schützen, mit denen sie sie konfrontiert sahen, was jedoch zugleich die Stigmatisierung von Homosexualität und gleichgeschlechtlichen Beziehungen nur noch weiter zementierte.

Damit Kinder und Jugendliche zu selbstbewussten Erwachsenen heranwachsen, ist es von entscheidender Bedeutung, sich intensiv und voller Neugier mit ihren Neigungen und ihrer Entwicklung zu beschäftigen und sie als die Persönlichkeiten zu unterstützen, die sie sind. Sie zu etwas »zurechtbiegen« zu wollen, was sie nicht sind, ist kontraproduktiv. Dr. Michele Borba beschreibt in ihrem Buch *Thrivers: the surprising reasons why some kids struggle while others shine* (Überflieger: Die überraschenden Gründe, warum manche Kinder Schwierigkeiten haben, während andere erfolgreich sind) die Forschungsergebnisse und Expertenmeinungen, die diesen Aspekt untermauern.

Devs Geschichte hatte ihn geprägt: Er konnte schlecht mit Kritik umgehen und fühlte sich schnell als Außenseiter. Doch das waren nicht die entscheidenden Anteile seiner Persönlichkeit. Jetzt, wo er älter war, war er stolz darauf, schwul zu sein, und er fühlte sich stärker, weil er das alles durchgestanden hatte. Er hatte auch gelernt, mit Stress umzugehen, regelmäßig Sport zu treiben, sich Zeit für Entspannung zu nehmen und seine Gefühle offen zu zeigen. Durch seine Therapie hatte er sich selbst besser kennengelernt und ein stärkeres Selbstwertgefühl entwickelt. Er war ein gutes Beispiel dafür, dass es nicht darauf ankommt, was mit einem geschieht, sondern wie man darauf reagiert.

Aengus hatte aufmerksam zugehört und Dev zwischendurch mit kleinen Gesten ermuntert. Ich wandte mich jetzt ihm zu und fragte ihn, ob er mir mehr darüber erzählen könne, wie es um die LGBTQ+-Gemeinschaft und Diskriminierung bestellt sei. Es überraschte mich, als ich erfuhr, dass Irland als neuntes Land der Welt die gleichgeschlechtliche Ehe erlaubt hatte.

Aengus' Eltern gehörten zu der Generation, die die Einstellung zu LGBTQ+-Themen von äußerst konservativ zu äußerst liberal geändert hatte. Sie hatten keine Probleme mit seiner sexuellen Orientierung und vertraten ihre Ansichten offen, indem sie beispielsweise für die Änderung des Gesetzes zur Homo-Ehe gestimmt hatten. Aengus war stolz auf ihre Offenheit und ihren Mut, die Welt für ihn und die schwule Gemeinschaft zu verändern. Für Devs Mutter empfand er großen Respekt, weil es ihr gelungen war, ihre Meinung zu ändern. Zu der Zeit, als sie geheiratet hätten, sagten er und Dev übereinstimmend, hätten sie sich sehr gut mit ihren Familien verstanden. »Ich weiß noch, wie ich in meiner Hochzeitsrede gesagt habe, dass ich mit Schwiegermutterwitzen noch nie etwas anfangen konnte. Dev und ich passen wirklich sehr gut zueinander und auch in unsere jeweiligen Schwiegerfamilien.«

Das brachte uns auf ihr aktuelles Thema: die Adoption. Im Gegensatz zu anderen Paaren waren sie nicht automatisch davon ausgegangen, dass sie einmal Kinder haben würden. Aengus sagte: »Als schwuler Mensch war es keine Option, Kinder zu haben. Auch wenn die Umfragen darauf hindeuten, dass Homosexualität inzwischen weitgehend akzeptiert wird, habe ich die Erfahrung gemacht, dass es die Leute irritiert, wenn sie erfahren, dass man verheiratet ist, und vollends schlimm und peinlich wird es, wenn man als Schwuler ein Kind hat.« Autsch. Das musste ich erst mal verdauen. Obwohl Dev und Aengus also ein glückliches, offen homosexuelles Leben mit enger Bindung zur Familie und mit einem großen Freundeskreis führten, bestanden immer noch unterschwellige Vorbehalte und Barrieren gegen das Schwulsein und insbesondere das Thema schwule Eltern. Dies zeigte, wie langsam sich kulturelle Einstellungen ändern und wie festgefahren unsere Auffassung von »normal« sein kann. Wir alle müssen die Augen dafür öffnen, wie sehr die LGBTQ+-Community unter unseren Vorurteilen leidet.

Dev sah mir in die Augen, während er mir die Diskussionen schilderte, die sie über mehrere Jahre hinweg geführt hatten. Ihre ersten Gespräche begannen mit der Frage: »Könntest du dir vorstellen, Vater zu werden?« Als sie sich einig waren, dass sie Kinder wollten, diskutierten sie über die Frage, wie sie es anstellen sollten, eines zu bekommen. Sie zogen alle Möglichkeiten in Betracht und waren sich – ohne über andere zu urteilen – einig, dass eine Leihmutterschaft oder Co-Elternschaft (eine Frau hätte ihr Kind ausgetragen und sie hätten sich die Elternschaft mit ihr geteilt) für sie nicht in Frage kam.

Ihre Ansichten stimmten weitgehend überein. Keiner der beiden Partner hatte einen besonderen Drang, seine Gene an ein Kind weiterzugeben, wahrscheinlich weil beide seit ihrer Jugend nicht an diese Möglichkeit gedacht hatten. Sie recherchierten viel, nahmen an vielen Kursen und Seminaren teil, und ihre Überlegungen entwickelten sich weiter, bis sie zu der Entscheidung gekommen waren, dass sie über die örtlichen Behörden ein Kind adoptieren wollten. Sie erfuhren, dass sie eine geeignete Wohnung für ein Kind brauchten, dass sie die Stabilität und Güte ihrer Beziehung nachweisen mussten, ebenso ein regelmäßiges, ausreichendes Einkommen. Sie mussten bereit sein, sich als Eltern zu engagieren. All diese Voraussetzungen erfüllten sie.

Trotz einiger Befürchtungen und Verzögerungen hatten sie sich also kürzlich an die örtlichen Behörden gewandt und eine Sozialarbeiterin, Candice, zugewiesen bekommen.

Devs und Aengus' Familien waren begeistert. »Unsere Eltern waren ganz aus dem Häuschen, dass wir uns endlich aufgerafft hatten«, erzählte Aengus. Sie mussten ihre Eltern regelrecht bremsen und ihnen erst einmal erklären, dass es keineswegs einfach werden würde, dass sie mit Hindernissen rechnen müssten und nicht wüssten, ob ihr Antrag genehmigt werden würde. Falls sie dann Glück hätten, könnten sie nicht im Voraus wissen, wie ihr zukünftiges Väterglück aussehen würde: Würden sie Geschwister oder ein Kind mit Behinderung bekommen? Die Chance, ein Baby adoptieren zu können, war gering, und wenn sie darauf beharrten, konnte das bedeuten, dass sie bis zu fünf Jahre warten mussten, was sie nicht wollten. Sie hatten sich jedoch klargemacht, dass sie kein Kind mit vorbestehenden Aggressionsproblemen annehmen wollten, also ganz klar ihre Fähigkeiten und Grenzen geklärt, was ein wichtiger Schritt für die Adoption war.

Wir waren uns einig, dass sie keine Therapie im Sinne einer Behandlung brauchten, sondern dass ich das Paar bei ihren Reflexionen begleiten sollte. Wir vereinbarten daher, uns einmal im Monat zu treffen, immer mit der Möglichkeit, im Krisenfall Zusatztermine auszumachen.

In den letzten vier Jahrzehnten ist die Zahl der Adoptionen in Großbritannien von 12 121 in England und Wales im Jahr 1978 (Daten des ONS) auf 4 350 im Jahr 2017 gesunken, obwohl die Zahl der betreuten Kinder gestiegen ist: 2017 waren es 72 760. Die Gründe dafür sind vielfältig. Einer davon ist die gestiegene Erfolgsquote der In-vitro-Fertilisation von sieben auf 30 Prozent. Da Erfolg und Misserfolg von Adoptionen schwer messbar sind, können Statistiken nur Näherungswerte angeben. Nur ein bis drei Prozent der Adoptionen von Kleinkindern scheitern, während bei älteren Kindern die Misserfolgsquote viel höher ausfällt: Bis zu 30 Prozent der Adoptivkinder im Teenageralter kehren in die Pflegeeinrichtung zurück. Die Misshandlungen und die Vernachlässigung, die diese Kinder oft erlitten haben, können dazu führen, dass sie kein Vertrauen zu ihren Adoptiveltern aufbauen können und ihr Verhalten deshalb unkontrollierbar ist.

Durch die Gespräche mit Dev und Aengus erkannte ich, dass sie die Adoption als ihre erste Wahl zur Familiengründung aktiv befürworteten. Es war ein Geschenk für sie. Nachdem sie sich geoutet hatten, hatten sie an ihren eigenen Problemen in Bezug auf Identität und Sexualität gearbeitet. Zu diesem Zeitpunkt hatten sie geglaubt, keine Chance zu haben, jemals Eltern zu werden, und daher keine Erwartungen aufgebaut.

Die Erfüllung unserer Erwartungen ist ein Indikator für unser Wohlbefinden, und unerfüllte Erwartungen sind eine Quelle von Schmerz und Leid. Für viele Paare und Einzelpersonen ist eine Adoption der Plan B, nachdem sie auf biologischem Weg kein Kind bekommen konnten. Oft haben sie schon viel durchgemacht, weil sie nicht schwanger wurden oder Fehlgeburten oder Totgeburten erlitten haben. Diese Männer und Frauen mussten sich mit der Realität abfinden, dass sie kein gesundes Kind zur Welt bringen konnten, obwohl sie anfangs davon ausgegangen waren und es für ganz selbstverständlich gehalten hatten. Es ist ein steiniger, harter Weg. Bestimmte Aspekte des Selbstwertgefühls und der Identität können sehr darunter leiden, was eine ganze Reihe von Emotionen wie Wut, Versagensgefühle und Neid mit sich bringt.

Ich dachte an einen Besuch bei *Adoption UK* vor einigen Jahren zurück, bei dem ich mit Mitarbeitenden über die emotionale Verfügbarkeit trauernder Eltern für eine Adoption sprach. Wir untersuchten die Vorteile und möglichen Auswirkungen einer vorgeschriebenen Zeitspanne zwischen dem Tod eines Kindes und der Eignung der Eltern für eine Adoption. Dabei sollte keineswegs ein Urteil über ihre Fähigkeit gefällt werden, einem Kind ein liebevolles, glückliches Zuhause zu schaffen, sondern es sollte lediglich der Tatsache Rechnung getragen werden, dass es Zeit braucht, bis Paare die Trauer um ihre ursprüngliche Realisierungsidee des Traums von einer Familie verarbeitet haben.

In diesem ersten Jahr, in dem ich Dev und Aengus begleitete, war ich beeindruckt und auch ein wenig eingeschüchtert von der Gründlichkeit, mit der sie geprüft wurden. Der Gedanke drängte sich mir auf, dass sich vielleicht alle Eltern einer solchen Prüfung unterziehen sollten, um über ihre Kompetenz als Eltern, ihre Fähigkeit, eine liebevolle Umgebung zu schaffen, den Zugang zu solider Unterstützung durch andere und ihre Gründe für den Kinderwunsch nachzudenken. Der Prozess der Reflexion, bei dem sie auf ihre Kindheit zurückblickten, das Positive mitnahmen und die Aspekte, die sie als weniger positiv empfanden, hinter sich ließen, schien mir eine grundlegende und aufschlussreiche Übung für alle zukünftigen Eltern zu sein.

Jeden Monat erfuhr ich von einer neuen Hürde, die Dev und Aengus überwinden mussten. Dev, der dabei an sein früheres Perfektionsstreben erinnert wurde, empfand es als beunruhigend, ständig abwägen zu müssen, ob er ehrlich sein sollte oder ob es ihre Chancen schmälern würde, wenn er zu ehrlich war.

Beide Männer entwickelten eine gute Beziehung zu Candice. In diesem Jahr wurde sie zur wichtigsten Person in ihrem Leben. Bei jedem Treffen, so Aengus, »hatte ich das Gefühl, dass ich auf Zack sein musste. Ich wusste nicht genau, nach welchen Kriterien diese Leute suchten, wie ihre Gedankengänge verliefen und wie sie die Adoptionswilligen verglichen. Jedes Treffen war wie eine Prüfung.«

In manchen Monaten spürte ich, wie die Ungewissheit mit ihrer Sehnsucht in Konflikt geriet. In einer Sitzung äußerte Aengus die Befürchtung, er habe alles vermasselt, weil er gebeten worden war, ein Beispiel für eine Stressreaktion seiner Eltern zu geben, und er erzählt hatte: »Als meine Schwester und ich einmal absolut unausstehlich gewesen waren, hat uns meine verzweifelte Mutter zu einem Kinderheim gefahren und gedroht: ›Wenn ihr euch nicht benehmt, kommt ihr da rein!‹ Wir weinten eine Woche lang und waren die bravsten Kinder der Welt.«

Dev sah ihn an und rang die Hände: »Oh mein Gott! Ein Kinderheim! Jetzt habe ich richtig Panik vor dem nächsten Treffen. Ob wir jetzt bei denen unten durch sind?« Jeden Monat balancierten sie über einen weiteren schmalen Grat und befürchteten, irgendwie durchgefallen zu sein, etwa, wenn sie ausführliche Fragebögen einreichten oder zum Beispiel keine Nachweise über ihre Arbeit im Ausland vorlegen konnten, um zu beweisen, dass sie nicht vorbestraft waren. Letztendlich konnte aber alles geklärt werden.

In einer Sitzung schilderten sie den surrealen Tag, an dem Candice zu ihnen nach Hause kam, in der Küche stundenlang alle Kontoauszüge durchging und detailliert nach der Bedeutung der einzelnen Posten fragte.

Aengus rieb sich häufig den Hinterkopf, während er erzählte, und man sah ihm seine Anspannung immer wieder deutlich an. Bei jeder Sitzung spiegelte ich wider, wie schwer es war, was sie durchmachten, und schlug ihnen Verhaltensweisen vor, die ihnen Halt geben könnten. Gleichzeitig fühlte ich mich manchmal ebenso machtlos wie sie, was ich ihnen natürlich nicht vermitteln wollte.

Ich stellte fest, dass ich mit ihnen fieberte und inständig wünschte, dass sie Erfolg haben würden. Das geht mir bei Klientinnen und Klienten oft so. Ich bin nie die unvoreingenommene Reflexionsfläche, die nur eine Interpretation ihrer Erfahrungen wiedergibt. Ich versuche, mit einem Fuß fest auf ihrer Seite zu stehen und mit dem anderen auf meiner. Ich überlegte, wie ich Dev und Aengus vermitteln konnte, wie sehr ich an sie glaubte, und gleichzeitig ausreichend auf Distanz bleiben konnte, um sie effektiv zu unterstützen. Ich musste mich vergewissern, dass ich das Verhältnis Therapeutin-Klienten nicht aus den Augen verloren hatte, und durch Supervision und meine übliche Medizin aus Bewegung und Meditation wieder mit mir ins Reine kommen.

Elf Monate nach ihrer Bewerbung stürmten Dev und Aengus in meine Praxis, von einem Ohr zum anderen grinsend, und warfen sich in ihre jeweiligen Sessel – immer auf derselben Seite: Stammplätze vermitteln uns ein Gefühl der Sicherheit. Das Paar schilderte mir die schreckliche Anhörung, der sie sich vor einem fünfzehnköpfigen Gremium unterziehen mussten: eine Vorsitzende, ehemalige Adoptiveltern, Beobachter und Candice. Dev berichtete begeistert: »Es hätte der schlimmste Tag unseres Lebens werden können. Irgendjemand am Tisch hätte einfach sagen können: ›Wir lehnen Sie aus diesem oder jenem Grund ab‹, was bedeutet hätte, dass wir kein Kind bekommen würden.«

Aengus war zu aufgeregt, um sich auf das Negative zu konzentrieren. »Wir wurden angenommen! Ich bin begeistert, ich freue mich so sehr! Wir wollen es noch niemandem verraten, weil wir noch nicht so genau wissen, wie wir jetzt genau zu einem Kind kommen.«

Ich freute ich mit ihnen. Es war ein langer, emotionaler und schwieriger Weg gewesen, und unsere gemeinsame Erleichterung war fast mit Händen zu greifen. Ich überlegte, ob einem bei einer Adoptionsfreigabe ähnlich zumute ist wie bei der Nachricht, dass man schwanger ist: Man hat den Punkt erreicht, an dem es eine reale Möglichkeit gibt, Eltern eines lebenden Kindes zu werden, aber es ist noch nicht sicher. Noch sind so manche Ungewissheiten, Angstschübe und Wartezeiten zu überstehen.

Aengus und Dev beschrieben, wie sie auf der Suche nach einem Adoptivkind die surreale Erfahrung machten, sich auf einer Website anzumelden, die einer Facebook-Seite mit Hunderten von Kindern glich. Sie sahen sich die Profile an und hatten sich bereits für mehrere Kinder beworben, aber noch keine Antwort von der Adoptionsbehörde erhalten.

Sechs Wochen später teilten sie mir mit, dass sie Interesse an einem drei Monate alten Mädchen bekundet hätten. Es ist selten, dass ein so kleines Kind zur Adoption steht. Seine Mutter hatte es freigegeben. Die beiden wussten, dass sich noch viele andere Familien für sie beworben hatten, aber Dev und Aengus waren als Adoptiveltern ausgewählt worden. Ich hätte erwartet, sie überglücklich zu sehen, aber der Stress des Termins vom Vortag steckte ihnen noch in den Knochen. Er hatte anderthalb Stunden gedauert und ihnen viel abverlangt. Aengus berichtete mit zittriger Stimme: »Wir haben drei Fotos von diesem kleinen Wesen gesehen. Sie ist hinreißend … Es ist wie ein Wunder …« Ihm standen die Tränen in den blauen Augen, so überwältigt war er von der Tragweite des Ereignisses. Devs und seine Zukunft hatte sich nun für immer verändert. Es war nicht leicht für sie, all das zu verarbeiten, was jetzt geschah.

Dev und Aengus hatten erfahren, dass sie die kleine Rachel zunächst als Pflegekind aufnehmen würden und nach zehn Wochen einen Adoptionsantrag stellen könnten. Candice hatte ihnen geraten, bis in zwei Wochen alles vorzubereiten.

Ich war erleichtert, dass beide Männer sinnvolle Bewältigungsmechanismen erlernt und verinnerlicht hatten, die sie emotional widerstandsfähig hielten. Dev praktizierte regelmäßig Yoga, schwamm und meditierte, und Aengus führte Tagebuch, joggte und trainierte im Fitnessstudio. In den kommenden Wochen und Monaten würde sich zeigen, wie ihnen die Strategien helfen würden.

Als Paar, das sein erstes Kind bekam, wurden sie aus dem ganzen Freundes- und Bekanntenkreis mit gut gemeinten Ratschlägen überhäuft und jeder wusste es besser. Doch sowohl Dev als auch Aengus ließen die Sache einfach auf sich zukommen: Sie vertrauten darauf, dass sie flexibel genug waren, sensibel auf die Bedürfnisse der kleinen Rachel einzugehen. Entscheidend war, dass sie ein fantastisches Netzwerk von Verwandten und Freunden hatten, die sie um Unterstützung bitten konnten. Außerdem hatten sie acht Familienangehörige und Freunde gebeten, als Beratungsteam für sie als frisch gebackene Eltern zu fungieren, da jede dieser Personen über besondere Fähigkeiten oder Kenntnisse verfügte. Sie fühlten sich sicher, weil sie sie jederzeit um Hilfe oder Rat bitten konnten: Es war ein reflektiertes, informatives Team. Vielleicht könnten wir alle ein solches Unterstützungsteam brauchen. Wie es in einem afrikanischen Sprichwort heißt: »Es braucht ein ganzes Dorf, um ein Kind großzuziehen.« Und so ist es tatsächlich.

Seitdem ich mit Dev und Aengus arbeitete, veränderte sich allmählich meine Einstellung gegenüber gleichgeschlechtlichen Eltern. Ich hatte geglaubt, unvoreingenommen zu sein, aber offenbar war ich das nicht gewesen, denn ich las beispielsweise Artikel, die ich vorher wahrscheinlich übergangen hätte. Ebenso fiel mir auf, dass ich emotional stärker auf das Thema reagierte. Ich war nicht mehr nur vage daran interessiert: Gespannt suchte ich nach aktuellen Berichten und sah mir Sendungen darüber an. Ich war bereit, meinen Horizont zu erweitern und mir neue Perspektiven zu erschließen.

Ich dachte zunehmend über Unterschiede zwischen uns Menschen nach und darüber, inwiefern sie häufig für eine Kluft sorgen, die nur schwer zu überbrücken ist. Wir reagieren auf Unterschiede oft spontan mit Ängstlichkeit und Zurückhaltung, und dieses instinktive Verhalten können wir nur durch bewusste Offenheit und Kontakte beeinflussen. Menschen, die anders sind als wir, nur aus der Ferne zu betrachten und ihnen ein Etikett aufzukleben, bedeutet, Vorurteile zu schaffen, ja, vielleicht sogar eine Vorverurteilung. Lernen wir sie jedoch kennen und machen uns ein genaueres Bild, ist dies das beste Gegenmittel gegen unsere irrationale Ängstlichkeit. Im Lauf der Evolution wurden wir genetisch so ausgestattet, dass wir etwas Fremdes als potenzielle Gefahr wahrnehmen. Die vertraute Gruppe war für unsere Vorfahren lebenswichtig; alles, was sich außerhalb von ihr befand, musste mit Misstrauen betrachtet werden. Doch im Lauf des letzten Jahrhunderts hat sich die Gesellschaft in rasantem Tempo verändert: Durch die Globalisierung, den technischen Fortschritt und die heutigen Reisemöglichkeiten leben wir in einer stark vernetzten Welt. Dadurch werden wir mit einem Ausmaß an Vielfalt und Unterschiedlichkeit konfrontiert, das noch vor 70 Jahren unvorstellbar war. Doch unsere inneren Systeme haben sich nicht mit derselben Geschwindigkeit angepasst, wie diese Veränderungen verliefen. Noch immer kann Andersartigkeit Ängste in uns auslösen. Oft ziehen wir es vor, innerhalb unserer Komfortzone zu bleiben, hinter den Mauern unserer eigenen »Normalität«, die uns einschränkt und die durch Unwissenheit zu Diskriminierung führt. Dabei ist es für mich, ja, vielleicht für uns alle, immens wichtig, neugierig zu bleiben, die unzähligen verschiedenen Lebensweisen und Existenzformen zu erforschen und etwas über sie zu lernen: Das eigene Unbehagen auszuhalten schafft die Möglichkeit zur Weiterentwicklung. Ich war jedenfalls äußerst dankbar für die Erweiterung meines Horizonts und den energetischen Neustart, den mir dieses Paar bescherte.

Dev und Aengus sagten die nächsten Sitzungen ab, weil sie zu sehr mit der Adoption ihres Kindes beschäftigt waren. Ich vermisste sie. Über Textnachrichten hielten sie mich auf dem Laufenden, was mich ein wenig beruhigte, aber erst als ich sie – wegen der Pandemie online – wiedersah, Seite an Seite auf ihrem Sofa sitzend, Babyutensilien im Hintergrund, erfuhr ich von dem Drama, das sie durchgemacht hatten. Wir lächelten uns an, und mein Blick wurde immer wieder von der Spieldecke hinter ihnen angezogen. Ich war gespannt, wie es ihnen ergangen war, und begeistert, als ich erfuhr, dass im Nebenzimmer ein kleines Mädchen schlief. Ihr kleines Mädchen, Rachel.

An dem Tag, an dem Dev und Aengus die kleine Rachel kennenlernen sollten, hatte Candice angerufen: Der Pflegeperson ging es nicht gut, und sie hatte abgesagt. Das war eine riesige Enttäuschung für die beiden. Ihre Nerven lagen blank, an Schlaf war kaum denken. Sie hatten es schon geschafft, ein Kinderbettchen und alles andere an notwendiger Ausstattung zu besorgen. Die Absage versetzte sie in Panik, weil sie befürchteten, irgendetwas sei schiefgelaufen. Ihre Sorge entlud sich, wie so oft in einer Partnerschaft, durch Kabbeleien untereinander, Streitigkeiten über irgendwelche Kleinigkeiten, so sehr belastete sie das Warten. Auch das Warten auf eine Geburt verursacht Anspannung und Stress, aber dabei kann man sich wenigstens sicher sein, dass das Baby irgendwann auf die Welt kommen wird. Aengus, den Finger ans Kinn gepresst, erklärte: »Die Adoptionsbehörden haben zuallererst das Wohl des Kindes im Blick, dann die Interessen der leiblichen Mutter. Wir kommen unter ›ferner liefen‹, ganz weit unten auf der Liste. Falls die Mutter es sich anders überlegt hätte, wäre es für uns vorbei gewesen.« Eine Woche lang schwebte dieses Damoklesschwert über ihren Köpfen.

Dev fuhr fort: »Wir waren vollkommen machtlos. Candice gegenüber mussten wir trotzdem absolut gefasst bleiben, wir durften auf keinen Fall die Nerven verlieren, wir mussten uns freundlich für die Info bedanken und abwarten …« Ihre hart erarbeiteten Bewältigungsmechanismen kamen nun voll zum Einsatz.

Irgendwann bat man sie zu einem Treffen mit Rachels Sozialarbeiterin ins Büro. Zu ihrer Überraschung und Freude lernten sie endlich auch Rachel kennen. Entgegen der üblichen Praxis war Rachel nicht bei ihrer Pflegefamilie, sondern bei einer Freundin der Pflegemutter. Aengus erzählte: »In dem Moment war das ganze Chaos vergessen. Rachel saß in einem Kinderwagen, und wir konzentrierten uns nur auf sie. Diese halbe Stunde haben wir so sehr genossen!«

Dev fügte hinzu: »In diesem Moment haben wir uns in sie verliebt. Sie hat uns angelächelt. Sie hat meinen Finger festgehalten.« Uns allen kamen die Tränen bei der Erkenntnis, wie schnell und gründlich sie ihre wartenden Herzen erobert hatte.

Aengus sprach für beide, als er sagte: »Sie auf den Arm zu nehmen und mit ihr zu spielen war einfach wunderbar für uns, und wir haben deutlich gespürt, wie sie auch auf uns reagiert hat. Es war Liebe, und diese Liebe ist weiter gewachsen und wächst immer noch – sie ist tiefer und stärker als alles, was wir je zuvor gefühlt haben.« Das war wahre Elternliebe, die herzzerreißende Liebe eines Elternteils zu seinem Kind. Ich hatte sie selbst gespürt, von leiblichen Eltern von ihr gehört und darüber gelesen, und es bewegte mich, als ich erfuhr, dass Adoptiveltern genauso empfinden.

Am nächsten Tag sahen Dev und Aengus Rachel wieder und waren ein wenig beunruhigt, weil ihre Windel ganz voll war und sie komisch roch, aber wieder waren sie überglücklich über die 50 Minuten, die sie diesmal mit ihr zusammen sein durften. Aengus sagte: »Ich fühlte mich als Vater«, und er sehnte sich danach, sie mit nach Hause zu nehmen. Ein leitender Sozialarbeiter nahm sie beiseite und verriet ihnen, dass die normale Übergangszeit verkürzt worden war: Sie könnten Rachel schon am nächsten Tag zu sich nach Hause holen, sollten aber der Person, die mit ihr gekommen war, nichts davon erzählen. Das fanden sie zwar seltsam, aber die Nachricht machte ihnen Mut.

Dev und Aengus trafen mit dem neuen Autokindersitz und dem Kinderwagen im Kofferraum viel zu früh im Vermittlungszentrum ein. »Es war der schönste Tag unseres Lebens, genauso ein einschneidendes Ereignis wie unsere Hochzeit.« Doch ihre Hoffnungen wurden aufs Übelste enttäuscht. Die Pflegeperson kam nicht und war auch nicht erreichbar. Dev und Aengus warteten voller Sorge im Büro und fuhren erst um neun Uhr abends nach Hause, nachdem sie erfahren hatten, dass Rachel inzwischen als vermisst galt und die Polizei nach ihr suchte. Sie war entführt worden! Dev und Aengus waren verzweifelt, und Dev befürchtete das Schlimmste, zum Beispiel, dass »die Pflegeperson mit ihr von einer Klippe springen könnte. Ich fühlte mich völlig ausgehöhlt. Dieses Kind war rechtlich gesehen nicht unseres, wir kannten es kaum, aber wir hatten bereits das Gefühl, dass sie unsere Tochter war.« Uns allen lief es kalt den Rücken hinunter bei dem Gedanken daran, was hätte passieren können. Ich sah sowohl Dev als auch Aengus schon an ihrer Körpersprache an, wie schlimm es für sie gewesen war. Um mich zu fassen, musste ich den Blick zu Boden richten und mir vor Augen halten, dass Rachel am Leben und wohlauf war.

Um Mitternacht standen auf einmal zwei Polizisten vor der Tür. Sie waren freundlich, offenbar in dem Wissen, wie wichtig diese Angelegenheit war. Lächelnd übergab einer von ihnen Rachel mit den Worten: »So, und jetzt nehmen Sie mal Ihr Baby in Empfang.«

In den nächsten Wochen waren Dev und Aengus hauptsächlich mit zweierlei beschäftigt: sich um die kleine Rachel zu kümmern und die Adoption voranzutreiben. Rachel war ein zufriedenes Baby, das viel lächelte und von Anfang an eine Bindung zu seinen beiden Vätern aufbaute. Dev und Aengus fanden, sie mache es ihnen wirklich leicht. Das brachte mich zum Lachen. Wenn sie uns nicht gerade in den Wahnsinn treiben, glauben wir alle, unsere Kinder wären etwas ganz Besonderes! Mit der Zeit lernten die beiden Väter, Rachels Signale für Hunger und Müdigkeit zu deuten, und fanden sich in den Elternalltag mit schlaflosen Nächten und Fläschchenfütterung ein. Emotional kam jetzt eine schwierige Phase, denn sie konnten sich noch nicht hundertprozentig auf die Gefühle einlassen, die die Elternschaft mit sich bringt. Zwar hatten sie Rachel innerlich schon als ihr Kind angenommen, aber rechtlich gesehen war sie es noch nicht. Sie befanden sich in einer Grauzone: Einerseits liebten sie sie abgöttisch, und andererseits befürchteten sie, dass sie ihnen weggenommen werden könnte, falls die leibliche Mutter ihre Meinung änderte.

Wie Aengus es nachdenklich ausdrückte: »Wir sind Eltern, zugleich aber auch nicht.« Dev und Aengus versuchten, sich vor dem eventuellen Schmerz zu schützen, indem sie ihrer Liebe nicht ganz freien Lauf ließen, aber kein Mensch, der wahrhaft liebt, ist gegen Verletzungen gefeit. Zu lieben ist eine riskante Angelegenheit. Sie mussten ihrer Sozialarbeiterin alles offenlegen, was sie taten: Sie notierten jede Fütterung, jede Schlafphase und jeden Windelwechsel. Eltern, die ihr erstes Kind bekommen, fühlen sich in der Regel unsicher und unzulänglich. Sie lernen eine neue Sprache und neue Fähigkeiten, aber als frisch gebackene Adoptiveltern, die beobachtet und beurteilt werden, ist der Druck, alles richtig zu machen, in dieser Phase noch viel stärker. Dev und Aengus aber waren fest entschlossen, zu beweisen, dass sie gute Eltern sein würden. Wie Aengus es treffend ausdrückte: »Wenn man bewertet wird, fühlt man sich anders. Dauernd spürt man den unterschwelligen Stich, dass man eigentlich keine richtige Familie ist. Das ist sehr anstrengend.«

Eine Adoption ist ein äußerst schwieriges Unterfangen, und der Prozess verlangte Dev und Aengus in vieler Hinsicht sehr viel Kraft ab. Sie mussten an ihre Reserven gehen, um stark, sensibel und liebevoll zu bleiben. Hinzu kam, dass sie sich nicht nur um ein kleines Kind kümmern und sich in ihrer neuen Rolle finden, sondern auch noch einen Prozess mit der Pflegefamilie führen mussten, die gegen alle Regeln Rachel adoptieren wollte. Glücklicherweise hatten Dev und Aengus mit ihrer Klage Erfolg. Später ging Aengus mit dem Antrag auf Rachels Volladoption vor Gericht und gewann: »Ich stand auf der Brücke und weinte. Es war, als würde ein Damm brechen und die ganze Anspannung, Sorge und Schlaflosigkeit hinausströmen.«

Sie grinsten mich auf dem Bildschirm an. Rachel war jetzt offiziell ihr Baby, »aber es hat lange gedauert«.

Mich als Frau, die ihre Kinder in einem traditionellen Rahmen geboren hatte, in dem niemand aufdringliche Fragen stellte, schockierte das Ausmaß der Gefühllosigkeit, dem Dev und Aengus ausgesetzt waren, wenn sie mit Rachel unterwegs waren. Dev verdrehte seinen Finger, als er mir erzählte, wie es für sie war. »Uns wurde immer mehr bewusst, wie sehr wir auffallen: zwei Männer mit einem Baby. Die Leute starren uns an, obwohl wir in einer Gegend leben, in der viel Diversität herrscht. Einem alten Mann fiel buchstäblich die Kinnlade runter, als er uns sah. Er starrte uns ganz unverhohlen an. Es war mir unangenehm. Vielleicht hat er es gar nicht böse gemeint, aber so kommt es bei mir an. Millennials lächeln einen ab und zu an. Es schon alles ein bisschen komisch.«

Weitere verletzende Vorfälle kamen hinzu. Die Leiterin einer Spielgruppe fragte Rachel zum Beispiel: »Wo ist denn deine Mami?«, ohne Dev auch nur eines Blickes zu würdigen, als wäre er Luft für sie. Auch ein Apotheker erkundigte sich, wo Rachels Mutter sei, und als Dev und Aengus ihm erklärten, dass sie adoptiert sei, sagte er: »Die arme Kleine.« Und dann fragte er, wahrscheinlich wegen ihrer dunklen Haut: »Ist sie Engländerin?« Es war bizarr. Als mir Dev und Aengus berichteten, wie sehr sie das alles ärgerte, sah ich an ihrer Körpersprache, wie angespannt sie waren: Aengus blickte mit zusammengebissenen Zähnen auf den Boden, während Dev die Hand ans Kinn presste und aus dem Fenster starrte. Zwischendurch warfen sie sich kurze Blicke zu.

Ich hielt es an diesem Punkt für wichtig, dass sie sich von diesen Erlebnissen distanzierten. Die Erfahrung, dass sie angestarrt wurden, weil sie anders waren, verstörte sie nicht zuletzt deswegen so sehr, weil sie »straight passing« waren. Aengus erklärte: »Ich bin so erzogen worden, dass ich meine Zuneigung nie in der Öffentlichkeit gezeigt habe, daher hat man uns nie angesehen, dass wir ein schwules Paar sind. Zum Beispiel gehen wir in der Öffentlichkeit nicht Hand in Hand. Durch Rachel kommt es mir so vor, als würde ich mich ein zweites Mal outen. Ich fühle mich in verschiedener Hinsicht wie auf dem Präsentierteller.« Ich dachte über all das nach, was sie mir erzählt hatten, und zum ersten Mal hatte ich eine klare Vorstellung davon, was es bedeutete, in der heutigen Zeit ein schwuler Vater zu sein, und wie wir als Gesellschaft Dinge, die wir als anomal einstufen, anstarren und manchmal verurteilen. Ich sah Dev und Aengus an, dass sie das sehr traf, und es würde sicher einige Zeit dauern, bis sie den Schock überwunden hatten und lernten, sich mit den Reaktionen ihrer Umwelt abzufinden.

Schwule Väter in einer Welt, die das Mutter-Kind-Verhältnis seit der Jungfrau Maria glorifiziert, bedeuten eine Erweiterung unserer Sichtweise der Elternschaft. Unsere Verhaltensweisen haben mit den Veränderungen in vielen Bereichen des Lebens nicht Schritt gehalten. Obwohl 50 Prozent der Erwerbstätigen Frauen sind, übernehmen die Mütter immer noch den größten Teil der Erziehungsarbeit. Wie eine beruflich erfolgreiche Freundin von Dev und Aengus sagte: »Mein Mann arbeitet Teilzeit, und wir hatten uns darauf geeinigt, uns zu gleichen Teilen um unser Kind zu kümmern, aber er sieht und tut so unfassbar vieles nicht, was nötig ist, um das Ganze am Laufen zu halten. So hatte ich mir das nicht vorgestellt.«

Aengus bemerkte: »In meinem beruflichen Umfeld gibt es weit und breit niemanden, der so ist wie ich. Dadurch fühle ich mich ziemlich isoliert.« Als Aengus seinen Kolleginnen und Kollegen eröffnete, dass er freitags nicht mehr an Besprechungen teilnehmen wolle, um mehr Zeit für Rachel zu haben, wurde darauf keine Rücksicht genommen. Man betrachtete ihn nicht als Elternteil. Aengus' Kollegen und Kolleginnen waren ihrerseits verärgert, wenn man ihnen unterstellte, sie könnten nicht zu den Fünf-Uhr-Meetings kommen, weil sie dann wegen der Kinder zu Hause sein müssten.

Ein Gleichgewicht zwischen Elternschaft und Arbeit zu finden ist der Heilige Gral, den bisher keiner gefunden hat. Und dabei ist dieser Spagat bis heute meist den Frauen vorbehalten. Berufstätige Mütter werden seltener befördert, weil man davon ausgeht, dass sie sich um ihre Kinder kümmern müssen – möglicherweise ein Grund dafür, dass [in Großbritannien] der Anteil der Frauen in Führungspositionen mit 22 Prozent im Jahr 2018 niedrig geblieben ist. Männern mit Kindern dagegen traut man zu, Beruf und Familie unter einen Hut zu bringen, oft weil sie sich nicht dabei zerreißen müssen. Arbeitgeber:innen und Regierung müssen noch viel tun, um es Eltern zu erleichtern, sowohl zu arbeiten als auch Kinder zu erziehen. Dev brachte es auf den Punkt: »Ich glaube nicht, dass die Leute die Probleme verstehen, mit denen wir fertigwerden müssen. Ich verstehe, was normale Familien durchmachen, aber die anderen verstehen nicht, was schwule Adoptiveltern durchmachen.«

Es gab zwei Aspekte, mit denen Dev und Aengus fertig werden mussten, als sie Rachel adoptierten: Ihre innere Akzeptanz, nun also rechtmäßige Eltern ihrer Tochter zu sein, stand dabei an erster Stelle. Sehr erhellend in dieser Hinsicht war eine Dokumentation, die wir uns gemeinsam anschauten. Sie zeigte, dass sich das Gehirn eines schwulen Vaters ähnlich wie das einer Mutter entwickelt, wenn sie ein Baby bekommt und mehr Oxytocin, das Bindungshormon, ausschüttet.

Dev und Aengus schilderten aufgeregt ihre Erfahrungen, die sich mit den Forschungsergebnissen deckten: Ihr Gehör hatte sich geschärft, sodass sie sehr empfindlich auf Rachels Schreie reagierten. Ich fragte mich im Stillen, ob dieses Wissen für sie wichtig war, weil sie Zuversicht daraus schöpften oder weil es ihnen Legitimität verlieh – wobei »Legitimität« zu einem zentralen Begriff wurde, mit dem sie sich für den Rest unserer gemeinsamen Zeit auseinandersetzten.

Der zweite Aspekt war die Frage, wie sie ihr Kind erziehen und was sie ihm vorleben wollten. Dev beschrieb ihre Situation: »Wir haben den Vorteil, dass wir kein Vorbild haben, kein Drehbuch. In einer heterosexuellen Ehe läuft das Kinderkriegen ja nach einer gewissen Routine ab. Für uns ist das einerseits wunderbar befreiend, andererseits aber auch beängstigend. Wenn wir es genau aufschlüsseln müssten, bin ich etwas ungestümer und Aengus ist sehr sanft, aber die Unterschiede sind minimal. Ein Nachbar hat mich neulich gefragt, nach wem Rachel verlangt, wenn sie krank ist, und ich habe gesagt, nach uns beiden. Er hat mir erklärt, sein Kind wolle dann immer nur seine Mama haben. Diese Art ›Norm‹ gibt es in unserer Familie nicht.«

Sie mussten sich auch von der Vorstellung lösen, alles kontrollieren zu können. Dev erzählte in dem Zusammenhang vom Ablauf der Adoption: »Wir haben alles kontrolliert bis aufs i-Tüpfelchen. Dieser Perfektionismus hat seine Spuren hinterlassen: Wir erkennen nicht immer, wann wir im echten Leben ›gut genug‹ sind.« Jetzt, da sie ein Kind hatten, mussten sie eine neue Art von Gleichgewicht finden. Aengus sagte: »Ich will sie nicht zu sehr kontrollieren. Ich will sie beschützen, aber dazu werde ich nicht immer in der Lage sein. Das sind ganz normale Sorgen bei der Erziehung eines Kindes, und das ist eine sehr schöne Erkenntnis.« Er lächelte seufzend.

Da hatte er recht. Das war dieses ständige Abwägen in der Erziehung, das Schwanken zwischen Festhalten und Loslassen, der Wunsch nach Kontrolle einerseits, um sein Kind zu schützen, und die Erkenntnis der eigenen Grenzen, der lebenslange Tanz im Wechsel von Nähe suchen und Raum geben.

Die Reflexion über unsere intensive gemeinsame Arbeit führte mich zu der Frage, was »normal« und »anormal« eigentlich heißt und ob sich beides klar voneinander abgrenzen lässt. Ich ärgerte mich darüber, wie ignorant und gefühllos die Leute sein können, und musste mich dann an die eigene Nase fassen. Bevor ich Dev und Aengus kennenlernte, war ich nicht anders. Ich dachte auch darüber nach, woher manche Leute die Dreistigkeit nahmen, aufdringliche Fragen über die Kinder anderer zu stellen. Devs und Aengus' Erfahrungen zeigten, dass bei Adoptivkindern noch eine weitere Ebene der Aufdringlichkeit hinzukommt: Manche Leute maßten sich an, Dinge über Rachel zu sagen, die sie über ein leibliches Kind nicht gesagt hätten. Das Paar erlebte, wie Leute zu ihnen sagten: »Oh, die könnte ich euch direkt klauen« oder »Darf mir die mal ausleihen?«, als ob Rachel eine Ware wäre, die man sich holen könnte. Es war schwer zu erklären, und Dev meinte dazu: »Das ist eine Art von Mikroaggression, die immer schwer zu fassen ist. Wenn man sich dagegen wehrt, sagen die Leute, man solle nicht so empfindlich sein, sie hätten doch nur Witze gemacht.« Aengus beschrieb das Verhalten als »auf eine unangenehme Art anbiedernd und übergriffig«. Sie hatten mit anderen Adoptiveltern darüber gesprochen, die so etwas alle aus eigener Erfahrung kannten. Es klang verletzend – und ungemein nervig.

Indem wir in mehreren Sitzungen solche Situationen durchspielten und darüber sprachen, reflektierten Dev und Aengus darüber und fanden Möglichkeiten, klarere Grenzen im Umgang mit anderen zu ziehen, höflich, aber beschützend. Aengus erzählte mir:

»Neulich war ich kurz davor, viel zu viel erzählen zu wollen, habe mich aber dann zurückgehalten. Ich dachte: ‚Nein, wir stehen hier einfach an der Rutsche. Ich werde diese Leute nie wiedersehen. Es war nur eine Kleinigkeit, aber ich habe das Gefühl, dass sich da etwas zum Positiven veränderte.« Ich betrachtete es als ein Zeichen ihres wachsenden Selbstbewusstseins als Rachels Eltern: Sie brauchten sich nicht zu rechtfertigen; sie waren niemandem eine Erklärung schuldig. Rachel war ihr Kind, und damit basta.

Wie würde ihre Zukunft mit Rachel aussehen? Für Dev und Aengus war es das Wichtigste, Rachel in ihrer Entwicklung zu unterstützen und ihr den Weg zu einem erfüllten Leben zu ebnen. Aengus äußerte besorgt: »Wie können wir sicherstellen, dass wir in der jetzigen Phase alles dafür tun, um ihr die bestmögliche Entwicklung zu erlauben? Welche Probleme könnte sie später haben, die wir jetzt schon prophylaktisch angehen könnten?«

Sie wussten, dass adoptierte Kinder im Lauf ihres Lebens manchmal quasi in zwei Familien leben: In ihrer realen Familie und einer Fantasiefamilie mit ihren idealisierten leiblichen Eltern, ihrem »richtigen« Papa und ihrer »richtigen« Mama. So kann es bei Adoptivkindern zu einer ständigen Auseinandersetzung zwischen dem Gefühl, von den leiblichen Eltern verlassen bzw. verstoßen worden zu sein, und dem der Zugehörigkeit zu ihren Adoptiveltern kommen. Es erfordert differenziertes Denken und psychologische Intelligenz vonseiten der Adoptiveltern, um ihr Kind in diesem turbulenten Prozess zu begleiten und zu unterstützen.

Ich habe schon oft von Adoptiveltern gehört, sie hätten gehofft, den Schmerz ihres Kindes darüber, dass es adoptiert war, durch ein Übermaß an Liebe lindern zu können. Wenn dies nicht ausreichte, waren sie tief enttäuscht. Doch in diesem Fall kann Liebe den Verlust nicht immer aufwiegen; andererseits aber brauchen wir Liebe als Rückhalt, wenn der Schmerz in uns aufsteigt und nach draußen will. Schmerz zu durchleben und zu äußern kann uns befreien und uns dadurch den Mut verleihen, erneut zu lieben.

Dev und Aengus gingen es ganz anders an. Sie hatten eine große Leinentasche mit einem Foto von Rachel auf dem Knie ihrer Mutter gemacht. Sie trug sie mit sich herum und sagte: »Bauchmami«, sodass sie eine Körpererinnerung an ihre leibliche Mutter entwickelte. Es war wie ein greifbarer Beweis dafür, dass die beiden alles getan hatten, um mit Rachels leiblicher Mutter in Kontakt zu bleiben. Sie baten die Sozialarbeiterin immer wieder, sich mit ihr in Verbindung zu setzen, und bekamen stets zu hören, dass sie nicht reagiere. Dev und Aengus machten sich auch Gedanken darüber, dass sie rein gar nichts über Rachels Vater wussten, weil sie ihre Fragen wahrheitsgemäß beantworten wollten, wenn sie älter war. Doch das würden sie nicht können. Wir drehten uns im Kreis: Sie stellten sich mögliche Szenarien für Rachels Zukunft vor und stießen dabei auf eine Mauer der Ungewissheit, was ihre Sorgen um ihre Tochter nur noch vergrößerte. Ich bat sie, aufzuzählen, was sie wussten. Sie hatten ein »Life Story Book« für Adoptivkinder, das Rachels leibliche Mutter ungefähr zu einem Drittel ausgefüllt und mit Fotos von sich und ihren Eltern ergänzt hatte: Sie sahen wie eine »normale Familie« aus.

Dev und Aengus konnten das Buch nicht selbst weiterführen, weil, wie Dev etwas besorgt erklärte, »Rachels leibliche Mutter geschrieben hatte: ›Deine Väter können dir mehr darüber erzählen‹«, was sie jedoch nicht konnten. Beide hatten sie Rachel am Tag ihrer Vermittlung einen Brief geschrieben und einen weiteren an dem Tag, an dem ihre Adoption rechtmäßig wurde. Ich warnte die beiden nachdrücklich, dass sie sich mit ihren Zukunftspekulationen noch in den Wahnsinn treiben würden und unbedingt einen Weg finden müssten, um mit dem, was sie über Rachels Hintergrund wussten oder nicht, in Frieden leben zu können. Das nahmen beide dankbar auf.

Ich war beeindruckt, wie offen sie für neue Ideen waren – als Eltern wehren wir uns oft gegen die Vorschläge anderer, weil wir sie als besserwisserisch und übergriffig empfinden. Doch Dev und Aengus waren anders. Sie hatten in den Jahrzehnten ihres Coming-outs so viel an sich gearbeitet, dass sie selbstbewusst und nicht defensiv reagierten. Ich schlug ihnen vor, ein Ritual zu schaffen, das Rachels Adoptionsgeschichte thematisierte und den Beginn ihrer Beziehung zu ihr markierte, so wie wir Rituale für alle anderen Übergänge im Leben pflegen – die Taufe eines Neugeborenen, eine Trauung, eine Party zum 18. oder 21. Geburtstag. Ich sah, wie der Gedanke sie aufmunterte. Aengus meinte: »Wir könnten Rachel unser Ritual zeigen, wenn sie älter ist, und vielleicht möchte sie sich ihr eigenes ausdenken. Und falls sich ihre Mutter weiterhin nicht meldet, müssen wir gefasst bleiben und ihr erklären, dass wir wirklich alles Menschmögliche getan haben, um den Kontakt zu ihr aufrechtzuerhalten. Mehr können wir nicht tun. Wir können nicht vorhersagen, wie es Rachel später gehen wird.« Diese Erkenntnis bedeutete eine große Erleichterung für beide. Wir waren uns einig, dass sie Rachel auf jeden Fall in ihrer Trauer um ihre leibliche Mutter beistehen und sie trösten konnten: Sie würde diesen Schmerz nicht vor ihnen verbergen müssen.

In der nächsten Sitzung hatte ich das Gefühl, dass den beiden eine schwere Last von den Schultern gefallen war – als wäre die Saat, die ich in der Woche zuvor in fruchtbaren Boden gepflanzt hatte, aufgegangen. Ihre lächelnden Gesichter schauten mich vom Bildschirm aus an, und sie machten ein paar Witze, bevor wir anfingen. Dev begann. Vor Begeisterung konnte er kaum ruhig sitzen. »Was wir in der letzten Sitzung besprochen haben, die Sache mit Rachels unklarer Vergangenheit und dass wir ihr erlauben müssten, ihren Trauerprozess zu durchleben, hat uns die Augen geöffnet. Wir können ihr keine Lösungen anbieten. Wir haben viel über sie nachgedacht. Wir haben sogar ein Ritual erfunden – etwas ganz Konkretes, das sie symbolisiert.« Ich war gespannt. Dev fuhr fort und sah mir dabei in die Augen, wie immer, wenn er meine volle Aufmerksamkeit wollte: »Es geht nicht nur darum, Rachels Fragen zu beantworten. Das Wichtige ist, dass wir die Vergangenheit loslassen und nach vorn blicken und uns bewusst machen, dass wir unsere Tochter nicht vor allem beschützen können. Wir müssen so mit all diesen Dingen umgehen, wie es für uns am besten passt. Eltern zu werden war tatsächlich wie ein zweites Coming-out. Wir fallen auf, weil wir anders sind. Aber anstatt weiter Zeit damit zu vergeuden, uns Gedanken darüber zu machen oder uns davon unterkriegen zu lassen, müssen wir unser eigenes Leben gestalten, unsere eigene Geschichte erschaffen.«

Ich lächelte anerkennend. Vielleicht sollten wir uns alle ein Beispiel daran nehmen und unser Leben aktiv selbst gestalten, anstatt zu glauben, es gebe ein perfektes Narrativ, in das wir hineinpassen müssten. Wir sollten mehr darauf vertrauen, dass unsere eigenen elterlichen Überzeugungen und Werte vollkommen in Ordnung sind, anstatt uns mit anderen zu vergleichen. Das macht uns nur unglücklich. Wir sollten uns damit zufriedengeben, als Eltern »gut genug« zu sein und unsere eigenen Familienrituale schaffen, die unsere enge Bindung symbolisieren und besondere Gelegenheiten markieren.

Dev und Aengus redeten gleichzeitig und versuchen beide, auszudrücken, wie sehr sie aus dem Gleichgewicht geraten waren. Dass Rachels Vergangenheit nur so lückenhaft bekannt war, hatte sie sehr belastet, und sie hatten ständig darüber nachgedacht, wie sie diesen Zustand verbessern könnten. Sie hatten nicht vor, so zu tun, als hätte es die Vergangenheit nicht gegeben: Sie lebten mit ihr, aber sie wollten auch nicht dauernd zurückblickend leben. Aengus sagte: »Wir dachten an einen Kristall …«

Dev fiel ungestüm ein: »Er ist ein Symbol – klar, magisch, spirituell.«

Aengus fuhr fort: »Dass er spirituell ist, ist wichtig. Dieser Kristall ist etwas Besonderes. Er bringt etwas zu uns ins Haus, und wir leben mit ihm, also werden wir ein Ritual rings um ihn schaffen. Dafür müssen wir noch die richtigen Worte finden.« Dev führte Aengus' Gedanken fort – sie waren wirklich auf einer Wellenlänge: »Wir beenden die Zeremonie mit einem Gedicht. Es bildet den Schlusspunkt. Wir legen etwas ab und markieren damit das Ende. Wir ziehen eine Grenze. Eine undurchlässige und wichtige.«

Ein weiteres kleines Zeichen für Devs Perspektivwechsel war, dass er auf seinem privaten Social-Media-Account ein hübsches Bild von sich und Rachel beim gemeinsamen Singen postete. Vorher hatte er keine Bilder von ihr zeigen wollen, und dieser kleine Akt bewies, dass er sich seiner Position als ihr Vater bewusst war. Jetzt, da er ihre Geburt und Adoption innerlich integriert hatte, konnte er diese Kluft überbrücken und nach außen hin deutlich zeigen, dass er und Aengus nun Rachels rechtmäßige Eltern waren, die ihre Zukunft gestalten würden.

Ein berührender und äußerst aufschlussreicher Aspekt unserer gemeinsamen Arbeit war für mich, Devs und Aengus' Entwicklung als Eltern miterleben zu dürfen. Aus meiner Sicht war es für sie, wie für alle anderen auch, eine der größten Herausforderungen des Lebens, ein Kind zu bekommen: heiß ersehnt, bedeutsam, wichtig, freudig, herzerwärmend und unglaublich schwer zugleich – und damit einhergehend all die Sorgen, die Erschöpfung, die Ungewissheit, die Fehler, die Ängste und Frustrationen. Hinzu kam, dass sie erst einmal herausfinden mussten, wie sie als Eltern zusammen agieren wollten, wie sie als Familie zueinanderfanden, beeinflusst von ihrer Erziehung, ihrer Persönlichkeit und ihrem Umfeld.

Aengus und Dev sahen sich mit einer ganzen Reihe komplexer Aspekte konfrontiert, mit denen umzugehen sie lernen mussten. Durch die Adoption standen sie unter Beobachtung, waren ständig beurteilt worden, hatten ihr Verhalten als Eltern überdenken müssen. Doch nachdem diese Hürde überwunden war, folgte ein weiterer Prozess, wie Dev es ausdrückte: »Wir mussten uns befreien, um gute Eltern für Rachel zu sein.« Es musste tief in ihr Bewusstsein dringen, dass sie sie liebten und ihre rechtmäßigen Eltern waren. Und das war das Wichtigste.

Als ich im Nachhinein darüber reflektierte, fragte ich mich, ob alle Eltern eine Version dieses Prozesses durchmachen. Eines der größten Geschenke, die Eltern einem Kind machen können, ist Vertrauen, und dieses Vertrauen muss von den Eltern nicht nur in Worten, sondern auch in den unausgesprochenen Botschaften, die sie vermitteln, vorgelebt werden. Üblicherweise machen diejenigen Eltern ihre Sache am besten, die sich selbst mit all ihren Stärken und Schwächen gut kennen und ein gesundes Selbstvertrauen besitzen.

Ich erkundigte mich bei Dev, ob er das Gefühl habe, dass sich die Sorgen bei ihm immer noch körperlich bemerkbar machten, doch er schüttelte unbekümmert den Kopf und sagte, dass er inzwischen vieles überwunden habe. Ihm war anfangs nicht bewusst gewesen, wie viel er in sich hineingefressen hatte. Doch nachdem er ausgesprochen hatte, was ihn und Aengus bewegte, und sie ihre Emotionen beobachtet und verarbeitet hatten, ging es ihm viel besser. Das zu hören freut einen als Therapeutin: Es beweist, dass die Therapie Wirkung zeigt.

Dev und Aengus reflektierten über unsere gemeinsame Zeit. Im ersten Teil unserer Arbeit war es wichtig gewesen, ihnen dabei zu helfen, die Nerven zu behalten, und im zweiten Teil hatten sie die Sitzungen dazu genutzt, über sich selbst als Eltern nachzudenken. Auf diese Weise fanden sie als Team zusammen. Sie hatten überlegt, was es bedeutet, eine Familie zu sein, und festgestellt, dass dazu viel mehr gehört als Blutsverwandtschaft: Wenn Rachel mit ihren Cousins und Cousinen zusammen war, kam es ihnen so vor, als spürte sie, dass sie eine tiefere Beziehung zu ihnen hatte als zu ihren Freundinnen und Freunden. Dev und Aengus fühlten sich zunehmend frei, sie selbst zu sein. Mit einem breiten Lächeln sagte Aengus: »Meine Mutter ist so stolz darauf, wenn sie uns beide zusammen beobachtet und mit eigenen Augen sieht, dass Rachel mich liebt. Es macht ihr so viel Freude, das zu mitzuerleben! Es ist so schön … Manchmal passiert es mir in solchen Momenten, dass ich mich quasi von außen sehe, fast wie bei einer Out-of-Body-Erfahrung.« Aengus' Mutter war davon überzeugt, dass er ein guter Vater sei.

Das Wissen, dass ein anderer Mensch an einen glaubt, kann wahre Wunder bewirken. Es stärkt das Selbstvertrauen und führt dazu, dass man starke Wurzeln entwickelt.

Dev sah mir zuversichtlich lächelnd in die Augen. »Es tut uns gut, mitzuerleben, wie wir uns weiterentwickeln und uns verändern, und gleichzeitig zu sehen, wie Rachel sich verändert. Sie steckt so voller Energie! Sie ist ganz und gar unsere Tochter. Sie hat sogar schon bestimmte Eigenheiten von uns angenommen. Sie geht zum Beispiel mit den Armen hinter dem Rücken verschränkt, genau wie mein Vater und ich. Das ist so schön!«

Meine Abschiedsworte an die beiden waren, dass Rachel sich glücklich schätzen könne, sie als Eltern zu haben. Es werde in Zukunft nicht einfacher werden, aber bestimmt fröhlich und liebevoll bei ihnen zugehen. Ich war zuversichtlich, dass sie sich alle positiv entwickeln würden und dass Rachel gut gedeihen werde.

Empty Nest

Wie können wir mit unseren Kindern in Verbindung bleiben, wenn sie das Haus verlassen?

Familie Thompson

Die mütterliche Linie der Familie Thompson bestand aus Hilary, 76, Kate, 54, und ihren Töchtern Daisy, 18, und Eve, 15. Hilary war 30 Jahre lang mit Jimmy verheiratet gewesen; sie hatten sich getrennt, nachdem sich Jimmy als schwul geoutet hatte. Hilary hatte als Continuity beim Film gearbeitet, war aber nun in Rente. Kate hatte als Journalistin Karriere gemacht, aber nach der Geburt der Kinder aufgehört zu arbeiten. Sie war mit dem 55-jährigen Joshua verheiratet, einem erfolgreichen Anwalt, der beruflich viel unterwegs war. Unsere Arbeit konzentrierte sich auf die Beziehung zwischen Hilary, Kate und Daisy in der Phase, bevor Daisy auszog und an die Universität ging.

Meiner Erfahrung nach wird der Auszug eines Kindes von zu Hause als schwerer Verlust erlebt: Die Eltern machen einen Trauerprozess durch, der in seiner Komplexität oft nicht erkannt wird. Ich habe eine persönliche Abneigung gegen den Begriff »Empty-Nest-Syndrom«, weil er so grob vereinfachend und unsensibel ist. Die Entwicklung eines Kindes zu einem/r Erwachsenen betrifft jeden in der Familie, mehr oder weniger stark. Probleme ergeben sich dann, wenn die heikleren Aspekte von Trennungen im Allgemeinen innerhalb der Familie unterschwellig gären, aber unausgesprochen und uneingestanden bleiben.

Eltern empfinden häufig eine Mischung aus Angst, Traurigkeit, Einsamkeit und auch Wut, wenn ihr Kind sie verlässt, gepaart mit einem Gefühl der Erleichterung, weil sich die mentale und konkrete

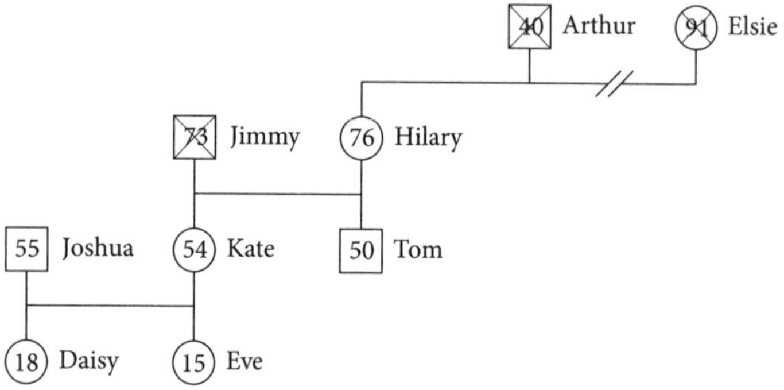

Belastung im Alltag reduziert. Zu dem Kummer über den Verlust gesellen sich häufig sorgenvolle Gedanken um Sicherheit und Glück des Kindes. Enge, tiefe Beziehungen, insbesondere zu einem Partner, sowie andere Quellen für ein gesundes Selbstwertgefühl, etwa finanzielle Sicherheit und eine robuste Gesundheit, schützen die Eltern davor, während dieser Übergangsphase den Boden unter den Füßen zu verlieren. Ihre Beziehung zu ihrem Kind sollte unterstützend sein, ohne übergriffig zu wirken, um ihm auf dem Weg zum Selbstständig- und Erwachsenwerden zu helfen. Die Forschung zeigt, dass es hilfreich sein kann, sich frühzeitig auf kritische Veränderungen im Leben einzustellen, um langfristigen Risiken für die psychische Gesundheit vorzubeugen und die Lebensqualität zu verbessern.

Kate wandte sich an mich, weil sie Hilfe brauchte, um mit ihren Gefühlen in Bezug auf den bevorstehenden Auszug ihrer Tochter Daisy zurechtzukommen. Darüber hinaus wollte sie gern herausfinden, ob generationenübergreifende Familienmuster und Überzeugungen sie dabei beeinflussten. In den meisten Fällen beziehe ich am liebsten die ganze Familie in die Therapie mit ein, da der Prozess der Veränderung eine kollektive Angelegenheit ist. Im Fall der Thompsons betraf das Thema jedoch hauptsächlich die Frauen – es ging um das Muttersein und das Loslassen –, weshalb sie im Mittelpunkt unserer Arbeit standen.

Wir vereinbarten, dass Joshua und Eve bei Bedarf an den Sitzungen teilnehmen könnten; sie würden auf jeden Fall auf dem Laufenden gehalten werden, denn auch wenn sie nicht dabei waren, würden unsere Gespräche sie beeinflussen. Wenn die Dynamik eines Familiensystems von mehreren Mitgliedern neu gestaltet wird, wirkt sich das auf alle Familienmitglieder aus. Es wäre kontraproduktiv gewesen, die anderen nicht zu informieren: Therapieinterne Geheimnisse würden unter Umständen zu Spannungen zwischen ihnen allen führen. Ich lernte Joshua und Eve während der Sitzungen informell kennen. Manchmal half Joshua bei technischen Problemen oder winkte im Vorbeigehen in die Kamera. Eve sagte zwischendurch Hallo. Ich hatte das Gefühl, sie durch die anderen kennenzulernen, und es schien, dass sie von der Therapie profitierten, ohne daran aktiv teilnehmen zu müssen.

Die drei Generationen waren ähnlich chic und gepflegt. Hilary hatte dickes, gewelltes Haar, das zu einem Bob geschnitten und bereits ergraut war; sie hatte eine blasse, auffällig faltenfreie Haut und legte knalligen roten Lippenstift auf. Kate trug ihr blondes Haar lang und fransig und war in eine stylische weiße, im Nacken zugeknöpfte Bluse mit passenden langen Silberohrringen gekleidet. Daisy, die zwischen ihrer Mutter und ihrer Großmutter saß, wirkte etwas unsicher und strich sich häufig das Haar aus den leuchtend blauen Augen. Sie trug kein Make-up, kleine Diamantstecker in den Ohren und schwarzen Nagellack an den gepflegten Händen.

Alle drei Frauen hatten lebhafte Augen und viel Sinn für Humor – ich hätte mir gut vorstellen können, mich privat mit ihnen anzufreunden, aber ich musste die Distanz wahren: Ich war ihre Therapeutin, was bedeutete, dass ich zwar hoffte, eine Ebene der Offenheit und Intimität zwischen uns zu schaffen, aber die Beziehung zwischen uns sollte in erster Linie ihnen und ihren Bedürfnissen dienen.

Sie hatten sich für eine kurzfristige, gezielte Therapie als eine Art Präventivmedizin entschieden. Sie wollten die Sitzungen nutzen, um sicherzugehen, dass sie sich und ihre unterschiedlichen Bewältigungsstrategien verstanden, und um zu verhindern, dass sie ihre turbulenten Gefühle aneinander ausließen.

Es wird häufig verkannt, dass ein Kind zu haben für eine Mutter bedeutet, rund um die Uhr für es da zu sein, egal ob sie einer Erwerbsarbeit nachgeht oder nicht. Dass Daisy nun erwachsen wurde und vorhatte, von zu Hause auszuziehen, war daher ein großer Einschnitt auch in Kates Leben und nicht nur in Daisys, ein Einschnitt, der alle Familienmitglieder betraf.

Ein solcher Wandel ereignet sich in der Regel zu einer Zeit, in der noch viele andere Veränderungen stattfinden. Eine Mutter kommt vielleicht in die Wechseljahre, muss sich mit alternden Eltern auseinandersetzen und gleichzeitig eine neue Form für die Paarbeziehung im Herzen der Familie finden. Vollzeitmütter verlieren unter Umständen ihre Tagesstruktur und ihre Aufgabe, doch der Verlust kann für berufstätige Mütter nicht weniger tiefgreifend sein. Väter neigen dazu, ihre Emotionen weniger deutlich auszudrücken, obwohl sie sie ebenso stark spüren. Ihnen geht es oft so, dass sie bereuen, was sie beim Aufwachsen ihres Kindes verpasst haben.

Junge Menschen erleben den Auszug von zu Hause und den Beginn eines neuen Lebensabschnitts meist als aufregend und beängstigend zugleich. Sie müssen lernen, dem Druck der Ausbildung und den sozialen Anforderungen gerecht zu werden, auch bei der Partner:innen-Suche, und sich an das Erwachsenenleben herantasten.

Kate Thompson hatte mich schon einmal aufgesucht, als sie zehn Jahre zuvor in einer Krise steckte: Ihr geliebter jüngerer Bruder Tom war kokainabhängig – »seine schreckliche Sucht«, wie sie es nannte. Es war ein gutes Stück Arbeit gewesen, bis sie so weit war, dass sie sich erlauben konnte, wegen der schlimmen Folgen seiner Sucht sauer auf ihn zu sein: Schulden, zerbrochene Freundschaften, ihre Hilflosigkeit angesichts seines Drogenkonsums und nicht zuletzt die Belastung für ihre Eltern, die fürchteten, er könnte sterben. Er war irgendwann bei Kate eingezogen und verbrachte die meiste Zeit damit, auf dem Sofa zu sitzen, Kochsendungen zu schauen und zu essen, bis er fettleibig wurde.

Es war eine schwierige Zeit, aber Kate war stolz darauf, sie durchgestanden zu haben. Ihre unerschütterliche Liebe zu ihrem Bruder, ihre Hartnäckigkeit, mit dem sie ihn mit seiner Sucht konfrontierte sowie die unbekümmerte Fröhlichkeit ihrer beiden Töchter hatten schließlich dazu beigetragen, dass er einen Entzug machte und wieder eine Zukunftsperspektive hatte. Kate und ihr Mann hatten Tom dazu bewegt, sich den *Anonymen Alkoholikern* anzuschließen, und jetzt, zehn Jahre später, war er immer noch clean.

Von unseren gemeinsamen Sitzungen her wusste ich noch, dass Kate einen klaren Einblick in ihre eigenen Entwicklungen hatte und die Fähigkeit besaß, vertrauensvolle Beziehungen aufzubauen. Sie unterschätzte oft ihre Stärken und stellte dann zu ihrer Überraschung fest, wie viel Mut sie aufbringen und wie gut sie mit Schwierigkeiten umgehen konnte.

Ich fragte zunächst einmal Daisy, wie sie sich dabei fühlte, demnächst von zu Hause auszuziehen. Sie musste erst ein wenig nachdenken; es schien ihr nicht angenehm zu sein, mit einer Fremden vor ihrer Mutter und Großmutter darüber zu sprechen. Ich lächelte sie ermutigend an, um ihr das Gefühl zu geben, dass sie sich bedenkenlos öffnen konnte, doch dann erschien es mir klüger, ihre Gefühle zu reflektieren, und ich sagte: »Bestimmt ist es merkwürdig für dich, so mit mir zu reden.« Im Nachhinein dachte ich, es wäre vielleicht besser gewesen, zuerst mit Kate zu reden, sodass Daisy sich ein erstes Bild von mir hätte machen können, indem sie mich bei der Interaktion mit ihrer Mutter und Großmutter beobachtete.

Daisy erzählte, dass sie in der Woche zuvor wegen Corona ernsthaft erwogen habe, den Beginn ihres Studiums um ein Jahr zu verschieben. Sie sprach leise und bemühte sich sichtlich, ihre Gedanken zu ordnen und in die richtigen Worte zu fassen. Doch allmählich fand sie ihr Selbstvertrauen wieder und erklärte uns, dass sie zwar aufgeregt sei, sich aber möglichst nicht zu viele Hoffnungen machen wolle. Sie würde sich in einer Gruppe von sechs Leuten befinden; von daher würde viel davon abhängen, wie gut sie miteinander auskamen. Am meisten fürchtete sie sich davor, dass sie sich an der Uni einsam fühlen könnte, denn es gäbe keine der üblichen Treffen und Veranstaltungen für Erstsemester geben, und alle Vorlesungen fänden online statt. Sie hatte schon mehrmals Panikattacken gehabt – einmal zum Beispiel, als sie ziellos durch ein Ikea-Möbelhaus geirrt war. Ich nickte verständnisvoll: Ich war schon immer der Meinung gewesen, dass es am Ausgang eines jeden Ikea kostenlose Therapieplätze geben sollte.

Hilary, eine selbstbewusste, energische Frau, mischte sich in das Gespräch ein. Dass Daisy jetzt nach Oxford gehe, sei ein Erfolg, von dem sie selbst und auch Daisys Mutter nur hätten träumen können. Hilary hatte eine fesselnde Lebensgeschichte. Unsere Erlebnisse und Erfahrungen formen uns, und wenn wir uns nicht die Zeit nehmen, über unser Leben nachzudenken, vergeuden wir die Chance, viel über uns zu erfahren. Hilarys Großmutter stammte aus Glasgow und hatte als Putzfrau gearbeitet. Sie war gestorben, als ihre Tochter Elsie – Hilarys Mutter – fünf Jahre alt gewesen war. Hilarys Großvater machte sich aus dem Staub und ließ Elsie in der Obhut ihrer älteren Schwester zurück.

Bei Kriegsbeginn verliebte Elsie sich in Arthur und heiratete ihn überstürzt, obwohl sie sich kaum kannten. Er »gehörte einer anderen Gesellschaftsschicht an, drückte sich anders aus« als sie, und sie gründeten nie einen gemeinsamen Hausstand. Hilary wurde gezeugt, als Arthur einmal auf Heimaturlaub war, doch am Ende des Krieges war die Beziehung vorbei. Hilary erzählte: »Ich wusste, wer mein Vater war, kannte ihn aber nicht … Trotzdem hat er mich beeinflusst. Als er mich beim Standesamt angemeldet hat, hat er das falsche Datum eingetragen: Ich bin am 12. geboren, er hat den 14. angegeben.« Ich stellte fest, dass es schlimmer für sie war, ihren Vater nie richtig gekannt zu haben, als dass er ihr sich bei ihrem Geburtsdatum geirrt hatte, und beschloss, bei Gelegenheit nachzuhaken.

Hilary erzählte weiter: Selbst nach dem vergeblichen Versuch ihrer Mutter, vor Gericht ein Pfund Unterhalt pro Woche von ihm zu bekommen, zeigte sie keine Verbitterung gegenüber ihrem Ehemann. Wie Hilary es ausdrückte: »Sie hielt für den Rest ihres Lebens an den romantischen Illusionen über ihn fest. Noch auf ihrem Sterbebett sprach sie von diesem Mann.« Arthur hatte für kurze Zeit bei ihnen gelebt, als Hilary zehn Jahre alt war. Sie sagte: »Als er nach zwei oder drei Monaten für immer aus meinem Leben verschwand, war ich nicht traurig darüber. Im Gegenteil: Ich war erleichtert.«

Zu diesem Zeitpunkt war er bereits Alkoholiker gewesen. Hilary beschrieb es so: »Mein armer Vater klammerte sich an Vorstellungen, die von vornherein unmöglich waren. Erst viel später erfuhr ich aus seiner Sterbeurkunde, dass er als Barkeeper in einem Hotel in Portsmouth gearbeitet und sich umgebracht hatte, indem er den Kopf in einen Gasherd steckte, die bevorzugte Suizidmethode in den 1950er-Jahren.«

Kate fügte hinzu: »Viele in seiner Familie haben getrunken und sich umgebracht – seine Mutter, sein Vater, seine Tante. Sie waren vornehm, und meine Großmutter war ziemlich stolz auf seine gute Herkunft.«

Ich wies sie darauf hin, dass sowohl Hilary als auch ihre Mutter ohne Vater aufgewachsen waren, und sie nickte. Es war, als wäre die väterliche Abwesenheit über zwei Generationen hinweg eine Art von Vakuum, das Hilary nicht benennen konnte. Kate fand die richtigen Worte und wandte sich zuerst an ihre Mutter: »Deine Mutter hat es geschafft, an der romantischen Erinnerung an deinen Vater festzuhalten, während sie dich gleichzeitig von ihm ferngehalten hat.« Dann fuhr sie an die Kamera gerichtet fort: »Ihre Liebe zu meiner Mutter und das Bedürfnis, sie zu beschützen, überwogen die fantastisch-verklärten Gefühle für ihren Mann. Als Konsequenz ließ sie nicht zu, dass Arthur eine Beziehung zu meiner Mutter entwickelte.«

Hilary bemerkte sehr sachlich und quasi abschließend: »Ich hätte ihn nicht retten können. Ich war erst elf, als er starb.«

Ich sah, wie Daisy interessiert zuhörte, obwohl sie diese Geschichte schon öfter gehört haben musste. Ich fragte mich gerade, wie Hilary die Trauer um ihren Vater verkraftet hatte, als sie wieder auf die Geschichte ihrer Mutter zurückkam. Elsie war ledig geblieben, bis Hilary Jimmy heiratete; dann hatte sie jemanden kennengelernt und wieder geheiratet. Ich fragte nicht nach, warum Elsie die ganze Zeit über Single geblieben war, vermutete aber, dass sie nicht die emotionale Energie für einen anderen Menschen oder das Bedürfnis nach einem Mann gehabt hatte, bis sie wieder allein gewesen war; Ehemänner schienen zweitrangig gegenüber ihrem primären Lebensziel gewesen zu sein, ihrem Kind eine gute Mutter zu sein.

Zehn Jahre später hatten Hilary und ihre Familie England verlassen und waren aufgrund von Jimmys beruflicher Laufbahn nach Sydney gegangen, und das, so vermutete Hilary, habe ihrer Mutter die Lebensgrundlage entzogen. »Ein großer Teil von ihr war plötzlich weg. Sie hatte zwar viele Freunde in ihrer Wohnsiedlung und eine gut erreichbare Arbeitsstelle als Pflegerin, aber trotzdem verlor sie im Lauf der nächsten acht Jahre allmählich den Boden unter den Füßen. Sehr lange hatte sie ihre tiefe Enttäuschung und ihren Kummer über den Verlust in Schach gehalten, aber irgendwann drehte sie durch – bei ihr wurde eine paranoide Schizophrenie diagnostiziert.«

Elsies Psychose hatte zwei Gesichter: eine böse Frau aus der Arbeiterklasse, die sie anschrie und Dinge sagte, die sie schockierend fand – zum Beispiel, dass sie lesbisch sei –, und einen Oberst, der sehr nett zu ihr war. Hilary und Kate beschrieben, wie mächtig diese Charaktere gewesen waren und wie Elsie sie verkörperte, indem sie ihre Sprechweise annahm, und obwohl sie heute darüber lachten, war es eindeutig eine sorgenvolle Zeit gewesen.

Hilary erklärte gerührt, dass Kate ihre Mutter vom Rande des Wahnsinns zurückgebracht hatte. Kate stimmte ihr zu, aber sie waren sich nicht einig, wie es dazu gekommen war. In Kates Erinnerung hatte ihre Mutter sie mit 18 Jahren von Sydney nach London geschickt, um sich um ihre Großmutter zu kümmern. Hilary bestritt dies vehement und behauptete, dass es Kates eigene Entscheidung gewesen sei, dies zu tun. Daisy lehnte sich auf ihrem Stuhl zurück, um nicht ins Kreuzfeuer zu geraten, aber es ging so schnell vorbei, wie es angefangen hatte. Es war ihnen offenbar wichtiger, Elsies Geschichte zu erzählen, als ihre unterschiedlichen Standpunkte durchzusetzen; es schien, als hätten sie diese Diskussion schon oft geführt und fänden es inzwischen sinnlos, sie weiter in die Länge zu ziehen. Lächelnd einigten sie sich auf das Ergebnis: Sobald Kate nach London gekommen war, um sich um Elsie zu kümmern, »ging es ihr auf einmal merklich besser. Sie packte ihren Wahnsinn in eine Kiste, klappte den Deckel zu, und weg war er, ohne dass er je wieder erwähnt wurde.«

Ich dachte darüber nach, dass »Gebrauchtwerden«, ob als Eltern oder Großeltern, unserem Leben Sinn verleiht und diese Sinnhaftigkeit eine Grundlage für unser Wohlbefinden bildet. Möglicherweise war Elsies psychotischer Schub abgeklungen, weil auf einmal wieder jemand da war, für den sich eine Gesundung lohnte.

Alle drei Frauen aus den verschiedenen Generationen lächelten bei den Erinnerungen an diejenige, die ihnen vorausgegangen war. Kate erzählte: »Nanny wollte uns immer um sich haben.« An ihre Oma konnte sie sich besser erinnern als an ihren Vater. Alle drei Frauen sagten übereinstimmend, dass sie sich in Elsies Gegenwart geborgen gefühlt und sie sehr liebgehabt hätten. Als Kate von ihrer Großmutter erzählte, merkte man ihr an, wieviel sie ihr bedeutet hatte: Elsie habe als Pflegerin gearbeitet und in einer Siedlung des sozialen Wohnungsbaus gelebt, aber sie habe sich immer schick zurechtgemacht. »Bis zu ihrem Tod mit 91 Jahren hat sie roten Lippenstift aufgelegt. Sie hat immer auf ihr Aussehen geachtet und sich geschminkt; sie trug ein Kopftuch, einen beigen Regenmantel und hübsche Stiefeletten. Wir haben uns zusammen *Coronation Street* angeschaut, für sie war das alles echt, sie hat richtig mitgefiebert!«

Hilary und Kate lachten. Ich empfand sehr deutlich, dass kein Mensch wirklich tot ist, solange er in der Erinnerung anderer weiterlebt. Elsies Liebe zu Tochter und Enkelin war noch Jahrzehnte nach ihrem Tod in ihnen lebendig. Die Familie gehe für eine Mutter über alles, das hatte sie ihnen eingeprägt, darin waren sich beide einig.

Daisy saß still und nachdenklich daneben und sagte schließlich: »Ich mag es, Geschichten von Oma zu hören. Sie hatte eine so schlimme Kindheit! Nanny [Hilary] und Mum waren ihr ganzer Lebensinhalt, und als sie weggingen, hat sie das buchstäblich verrückt gemacht.« Sie schwieg eine Weile und fügte dann hinzu. »Du drehst aber nicht durch, Mum, oder?«

Kate sah ihrer Tochter lächelnd in die Augen und erwiderte: »Ich bin zäh. Ich passe schon auf mich auf; um mich brauchst du dir keine Sorgen zu machen. Ich habe viele Jahre gebraucht [dabei nickte sie mir als ihrer Therapeutin zu], um mir bewusst zu werden, dass ich stärker bin, als ich gedacht hätte.«

Hilary fiel ein: »Ich bin nicht wie meine Mutter. Ich neige eher zum Grübeln. Es wäre schön, wenn ich meine Sorgen auch einfach in eine Kiste packen könnte. Es hat was, seine Probleme einfach einwickeln und weglegen zu können.« Kate widersprach ihr: Sie besäßen beide die Fähigkeit, Schwierigkeiten zu überwinden und glücklich und optimistisch zu bleiben, und dass sie bisher niemals verbittert seien. Sie fügte hinzu: »Manchmal zieht dich etwas furchtbar runter, aber bisher hast du alles überwunden und bist wieder auf die Beine gekommen. Du brauchst dich nicht in ein Fantasiereich zurückzuziehen wie Nanny.« Dann fuhr sie fort: »Ich bin zweifelsohne eine Überlebenskünstlerin. Ich bin ein ziemlich harter Brocken, muss ich schon sagen …« Es war wichtig für Daisy, dass ihr diese Überzeugung – zu einer Linie starker Frauen zu gehören – vermittelt wurde.

Außerdem war es von großer Bedeutung für sie, zu erfahren, dass ihre Eltern eine enge Beziehung zueinander hatten. Manchmal werden junge Erwachsene durch die Angst, ihre Eltern könnten ohne sie nicht zurechtkommen, lange an ihr Zuhause gebunden. Die Zahl der Scheidungen bei Paaren über 50 hat sich in den letzten 20 Jahren verdoppelt, und oft wird die Scheidung dadurch ausgelöst, dass das letzte Kind das Haus verlässt und der Kitt zerbröckelt, der die Familie zusammengehalten hat. Der hektische, turbulente Alltag überdeckt in vielen Fällen lange Zeit, dass die Zweierbeziehung der Eltern längst zerrüttet ist. Doch auch in diesem Punkt konnte Kate ihre Tochter beruhigen.

Es überrascht nicht, dass die therapeutische Arbeit mit drei Personen eine größere psychologische Herausforderung darstellt als eine Einzeltherapie. Es kommen mehr Informationen zusammen, und die unterschiedlichen Beziehungen und zusätzlichen Perspektiven müssen berücksichtigt werden. In diesem Fall führte das teilweise dazu, dass ich wichtige Punkte übersah. Erst in der nächsten Sitzung dachte ich daran, Hilary zu fragen, wie sie mit ihrer Trauer um ihren Vater umgegangen sei und warum sich Kate deutlicher an ihre Großmutter als an ihren Vater erinnerte, den sie seit seinem Tod schmerzlich vermisst hatte.

Hilary antwortete auf meine Frage leichthin, dass sie ihren Vater nicht vermisst habe, weil sie ihn kaum gekannt habe. Kate hingegen beschrieb ihre Trauer um ihren Vater als ein Gefühl von »schrecklicher Einsamkeit, furchtbarer Trostlosigkeit«.

Wir trafen uns diesmal ohne Daisy, die an der Universität war. Ich brachte die Frage nach den abwesenden Vätern auf und wie sich dies auf die Beziehung der beiden Frauen zu Männern ausgewirkt habe. Kate erklärte mit Nachdruck: »Ich stamme aus einer langen Reihe von Frauen, die von Männern enttäuscht wurden. Angefangen mit der Mutter meiner Mutter, wurden sie alle von ihren Männern verlassen. Meine Mutter ist Männern gegenüber positiver eingestellt als ich – ihren Onkel hat sie zum Beispiel sehr gern gemocht –, obwohl sie ziemlich verbittert war, nachdem Papa sie verlassen hatte.«

Hilary antwortete, dass sie schon immer von Männern fasziniert gewesen sei, die sie als »die anderen« bezeichnete, aber dass sie fix und fertig gewesen sei, als Jimmy sich geoutet hatte: Um das Ende ihrer 30-jährigen Ehe zu erzwingen, war er bissig und grausam gewesen.

Kate und ihr Bruder Tom hatten weniger darunter gelitten, dass ihr Vater schwul war, als vielmehr darunter, dass sich ihre Eltern daraufhin zerfleischten und sie ihr Zuhause als stabile Basis verloren. Hilary nickte nachdenklich. Sie versuchte gar nicht erst, sich zu rechtfertigen, sondern gestattete es Kate, die Wahrheit beim Namen zu nennen. Sie legte die Hand an die Stirn und sagte langsam und bedächtig: »Plötzlich ergab alles einen Sinn, und die Erklärungen, die ich mir jahrelang zurechtgelegt hatte, verloren ihren Sinn. Ich hatte mich immer gefragt, ob mein Mann vielleicht homosexuell war, und hatte ihn sogar darauf angesprochen, ob er sich ein anderes Leben wünsche, aber er hatte es verneint.«

Es war interessant, dass Hilary sich einen Ehemann ausgesucht hatte, der emotional genauso unnahbar war wie ihr Vater, wenn auch aus anderen Gründen. Das ist ein Paradoxon, das ich oft erlebe: Solange die Menschen sich über die Auswirkungen ihrer Vergangenheit nicht im Klaren sind, spielen sie oft Teile davon nach, anstatt bewusste Entscheidungen zu treffen, die für sie besser wären. Hilary fuhr fort: »Wir machten noch eine ganze Weile weiter. Er hat mich erst verlassen, als ich schon 50 war. Das hat wehgetan. Es war hart. Ich kämpfte darum, unser Familienleben aufrechtzuerhalten – ich wollte nicht alleinerziehend sein wie meine Mutter.«

Wir schwiegen und ließen ihre Worte auf uns wirken. Das allein trägt schon dazu bei, Familien zusammenzuschweißen: dass jedes Mitglied seine subjektiven Erfahrungen aussprechen darf, seine eigene Wahrheit, und dass diese Wahrheit von den anderen anerkannt wird.

Hilary und Kate sprachen weiter über Jimmy. Ich hörte an Kates Stimme, wie sehr sie das Thema emotional berührte. Die Trauer über seinen Tod war in dieser Sitzung besonders lebendig, weil sie die vorangegangenen Tage damit verbracht hatte, seine Kisten auszupacken, was sie jahrelang vor sich hergeschoben hatte. Unsere Gespräche über Väter hatten ihr die Kraft gegeben, sich mit den Erinnerungen an ihn zu konfrontieren, was sehr schmerzlich für sie war. Allmählich machte ich mir ein Bild von Jimmy. Er war in einem brutalen, von Armut geprägten Haushalt aufgewachsen, in dem Aggressionen und Gewalt zum Alltag gehörten. Er hatte hart daran gearbeitet, seiner eigenen Familie so etwas zu ersparen, aber hin und wieder hatte es ihm an Affektkontrolle gemangelt, was Auswirkungen auf das Familienleben gehabt hatte. Wie Hilary es ausdrückte: »Wir gingen alle auf Zehenspitzen, um ihn nicht zu verärgern.«

Kate erzählte: »Mein Vater war Autodidakt, und der Wunsch, es im Leben zu etwas zu bringen, wurde ihm und uns in die Wiege gelegt. Er war immer auf der Suche nach neuen Möglichkeiten, immer strebsam, aber ich glaube nicht, dass er jemals den Erfolg hatte, den er sich gewünscht hatte.« Außerdem waren sie sich einig, dass es für ihn schwer gewesen sein musste, über all die Jahre hinweg seine sexuelle Identität unterdrücken zu müssen. Ich erfuhr, dass Jimmy irgendwann an einen Punkt gelangt war, an dem er seine Homosexualität nicht länger verbergen konnte. Kate mutmaßte, dass er durchaus einen neuen Freundes- und Bekanntenkreis und eine neue Art, zu leben, hinzugewann, aber seine innere Leere aufgrund seiner gefühllosen Kindheit doch nie ganz ausgefüllt werden konnte.

In den ersten Jahren nach seinem Coming-out distanzierte sich Jimmy von seinem bisherigen Umfeld, um sich neu zu orientieren. Nachdem sich seine Persönlichkeit gefestigt hatte, hatte er sich seiner Familie glücklicherweise wieder angenähert, vor allem in den letzten Jahren vor seinem Tod.

Ich wollte wissen, wie sich all diese Erfahrungen bei Mutter und Tochter auf ihre Beziehungen zu Männern ausgewirkt hatten. Sie kicherten ein bisschen, als Kate antwortete: »Meine Mutter flirtet bis heute gern, aber ich bin anders. Ich habe nicht sehr viele männliche Freunde, und manchmal verstehe ich Joshua nicht. Ich glaube, es liegt an der Art der englischen Männer, denn ich bin in Australien aufgewachsen. Mit australischen Männern kann ich besser umgehen und fühle mich wohler in meiner Haut, weil ich ihre Reaktionen besser einordnen kann.« Sie erklärte, dass Joshua in gewisser Weise ihrem Vater ähnele; genau wie dieser heische er stets um Aufmerksamkeit. Manchmal distanzierte er sich eine Zeit lang, und dann suchte er wieder ihre Nähe, weil er Zuwendung brauchte. Er war humorvoll und sorgte gut für die Familie. Kate beschrieb, dass er »für uns bis zum Südpol fahren würde, aber genau wie mein Dad hat er das Gefühl, dass ihm irgendetwas fehlt. Eine gewisse innere Unruhe.«

In den seltenen Momenten, in denen sie allein waren, überhäufte er sie mit Aufmerksamkeit, was die beiden zusammenhielt. Mit einem Blick aus dem Fenster sagte Kate nachdenklich: »Solche Leute können einen süchtig machen, aber so ganz komme ich nicht an ihn heran.«

Sie hatte Recht: Diese variablen Belohnungen, bei denen man nie genau weiß, wann man das bekommt, wonach man hungert, halten uns in Abhängigkeit – wir sehnen, hoffen, fragen uns, wann es wieder einmal so weit ist. Sobald unsere Bedürfnisse befriedigt werden, wird der Kreislauf erneut in Gang gesetzt. Es gibt auch eine interessante psychologische Sichtweise, die von einem sich wiederholenden unbewussten Verhalten ausgeht: Die Theorie des Paartherapeuten und Autors Harville Hendrix besagt, dass wir in unserer Beziehung unbewusst die Hoffnung hegen, unerledigte Dinge aus unserer Kindheit abschließen zu können. Oft gelingt uns das nicht – wir wiederholen nur den immer gleichen Schmerz.

Ich fand die Perspektive dieser Familie auf das Thema Geschlecht besonders interessant. Hilary war emotional intelligent und schien gewusst zu haben, dass ihr Mann schwul war und es verbarg. Aber dass er es so viele Jahre lang geleugnet hatte, hatte möglicherweise ihr Vertrauen in ihre Fähigkeit untergraben, Männer oder Menschen im Allgemeinen einschätzen zu können. Auch dass ihr Mann sich schließlich derart vehement gegen sie gewandt hatte, musste auf sie gewirkt haben, als hätte sie ihn gar nicht richtig gekannt. Vielleicht hatte sie aber auch den Tatsachen nicht ins Auge blicken wollen. Männer als »anders« zu betrachten schien nicht zuletzt ihre Art zu sein, sich nicht mit ihnen und ihrem komplizierten Wesen auseinandersetzen zu müssen. Männer haben die Frauen im Lauf der Geschichte immer wieder als »anders« dargestellt, um sich mit ihnen nicht als Mitmenschen auseinandersetzen zu müssen. Jemanden als »anders« abzustempeln, resultiert aus Angst – Angst vor den Unterschieden, vor Machtlosigkeit –, kann aber durch Neugier überbrückt werden: indem man sich erforscht und sich anderen öffnet, mit all seinen Facetten, auch seinen Geheimnissen. Jimmy hatte sich weder Hilary noch seinen Kindern je richtig gezeigt.

Hilary schüttelte den Kopf und senkte ihn zum Tisch. Als ich fragte, was los sei, sagte sie nur: »Männer!«

Kate neigte sich näher zum Bildschirm. »Du sagst es! Ohne meine Freundinnen könnte ich nicht überleben. Meine Ehe wird nur durch die engen Beziehungen zu meinen Freundinnen aufrechterhalten.«

Ihr wurde klar, dass eine Person allein niemals alle unsere Bedürfnisse erfüllen kann. Freundinnen, Arbeit, ein Leben außerhalb der Ehe – all das sind wichtige Bestandteile einer erfolgreichen Beziehung. Mutter und Tochter sahen sich an und stellten sich gegenseitig die Frage, wie ihre Beziehungen zu den Männern Daisy beeinflussten. Sie waren sich einig, dass sie es zwar nicht wussten, aber darauf vertrauten, dass Daisy ihre Bedürfnisse deutlicher wahrnehmen und selbstbewusster vertreten könne, als sie es je getan hatten. Ich nickte und lächelte: Das war ihr Geschenk an Daisy.

Man muss sehr genau abwägen, was Familienmitglieder gemeinsam mit der Therapeutin oder dem Therapeuten besprechen, weil es hilfreich und produktiv für sie ist, und was man am besten in Einzelsitzungen klärt. Dies gilt insbesondere, wenn mehrere Generationen beteiligt sind. Offenheit und ehrliche Kommunikation sind das Fundament, auf dem Vertrauen in einer Familie aufgebaut werden kann – aber das bedeutet nicht, dass man jederzeit schonungslos ehrlich sein muss. Woher wissen Eltern, ab wann und womit sie eine Grenze überschreiten? Das lässt sich nur sehr schwer definieren. Es ist beispielsweise völlig in Ordnung, wenn Kinder oder Jugendliche miterleben, dass es Vater oder Mutter einmal nicht gut geht, damit sie wissen, dass es in Ordnung ist, diese Gefühle offen zu zeigen – aber wie viel ist zu viel? Es tut gut, wenn das eigene Kind einen in seinem Kummer tröstet, aber sich auf seine emotionale Unterstützung zu verlassen, geht einen Schritt zu weit. Elternschaft erfordert ständiges Kalibrieren, Lehren und Modellieren von Verhalten; keinesfalls sollte die Eltern-Kind-Rolle umgekehrt werden.

Kate und ich diskutierten darüber, ob es klug war, vor Daisy darüber zu sprechen, wie traurig sie über ihren Weggang war. Wir waren uns einig, dass Daisy wissen sollte – und es auch gern wissen wollte –, dass ihre Mutter sie vermissen würde, dass sie aber nicht mit dem ganzen Ausmaß belastet werden sollte, in dem Kate davon betroffen war. Ich stimmte zu: In vielen Familien nimmt ein Elternteil die passiv-aggressive Position des Opfers ein – »Mach dir keine Sorgen um mich!« –, was signalisiert: Bitte mach dir Sorgen um mich.

Kate und ich vereinbarten ein paar Einzelsitzungen. Als sie sich beim ersten Mal einloggte, sagte sie leise »Hallo« und fing dann sofort an, bitterlich zu weinen. Zwischendurch putzte sie sich die Nase, schaute auf ihre Hände, presste die Finger an die Augen und murmelte: »Oh Gott«, bis ihr Kummer allmählich abebbte. Sie schwieg einen Moment lang, atmete tief durch und blickte mit einem verlegenen Lächeln auf. »Oh je, ist das anstrengend.«

Das war es ganz sicher: Ihrer Traurigkeit freie Bahn zu lassen und sie derart zu äußern war ein physischer und psychischer Tauchgang, machte sie aber offen für eine Analyse dessen, was in ihr vorging.

Kate nahm sich Zeit, um die richtigen Worte zu finden; manchmal schaute sie mir direkt in die Augen, oft aber auch zur Seite. Ich erfuhr, dass Kate und Joshua Daisy zur Universität gefahren hatten. Im Auto waren sie gespielt fröhlich gewesen und hatten Gute-Laune-Musik gehört. Dabei kämpfte Kate die ganze Zeit mit den Tränen, Joshua redete unaufhörlich, und Daisy saß still auf dem Rücksitz. An der Uni angekommen, verabschiedeten sie sich überstürzt.

Auf der Rückfahrt saß Kate da wie versteinert, und Joshua schwankte zwischen Verständnis und Verärgerung. Er betonte, wie stolz er sei, dass Daisy an einer angesehenen Universität studiere, wie toll das für sie sei und was für eine wunderbare Zeit sie dort verleben werde. Kate widersprach ihm nicht, empfand Daisys Weggang aber trotzdem als Verlust. Sie war sauer auf ihren Mann, weil er nicht ebenso traurig war wie sie.

Plötzlich hatte sie Joshua angeschnauzt: Sie wisse, dass sie Daisy als Jugendliche allmählich losgelassen und in der schwierigen Zeit, als sie mehr Freiheiten in Bezug auf Bildschirmzeit und Ausgehzeiten verlangt habe, mit ihr gekämpft hätten. Ihr Weggang löse jetzt aber eine ganz andere Art von Trauer in ihr aus – es gehe um mehr als nur um die letzten paar Jahre. Kate litt stark unter dem Verlust ihres Kindes. Sie spürte eine überwältigende innerliche Leere, weil sie Daisy nun nicht mehr bemuttern konnte. Sie hatte sich in ihrer Rolle als Mutter bestätigt und stark gefühlt, das hatte ihrem Leben Sinn gegeben: »Ich glaube, das Wichtigste für mich war es, mein Kind großzuziehen. Es gab nichts Wichtigeres als das, und in meinem jetzigen Leben gibt es nichts Vergleichbares. Wie meine Mutter schon gesagt hat, ist es eine heilige Aufgabe, sein Kind aufzuziehen.«

Ich spürte bei ihren Worten ein Ziehen in der Brust und musste meine selbstkritischen Gedanken darüber verdrängen, dass ich mich als Elternteil nie in dieser Weise engagiert hatte.

Einen Moment lang lehnte Kate sich in ihrem Stuhl zurück und ließ auf einmal zu, dass der Ärger in ihr hochkochte, den sie sich nur widerstrebend zugestand. Sie schüttelte die Hände, als wären sie heiß und sie wollte sie abkühlen, und sagte dann grimmig: »Ich habe gar nicht gewusst, dass das in mir steckte. Ich bin wütend! Vielleicht ist das ein bisschen zu stark: Ich bin sauer. Und auch neidisch, weil sie in die Welt hinausgeht und neue Dinge entdecken und erforschen wird, während ich am Ende meines Lebens stehe …«

Ich war beeindruckt von ihrer Fähigkeit, sich einzugestehen, was wir oft zu leugnen versuchen: dass wir neidisch auf unsere wunderbaren jungen Erwachsenen sind. Aber indem sie es sich selbst gegenüber zugab, ließ sie diese Gefühle nicht an ihrer geliebten Tochter aus. Es war auch kein Gefühl, das man »reparieren« konnte – sondern eines, das man zulassen, ja, mit dem man sich sogar anfreunden musste, damit es ihr die Kostbarkeit ihres eigenen Lebens vermitteln konnte.

Im Lauf unseres Gesprächs schilderte Kate abwechselnd ihren Kummer, weil sie Daisy so schmerzlich vermisste, und ihre Freude darüber und ihren Stolz darauf, dass sie ihr offenbar gute Eltern gewesen waren. Wenn sie Daisy ansehe, so sagte sie, wisse sie, dass sie vieles richtig gemacht hätten. Sie sei ein außergewöhnliches Kind gewesen, sensibel, neugierig, mutig, liebevoll und klug. Sie wischte sich eine Freudenträne aus dem Auge und sagte: »Wenn ich Daisy und Eve ansehe, erstaunt es mich, dass sie Individuen sind, die in die Welt hinausgegangen sind und hinausgehen werden und dabei reifer und ausgeglichener sind, als ich es mir je erträumt habe. Sie werden die Welt schon allein dadurch verbessern, dass sie in ihr leben.« Nun war es an mir, stolz auf Kate zu sein. Schon so oft hatten mir Eltern von ihren Schuldgefühlen berichtet, und es war erfrischend und schön zu hören, dass eine Mutter überzeugt davon war, gute Arbeit geleistet zu haben. Wenn wir so etwas öfter hören würden, so dachte ich bei mir, wären wir vielleicht alle offener dafür, auch das zu feiern, was wir als Eltern geleistet und richtig gemacht haben.

Die Balance von Mutter und Vater bei der Kindererziehung ist selten ausgeglichen. In einer späteren Sitzung räumte Kate ein, dass Joshua zwar ein wunderbarer Vater gewesen sei, aber dass »er ihnen [den beiden Töchtern] nie so nahe gestanden hat wie ich. Er konnte sich nicht im selben Maß engagieren, denn er musste schließlich das Haus verlassen, um für uns alle den Lebensunterhalt zu verdienen. Die Familie an sich ist sehr wichtig für ihn, aber er hat sich auch im täglichen Hamsterrad für sie aufgerieben. Für ihn ist es kein so schwerer Verlust [dass Daisy weggeht] wie für mich, obwohl er durchaus traurig darüber ist.« Manchmal, so sagte sie, schaute er sie an, als wäre sie verrückt, wenn er sie schluchzend auf ihrem Bett fand oder ihr im Auto neben ihm plötzlich die Tränen kamen. Er wünschte, dass es ihr besser ginge, und war irgendwie irritiert, wenn sein Trost nicht genug für sie war, wenn sie trotz allem weiter litt.

Traditionell sind es die Väter, die ihre Kinder dazu ermutigen, aus dem Haus zu gehen, und Kate regte sich darüber genauso auf wie viele andere Mütter auch. Joshua und sie redeten miteinander und verbrachten oft das Wochenende gemeinsam mit Eve, aber es gab definitiv einen Bereich, in dem sie nicht übereinstimmten, was das Heranwachsen ihrer Kinder betraf. Kate versuchte zugleich, sich auf ihre neue Identität zu konzentrieren. Sie war innerlich hin und her gerissen. Auf der einen Seite war es wichtig für sie, sich klarzumachen, was sie geschafft hatte: »Ich hatte das Glück, eine so wichtige Person in ihrem Leben zu sein, und jetzt muss ich eine andere Art von Beziehung zu ihnen aufbauen. Ich werde noch ewig nach einer genauso wichtigen Rolle wie bisher suchen, obwohl ich weiß, dass ich sie nie finden werde. Ich weiß absolut nicht mehr, wer ich bin.« Ihr war klar, dass über kurz oder lang auch Eve gehen würde. Das Klischee des »leeren Nests« war ihr zuwider, und doch war es nun tatsächlich stiller im Haus, und sie fühlte sich verloren. Andererseits gab es auch Momente der Hoffnung für sie: »Irgendwoher weiß ich, dass ich irgendwann meinen Weg finden werde. Es gibt Leute, die sich aus dem Stegreif neu erfinden können – ich brauche eben etwas mehr Zeit. Es wird etwas Neues kommen«, und dann fügte sie lachend hinzu: »Und es wird garantiert nicht nur die Gartenarbeit sein.« Wir lachten beide.

Viele Großeltern und Eltern sagen mit Blick auf diese Generation junger Erwachsener: »Als ich in deinem Alter war, hatte ich einen Job und war verheiratet.« Nach Meinung des amerikanischen

Psychologieprofessors Jeffrey Arnett sind junge Menschen jedoch erst mit Ende 20 voll erwachsen. Die Übergangszeit bis dorthin bezeichnet er als »Emerging Adulthood«. Es sei eine neue Art von Entwicklungsphase, die durch die gewaltigen gesellschaftlichen Veränderungen der letzten sieben Jahrzehnte in der westlichen Welt ausgelöst wurde: die Frauenbewegung, den schwindenden Einfluss der Institutionen Ehe und Kirche, die verlängerte Lebenserwartung, die häufigere akademische Ausbildung zugunsten des Wandels von der Industrie- zur Technologiewirtschaft – und, nicht zu vergessen, die ständig steigenden Wohnkosten. Arnett ist der Meinung, dass junge Menschen diese Jahre zu Recht damit verbringen, die Freiheit zu genießen, die sie wahrscheinlich nie wieder haben werden: alles Mögliche auszuprobieren, ihre Identität zu erforschen, sich in einem Zustand der Bewegung zu befinden, bevor sie in ein gefestigteres Erwachsenenleben eintreten.

Ich nahm mir vor, zu erforschen, ob die Thompsons den Normen der Weiterentwicklung von Generation zu Generation entsprachen. Anfang der 1960er-Jahre erwartete eine Frau, dass sie mit 21 Jahren verheiratet sein und Kinder bekommen würde. Hilary hatte, wie die meisten ihrer Generation, ihr Zuhause mit 17 Jahren verlassen. Sie hatte ihr Leben als Erwachsene leichten Schrittes begonnen und »unglaublich frivole Sachen« gemacht, ohne konkrete Zukunftspläne zu haben. Mit 20 hatte sie geheiratet und mit 21 Kate zur Welt gebracht. Als Kate eine junge Frau war, hatten sich ihr durch den aufkommenden Feminismus bereits wesentlich mehr Möglichkeiten geboten.

Hilary zufolge hatte Kate seit jeher nach Unabhängigkeit gestrebt: »Als sie ein Baby war, habe ich ihr einmal Hagebuttensirup gegeben, und ich werde nie diesen Blick vergessen, mit dem sie mir sagte: ›Ich bin eine eigenständige Person‹, und so war sie von klein auf.«

Kate argumentierte, dass sie das Gefühl hatte, ihre Mutter tue in unpassenden Momenten so, als wäre sie hilflos, und sie könne manchmal passiv-aggressiv sein – was Hilary ein »Wie gemein!« entlockte. Sie führten ihren üblichen Tanz auf: ein ritualisiertes Gefecht, in dem sie ihre Verärgerung in Worte fassten, ihre Gefühle zum Ausdruck brachten und am Ende lachten. Doch Kate hatte ein wichtiges Argument geäußert: Eltern müssen ihre Souveränität behalten; die Verantwortung an die Kinder abzugeben überfordert diese und kehrt sogar das Rollenverhältnis um. Hilary gestand Kate gegenüber ein: »Ich habe dich ein paarmal im Stich gelassen, und das tut mir sehr leid.«

Kate nickte betont. »Ja, du warst damals nicht toll, aber ich glaube nicht, dass ich mit 21 eine gute Mutter gewesen wäre.«

Das Ganze war in wenigen Minuten vorbei und verlief nach einem so tief verwurzelten Muster des »Rupture and repair«-Krisenbewältigungsmechanismus, dass ihnen gar nicht auffiel, wie viel Sicherheit es ihnen vermittelte, bis ich sie darauf hinwies. »Rupture and repair« ist ein Begriff aus der Psychologie, der beschreibt, was häufig in Beziehungen passiert: Es kommt zu einem – manchmal ganz kleinen – Bruch, der anschließend mithilfe entsprechender Techniken wieder gekittet werden kann. Dabei verursachen nicht die Brüche die bleibenden Wunden, sondern die fehlende Reparatur, der mangelnde Kitt, vor allem vonseiten der Mutter gegenüber einem traurigen Kind. Kate grinste ihre Mutter an, stupste sie sanft am Arm und sagte: »Stimmt, wir konnten uns nie lange böse sein.«

Kate nahm den Faden ihrer Erzählung wieder auf. Um ihrer Großmutter zu helfen, war sie mit 18 Jahren von zu Hause weg nach London gegangen. Dort lebte sie mit ihrem Freund in einem besetzten Haus. Mutter und Tochter blickten mit einigem Entsetzen auf diese Zeit zurück. Kate stellte fest, dass sie ohne Rücksicht auf die Gefühle ihrer Eltern ans andere Ende der Welt gegangen war und monatelang keinen Kontakt zu ihnen gehabt hatte. Hilary bemerkte: »Ihr hätte sonst was passieren können! Wir haben wirklich Glück gehabt.«

Kate beschrieb diese Jahre als chaotisch und erwähnte, dass sie oft in Gefahr geraten sei, die meistens von Männern ausging. Andererseits sei sie in gewisser Weise nicht so verletzlich gewesen, weil sie sich selten allzu viele Gedanken gemacht habe. Sie habe sich wenig mit ihrer Identität und ihrer Zukunft beschäftigt, sondern habe von einem Tag auf den anderen gelebt. Das ist ein interessanter, aber komplexer Punkt, den ich damals nicht erkannte. Sich nicht zu viele Gedanken zu machen hatte sie vor der destabilisierenden Angst vor den Gefahren bewahrt, denen sie ausgesetzt war, aber dafür eigene Risiken mit sich gebracht. Ihr Verhalten konnte ein Zeichen für einen Mangel an verinnerlichtem Selbstschutz und Fürsorge gewesen sein. Es gibt keine simplen Antworten: Das Leben ist keineswegs einfach und das Gleichgewicht zwischen Risiko und Sicherheit heikel. In gewisser Weise müssen wir unseren eigenen Weg zwischen beidem aushandeln.

Sowohl Mutter als auch Tochter fragten sich, ob Millennials sich zu viele Sorgen machen und nicht die »Eier« hätten, einfach in den Hexenkessel des Lebens zu springen. Kates Arbeit als Journalistin war schwierig gewesen, eine ständige Achterbahnfahrt. Nervige Chefinnen oder Chefs, der Kampf um einen Platz in der Hackordnung, Versagensängste, aber auch Erfolgsmomente hatten dazugehört. Oft hatte sie das Gefühl gehabt, mit einem blauen Auge davongekommen zu sein. Doch nun war sie froh, rückblickend zu erkennen, was sie geleistet hatte, und blickte wehmütig auf ihr jüngeres Ich zurück wie auf eine Fremde: »Ich habe das Selbstvertrauen verloren, das mir der Erfolg beschert hat. Ich war von Herzen gern Mutter, habe aber nicht mehr den Mut, mich durch etwas anderes zu verwirklichen.«

Untersuchungen zeigen, dass es für Frauen, die ganz aus dem Beruf ausgestiegen sind, sehr schwierig ist, später wieder einzusteigen. Es ist einfacher, wenn man wieder anfängt, in Teilzeit zu arbeiten, solange die Kinder noch im Haus sind. Doch für Kate war das keine Option gewesen. Sie wollte sich nicht zwischen Kindern und Arbeit zerreiben und sich den Vorwurf gefallen lassen müssen, sowohl als Mutter als auch im Job nicht zu genügen, wobei ihr bewusst war, dass sie sich glücklich schätzen konnte, die Wahl zu haben. Als sie darüber nachdachte, erkannte sie erneut, dass das Wiederfinden ihrer beruflichen Identität eine schwierige Herausforderung war, die ihr viel Mut abverlangen würde.

Hilary beendete die Sitzung mit einem Spruch, bei dem ich mir nicht sicher war, ob er als Tritt oder Aufmunterung gemeint war: »Wenn ich es geschafft habe, schaffst du das auch.«

Kate entgegnete: »Das ist Jahrzehnte her, Mum. Heute ist es etwas ganz anderes.«

Nicht nur die Eltern sind betroffen, wenn ein Kind das Haus verlässt: Die gesamte Familienstruktur wird erschüttert. Kate hatte beobachtet, dass Eve nach Daisys Auszug bewusst versuchte, sich von ihrer Schwester abzugrenzen, indem sie zum Beispiel die Schule wechselte und ihren eigenen Weg ging. Es ist interessant, wie sich der Charakter von Geschwistern in Bezug aufeinander entwickelt, sei es als Rivalen, als Gegenspieler oder als Bewunderer, und wie sie sich in Rollen verfangen können, selbst wenn sie nicht mehr passen. Kate hielt inne. »Vielleicht bin ich wie Eve und brauche eine Veränderung. Ich habe mir überlegt, dass es schön wäre, ein anderes Umfeld zu haben.«

Ich war ein bisschen beunruhigt, was als Nächstes kommen würde. Am Ende ginge sie nach New York und schlüge den Weg ihres Vaters ein. Hier zeigte sich meine Voreingenommenheit: Ich möchte instinktiv, dass die Familien zusammenbleiben.

Aber ich hätte mir keine Sorgen machen müssen.

»An meinen beiden Eltern habe ich gesehen, wie man sich verändern kann«, fuhr Kate fort. »Sie hatten depressive Phasen – vielleicht mache ich gerade so eine durch –, aber sie waren trotzdem lebenslustig. Sie fanden jedes Mal ihr sonniges Gemüt wieder, und das hat meinen Bruder und mich gerettet. Nach Schatten kam immer Licht, und ich weiß, dass ich das auch schaffe.«

Kate sprach darüber genauso zuversichtlich wie über ihre Traurigkeit – und in diesem Moment wussten wir beide, dass sie ihren Weg finden würde. Er würde schmerzhaft sein und wahrscheinlich länger dauern, als ihr recht war, aber sie hatte eine Zukunft vor Augen, die auf dem Bild basierte, das ihre Eltern ihr vorgelebt hatten. Die Art und Weise, wie Eltern leben, prägt Kinder viel mehr als das, was sie sagen. Ich habe oft erlebt, wie Eltern zu ihren Kindern sagten: »Ich will doch nur, dass du glücklich bist«, aber wie sollte das Kind wissen, wie »glücklich sein« geht, wenn es ihm nicht vorgelebt wurde?

Kate ging es besser, aber es gab immer noch einiges zu tun, um das Zusammenleben in der Familie neu zu gestalten. Ich hielt die Sitzungen mit Hilary und Kate ab, ohne Daisy, die sich ins Studium gestürzt hatte. Sie hatten sie in Oxford besucht, und Hilary sagte ehrfürchtig: »Ich spürte, wie alle meine Vorfahren hinter mir hergingen, meine Großmutter, die Putzfrau aus Glasgow, meine Mutter, die Pflegerin aus Tooting, und ich sagte zu ihnen: ›Schaut her, schaut euch das an!‹ Ich hatte das Gefühl, dass Daisy sich in gewisser Weise verändert hatte. Innerhalb von drei Wochen hat sie sich verändert! Man hat ihr angesehen, dass sie ihr Leben selbst in die Hand genommen hat.«

Während sie sprach, spürte ich die Bedeutung ihrer Worte, und Kate nickte und sagte: »Es war ein bisschen beunruhigend. Sie hat uns definitiv mit anderen Augen gesehen.«

Ich merkte an, dass Mutter und Großmutter für Daisy nun eine geringere Rolle spielten, in dem Maß, wie sie selbst reifer wurde, und beide wussten, dass sie sie nicht mehr so brauchte wie früher. Doch ihre Kraft stammte aus den Generationen vor ihr, sie wirkte auch in ihr. Kate stimmte zu und erkannte traurig und froh zugleich, dass sie einen anderen Weg finden mussten, um miteinander in Beziehung zu treten. Sie spielte mit ihren Ringen ebenso wie mit dem Gedanken, dass sie in gewisser Weise auch befreit und ein großer Teil ihrer Aufgabe erledigt war.

Trotzdem war sie durcheinander, wie es für Veränderungsprozesse typisch ist: Sie bestehen aus einem Hin und Her zwischen Loslassen und Festhalten. Die vorangegangenen Wochen waren nicht gerade einfach gewesen. Daisy hatte manchmal weinend angerufen, weil sie sich wegen des Studiums Sorgen machte oder etwas brauchte, und Kate war jeweils sofort eingesprungen. An manchen Tagen hatte Daisy jedoch gar nichts von sich hören lassen, und Kate, die sich daraufhin katastrophale Szenarien ausmalte, griff auf ihren iPhone-Tracker zurück, um sicherzustellen, dass sie noch in der Stadt war. Ich betrachtete das als einen Eingriff in Daisys Privatsphäre, aber es war vorher so zwischen ihnen vereinbart worden und gab Daisy die Sicherheit, dass ihre Mutter sie notfalls finden konnte. Sichtlich aufgeregt berichtete Hilary, Daisy habe sie zwischendurch angerufen. Sie hatte vor einem Geschäft gestanden und wollte sich beraten lassen, was sie kaufen sollte. Hilary war unheimlich stolz darauf!

Ich befürchtete, dass Kate eifersüchtig, ja sogar verletzt reagieren würde – die Rivalität um Liebe und Aufmerksamkeit zwischen Familienmitgliedern und den verschiedenen Generationen kann sich unterschwellig zerstörerisch auf das Familienleben auswirken. Nicht so bei den Thompsons. Kate antwortete: »Für mich ist das ein Zeichen dafür, dass sie weiß, was sie tut. Sie hat sich an meine Mutter gewandt, weil Joshua und ich komplizierter sind, aber meine Mutter ist immer noch ein Fels in der Brandung, der sie bedingungslos liebt. Für mich ist das vollkommen in Ordnung.«

Hilary lächelte, und ich spürte, wie gut ihr das tat. Sie nahm es zum Anlass, Kate zu fragen, ob ihre Mutter Elsie ihr auf die gleiche

Weise wichtig gewesen war. So sehr sich Hilary auch über Daisys Kontakt zu ihr gefreut hatte, stellte sie sich nicht in den Mittelpunkt, sondern wandte sich liebevoll und interessiert ihrer Tochter zu.

Dieser kleine Moment zeigte, wie sich die Muster in Familien verändern können, während die innige Liebe zwischen ihnen erhalten bleibt. Kate lachte, wie sie es beide oft taten, wenn Elsie zur Sprache kam: »Nanny war ein verrücktes Huhn, aber ich habe mich bei ihr wohlgefühlt und war gern bei ihr zu Hause. Jetzt erst, im Nachhinein, erkenne ich wirklich, wie toll es war, sie zu haben … auch wenn ich nicht mit ihr reden konnte: Sie war eine Quasselstrippe!«

Hilary runzelte die Stirn und überlegte, ob sie nicht auch zu viel redete. Kate ließ sie wissen, dass sie das nicht tat. Dieser Austausch zeigte, dass wir absolut nicht perfekt sein müssen – im Gegenteil: Wir können »ein verrücktes Huhn« sein, solange wir uns grundsätzlich liebevoll verhalten. Wenn einem diese Liebe offen und ehrlich entgegengebracht wird, wird sie als verlässlich betrachtet und hält vielen Fehltritten stand.

Im Lauf der Wochen suchte Kate Trost bei Eve und genoss es, sie bemuttern zu können. Sie sahen gemeinsam fern, kochten und aßen gemütlich zu Abend. Doch als Kate mir davon erzählte, stiegen ihr die Tränen in die Augen, weil sie sich daran erinnerte, dass auch Eve fortgehen würde. Hilary streichelte ihren Arm, und in diesem innigen Moment empfanden beide, wie es ist, wenn Töchter erwachsen werden und gehen. Es war, als ob diese Berührung ein neues Netzwerk in Kates Kopf in Gang gesetzt hätte. Mit neuer Energie wandte sie sich an mich und erzählte mir, dass sie einer Beratungstätigkeit nachgehen wolle, einer Arbeit, die sich ihrer Meinung nach nicht sehr von der einer Journalistin unterschied. Innerhalb kurzer Zeit war es ihr gelungen, ihre Traurigkeit auszudrücken, die unterstützende Liebe ihrer Mutter anzunehmen und nach neuen Wegen für ihre Zukunft zu suchen.

Man unterschätzt allzu leicht, wie hilfreich und erfreulich die Beziehung zwischen Eltern und einem erwachsenen Kind sein kann. Interessanterweise ähnelte Daisys Verhalten an der Universität dem ihrer Mutter. Sie brach in Tränen aus, wurde getröstet und fühlte sich aufgemuntert. Kate fragte sich, wie es um Daisys intellektuelles Selbstvertrauen bestellt sein würde, wenn sie von so vielen klugen Gleichaltrigen umgeben war. Hilary war der Meinung, dass die Universität nicht nur für die Bildung da war, sondern die jungen Leute auch lernten, genügend Disziplin aufzubringen, um den an sie gestellten Anforderungen gerecht zu werden. Mutter und Tochter unterhielten sich angeregt über den Weg der Frauen in ihrer Familie von der Armut bis zu den »märchenhaften Türmen« von Oxford. Kate neigte ihren Kopf zur Kamera, als wolle sie diese wichtige Botschaft unterstreichen: »Mein Großvater väterlicherseits wurde adoptiert, war Analphabet, ein Bergarbeiter, der sein ganzes Leben in erbärmlicher Armut lebte. Aber mein Vater hatte den Wunsch, vorwärtszukommen, und er hatte den Mut, es zu tun. Er überwand seine Angst. Er bildete sich autodidaktisch weiter, baute aus dem Nichts ein Unternehmen auf und ging mit uns nach Australien, um dieses Ziel zu erreichen. Meine Eltern waren zwar kompliziert, haben aber immer dafür gesorgt, dass wir abgesichert waren, und sie haben diese außergewöhnliche Lebenskraft und …«, sie zögerte, Tränen in den Augen, als sie ihre Mutter ansah, die sie anlächelte, »… du bist genauso … Du hast sie an mich weitergegeben, und Daisy hat sie auch. Sie hat diese Kraft.« Sie umarmten sich.

Hilary zeigte ihre Charakterstärke, indem sie über ihre Sucht nach Onlinescrabble sprach und darüber, dass ein Mann, der ein Jahr älter war als sie, zu einem der mächtigsten Politiker der Welt geworden war: »Was ist, wenn Biden ein Mittagsschläfchen braucht?«

Das war ihre Art, das anzusprechen, was sie am meisten beschäftigte: »Mein nächster Lebensabschnitt ist mein Tod.« Sie ärgerte sich darüber, wenn Leute sagten: »Man ist so alt, wie man sich fühlt«, als wäre das Altern eine Krankheit. Leute wie Jane Fonda konnte sie nicht leiden: Sie wollte alte Gesichter sehen und sie nicht verbannen, als ob sie etwas Abscheuliches an sich hätten. Nachdrücklich betonte sie: »Ich möchte mein Alter spüren. Ich habe schon viele Jahre gelebt und einige Weisheit erlangt. Es muss doch etwas geben, was man aus mir herausholen kann.«

Kate sah sehr traurig aus. Sie wollte etwas sagen, aber die Tränen schnürten ihr die Kehle zu. Hilary streichelte ihren Arm, während sie ihren eigenen Gedanken nachhing. Sie schürzte die Lippen und legte eine Hand ans Kinn. Dann sagte sie, sie habe keine Angst vor dem Tod, aber vielleicht Angst vor dem Sterben. Sie war Mitglied von »Sterben in Würde« und wollte keinen langsamen, unerträglichen Alzheimer-Tod. Sie wollte eingeäschert werden, und ihre Asche sollte zusammen mit der ihrer Mutter und der ihres Hundes (die sie beide in Urnen in ihrer Küche aufbewahrte – man würde sich wundern, wie viele Menschen die Asche ihrer Lieben nicht verstreuen) unter einem Baum in einem Friedwald beigesetzt werden.

Ein wenig ungeduldig wandte sie sich an Kate. »Du weißt doch Bescheid und hast alles, was dazu nötig ist, die Vollmacht und meine Wünsche für die Beerdigung«, als bespräche sie die Details eines Hähnchenrezepts mit ihrer Tochter.

Mit gerötetem Gesicht erwiderte Kate: »Ich kann den Gedanken nicht ertragen, dass du stirbst. Du kannst nervig sein, aber du bist der einzige Mensch, bei dem ich ich selbst sein kann. Wir verstehen uns, wir lachen viel zusammen. Meine ganze Lebensgeschichte steckt in dir.«

Hilary sah erfreut aus, aber auch ein bisschen verlegen. Manchmal ist es schmerzhaft, das zu hören, was man am liebsten hören möchte, und man kann es erst im Nachhinein aufnehmen. Ich wusste, dass es ihr viel bedeutete. Ich hatte das Gefühl, dass Hilary zwar emotional zugänglich war, aber aus einer Generation stammte, die ihre tiefsten Gefühle verbarg. Es war ein schwieriges Gespräch, aber es war wichtig, denn es trug dazu bei, dass Kate ihrer Mutter wichtige Dinge sagte, sodass sie später nicht würde bereuen müssen, diese nie ausgesprochen zu haben. Außerdem machte es den Weg für zukünftige Unterhaltungen frei.

Als Daisy in den Weihnachtsferien nach Hause kam, nahm sie an einigen Sitzungen teil. Corona hatte die Gesellschaft fest im Griff, und nachdem sie gerade die ersten Schritte hin zum Erwachsensein gegangen war, wurde Daisy zu Hause eingesperrt. Zwischen Joshua und Kate kam es unweigerlich zu Spannungen wegen der Coronaschutzmaßnahmen. Joshua war ängstlich, hielt sich ständig auf dem Laufenden und checkte die Statistiken, und er hatte lautstarke Onlinemeetings. Daisy fand es schwer, unter einem Dach mit ihm zusammenzuleben. Als Kate und Eve Symptome zeigten, zog Daisy zu ihrer Großmutter. Hilary freute sich, sie bei sich zu haben.

Kates Gefühle zeigten sich dadurch, dass sie nervös ihren Ohrring drehte. »Ich bin so glücklich, sie wiederzuhaben und ihr Gesicht zu sehen – wenn ich sie denn mal sehe.«

Daisy schaute mich direkt an und sagte dann sanft und selbstbewusst zu ihrer Mutter: »Ich habe dir doch gesagt, dass ich mich vernachlässigt gefühlt habe, als das Semester zu Ende war und ich nach Hause kam. Inzwischen bin ich darüber hinweg, aber zu der Zeit hat es mich aufgeregt. Ich wäre besser an der Uni geblieben, das hätte mehr Spaß gemacht.«

Kate errötete. »Du schienst keine große Lust zu haben, mit uns in Verbindung zu bleiben. Ich habe mir Sorgen gemacht, wenn ich nichts von dir gehört habe. Es war komisch. 18 Jahre lang wusste ich genau, wo du warst und was du machtest, Tag und Nacht. Es fällt mir schwer, dass das nicht mehr so ist. Ich lasse mein Handy nachts an und mache mir Sorgen um dich.«

Daisy warf ein, dass Kate ihr Handy immer eingeschaltet gelassen habe. »Nein«, antwortete ihre Mutter. »Ich habe es nur angelassen, wenn du unterwegs warst, sonst nie.« Kate verlor die Fassung, ihr Gesicht verzog sich. Nachsichtig sagte Daisy: »Schon gut, ich verstehe, dass du traurig bist.«

Mir war klar, dass Daisy sich umso mehr anstrengen musste, die Grenze zwischen ihr und ihrer Mutter zu wahren, je ängstlicher Kate sich verhielt. Aber dann beruhigte sich Kate wieder. Gefasster erklärte sie, dass ohne Daisy der Familienzusammenhalt bröckelte. Sie aßen nicht mehr gemeinsam an einem Tisch, und ihnen fehlten ihre Scherze und ihre Lebensfreude. Obwohl Eve ihre Schwester vermisste, genoss sie es, ihre Mutter für sich zu haben. Kate bemerkte: »Sobald die Streitereien unter den Geschwistern wegfielen, wurde sie zugänglicher.«

Ich erlebte mit, wie sich die Frauen mit der neuen Familiendynamik auseinandersetzten und offen und ehrlich darüber sprachen, wie sie sich fühlten. Es kann gar nicht hoch genug eingeschätzt werden, wie wichtig es ist, zu kommunizieren, was wir fühlen und brauchen: Wenn wir das klar ausdrücken, lösen sich Schmerz und Groll auf. Ressentiments sind ein schleichendes Gift in Familien. Am häufigsten habe ich das zwischen Müttern und Töchtern beobachtet: »Ich habe dir mein Leben geopfert, und jetzt bin ich dir einfach egal«, sagt die Mutter mit dramatischer Stimme. Das Kind antwortet wütend: »Ich habe nicht darum gebeten, geboren zu werden. Du wolltest mich doch!« Wenn sich dieses Muster in all seinen verzwickten Schattierungen verfestigt, wird die Kluft immer größer, und die Liebe schlägt in Hass um. Das ist sehr schmerzlich für alle.

Indem die Thompson-Frauen ihre Meinungen äußerten, fanden sie ein neues Gleichgewicht. Kate lernte, dass sie bei Daisys Rückkehr an die Uni auch auf andere Art und Weise mit ihr kommunizieren konnte, nämlich mit Postkarten und Päckchen. Ihre Botschaft hatte sie übermittelt: Du brauchst deinen Freiraum und ich bin immer da.

Der psychologische Aspekt des Festhaltens und Loslassens ist für Eltern sehr intensiv und erfordert Veränderungen, denn ihre Gefühle sind unsichtbar, aber unter ihren Worten brodeln sie. Zu lernen, von ihren Kindern getrennt zu leben und doch mit ihnen verbunden zu bleiben, Grenzen zu wahren und Unterschiede zuzulassen ist eine komplexe Angelegenheit, ebenso wie die Wiederkehr nach einer Trennung. Daisy wollte ihr Zuhause verlassen, ihre intellektuellen Fähigkeiten beweisen und ihre neue Identität finden, ohne die Tochter oder Schwester von jemandem zu sein. Gleichzeitig wollte ein Teil von ihr gelobt und geschätzt werden und, am allerwichtigsten, in Erinnerung bleiben. Bei Kate löste Daisys Weggang Verlassensängste aus, die leise Furcht, nicht mehr geliebt zu werden. Vielleicht fiel es ihr deshalb schwer, ihre Freude über Daisys Rückkehr zu zeigen. Im Nachhinein schien es richtig gewesen zu sein, dass Daisy bei Hilary wohnte, die sie auf eine Art und Weise verwöhnen durfte, die Daisy von ihrer Mutter vielleicht als Bevormundung empfunden hätte. Die Beziehung zu einem Großelternteil ist weniger intensiv. Hilary sagte: »Ich habe meine Aufgabe als Mutter erfüllt, und ich habe dabei meine Fehler gemacht. Ich glaube, dass Kinder zu haben eine gewaltige Verantwortung mit sich bringt, die allzu oft auf die leichte Schulter genommen wird. Kate dagegen hat ihre Aufgabe ernst genommen, und ich bin sehr stolz auf sie. Ich habe inzwischen genügend Erfahrung, um eine gute Großmutter zu sein. Oma zu sein bedeutet weniger Angst, weniger Verantwortung und viel weniger Arbeit. Dadurch tut es auch nicht so weh.«

Ja, Kinder zu haben ist schmerzhaft: Wen wir am meisten lieben, dem tun wir am meisten weh. Bei Hilary ging es Daisy zu diesem Zeitpunkt am besten. Die sichere Liebe eines Großelternteils ist ein oft unerkanntes Geschenk für das Enkelkind. Aus einer generationenübergreifenden Perspektive betrachtet, hatte Kate ihre eigene Großmutter verehrt und freute sich sehr, dass ihre Tochter von einer ähnlichen Beziehung profitierte.

Je länger der Lockdown dauerte und Daisy zu Hause bleiben musste, desto unruhiger wurde sie. Sie fand es zunehmend schwierig, ohne die Unterstützung ihrer Mitstudierenden für die Uni zu arbeiten, und sie war emotional durcheinander, weil sie zwischen ihrem neuen Studentinnen-Ich und ihrem alten Ich als Kind zu Hause schwankte. Ihre neuen Flügel waren abrupt gestutzt worden. Sie klang mutlos, als sie zu uns sagte: »Ich bin oft traurig. Ich fühle mich zu Hause erdrückt … und andererseits sicher.« Sie entschuldigte sich dafür, dass sie weinte, und wischte sich die Tränen weg, als sie zu fließen anfingen: »Ich weiß nicht mehr, wo oben oder unten ist. Es ist, als würde ich die Welt durch Plexiglas betrachten … und ich weiß, dass ich noch Glück habe.«

Hilary und Kate versicherten ihr, dass ihre Gefühle normal und gesund seien. Sie gaben Daisy Sicherheit, während sie schwankte. Ihre Beziehung konnte die Folgen der Pandemie nicht beheben, aber indem sie die junge Frau unterstützten, taten sie das Naheliegendste. Sie waren zuversichtlich, dass Daisy es schaffen werde, ihr Leben wieder in die Hand zu nehmen, sobald das Leben wieder einigermaßen normal weiterginge.

Der Arzt Dr. Gabor Maté schrieb in seinem Buch *Unsere Kinder brauchen uns*, dass Erwachsene, die ihre Erziehung auf eine solide Beziehung zu ihren Eltern gründen, intuitiv und mit Verständnis und Einfühlungsvermögen handeln. Genau das habe ich bei den drei Generationen der Thompson-Frauen beobachtet. Hilarys Worte brachten es auf den Punkt: »Die Familie ist das starke Zentrum der Schwerkraft. Alle wissen, dass sie zu uns gehören und wir zu ihnen.« Das war die Definition von Zugehörigkeit, ein wichtiger Teil unseres seelischen Gleichgewichts.

Die Thompsons waren nicht zu mir gekommen, um eine Familienkrise zu bewältigen. Die drei Generationen von Frauen, die ich kennenlernte, unterhielten liebevolle und sichere Bindungen, auf deren

Basis sie die bittersüße Veränderung eines Kindes, das sein Zuhause verlässt und seine erwachsene Identität findet, analysierten.

Im Lauf der Therapie kam viel von der Arbeit ans Licht, die bei der Bewältigung dieses Verlustes zu leisten ist. Alles dreht sich um das prekäre Gleichgewicht, das Eltern halten müssen, um den jungen Erwachsenen Raum zum Atmen und Experimentieren zu geben, ohne sie mit Schuldgefühlen, Sorgen um die Eltern oder um die Beziehung zu ihnen zu belasten. Auch geht es um die Aktualisierung der Vereinbarungen zwischen den Eltern sowie mit den verbleibenden Geschwistern: Wie wird unsere neue Beziehung aussehen, wenn sich unsere Familiendynamik neu formt? Und um die Veränderung der Identität der Eltern, die hart daran arbeiten müssen, die Lücke in ihrem eigenen Leben zu füllen und ein neues Gefühl von Sinnhaftigkeit, Stolz und Selbstwertgefühl zu erlangen.

Im Fall der Thompsons war dieser letzte Punkt Kates größte Herausforderung. Um sich dafür zu rüsten, musste sie sich an die weibliche Kraft erinnern, die ihr von ihrer Mutter und ihrer unvergessenen Großmutter mitgegeben worden war, um die Energie und den Mut zu gewinnen, sich für eine neue Zukunft zu öffnen und es ihrer Tochter zu ermöglichen, voranzukommen, ohne ständig über die Schulter zurückzublicken.

Vielleicht erklärt das meine Abneigung gegen den Ausdruck »leeres Nest«. Das Nest in einer gesunden Familie ist nie leer. Es ist gefüllt mit dem Geist vergangener Eltern-Kind-Beziehungen, der es jeder neuen Generation ermöglicht, die Flügel auszubreiten und loszufliegen.

Konfliktreiches Patchwork

Wie können Stieffamilien zu Harmonie finden?

Familie Taylor und Smith

Bei den Taylors und den Smiths handelte es sich um Paul Taylor, einen 37-jährigen Metzger, seine 36-jährige Expartnerin Julie Smith, persönliche Assistentin in einem Unternehmen, und ihre beiden Söhne Dan, 18 Jahre, und Ashley, 16 Jahre. Sie lebten seit zehn Jahren getrennt. Julie hatte das Sorgerecht für die Kinder, und diese besuchten Paul an den Wochenenden und in den Ferien. Paul lebte mit Samantha zusammen; sie hatten eine gemeinsame Tochter, Dolly, neun Jahre alt. Julie lebte mit ihrem Partner Charlie zusammen. Es hatte schwierige finanzielle Probleme gegeben, die extremen Stress verursacht hatten, aber sie wurden weitgehend gelöst, als die Kinder älter wurden und Julie arbeiten konnte. Der Grund für die Therapie war, dass Ashley »durchgedreht« war, als er Weihnachten bei Paul und Sam verbracht hatte. Dabei entlud sich ein jahrelanger Konflikt zwischen den beiden Familien. Dan war nach Berlin gegangen, und Paul und Julie befürchteten, dass Ashley auch weggehen würde, wenn sie keinen Weg fänden, diese hartnäckigen Konflikte zu lösen.

Jede Familie hat eine Geschichte. Jede Familie hat ihre Geschichte von Liebe und Bindung, aber auch von Wunden und Verletzungen. Die Geschichte der Taylors und Smiths gehörte zu den komplexeren.

Bei der ersten Sitzung mit den Exeheleuten und ihrem jüngeren Sohn lag so viel Spannung in der Luft, dass ich einen Druck auf der Brust spürte und kaum Luft bekam. Ich musste mich ermahnen, Luft zu holen. Paul Taylor sah mich finster an. Er hatte breite Schul-

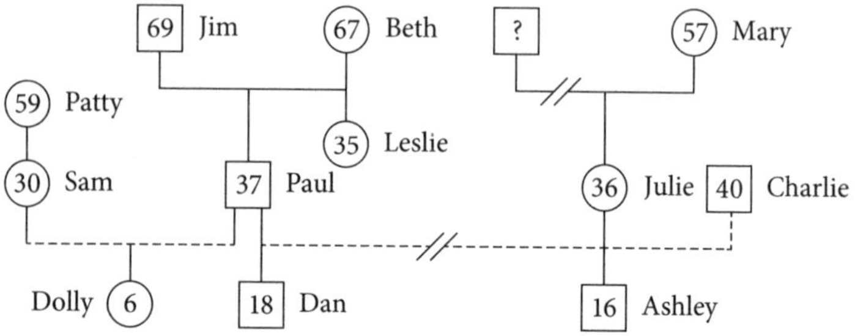

tern, eine kräftige Statur und volles kastanienbraunes Haar, das er häufig hinter die Ohren schob. Sein rötliches Gesicht füllte den Bildschirm. Ich ahnte, dass sich unter der finsteren Miene ein netter Kerl verbarg, der sich oft überfordert fühlte und dessen körperliche Stärke seine Sensibilität überdeckte. Während er sprach, fiel mir auf, dass sein jungenhaftes Lächeln und seine neugierigen grünen Augen einen gewissen verführerischen Charme besaßen. Ich fragte ihn, was er sich erhoffte, indem er sich an mich wandte. Er erzählte mir, dass er seit zehn Jahren von Julie getrennt sei: »Es ist jetzt wieder so schlimm wie damals, nachdem wir uns getrennt hatten, und Weihnachten macht mich einfach fertig. Ich hasse Weihnachten.«

Julie nickte, presste die Lippen zusammen und murmelte mit einem ziemlich einschüchternden Blick: »Ich hasse Weihnachten auch.« Ihre vielen Halsketten klimperten, während sie sprach. Paul sagte daraufhin sehr leise etwas. (Ich konnte ihn nicht richtig verstehen, aber es klang so, als wären sie sich nur in diesem Punkt einig.) Ich ertappte mich bei dem Gedanken, dass Hass eine schwere Last ist, die man mit sich herumträgt: Er blockiert alle anderen Gefühle. Ich empfand Mitgefühl für sie und hoffte, dass wir zumindest seine Intensität verringern könnten.

Ich erfuhr, dass es beim Weihnachtsessen bei Paul und Sam zu einem heftigen Streit gekommen war, weil Ashley sich von Sams Mutter als »unsichtbar« behandelt fühlte. Julie kaute an den Nägeln, und ich bemerkte das schöne Schmetterlingstattoo auf ihrem Daumen und ihrem Handgelenk. Ihr tiefschwarzes Haar war zu einem Zopf geflochten, der ihre ausgeprägten Wangenknochen und ihre elfenbeinfarbene Haut zur Geltung brachte, und mehrere silberne Ohrringe schmückten ihre Ohren. Sie war auffallend, und ihr schwarzer Eyeliner vervollständigte ihren ganz besonderen Stil.

Als ich feststellte, dass sie erst 36 Jahre alt war und zwei Söhne im Alter von 18 und 16 hatte, musste ich schlucken. So etwas hatte ich noch nicht oft erlebt: Bei meiner Arbeit in einer NHS-Entbindungsstation begegneten mir manchmal Frauen, die sich mit 36 nach ihrem ersten Baby sehnten.

Ich hoffte, dass Paul und Julie, da sie relativ jung waren, eine größere Anpassungsfähigkeit an den Tag legten als ein älteres Paar – ein wichtiger Faktor für gute Ergebnisse einer Therapie. Ich wusste, dass ich angesichts von Julies offensichtlicher Aggressivität standhaft bleiben und mitfühlend sein musste, und dass ich Pauls scheinbare »Schwäche« nicht verurteilen durfte. Ich musste meine Annahmen überprüfen. Ich wusste, dass ich Vorurteile gegen die Art von Männern habe, die ich als angenehm im Umgang empfinde, die aber den Weg des geringsten Widerstands gehen. Sie übernehmen keine Verantwortung für die Folgen ihres Handelns, in der Hoffnung, dass sich die Dinge »schon irgendwie regeln werden«. Das tun sie natürlich nicht, und der Schaden wird immer größer.

Ich spiegelte ihnen, dass sie alle viel gelitten hatten, und sagte, dass ich hoffte, ein Umfeld schaffen zu können, in dem sie auf eine weniger schmerzhafte Weise zusammenarbeiten könnten. Daraufhin sah ich, wie sie beide seufzten: Ihre Spannung ließ ein klein wenig nach, vor Erleichterung darüber, dass ihr Schmerz wahrgenommen worden war. Ich bin immer wieder überrascht, was es für starke Auswirkungen hat, wenn man seine Gefühle zulassen darf. Sein Leid aus Scham zu verbergen ist noch immer weit verbreitet. Als wäre es ein persönliches Versagen.

Indem sie mich quasi als Medium benutzten, durch das sie ihre Geschichte erzählten, hoffte ich, dass sie weniger defensiv reagieren und sich mehr für die Erfahrungen des jeweils anderen öffnen würden. Julie hatte gelernt, ihre Gefühle nur durch tief verwurzelte negative Muster, verletzende Bemerkungen und Beschimpfungen auszudrücken. Paul dagegen hatte gelernt, sich zu verschließen. Das bedeutete, dass jeder die Erfahrungen des anderen entwertete und dadurch zwangsläufig ganze Aspekte ihres Narrativs ausgeklammert wurden. Doch es bestand die Möglichkeit einer Veränderung zum Positiven: Sie konnten zum Beispiel ein gemeinsames Narrativ entwickeln, das die Unterschiede und die Komplexität zwischen ihnen zuließ. Wenn sie den anderen nicht zum »Bösewicht« machten, könnten sie eine neue Zusammenarbeit als Eltern aufbauen.

Seitdem Dan, ihr älterer Sohn, vor sechs Monaten nach Berlin gezogen war, hatte er so gut wie keinen Kontakt mehr zu seinen Eltern. Er war mit der Hoffnung weggezogen, seine Karriere als Musiker voranzutreiben, trotz seiner anhaltenden Marihuanasucht. Mir schien, dass sein Verhalten eine sowohl emotionale als auch körperliche Flucht darstellte. Vielleicht hatte die Tatsache, dass er sein Elternhaus schon so früh verlassen hatte, dazu beigetragen, dass die Familie beschlossen hatte, etwas Neues auszuprobieren, um ihre Beziehungen untereinander zu verbessern.

Dans jüngerer Bruder Ashley war blass und dunkelhaarig wie seine Mutter, und er trug seinen Schlafanzug. Es war elf Uhr vormittags und er war gerade aufgewacht. Ashleys unruhige grüne Augen, die denen seines Vaters ähnelten, drückten seine Nervosität aus – vielleicht war er auch nur verunsichert. Sein verkniffener Mund verriet mir, dass er sauer war. Ich vermutete, dass in seinem Inneren große Unruhe herrschte.

Wir hätten gern, dass unsere Emotionen einfach und klar verständlich wären, aber meistens empfinden wir vielerlei gleichzeitig. Wir fühlen uns schrecklich, aber wir können nicht beschreiben, warum genau. Ashley war wahrscheinlich immer noch verletzt wegen der Trennung seiner Eltern, trotz der zehn Jahre, die seitdem vergangen waren: wütend darüber, was es für ihn bedeutete, verwirrt durch das Kreuzfeuer, in das er geraten war, wütend darüber, dass es außerhalb seiner Macht lag, das Familienleben zu haben, das er sich wünschte, und weil er mit seiner Halbschwester Dolly um Aufmerksamkeit konkurrierte, während er versuchte, erwachsen zu werden und seine eigene Identität zu finden.

Ich hatte in einer Vorbesprechung mit Paul und Julie überlegt, ob es für Ashley von Vorteil wäre, an diesem Prozess teilzunehmen. Es bestand die Gefahr, dass er erneut verletzt werden würde, wenn er Zeuge der Streitereien seiner Eltern würde. Aber Paul und Julie wollten unbedingt, dass er dabei war. Nach dem großen Streit an Weihnachten war es Ashley gewesen, der um eine Therapie gebeten hatte. Beeinflusst von seinen Freunden, war ihm klar, wie wichtig psychische Gesundheit ist, und er wusste, dass sich etwas ändern musste. Er konnte es nicht ertragen, dass sich seine Eltern immer noch hasserfüllt gegenüberstanden.

Obwohl seine Eltern wussten, dass Ashley auch eine Einzeltherapie hätte machen können, war ihnen klar, dass sich sein Kummer auf sie konzentrierte. Sie wollten, dass er ein aktiver Teil der Heilung war. Ich fand, dass ihre Reaktion ein beeindruckendes Maß an emotionaler Intelligenz zeigte. Ich holte den Rat meines Supervisors ein, und wir waren uns einig, dass es für sie alle heilsam sein könnte, solange wir klare Grenzen zogen.

Wir sprachen über Sam, mit der Paul seit zehn Jahren zusammen war. Paul und Julie waren sich einig, dass sie nicht an der Therapie teilzunehmen brauchte: Sie mussten das unter sich ausmachen, und wenn alles gut ging, würde auch sie davon profitieren. Charlie, Julies Partner, war natürlich auch wichtig. Er verstand sich gut mit Dan und Ashley, und da er und Julie keine gemeinsamen Kinder hatten, was andernfalls die Sache verkompliziert hätte, brauchten wir ihn im Moment nicht mit einzubeziehen.

Was Paul betraf, so vermutete ich, dass Sam anfangs eine Weile gebraucht hatte, um ihren Platz im System zu finden. Als Stiefmutter von Dan und Ashley musste sie nicht nur die neue Beziehung zu ihrem Partner klären, sondern auch herausfinden, wie sie mit den Kindern umgehen sollte. Welche Rolle spielte sie? Sie konnte die Kinder nicht direkt erziehen, da es nicht ihre eigenen waren, aber sie hielten sich bei ihnen zu Hause auf, in ihrer unmittelbaren Umgebung, und richteten Chaos an, wenn auch nur an den Wochenenden. Sam hatte wahrscheinlich das Gefühl, dass sie Störenfriede in ihrer Beziehung zu Paul waren: Der Sonntag war sein einziger freier Tag, und sie musste ihn mit ihnen teilen. Nachdem Sam Dolly zur Welt gebracht hatte, musste sie die Bedrohung durch Dan und Ashley als noch stärker empfunden haben. Wie bei Julie waren die Geldknappheit und Pauls Zeitmangel eine echte Herausforderung.

Obwohl wir häufig Wege finden, Expartnern und Patchwork-Familienmitgliedern entgegenzukommen, würde ein Teil von uns wahrscheinlich am liebsten jede Bedrohung für unsere Beziehung eliminieren. Wir sind Tiere, und in der Wildnis tötet ein neuer männlicher Partner die Nachkommen seines Weibchens. Die Max-Planck-Gesellschaft hat neue Forschungsergebnisse veröffentlicht: »Bei Säugetieren ist es wahrscheinlicher, dass Weibchen Kindermord begehen, wenn die Bedingungen hart sind und es für sie besonders energieraubend ist, Nachwuchs zu zeugen.« Diese reflexartige Reaktion ist, glaube ich, tief in unserer Biologie verankert. Wir verdrängen sie, aber unbewusst läuft sie dennoch ab.

Ich beginne eine erste Sitzung oft mit der Frage: »Wenn Sie als Kind traurig waren, an wen haben Sie sich da gewendet, und an wen wenden Sie sich heute?« Ich frage auch, was sie tun, um sich zu beruhigen, wenn sie gestresst sind.

Julie klang verärgert, als sie antwortete. Es widerstrebte ihr, sich gleich so zu öffnen. »Ich habe mich nicht oft an ihn gewendet, aber meinen Großvater habe ich sehr geliebt. Heute wende ich mich an meinen Partner, Charlie. Mein Hund Raffa ist auch ein großer Trost für mich. Er sitzt auf meinem Schoß, und ich streichle ihn, ich gehe mit ihm spazieren. Ich bin ein Hundemensch. Als Kind habe ich sehr viel Zeit mit unserem Hund Ghillie verbracht.«

Paul: »Ich glaube nicht, dass ich mich als Kind an irgendjemanden gewendet habe, manchmal vielleicht an meine Mutter oder meinen Vater. Je nachdem, was anlag. Jetzt rede ich mit Sam. Wenn ich gestresst bin, und ehrlich gesagt manchmal auch, wenn ich es nicht bin, spiele ich immer noch Onlinespiele, wie schon als Kind.«

Ich war neugierig, was Ashley sagen würde. »Meine Mum und Raffa.« Ich spürte seine Zurückhaltung, vielleicht aus Angst, dass, falls er mehr sagte, Worte und Gefühle aus ihm heraussprudeln könnten, mit denen er nichts anzufangen wusste. Die Antworten der drei waren zwar kurz, aber sie boten mir ein Tor, durch das ich Einblick in ihre innere Welt erhielt. Wir sind darauf programmiert, Bindungen zu anderen aufzubauen: Wenn bei uns alles gut läuft, tragen diese menschlichen Kontakte zu unserem Wohlergehen bei, und ganz besonders brauchen wir sie, wenn uns das Leben übel mitspielt. Man darf dabei nicht unterschätzen, in welchem Ausmaß Haustiere dazu beitragen, ihren verzweifelten Besitzerinnen und Besitzern Halt zu geben. Diese stillen Begleiter trösten und stärken durch ihre verlässliche Zuneigung, ihre Fröhlichkeit und ihre unkomplizierte Art. Doch obwohl alle drei Familienmitglieder ein bis zwei Menschen und einen Hund hatten, auf die sie sich verlassen konnten, erhielten sie nur das absolute Minimum an Unterstützung.

Julie erzählte mit Vehemenz, was zu dem Entschluss geführt hatte, sich Hilfe zu suchen. Ashley war beim Weihnachtsessen mit der Familie seines Vaters ausgerastet und hinausgestürmt.

Ich wandte mich an Ashley und fragte ihn, was passiert war. Er sagte lange Zeit nichts, hielt den Kopf gesenkt und fummelte an seinem Ärmel herum. Julie beobachtete ihn frustriert und stieß vernehmliche Seufzer aus. Schließlich sprach er zögernd und so leise, dass man ihn kaum verstehen konnte, aber ich wollte ihn nicht verunsichern, indem ich ihn dazu aufforderte, lauter zu sprechen. Ich dachte bei mir, dass die Schwierigkeit, seine Stimme zu erheben, möglicherweise darauf zurückzuführen war, dass er all die Jahre geschwiegen und Worte und Gefühle hinuntergeschluckt hatte, die niemand hören wollte.

Er sagte: »Es klingt albern, aber Nan hat mir zu Weihnachten kein Geld geschenkt, aber ich habe gesehen, wie sie meiner Halbschwester Dolly Geld geschenkt hat. Ich weiß nicht … Ich musste einfach raus.« Nan war Sams Mutter Patty.

Julie konnte die Gefühle, die in ihr hochkochten, nicht länger verbergen: »Diese Nan ist eine gemeine Kuh, genau wie ihre Tochter.« Julie deutete auf dem Bildschirm zu Paul. »Warum schaffst du es nicht, das zu klären? Du hast die Kinder nur jedes zweite Jahr, und jedes Mal behandeln Sam und ihre Mutter sie wie Aschenputtel. Es sind deine Kinder, um Himmels willen! Tu doch was! Sie kennen Dan und Ashley, seit sie klein waren – was haben die für ein Problem?«

Paul schwieg mit versteinerter Miene. Sein Schweigen schürte noch mehr Frustration in Julie, die ihren Kopf heftig schüttelte und zischte: »Oh mein Gott, du hast dich wirklich kein Stück verändert. Du sagst nichts, du tust nichts, verdammt, es ist immer dasselbe mit dir!«

An diesem Punkt der Geschichte interessierte es mich, wie die verschiedenen Familienmitglieder mit unangenehmen Gefühlen umgingen. Julie wurde wütend und verlangte, dass Paul die Sache klärte, anstatt Ashley zu helfen, seine Gefühle zu verarbeiten. Dadurch fühlte sich Julie machtlos und konnte nichts anderes tun, als

Paul Vorwürfe an den Kopf zu werfen. Da seine Mutter ihm nicht zeigte, wie er seine Gefühle verarbeiten konnte, lebte Ashley sie aus, indem er wütend wurde oder sich verschloss, in der Erwartung, dass Julie für ihn sprechen würde. Paul schwieg. Vielleicht hatte er entweder von Julie oder von seinen Eltern gelernt, dass er mit dieser Reaktion am wenigsten provozierte.

Paul und Julie hatten keinen Weg gefunden, erfolgreich miteinander zu kommunizieren, als sie noch zusammen waren, und ihre Fähigkeit dazu hatte sich im Lauf der Jahre noch weiter verschlechtert, sodass es so gut wie keine gemeinsamen Erziehungsstrategien gab. Ihre Beziehung bestand nur noch aus Beschimpfungen, Wut und Misstrauen, was ein vernünftiges Gespräch von vornherein unmöglich machte. Mir war klar, dass es bei den Vorgängen zwischen Ashley, Patty und Sam nicht nur um sie ging, sondern zugleich um die gestörte Beziehung zwischen Ashleys Eltern und den schmerzhaften Loyalitätskonflikt, in dem sich Ashley befand: Wenn er sich Sam annäherte, hatte er Gewissensbisse gegenüber seiner Mutter, doch wenn er sich gegen Sam stellte, kam er schlecht mit ihr aus.

Das Wohlergehen einer Familie hängt von der Qualität der Beziehungen zwischen den einzelnen Mitgliedern ab, egal ob sie zusammenleben oder nicht. Elternkonflikte in Scheidungsfamilien und deren negative Auswirkungen auf die gemeinsame Kindererziehung führen mit hoher Wahrscheinlichkeit zu Problemen bei den Kindern. In Anbetracht dieser Tatsache wurde mir bewusst, dass in diesem Fall eine Therapie, die bewegende Gefühlsäußerungen mit großen psychologischen Veränderungen beinhaltete, nicht zielführend war: Es bestand nicht die emotionale Sicherheit, ja nicht einmal die Notwendigkeit dafür. Wenn wir einfach nur die Kommunikation zwischen Paul und Julie verbessern konnten – sodass sie Entscheidungen mit ihren Kindern und für sie trafen, ohne dass es zu großen Explosionen kam –, wäre das schon ein großer Schritt in die richtige Richtung. Das Wichtigste war, dass sie aufhörten, sich und dem anderen alles Mögliche vorzuwerfen. Ich überlegte, wie wir das am besten erreichen könnten.

Julie war ein Rätsel. Das emotionale Fundament, das sie von ihren Eltern mitbekommen hatte, war brüchig und instabil. Ihr Vater hatte die Familie verlassen, als sie noch klein war, und ihre Mutter war alkoholkrank. Zu den Bewältigungsmechanismen, die Julie entwickelt hatte, gehörte es, hart und angriffslustig zu sein und sich nicht zu erlauben, ihre Verletzlichkeit zu offenbaren. Das war die Seite von ihr, die sie mir bis jetzt gezeigt hatte. Ihre Beziehung zu Paul verlief genau so, wie es ihre Kindheit in ihr angelegt hatte: Sie hatte sich jemanden ausgesucht, der ihr nicht geben konnte, was sie wollte, und sie lebte in einem Zustand ständiger und prekärer Dramatik. Ich fragte mich, ob Julie sich irgendwann mit ihrem Trauma würde auseinandersetzen müssen: Dass sie verlassen worden war, hatte eine unheilbare Wunde in ihr hinterlassen, aber die Familientherapie war nicht die richtige Gelegenheit, um sich damit zu beschäftigen.

Und doch hatte sie diese Widrigkeiten im Lauf ihres Erwachsenwerdens weitgehend überwunden. Sie war nicht süchtig geworden, was häufig als Bewältigungsstrategie einer traumatischen Kindheit vorkommt und in Julies Fall sogar noch wahrscheinlicher gewesen wäre, da ihre Mutter Alkoholikerin war. Außerdem hatte sie die Entschlossenheit und trotz allem genügend Selbstvertrauen besessen, um eine Ausbildung zu machen und sich eine vernünftige Arbeitsstelle zu suchen. Und sie war schließlich mit Charlie zusammengekommen, einem Partner, den sie liebte.

Ich begann die nächste Sitzung, indem ich meine Verwirrung offenbarte. Julie kicherte, ein ansteckendes, ziemlich lautes Gackern, und ich sah, wie Paul und Ashley daraufhin lächelten. »Stimmt, ich hab eine Menge Scheiße erlebt, da haben Sie recht. Ich weiß wirklich nicht genau …« Ich fragte, ob es in ihrem Leben wichtige Menschen oder Erfahrungen gab, die sie als positiv empfand. »Wie gesagt, meinen Großvater. Er starb, als ich 17 war. Er wohnte weit weg, aber ich bin in den Ferien manchmal zu ihm gefahren. Ich war sehr gern bei ihm. Er war früher Soldat, streng, rauchte Pfeife, aber er war ein echter Softie. Er liebte seinen Gemüsegarten, und ich habe mit ihm zusammen darin gebuddelt und Unkraut gejätet. Bis heute mag ich den Geruch von Erde an meinen Händen.«

Ihr Gesicht wurde viel weicher, als sie in diese glücklichen Erinnerungen eintauchte. Das erinnerte mich daran, wie viele Versionen oder Teile von uns selbst es geben kann: Die geliebte Enkelin versteckte sich oft hinter der harten Version ihrer selbst, die sie hatte entwickeln müssen, um sich vor Verletzungen zu schützen. Aber sie war immer noch da. Sie konnte darauf zugreifen und damit auch auf ihre Offenheit und emotionale Verfügbarkeit. Dies war also die Quelle, aus der sie schöpfen konnte, um ihre Kinder und Charlie zu lieben.

Wir brauchen im Grunde nur eine einzige Person in unserem Leben, die zum entscheidenden und schützenden Faktor für unser Gelingen wird – eine Lehrerin, einen Chef, einen Mentor, der an uns glaubt. Mehrere Personen sind besser, aber eine Person ist genug. Ein anderer Mensch, der Julie geprägt hatte, war der Manager des Supermarktes, in dem sie gearbeitet hatte. Er hatte Potenzial in ihr gesehen, an sie geglaubt und sie ermutigt, nach Dans Geburt und dann nach ihrer Trennung wieder aufs College zu gehen. Er hatte sie hartnäckig dazu ermuntert, sich im Leben weiterzuentwickeln, und zum Glück war sie dafür empfänglich gewesen.

Ein Stiefkind zu sein ist schwierig. Ich erinnere mich noch lebhaft an eine junge Frau, die zu mir sagte: »Ich musste mit einer Fremden zusammenleben, die ich nicht einmal mochte, die darauf achtete, was ich aß und welche Kleidung ich trug, und die mir meinen Vater weggenommen hatte! Und dann sagte mein Vater auch noch zu mir, ich solle nett zu ihr sein.« So lassen sich auch die Erfahrungen von Dan und Ashley zusammenfassen. Julie hatte als Expartnerin ihre Kinder in einen anderen Haushalt ziehen lassen müssen, litt unter ihrer häufigen Abwesenheit an den Wochenenden, meinte es aber gut und wollte, dass sie glücklich sind. Wahrscheinlich war sie sich nicht bewusst, welche Auswirkungen es auf die Jungs hatte, dass sie ihr gegenüber loyal sein und sich damit gegen Sam stellen mussten, was zu Konflikten führte.

Ich wusste, dass es in Stieffamilien meistens jemanden gibt, der ausgeschlossen wird und Aggressionen aufbaut. Ich nahm mir vor, die toxischen Muster zwischen den Beteiligten zu verändern, und war mir bewusst, dass das schwer sein würde: Späte Eingriffe sind in der Regel weniger erfolgversprechend. Ich hoffte, dass sie eine neue Art des Umgangs miteinander entwickeln würden, die auf einem besseren Verständnis der Vorgänge beruhte, damit durchlässige Grenzen und gegenseitiger Respekt zu einer Zusammenarbeit zwischen den Haushalten anstatt zu Streitereien führen würde.

Glücklicherweise betrachtete ich niemanden als gut oder böse, was natürlich zur Grundlage meiner Ausbildung gehört, wogegen ich mich aber nicht immer wehren kann. Auch ich bin durch meine subjektiven Erfahrungen geprägt, die Vorurteile und starke Reaktionen mit sich bringen. Ich nahm mir vor, mich nicht von der mythologisierten Darstellung von Stieffamilien aufs Glatteis führen zu lassen – eine Falle, die durchaus lauerte, weil Vater und Mutter den alten Klischees entsprachen: er schwach oder abwesend, sie sowohl ein Opfer als auch eine Hetzerin. In alten Märchen wird die Stiefmutter meist als böse Hexe dargestellt; der Stiefvater ist bestenfalls schwach, schlimmstenfalls ein Tyrann.

Ihre Schwierigkeiten entsprachen in gewisser Weise den Herausforderungen, mit denen wir alle konfrontiert sind, wenn wir uns bedroht fühlen – den schmerzhaften Emotionen, die dadurch ausgelöst werden, obwohl wir im Grunde unseres Herzens geliebt werden und dazugehören wollen.

Ich dachte mir, es könnte für uns alle hilfreich sein, nicht direkt die Krise anzusprechen, sondern einen Schritt zurückzutreten und mir von der Familie die Hintergründe schildern zu lassen, die sie zu mir geführt hatten. Ich hoffte, dass das Erzählen ihrer Geschichte ihnen die Möglichkeit bieten würde, Vertrauen zu mir aufzubauen und vielleicht auch eine Gelegenheit, einander auf eine Art und Weise zuzuhören, wie sie es vorher nicht getan hatten. Manchmal ist das offene Gespräch über das, was passiert ist, genauso wichtig wie das Finden von Antworten auf wichtige Fragen. Diese Familie hatte bisher mit vielen unausgesprochenen Regeln und Überzeugungen gelebt. Ich hoffte, dass das gemeinsame Zuhören das bislang Verborgene klären würde.

Beziehungen funktionieren oft dann nicht, wenn wir die Dinge nicht aus der Perspektive des anderen sehen können. Julie zum Beispiel, die in ihrem Leid feststeckte, konnte sich nicht in die anderen hineinversetzen. Zu wissen, dass sie nun von mir gehört und verstanden wurden, unterbrach die gewohnten Muster des Zuhörens und der Interaktion in der Familie. Es sollte ihnen ein Gespür dafür geben, wie es ist, gehört zu werden, und ihnen vor Augen führen, was sie meiner Hoffnung nach füreinander tun konnten.

Anfangs fiel es mir schwer, das Ganze zu verstehen, weil Julie Paul ständig rüde unterbrach. Sie hatte zehn Jahre Wut in sich, die sie loswerden wollte, und er war gezwungen, sich dem zu stellen, was er zehn Jahre lang zu vermeiden versucht hatte. Ich musste die beiden regelmäßig unterbrechen, wenn ihre Gespräche eskalierten, und gab ihnen grundlegende Fähigkeiten zum Zuhören mit auf den Weg: Ich bat sie, zu reflektieren, was sie den anderen hatten sagen hören. Das gefiel ihnen nicht, aber sie lernten schnell, und die Spannung ließ nach.

Ich erfuhr, dass sie sich kennengelernt hatten, als Paul 19 und Julie 18 war, nicht lange nach dem Tod ihres Großvaters. Es gab einen rührenden Moment zwischen den beiden, als Paul wehmütig über ihre Anfangszeit sprach: »Ich konnte es nicht fassen, dass sie meine Freundin war. Ich war bis über beide Ohren in sie verliebt. Sie war umwerfend.«

Julie nickte und biss sich auf die Lippe, während er sprach. Sie war ungewollt mit Dan schwanger geworden, und keiner von beiden wollte abtreiben. Paul war in das Haus von Julies Mutter gezogen, und sie hatten sich »ein paar Jahre lang durchgeschlagen«. Als ich diesen Satz hörte, hatte ich das Bild eines Heims vor Augen, das auf einem wackligen Fundament ruhte. Als Paar hatten sie keine Zeit gehabt, eine solide Grundlage zu bilden, weil sie noch so jung waren und so früh ein Kind bekommen hatten. Sie hatten keine Möglichkeiten gehabt, herauszufinden, wer sie wirklich waren, was sie gern taten, welche Unterschiede und Gemeinsamkeiten sie besaßen und vor allem, ob sie überhaupt zueinanderpassten.

Julies Mutter Mary übernahm einen großen Teil der Kinderbetreuung, was es Julie ermöglichte, wieder aufs College zu gehen und im Supermarkt zu arbeiten. Paul arbeitete in der Metzgerei seines Vaters. Es war ein Familienbetrieb, in dem seine Mutter Vollzeit arbeitete und die Buchhaltung machte. Um ihre Enkelkinder kümmerte sie sich nicht, was schon früh zu Streitigkeiten führte. Paul beschrieb seine Familie als »traditionell. Wir befolgen gern die Regeln. Für meine Eltern waren die Ehe und die Familie alles. Mein Vater hatte mir beigebracht, auf eigenen Füßen zu stehen und hart zu arbeiten.«

Richtig schwierig wurde es, als Julie mit Ashley schwanger wurde. Ihre Mutter war wütend über die zusätzliche Belastung durch Kosten und Pflege, die ein weiteres Baby mit sich bringen würde. In einem Wutanfall im Suff warf sie Julie aus dem Haus.

Paul und Julie fanden eine kleine Mietwohnung, in der Ashley geboren wurde. Ein weiteres Kind zu haben und keine Mutter, die ihr helfen konnte, bedeutete für Julie, dass sie ihre Arbeit aufgeben musste. Als Julie diese Zeit beschrieb, spannte sich ihre Kiefermuskulatur an. Sie setzte an: »Damals verlor ich mein …« Sie sah Ashleys erschrockenen Blick und hielt inne, zuckte mit den Schultern und fuhr fort: »Ich verlor mich damals selbst, wusste nicht mehr, wer ich war … Paul hat die ganze Zeit gearbeitet, aber kaum mehr als den Mindestlohn verdient. Ich hatte kein Geld und zwei kleine Kinder, die buchstäblich das Leben aus mir heraussaugten.« Ich hörte eine Brutalität in ihrem Tonfall, die mir einen Schauder über den Rücken jagte. Ich bezweifle, dass es eine Mutter gibt, die Julies Gefühle nicht irgendwann einmal geteilt hat, aber ihre hatten sich im Lauf der Zeit nicht verändert: Sie waren die starre Linse, durch die sie Paul betrachtete.

In dem Versuch, das Gesagte abzuschwächen, bemerkte Paul mit einem schwachen Lächeln: »Na ja, so schlimm war es doch gar nicht.«

Julie schnaubte: »Für dich vielleicht nicht. Du hattest ja noch ein Leben.« Das war ein interessanter Moment, der einen Aspekt der Dynamik zwischen ihnen verdeutlichte. Julie kochte vor gerechtem Zorn: Sie hatte als Mutter so viel opfern müssen, und obwohl sie ihre Kinder liebte, hatte sie einen viel höheren Preis als Paul bezahlt. Es war nicht nur die stumpfe Langeweile der Kinderbetreuung, es war das Pausenlose an der Elternschaft: die unsichtbare Arbeit, die ihr Jahre ihres Lebens stahl, der Verlust ihrer beruflichen Identität und die fehlende Möglichkeit, ihr eigenes Geld zu verdienen.

Julie war bei Weitem nicht die einzige Mutter, der es so ging. »Die Mehrheit der Mütter (61 Prozent) gibt an, die meisten Aufgaben im Haushalt zu erledigen, und 62 Prozent berichten, dass sie am Tag weniger als eine Stunde Zeit für sich haben, in der sie sich nicht um irgendetwas kümmern müssen«, heißt es in der Umfrage des Onlineforums mother.ly zum Stand der Mutterschaft 2019. Für Julie war die Machtlosigkeit ein täglicher Druck, der sie immer stärker belastete. Paul konnte sich der Wucht ihrer Gefühle nicht stellen. Er versuchte, es durch Wegducken besser zu machen, was Julies Groll natürlich noch verstärkte. Dabei wurde Ashley in ihren Kampf hineingezogen, fühlte sich verletzt, war aber auch in ihn verstrickt, was ihm keinen Ausweg bot. Ashley saß mit aufgestütztem Kopf da – die seelische Belastung, der er ausgesetzt war, war eine Sache, mit der wir uns in den kommenden Wochen würden beschäftigen müssen.

So wie ich es verstand, nahmen die Streitereien über die Jahre zu und wurden nie beigelegt, und die Distanz zwischen Paul und Julie wuchs. Pauls Version: »Ich war jeden Tag um halb sieben auf der Arbeit. Ich bin den ganzen Tag auf den Beinen und es ist ein körperlich anstrengender Job. Da mein Vater älter wird, erledige ich das meiste Heben und Tragen. Wenn ich gegen sechs Uhr abends nach Hause kam, erwartete Julie, dass ich ihr mit den Kindern half. Ich habe mein Bestes gegeben. Ich arbeitete sechs Tage die Woche und war vollkommen erschöpft. Nichts, was ich tat, war ihr gut genug. Ich verdiente nicht genug Geld, ich half nicht genug, ich schenkte ihr nicht genug Aufmerksamkeit. Sie wollte, dass meine Eltern mir einen Teil des Geschäfts überließen … Und gleichzeitig gab sie viel zu viel Geld aus. Ich kam zurück und sah, dass sie etwas Neues trug, von dem ich wusste, dass wir es uns nicht leisten konnten, aber wenn ich etwas sagte, ging sie auf mich los.«

Während Paul sprach, sah ich, wie Julie den Kopf abwandte und sich die Hand auf den Mund presste, um den Schrei, der in ihrer Brust steckte, nicht herauszulassen. Sie schaffte es, ihn auf drei Worte zu beschränken: »Du bist erbärmlich.«

Mit roher Aggression kann ich nur schwer umgehen: Als Therapeutin ist das nicht mein Lieblingsthema. Dennoch war es meine Aufgabe, einen Weg zu finden, das, was ich erlebte, zur Kenntnis zu nehmen und einfühlsam zu reagieren, damit Paul und Julie lernen konnten, sich selbst und anderen gegenüber einfühlsam zu sein. Ich machte ihnen klar, dass Julie Paul als schwach betrachtete und Paul umgekehrt Julie als Tyrannin ansah. Folglich waren sie auf der physiologischen Ebene immer in Alarmbereitschaft, um zu kämpfen oder sich zu verteidigen, was sie daran hinderte, sich geborgen genug zu fühlen, um dem anderen zu vertrauen und eine Bindung zu ihm aufzubauen. Sie hatten nie einen Weg gefunden, miteinander zu kooperieren. Dabei ist eine gute Kommunikation, d. h. die Fähigkeit, nicht nur zu sprechen, sondern auch zuzuhören, das Herzstück einer guten Zusammenarbeit.

Die sehr realen Herausforderungen der Kindererziehung, ihre Pflichten, die fehlende Zeit und der Geldmangel wurden zu den Waffen, mit denen sie um sich droschen, anstatt die Probleme als gemeinsame Schwierigkeiten zu betrachten, die sie gemeinsam bewältigen mussten. Sie sprachen nicht ehrlich darüber, suchten nicht nach Lösungen für ihre Geldknappheit, gingen nicht fürsorglich miteinander um, wenn sie fix und fertig waren. Ich ging sogar so weit, zu sagen, dass ich es traurig fand, mit anhören zu müssen, wie zwei Menschen, die anfangs so verliebt ineinander gewesen waren, irgendwann nur noch Hass füreinander empfunden hatten. Was sie aneinander angezogen hatte – ihre Charakterstärke, seine Sanftheit – führte neben den widrigen Umständen letztendlich auch zu ihrer Trennung.

Nach Jahren der Auseinandersetzungen und des zunehmenden Elends waren sie auseinandergegangen. Julie drückte den Daumen in die Handfläche, um den Schmerz zu verdrängen, und stieß hervor: »Wir haben uns getrennt.«

Paul ließ den Kopf sinken. Es fiel ihm nicht leicht, das auszudrücken, was er fühlte, aber das Gefühl des Scheiterns saß ihm noch immer im Nacken und spiegelte sich in seiner Körpersprache wider. Die Trennung hatte ihren täglichen Kontakt beendet, aber keineswegs ihren Streit. Mary-Kay Wilmer, ehemalige Redakteurin der *London Review of Books*, hat es einmal kurz und bündig ausgedrückt: »Ehen enden, Scheidungen nie.« Da Paul und Julie nicht verheiratet gewesen waren, musste er rechtlich gesehen für den Unterhalt der Kinder sorgen, Julie aber nicht. Um die Sache noch komplizierter zu machen, hatte sich Paul fast sofort nach der Trennung in Sam verliebt und war mit ihr zusammengezogen. Innerhalb eines Jahres war sie schwanger, und Dolly wurde geboren. Jetzt wurde Paul finanziell und emotional zwischen Julie und Sam hin und her gerissen.

Nun war Julie an der Reihe, ihren Kummer zu äußern. »Er hat mich im Stich gelassen, als er mit Sam zusammenzog und ein weiteres Kind bekam. Er hat uns praktisch kein Geld gegeben. Ich war ganz allein mit den beiden Jungs, und wir waren verzweifelt. Sie gingen zu ihm, wenn er samstags mit der Arbeit fertig war, aber Sam war nicht nett zu ihnen … Manchmal schrie ich ihn an: ›Versuch du doch mal, das alles zu wuppen!‹, und er nickte nur und sagte: ›Ja klar, aber ich muss jetzt los.‹ Ich weiß noch, dass ich in manchen Nächten vor Wut gekocht und mir auf die Fäuste gebissen und kein Auge zugetan habe.«

Ich spürte, wie diese Wut auch mich erfasste. Ihre Wut und ihre gleichzeitige Ohnmacht versetzten mir einen Stich in der Brust.

Julie lebte zu diesem Zeitpunkt allein und kümmerte sich um den achtjährigen Dan und den sechsjährigen Ashley. Während sie zur Schule gingen, konnte sie ein paar Schichten im Supermarkt arbeiten, aber das reichte nicht aus, um alle Rechnungen zu bezahlen. Julies Mutter Mary half gelegentlich aus, aber nicht verlässlich.

Ashley, dessen Schweigen bei den vorangegangenen Gesprächen sehr präsent gewesen war, sprach nun eine Wahrheit aus, die ich vorher nicht so deutlich gehört hatte. »Wir sind arm aufgewachsen. Meine Mutter hatte Probleme, uns durchzufüttern. Ich erinnere mich an Tage, an denen wir keine Lebensmittel einkaufen konnten. Wir waren immer pleite …« Er sah seine Mutter an, mit Tränen in den Augen. »Du warst die ganze Zeit gestresst …« Bei diesen Äußerungen sah ich Bilder von Julie vor mir, erschöpft und besorgt, die versuchte, sich zusammenzureißen, aber ständig von der Verantwortung, die sie als Alleinerziehende trug, verunsichert war und die Eiseskälte der Armut im Nacken spürte.

Julie hatte niemanden, an den sie sich wenden oder der ihr helfen konnte, und wusste nicht, wie sie mit ihrer Lage zurechtkommen sollte. Gelegentlich fand sie die Kraft, ihre Kinder zu umarmen und emotional für sie da zu sein, aber seltener, als sie es sich gewünscht hätte. Paul errötete noch tiefer, schaute beschämt und sagte: »Es tut mir leid.«

In diesem Moment spürte ich, dass die Möglichkeit zu einer Veränderung in seiner Beziehung zu Julie bestand, aber sie hatte seine Aufrichtigkeit nicht wahrgenommen und war immer noch wütend: »Das sollte es auch!« Paul zog sich wieder zurück.

Um eine Aufspaltung in Gut und Böse zu verhindern, reflektierte ich – und legte dabei all mein Mitgefühl in meine Stimme –, wie sehr sie beide in dieser schmerzlichen Zeit gelitten hatten.

Paare, die auseinandergehen, hoffen, dass das Leben nach ihrer Trennung harmonischer sein wird. Doch das Tauziehen um die knappen Ressourcen Liebe, Geld und Zeit kann einen zu Fall bringen. Die Untersuchungsergebnisse des *Tavistock Institute of Human Relations* unterstreichen die entscheidende Rolle, die die Qualität der Beziehung zwischen einem getrennten Paar spielt, und inwiefern die vereinbarte finanzielle Unterstützung diese beeinflusst und den Unterschied ausmacht, ob Trennungsfamilien in Armut leben oder nicht. Die allgemeine Beziehung und die finanzielle Unterstützung bestimmen das Ergebnis für die Eltern und ihre Kinder.

Eine Statistik des britischen *Office for National Statistics* besagt, dass es 2019 in Großbritannien 1,8 Millionen Alleinerziehende gab, von denen 90 Prozent Frauen waren. Mütter sind nach einer Trennung häufiger von Armut bedroht, weil sie nicht arbeiten können, solange sie sich um ihre Kinder kümmern. Der Bericht der Women's Budget Group von 2018 zeigt, dass »fast die Hälfte (48 Prozent) der Alleinerziehendenhaushalte in Armut leben, verglichen mit einem Viertel (24 Prozent) der Paarhaushalte. In der überwiegenden Mehrheit (86 Prozent) ist der alleinerziehende Elternteil die Mutter.« Dass von Müttern nach wie vor der Großteil der unbezahlten Betreuungsaufgaben erledigt wird und sie daher keiner oder in nicht ausreichendem Maß einer bezahlten Arbeit nachgehen können, ist ein Problem, das trotz des jahrzehntelangen Kampfs um Gleichberechtigung noch nicht gelöst wurde.

Hinter der genannten Statistik verbirgt sich eine starre Realität, die systemische und politische Lösungen erfordern würde, welche jedoch nicht vorhanden sind, sodass die Einzelnen am Ende glauben, dass sie versagen. Oft versuchen getrennte Paare, sich um der Kinder willen gütlich zu einigen, was auch richtig ist, aber sie ignorieren die Tatsache, dass dies auch ihr eigenes Leben verbessern würde. Den Ex zu hassen und in Gedanken und in der Realität mit ihm zu streiten ist anstrengend und destabilisierend für alle.

Ich habe die Taylors und Smiths mit diesen Statistiken vertraut gemacht: Ich wollte sie wissen lassen, dass sie keine Versager sind. Ich habe die Erfahrung gemacht, dass sich Klienten und Klientinnen wertgeschätzt fühlen, wenn ihre Erfahrungen durch Untersuchungen bestätigt werden. Ich sagte zu ihnen – langsam, weil ich wollte, dass sie das, was ich sagte, verinnerlichten –: »Sie haben alle Ihr Bestes gegeben in einem System, das gegen Sie gerichtet ist. Ich glaube, wenn ich in einer Ihrer Positionen gewesen wäre, hätte ich genauso reagiert.« Ich bringe nicht oft meine subjektive Sichtweise ein, aber in diesem Fall hatte ich das Gefühl, dass es den Parteien ein wenig von ihrer selbstkritischen Sichtweise nehmen würde.

Julie blinzelte oft. Sie war es gewohnt, sich gegen Angriffe zu verteidigen, und nun so bedingungslos geschätzt zu werden, erschütterte sie – auf eine gute Art. Paul seufzte. »Hmm. So habe ich das noch gar nicht gesehen.« Ashley schwieg, zeigte aber mehr von seinem Gesicht auf dem Bildschirm. Das war ein kleiner Moment der Annäherung, auf dem ich hoffte aufbauen zu können.

Im Folgenden werde ich die Lücken in der Geschichte der Beteiligten füllen. Ich erfuhr, dass Julie fünf Jahre lang alleinerziehend war; schwierige Jahre für sie alle. Sie war regelmäßig damit überfordert, die Bedürfnisse von Dan und Ashley zu erfüllen. Es gab ständig Streit mit Paul über Besuchsrecht und Geld. In den ersten drei Jahren lebten Julie und die Kinder in provisorischen Unterkünften und zogen viermal um, was zusätzlich Unruhe in die Familie brachte. Als sie an einem Tiefpunkt angekommen war, machte sie eine andere Mutter an Dans Schule mit *Gingerbread* bekannt, der Wohltätigkeitsorganisation für Alleinerziehende. Das habe ihr das Leben gerettet, so Julie. Sie schloss sich einer Gruppe an und schaffte es mit deren Unterstützung, durchzuhalten und einen fairen Kindesunterhalt mit Paul zu vereinbaren. Die Gruppe bot Julie unschätzbare Hilfe und Unterstützung.

In einem seltenen Moment der Verletzlichkeit schaute sie Ashley an und sagte: »Ich konnte als Mutter nie gewinnen. Es gab Momente, in denen ich das Gefühl hatte, alles im Griff zu haben – ich fühlte mich euch beiden nahe, sogar glücklich – und dann passierte wieder irgendein Mist. Einer von euch wurde krank und ich konnte nicht arbeiten oder ihr wart glücklich und ich verdarb alles, weil ich gestresst war.« Ashley lächelte, senkte den Kopf, und seine Augen füllten sich mit Tränen. Ich spürte, wie sich ihr Kontakt anbahnte: Ich brauchte nichts zu sagen.

Julie, die in ihrer Einsamkeit erstarrt war, hatte versucht, sich gelegentlich mit Männern zu verabreden – ohne Erfolg. Sie hatte niemanden, der sich um sie kümmerte, während sie unermüdlich den Ansprüchen anderer Menschen gerecht werden musste. »Ich war es leid, allein zu sein.« An diesem Punkt bat ich sie, innezuhalten. Ob sie mir sagen könne, was sie dabei körperlich empfand? »Ich weiß nicht.« Sie seufzte. »Ich fühle mich ein bisschen zerschlagen. Hohl, ja, genau, ich fühle mich ausgehöhlt.« Ich ließ ihre Worte auf mich wirken, und sie fuhr fort, sich anhand ihrer Körperempfindungen zu erinnern: »Ich weiß noch, dass ich mich vollkommen allein gefühlt habe, als wäre ich auf einer Insel, nur die Jungs und ich gegen den Rest der Welt. Ich war abgeschottet. Oh, Gott, da fällt mir ein, wie ich zu einem Elternabend musste, ganz allein, wie ich mich davor fürchtete und mich wie eine absolute Versagerin fühlte.« In diesem Moment spürte ich eine neue Verbindung zu Julie: Ich empfand ihre Zerbrechlichkeit hinter der Fassade ihrer Wut. Am liebsten wäre ich jetzt persönlich bei ihr gewesen und hätte mich mitfühlend zu ihr geneigt. Stattdessen versuchte ich, ihr dieses Mitgefühl über meine Stimme entgegenzubringen. »Ich kann Ihnen nachfühlen, wie einsam und isoliert Sie gewesen sind, weil Sie so lang allein zurechtkommen mussten. Ich kann Sie jetzt besser verstehen. Bitte erzählen Sie weiter.«

Ihre Wut hatte mich auf Distanz gehalten, was keineswegs nur an ihr lag, sondern auch an mir. Ich warf einen Blick auf Paul und Ashley, deren Augen vor Rührung glänzten.

Julie fuhr fort: »Als die Kinder älter wurden, wurde das Leben ein bisschen einfacher. Ich brauchte mich nicht mehr um so vieles zu kümmern. Ich machte eine Ausbildung und fand einen festen Job als Sekretärin, was mir Selbstvertrauen gab und ein regelmäßiges Einkommen garantierte. Allmählich glaubte ich daran, dass es jetzt tatsächlich aufwärtsging und ich irgendwann glücklich werden könnte. Und tatsächlich verbesserte sich meine Situation. Mit 31 lernte ich Charlie kennen. Es hat lang gedauert, bis ich mich wieder verlieben und einem Mann so weit vertrauen konnte, um es noch einmal zu versuchen. Aber mein Leben hat sich verändert – es hat sich sehr verbessert. Charlie liebt mich. Er ist ein toller Stiefvater, und meine Kinder haben ihn wirklich sehr gern.«

Jetzt wurde ich neugierig. Erstens interessierte mich die Heilkraft der Liebe: Hatte ihre Beziehung zu Charlie die Wunden heilen können, die ihr ihre Eltern und Paul zugefügt hatten? Zum Teil. Seine Liebe hatte ihr Selbstvertrauen wiederhergestellt. Doch obwohl Julie inzwischen viel glücklicher war als früher, war sie noch immer in dem Teufelskreis mit Paul gefangen. Der Groll, mit dem sie ihn verfolgte, brachte ihn dazu, sich wegzuducken, und Dan und Ashley zahlten den Preis dafür.

Mich interessierte, wie sehr wir in negativen Gefühlen für eine bestimmte Person gefangen sein können und wie sie schneller ausgelöst werden können, als unser Bewusstsein den Umgang mit ihnen beeinflussen kann. Julies Hass und Verachtung für Paul kochten noch immer fast unkontrolliert in ihr hoch, obwohl sie jetzt im Grunde ausgeglichener und glücklicher war. Paul wiederum verstärkte diese Gefühle, indem er sich abschottete. Wir sind genetisch so verdrahtet, dass wir nach drohenden Gefahren Ausschau halten, um uns vor ihnen zu schützen. Angst, wie die von Julie, löst in unserem Gehirn Feueralarm aus: Kampf, Flucht oder Erstarrung. Julie kämpfte und Paul flüchtete. Das Problem war, dass sie in einer Schleife feststeckten. Ich musste einen Weg finden, sie dabei zu unterstützen, diesen alten Schmerz loszulassen.

An dieser Stelle möchte ich etwas zum Thema Trauer und zu dem überstrapazierten und oft falsch verstandenen Begriff »Trauerprozess« sagen. Julie trauerte um den Verlust der Beziehung und des Familienlebens, die sie sich erhofft hatte. Sich an den Verlust zu erinnern und sich auf ihn zu konzentrieren ist ein zentraler Bestandteil des Trauerprozesses. Es gibt jedoch zwei verschiedene Formen des Erinnerns an und des Empfindens von Schmerz. Eine Form, wie die von Julie, beinhaltet sich wiederholende emotionale Schleifen, in denen die Betroffenen feststecken. Sie ist oft die Ursache für komplexe Trauer.

Das Erinnern, das uns hilft, Erfahrungen zu integrieren, den Verlust zu bewältigen und weiterleben zu können, findet statt, wenn wir dabei unterstützt werden, den Schmerz der Veränderung zu fühlen und uns mit der Zeit emotional davon verändern zu lassen, um darüber hinwegzukommen. Der Prozess ist ein Hin und Her zwischen den Polen der Vergangenheit und der Gegenwart, der es uns ermöglicht, uns an die neue Realität anzupassen.

Als ich in der Supervision über die Taylors und die Smiths reflektierte, wurde mir klar, dass jeder, der schon einmal in einer Beziehung war, eine Version der Geschichte von Paul und Julie durchgespielt hat. Hatten nicht auch wir schon oft den Impuls gespürt, vor Konflikten wegzulaufen, und waren wir nicht schon mindestens ebenso oft stinksauer auf diejenigen, die wir liebten, und wären am liebsten auf sie losgegangen? Ob als zusammenlebendes oder getrenntes Paar, geht es bei Streitereien nicht meistens um Geld und darum, wer seinen Teil der Pflichten nicht erfüllt? Es mag ein unwillkommenes Klischee sein, aber sind es nicht überwiegend die Frauen, die Elternschaft und Arbeit unter einen Hut bringen müssen oder nicht arbeiten können, weil sie sich um die Kinder kümmern? Viele Männer empfinden es als Belastung, dass sie die Rechnungen bezahlen und sich zugleich als Väter engagieren müssen. Das beeinflusst die Art und Weise, wie Paare ihre Kinder erziehen, sowie ihre Fähigkeit, liebevolle Eltern zu sein, und kann einen Wettbewerb um die Liebe und Aufmerksamkeit ihrer Kinder entfachen, der sich natürlich noch verstärkt, wenn sie sich trennen und neu verpartnern. Das führt zu den üblichen Gefühlen, die wir wohl alle kennen: Wut oder tiefer, unterdrückter Groll, wodurch alle anderen Emotionen beschmutzt und jede Möglichkeit der Verbindung blockiert werden.

Wir machen uns gern vor, dass dieses uralte Dilemma im 21. Jahrhundert, in dem die Hälfte der arbeitenden Bevölkerung weiblich ist, gelöst ist. Doch das ist es nicht. Das zentrale Problem von Paul und Julie war das Geld. Es war keine übertriebene Sorge, sondern ein sehr reales Problem. Natürlich wurden ihre Reaktionen von den psychischen Belastungen aus ihrer Vergangenheit beeinflusst, denen sie sich stellen mussten.

Als ich mit meiner Supervisorin überlegte, wie ich mit der Familie arbeiten sollte, einigten wir uns darauf, dass ich zunächst auf ihren vorhandenen Stärken aufbauen sollte, damit sie später möglicherweise offen für Veränderungen wären. Ich war mir inzwischen ziemlich sicher, dass Dans Umzug nach Berlin der eigentliche Impuls für Paul und Julie war, ihren Konflikt endlich lösen zu wollen. Der beste Ansatzpunkt war ihre Liebe zu ihren Kindern und dass sie das Beste für sie wollten. Julie hatte einen Partner, bei dem sie sich sicher fühlte, was ihr möglicherweise helfen konnte, mit den Emotionen, die Paul in ihr auslöste, umzugehen. Sie hatte das Verlassenwerden durch ihren Vater, ihre alkoholkranke Mutter und die Trennung von Paul überwunden und die Liebe zu Charlie gefunden. Trotz ihrer Wut war sie im Grunde widerstandsfähig und in der Lage, sich weiterzuentwickeln und sich zu verändern. Untersuchungen zeigen, dass die ersten zwei Jahre einer neuen Beziehung nach einer Trennung die schwierigsten sind und während dieser Zeit die größte Gefahr besteht, dass sich das neue Paar wieder trennt. Paul war seit zehn Jahren mit Sam zusammen, was bewies, dass er in der Lage war, eine stabile Beziehung aufzubauen. Trotz der offensichtlichen Komplexität gab es Anlass zur Hoffnung.

Ich erklärte Paul, Julie und Ashley, dass ihre Geschichte schwierig sei und viele Variablen enthielte. Wir hatten bereits ein wichtiges Stück Arbeit geleistet, indem wir gemeinsam eine zusammenhängende Erzählung gefunden hatten. Als Paul und Julie zusammenkamen, hatten sie weder eine starke seelische Basis noch unterstützende Netzwerke. Die Verbitterung über ihre Trennung hatte sich durch den Mangel an Zeit sowie finanziellen und emotionalen Ressourcen noch verstärkt, worunter die ganze Familie gelitten hatte. Um uns alle davor zu bewahren, uns in einem Labyrinth von Schuldzuweisungen und Wut zu verirren, bat ich die Eltern um Zustimmung, dass der Fokus auf Ashley und, in Abwesenheit, auf Dan liegen sollte. Ashley schwieg, aber Paul und Julie nickten, und ich spürte Sympathie für sie.

Ein wichtiger Faktor für die positive Entwicklung von Familien in Übergangsphasen sind Unterstützung und Beratung, die weder Paul noch Julie jemals erhalten hatten. Nun hatten sie den Mut aufgebracht, ihre Komfortzone zu verlassen und um Hilfe zu bitten, um ihrer Söhne willen.

Ich suchte nach einem Rahmen, der uns helfen würde, eine gemeinsame Vision zu entwickeln, auf die wir vier gemeinsam hinarbeiten konnten. Bis zu diesem Zeitpunkt besaßen die Familienmitglieder keine gemeinsamen Ziele, auf die sie alle Wert legten. Wichtig war die Erkenntnis, dass sie sich von einer eindimensionalen »festgefahrenen« Perspektive, in der sie die wütenden Opfer waren, hin zu einer offeneren, kooperativen Sichtweise bewegt hatten, die mehrere Blickwinkel anerkannte und es möglich machte, dass Verletzungen von den anderen gesehen wurden. Für mich ist dies der Schlüssel zur Veränderung von Familiendynamik: Es reißt die Einzelnen aus schädlichen Denkgewohnheiten und destruktiven Verhaltensmustern heraus und ermöglicht es der Gruppe, umfassendere, gemeinsame Ziele zu formulieren. Ich hoffte, dass sich das Familiensystem dadurch verbessern würde und alle erkennen würden, dass es sich um einen fortlaufenden Prozess und nicht um ein einmaliges Ereignis handelte. Vielleicht würde dies auch Dan dazu bewegen, wieder in die Familie zurückzukehren.

Ich fand die Arbeit von Patricia Papernow zum Thema Stieffamilienstrukturen sehr hilfreich. Sie weist darauf hin, dass immer irgendjemand ein Insider oder ein Außenseiter ist, egal ob er der biologische Elternteil oder der Stiefelternteil ist. Die Kinder sind hin und her gerissen zwischen der Loyalität zu dem einen oder dem anderen Elternteil. Die ganze Familie muss sich verändern und anpassen, um den neuen Mitgliedern den Platz und die Akzeptanz zu geben, die sie brauchen, damit sie ihren Platz im System finden können.

Für Paul, Julie und Ashley bedeutete das zunächst eine Art Psychoedukation. Ich bin der festen Überzeugung, dass wir nicht verstehen können, was in uns vorgeht, solange wir die äußeren Zusammenhänge nicht durchschaut haben. Für die Taylors und Smiths war es von entscheidender Bedeutung, zu erkennen, dass das, was sie mitmachten, angesichts ihrer Situation durchaus im Bereich des Erwartbaren lag. Sie konnten zum Teil nichts dafür; jedenfalls beruhten ihre Konflikte nicht auf persönlichem Versagen. Mir gefiel der Begriff »Stieffamilienarchitektur«, weil er konstruktiv war, wohingegen so viele Erfahrungen der einzelnen Mitglieder destruktiv waren. Ich ging jedes Problem kurz durch, wobei ich mich auf Papernows Expertise stützte und den Taylors und Smiths den Link zu ihrem Artikel schickte, damit sie sich in Ruhe damit befassen konnten.

Es ist eine echte Herausforderung, ein Gefühl der Zugehörigkeit zu finden, wenn Stieffamilien sich gemeinsame Räumlichkeiten teilen; so aß Ashley zum Beispiel am liebsten in der Küche, obwohl Sam dort arbeitete. Spannungen bauen sich auf, bis einer vor Wut zum Angriff übergeht; nicht dazuzugehören löst Angst- und Wutausbrüche aus. Und wenn jemand Neues die Bildfläche betritt, wird ein anderer weggedrängt: Dieses Bild hat mich fasziniert. Es erklärte sehr vieles an der starren »Festgefahrenheit« im Umgang der einzelnen Familienmitglieder miteinander.

Die Trauer, die Kinder empfinden, wenn sich ihre leiblichen Eltern trennen und sie möglichst beiden gegenüber loyal sein wollen, fühlt sich an wie ein physischer Knoten, der unmöglich zu lösen scheint. Wenn Dan und Ashley von ihrer Mutter zu ihrer Stieffamilie wechselten, erlebten sie einen einschneidenden Verlust auf allen Ebenen: in ihr Vertrauen in die Liebe zu ihren Eltern, ihren Glauben, ihre Sicherheit, ihr Gefühl, Teil einer »heilen Familie« zu sein. Ihr Alltagsleben geriet durcheinander und die Grundpfeiler ihrer Identität wurden erschüttert. Verlust löst dieselben Gefühle wie Trauer aus.

Loyale Bindungen sind normal, doch elterliche Konflikte erschweren sie auf eine unerträgliche Art und Weise. Meiner Meinung nach trauerten Ashley und Dan noch immer aufgrund der ursprünglichen Trennung, weil sie keine Gelegenheit gehabt hatten, ihre Gefühle zum Ausdruck zu bringen.

Ashley nickte. »Ich verstehe jetzt, warum ich diesen Druck auf der Brust hatte, wenn ich mit Dad zusammen war. Ich hatte ein schlechtes Gewissen, weil ich Mum allein gelassen hatte.« Ich war erleichtert, dass Ashley seinen Schmerz zum Ausdruck brachte, der bisher quasi von den anderen, lauteren Erzählungen übertönt worden war. Es war heilsam, dass jeder die Möglichkeit hatte, seine Erfahrungen zu äußern.

Ein getrenntes Paar muss sich darüber verständigen, wie es seine Kinder erzieht, wer was wann macht und wer für was bezahlt. Bei Julie und Paul hatte dies zu Chaos und Verzweiflung geführt. Sie verharrten in ihrer Position: »Du hast unrecht. Ich habe recht.« Es gab keinen Raum für eine Einigung, und das wirkte sich unweigerlich darauf aus, wie sie auf ihre Kinder reagierten. Dass getrennte Eltern zu nachsichtig oder zu streng mit ihrem Nachwuchs umgehen, ist ein häufiges Problem. Papernow schreibt: »Zahlreiche Forschungsergebnisse zeigen, dass es Kindern in allen Familienformen am besten geht, wenn die Eltern eine autoritative Erziehung praktizieren. Autoritative Eltern sind sowohl liebevoll (warmherzig, ansprechbar und einfühlsam) als auch mäßig streng (sie haben in aller Ruhe entwicklungsgerechte Erwartungen und überwachen das Verhalten ihrer Kinder).« An Ashleys Gesicht konnte ich ablesen, dass er in seinem Leben viel Autorität, aber wenig Zuneigung erfahren hatte, obwohl seine Eltern ihn aufrichtig liebten.

Um ein neues Verhalten zu entwickeln, muss man viele Differenzen überwinden. Ich befürchtete, dass das schwierig werden würde. Bei Papernow heißt es: »Der Aufbau einer neuen Familienkultur ist eine wichtige Entwicklungsaufgabe für Stieffamilien. Was sich für den einen Teil der Familie wie ein ›Zuhause‹ anfühlt, kann auf den anderen Teil fremd und sogar abweisend wirken.« Ich dachte bei mir, dass das Weihnachtsdebakel ein perfektes Beispiel dafür war, wie schief alles laufen kann. Doch vielleicht gab es die Möglichkeit, den Knoten zu entwirren und eine positivere Kultur des Umgangs miteinander aufzubauen.

Das Problem ist immer wieder, dass Expartner, wie Julie, einen Teil der neuen Familie ausmachen. Wenn wir es hinbekommen könnten, dass die damit einhergehenden Konflikte gelöst würden, wäre das ein Zeichen für Erfolg. Es würde bedeuten, dass beide Jungs gute Beziehungen zu allen wichtigen Erwachsenen in ihrem Leben unterhalten könnten. Sie hätten dann das Gefühl, dass ihr ganzes Team sie unterstützt. Konflikte sind eindeutig zersetzend für Kinder, vor allem wenn ein Elternteil ein Kind gegen den anderen aufbringt. Deshalb gibt es in England das Gesetz über elterliche Entfremdung (Parental Alienation Law, Child Abuse Bill of 2020). Es lohnt sich, sich die Arbeit zu machen, auf wohlwollende Art gemeinsam Eltern zu sein, bis die Kinder erwachsen sind. Allerdings hat das Verhalten der Eltern nicht weniger schädliche Auswirkungen, auch wenn die Kinder schon älter sind.

Das reichte für eine Sitzung. Ich spürte, dass wir alle die Last der bevorstehenden Aufgabe fühlten. Ich wies darauf hin, dass es Differenzen und Schwierigkeiten gab, die ausgesprochen, diskutiert und, wo möglich, gelöst oder zumindest verstanden werden mussten. Ich lächelte, als ich hinzufügte: »Das gibt uns eine Landkarte an die Hand, die wir nutzen können, um neue Erkenntnisse zu gewinnen.« Ich fuhr fort: »So wie ich es sehe, müssen wir erst mal die größten Herausforderungen angehen, und dann könnten sich die anderen schon von selbst erledigen«, und fügte etwas weniger zuversichtlich hinzu: »Natürlich kann ich nicht vorhersagen, wohin uns das führen wird …« Ashley, der noch seine Schuluniform trug, legte den Kopf schief zur Seite: Das alles war nicht leicht für ihn. Paul und

Julie sahen erleichtert aus, die Schultern gesenkt, schwer atmend – vielleicht auch ein bisschen nervös. Ich hoffte, dass sie in der Zeit zwischen den Sitzungen den Artikel von Patricia Papernow lesen und ihn mit ihren Partnern besprechen, ja, sich vielleicht auch ein paar Notizen dazu machen würden, inwiefern er auf sie zutraf. Ich war der Meinung, dass sie, wenn sie diese Aufgabe außerhalb der Sitzung lösten, ein Gefühl der Selbstbestimmung gewinnen würden, indem sie es in ihrer eigenen Freizeit mit Unterstützung ihrer Partner täten und langsam begriffen, was seit Jahren unter der Oberfläche vor sich ging.

In der nächsten Sitzung bat ich die drei, mir ihre Sicht der Insider- und Outsider-Rollen zu schildern. Julie schwieg ostentativ und schaute Paul an. Dieser zögerte. Ich wandte mich an Ashley und fragte ihn, ob er etwas dazu sagen wolle. Er sah peinlich berührt aus. Plötzlich wurde sein Bildschirm dunkel, und ich rief: »Bist du noch da?« Nach ein paar Augenblicken, in denen ich mir Vorwürfe machte, weil ich mich auf ihn konzentriert und ihn verschreckt hatte, fing er leise an zu erzählen, dass er ein Beispiel wisse, aber nichts sagen konnte, als er sah, wie seine Eltern ihn anblickten. Ich fand es toll, dass ihm das aufgefallen war. Ha! »Dad, weißt du noch, wie Dan und ich dich vor ein paar Jahren zu deinem Geburtstag zu Pizza Express einladen wollten und du zugesagt hattest? Als Dan und ich dann dort auftauchten, standen Sam und Dolly da, lächelten uns an, und du hast nur mit den Schultern gezuckt. Du hast dich für sie entschieden, nicht für uns … wieder mal … Keine Ahnung, ob das ein gutes Beispiel ist, aber wir haben uns jedenfalls unheimlich geärgert. Wir wollten dich für uns haben!«

Aus früheren Gesprächen wusste ich, dass Sam in der Situation zu eifersüchtig und verärgert gewesen war, um sich damit abzufinden, dass sie zu Hause bleiben musste: Sie konnte es nicht ertragen, die Außenseiterin zu sein und Paul mit seinen Söhnen etwas allein machen zu lassen. Ich sah Julie an, dass ihr etwas auf dem Herzen lag. Ich bat sie, kurz innezuhalten, und wartete darauf, dass Paul etwas sagte. »Oh, Gott. Oh, Gott.« Er errötete und rang nach Worten, weil er gezwungen war, sich dem Dilemma zu stellen, in dem er seit einem Jahrzehnt steckte. »Ich war immer zwischen euch hin und her gerissen. Ich weiß nicht … Deine Mum ist ausgeflippt. Sie war stinksauer auf mich.« Ich schaute Julie an und imitierte ein tiefes Durchatmen, was ihr schwerfiel, aber sie seufzte und sagte nichts. »Egal, was ich auch tat, es war falsch. Sam hat mir vorgeworfen, nicht genug für sie und Dolly da zu sein … Ich weiß nicht. Ich weiß immer noch nicht, was ich machen soll.« Er presste die geballten Fäuste auf die Augen und versuchte, den jahrelangen Schmerz zu unterdrücken.

Das war der Punkt, an dem ich eingreifen und die Situation, in der er sich befand, bestätigen konnte. Mit so einfachen Worten wie möglich drückte ich aus, dass er den Schmerz, weil er zwischen den beiden Familien, die er liebte, hin und her gerissen war, sehr wohl spürte. Er müsse diesen Schmerz und die Liebe, die er für sie empfand, zulassen: Er konnte den Schmerz nicht lindern, indem er hoffte, seine Liebe sei genug.

Ich sah in Julies Augen, dass sie ambivalent war. Sie sah, wie schmerzlich es für ihn war, aber sie hätte ihn trotzdem am liebsten für sein Versagen geschlagen. In diesem Moment stellte ich mich beschützend vor Paul und wollte nicht hören, was sie zu sagen hatte: Ich war besorgt, dass ihre ewige Wut Paul mitten in die offene Wunde treffen würde. Aber ich musste sie zu Wort kommen lassen. Etwas förmlich gab ich ihr eine Vorlage: »Julie, was haben Ashley und Paul Ihnen erzählt?« Sie schüttelte den Kopf, dass ihre Ohrringe klirrten. »Es ist eine Katastrophe …« Ich dachte: Jetzt geht sie auf ihn los, aber das tat sie nicht. Sie fuhr fort: »Wir haben es so sehr verbockt … Was für ein Schlamassel. Du versuchst, es allen recht zu machen. Die jahrelangen Streitereien … Wir haben das Ding echt gegen die Wand gefahren. Du kommst mit vielem nicht zurecht … und ich irgendwie auch nicht.«

Ich spürte, wie mich ein Anflug von Zufriedenheit durchfuhr. Julie reflektierte die Situation, objektivierte sie und betrachtete aus der Vogelperspektive, was mit ihr und Paul vor sich ging. Das würde eine wichtige Rolle dafür spielen, wie sie ihr Familienleben neu gestalten konnten.

Ich fasste ihre Position zusammen: »Das war eine schwierige Sitzung, aber eine wichtige. Sie haben zum ersten Mal gehört, dass Ihre Trennung Sie über das Maß hinaus gefordert hat, das Sie verkraften konnten. Sie hat dazu geführt, dass Sie beide sich auf eine ziemlich destruktive Weise verhalten haben. Und um ehrlich zu sein, würde das jeder tun. Sie hatten alle so viel zu bewältigen! Sie werden von sehr starken Gefühlen getrieben: Verlassenheit, Einsamkeit, Wut, Eifersucht, Traurigkeit, Scham, um nur einige zu nennen. Die ständigen Reibungen zwischen Ihnen allen waren zeitweise unerträglich und haben Sie sicherlich verrückt gemacht. Ashley, ich möchte dich besonders dafür loben, dass du den Mut hattest, deine Meinung zu sagen, und ich glaube, deine Eltern haben wirklich verstanden, was du heute gesagt hast.« Ashley schaltete seine Kamera ein und winkte mir mit einem schüchternen Lächeln zu. Die Sitzung war beendet.

Einerseits hoffte ich, dass wir auf dieser Sitzung aufbauen konnten; andererseits befürchtete ich, dass das Ergebnis durch irgendetwas zunichtegemacht werden könnte – es war erst ein zarter Anfang. Zunächst bat ich alle, sich einzeln zu melden, damit ich sehen konnte, wie es ihnen ging. Paul war spät dran und sah verlegen aus. Julie wirkte energisch: Sie war von Natur aus eine Macherin. Oder mehr ein Bulldozer! Ashley ließ für den Rest unserer gemeinsamen Sitzungen seine Laptop-Kamera ausgeschaltet, was gut zu funktionieren schien: Es war ein bisschen so, als ob er den Erwachsenen hinter einer geschlossenen Tür zuhörte, sich aber einbringen konnte, wenn es nötig war. Das bedeutete auch, dass sich seine Eltern aufeinander konzentrieren konnten, ohne dass er in das Drama hineingezogen wurde.

Julie blickte entschlossen in die Kamera. »Ich möchte darüber sprechen, wie die Treffen zwischen Ashley und Paul in Zukunft ablaufen sollten. Ich werde jetzt ganz offen sein, aber du musst wissen, Paul, dass ich nicht gegen dich bin.« Das war bezeichnend: In ihrer Wahrnehmung ihm gegenüber hatte sich eindeutig etwas verändert. »Hör mal, Ashley braucht dich. Er weiß, dass du mit Sam zusammen bist, aber er mag sie nicht – oder besser: Er traut ihr nicht …«

Ich wünschte, Ashleys Gesicht sehen zu können, und fragte mich, ob er mit seiner Mutter vorher abgesprochen hatte, was sie sagen würde. Waren das ihre Worte oder die von Ashley? War sie manipulativ oder geradeheraus? Ich war mir nicht sicher, aber ich musste mich darauf einlassen.

Paul schaute auf seine Hände. Ich spürte ein Ziehen in meiner Brust: Ich war gereizt. Ich wollte, dass er emotional anwesend war. Ich ließ das Gefühl vorüberziehen. »Paul, ich sehe, dass du ein bisschen verloren wirkst, oder ist es die Aufregung? Was ist denn los?« Wieder Schweigen. Langsam sagte er: »Ich kann nicht gewinnen. Sam ist wütend auf mich. Ich bin ganz begeistert von der letzten Sitzung zurückgekommen, und irgendwie hat sie das Gefühl, dass ich sie verraten habe. Julie, sie empfindet deine Boshaftigkeit ihr gegenüber als unfair, und wenn sie versucht, mit dir zu reden, gehst du sofort an die Decke.«

Ich erwiderte: »Ich kann mir vorstellen, dass so etwas in der Vergangenheit oft passiert ist. Sie wollen beide ein Problem lösen, aber Sie verheddern sich in der Sache – Sie fühlen sich hin und her gerissen, Paul, und Julie will für ihre Kinder kämpfen. Lassen Sie es uns hier anders machen.«

Dann bat ich Julie und Paul, noch einmal zu reflektieren, welches ihrer Meinung nach ihre jeweilige Aufgabe war. Sie waren sich einig, dass es darum ging, Paul Zeit für ein Treffen mit Ashley zu verschaffen. Ich fragte Ashley, was er wollte, und hörte nun die Antwort auf meine vorherigen Fragen: »Ich habe nichts gegen Sam. Ich weiß, dass sie Dad liebt, aber sie macht mir Angst. Ich würde sie mögen, wenn sie nett zu mir wäre! Aber ich möchte Dad ab und zu alleine sehen …« Er hielt inne. »Ich finde, Dolly und Sam haben ihn doch andauernd für sich, und ich will nur dasselbe, was sie haben. Ich finde, das ist nur gerecht.« Ashley war reif für sein Alter, reifer vielleicht, als er hätte sein sollen, denn er hatte sich um seine Mutter kümmern müssen und versucht, sie aufzumuntern, wenn ihr alles zu viel wurde, doch seine geradlinige Klarheit veränderte die Sitzung.

Ich gab seinen Eltern ein Beispiel dafür, wie ich wollte, dass sie auf ihn reagierten, indem ich seine Direktheit und Beherztheit, mit der er seine Bitte äußerte, ausdrücklich lobte. Ich konnte sein Gesicht nicht sehen und hatte das unwirkliche Gefühl, in ein Kaninchenloch zu sprechen, aber ich fühlte mich ihm näher, als er »Danke« sagte. Seine Eltern winkten ihm liebevoll zu und erwiderten: »Danke *dir*.«

Julie setzte den Wunsch ihres Sohnes sofort um und fragte Paul, wann er im nächsten Monat Zeit hätte, um sich allein mit Ashley zu treffen. Sie machte sogar kreative Vorschläge: Sie könnten sich doch beispielsweise erst für eine Stunde allein zu zweit treffen, ein bisschen kicken und dann nach Hause gehen und gemeinsam mit den anderen zu Abend essen. Ich schlug Paul vor, dass er Sam im Gegenzug für seine Zeit mit Ashley eine besondere Zeit nur mit ihr anbieten könne, indem er zum Beispiel einen Abend mit ihr ausginge. Er sollte einen Weg finden, Sam wissen zu lassen, wie wichtig sie ihm war, und Mitgefühl und Verständnis dafür zeigen, dass sie sich »verlassen« fühlte, wenn er sich mit Ashley traf. Das konnte ihr unter Umständen helfen, ihr Vertrauen in ihre Wichtigkeit und den Wert ihrer Beziehung für ihn zu stärken. Während ich sprach, hörte ich, wie Julie unterdrückte verächtliche Geräusche ausstieß. Ich wollte ihr keine Gelegenheit geben, ihren Gefühlen Luft zu machen, und beendete die Sitzung mit der Feststellung, dass sie alle unterschiedlich seien und verschiedene Bedürfnisse hätten. Der Schlüssel war, ihre Unterschiede zuzulassen und ihnen Raum zu geben, anstatt sie zu bekämpfen.

Paul sah erleichtert aus. Er wollte ein guter Vater und Partner sein, wusste aber nicht, wie.

Als ich mir Notizen über die Sitzung machte, wurde mir klar, dass Sams Angst davor, »verlassen« zu werden, wahrscheinlich auf einer frühen Verletzung in ihrer Kindheit beruhte. Ich hoffte, dass wir in Zukunft, wenn Paul und Julie besser zusammenarbeiteten, ein wenig Zeit darauf verwenden konnten, die Ursache für Sams Empfindlichkeit zu ergründen, damit Julie und die Jungs mehr Mitgefühl für sie aufbringen konnten, obwohl sie sich so stark an Paul klammerte.

Es folgte eine Reihe von Sitzungen, in denen nicht viel passierte, aber das erschien mir als großer Fortschritt. Genau das strebten wir ja an: Dass sie alle normal miteinander umgingen und sich nicht ständig stritten. Wir hatten die Absicht, die Therapie als Gelegenheit zu nutzen, um festzustellen, wie es allen ging, um weiterhin offen zu kommunizieren und kleine Probleme anzusprechen, bevor sie zu großen Streitigkeiten wurden. Ich versicherte den Taylors und Smiths, dass mir klar war, wie sehr sie alle ein gutes Miteinander in ihrem Stieffamiliensystem anstrebten. Es wurden einige Grundregeln aufgestellt: Die Erwachsenen würden sich nicht vor Ashley streiten, nicht vor Ashley, Dolly oder Dan über den anderen oder den Partner des anderen schimpfen, mehr reden und weniger Textnachrichten schreiben, weil diese oft zu Missverständnissen führten. Wenn sie sich auf einen Plan geeinigt hatten und jemand ihn ändern wollte, würden sich alle mit Anstand an den ursprünglichen Plan halten, solange keine Alternative gefunden werden konnte. Ich bat Ashley, in sich hineinzuhorchen, ob er noch verletzende Spuren von Weihnachten in sich spüre, aber er schüttelte nur den Kopf: »Nein, die sind weg.« Durch die Gespräche hatte sich vieles gelöst.

Ich machte der Familie klar, dass kleine Schritte der Anpassung, des Entgegenkommens füreinander und miteinander große Auswirkungen haben. Das gefiel ihnen. Manchmal stellte ich eine Verbindung zwischen den Geschehnissen und der Architektur der Stieffamilie her, um daran zu erinnern, dass das, was sie erlebten ganz normal war. Ich rief ihnen die Checkliste mit den Aufgaben ins Gedächtnis, die ich ihnen zu Beginn der Therapie gegeben hatte und an die sie sich halten konnten, wenn sie nicht mehr weiterwussten.

Da nun ausreichend guter Wille vorhanden war und sich die Kommunikation erheblich verbessert hatte, mussten wir nun eines der größten Probleme der Familie angehen: Geld. Darum ging es auch in Papernows Artikeln *Family Tasks* (Familienaufgaben) und *Forging a New Family Culture* (Eine neue Familienkultur schaffen), weil es wichtig war, praktische Wege zu finden, um eine Lösung zu suchen und neue Einstellungen zu entwickeln.

Ich begann mit meiner Einstellung zu Geld. Geld ist ein Tabu. Man redet nicht darüber. Und wo geschwiegen wird, wächst grenzenlose Angst. Wir wissen nicht, wie wir über Geld sprechen sollen oder wie es unsere Identität oder unsere Familien beeinflusst und prägt. Geld kann als Mittel zu Macht, Status und Kontrolle benutzt werden. Es kann mit Liebe verwechselt werden. Wir haben möglicherweise ein widersprüchliches oder ambivalentes Verhältnis zu Geld. Wir schämen uns, wenn wir kein Geld haben, und manchmal auch, wenn wir welches haben. Wir alle haben eine Beziehung zu Geld, die von unserer Erziehung und unserer Position im Leben geprägt ist. Nebenbei bemerkt, erinnere ich mich an einen Klienten, der sagte: »Ich interessiere mich nicht für Geld«, und meine schnippische Antwort hatte gelautet: »Nur, weil Sie genug davon haben. Es ist ein Luxus, sich keine Gedanken über Geld machen zu müssen.« Das Gegenteil ist oft der Fall, wenn sich alles um Geld dreht: In einer Mentalität der Knappheit gibt es nie genug. In Stieffamilien ist es oft die Quelle der größten Konflikte. An allen Ecken und Enden der Insider-Outsider-Dynamik finden Kämpfe statt, bei denen irgendjemand wütend ist, weil er nicht das bekommt, was ihm seiner Meinung nach zusteht. »Nicht genug!«, ertönt der Aufschrei. Oder: »Das ist ungerecht!« Geld kann unsere tiefsten menschlichen Bedürfnisse nach Sicherheit, Liebe und dem Gefühl, wichtig zu sein, herausfordern.

Ich begann damit, Paul und Julie zu fragen, wie ihre Eltern und Großeltern mit Geld umgegangen seien. Auf ihre unterschiedliche Art und Weise sagten beide, sie hätten nie darüber gesprochen.

Paul kratzte sich am Arm, während er nachdachte. »Ich habe verschiedene Botschaften vermittelt bekommen. Eine war, dass man sich nie etwas leihen solle, nie mehr ausgeben dürfe, als man hat, und hart arbeiten solle. Aber das kam aus einer Art Angst heraus, die ich wohl von meinen Großeltern habe, die den Krieg erlebt hatten und eine ›Achtung, Gefahr im Verzug, es könnte bald nichts mehr geben‹-Einstellung vertraten.

Inzwischen geht es uns allen viel besser, aber damals, als Julie und ich zusammen waren, und später mit Sam, hatte ich unentwegt Angst. Es war, als würde ein wild gewordener Hammer in meinem Inneren schlagen. Mit Julie war nicht zu reden, und ich wusste nicht, was ich tun sollte, weil ich nicht genug Geld hatte, deswegen habe ich mich weggeduckt. Ja, genau das habe ich getan. Ich habe mich weggeduckt.« Dann, als hätte sich plötzlich ein Netz des Verständnisses in ihm zusammengefügt, hellte sich sein Gesicht auf, und er hatte Tränen in den Augen. »Ich habe mich weggeduckt, und das war das Schlimmste für alle. Oh Gott! Wenn ich doch nur über alles hätte reden können! Aber ich habe mich geschämt. Ich war doch der Mann, aber ich hatte versagt …« Jetzt liefen ihm die Tränen über das Gesicht. »Es tut mir so leid … Ich war so ein Trottel … Ein Idiot …« Wir alle spürten, wie sich etwas zusammenfügte und sich etwas löste.

Sanft redete ich Paul zu, wie sehr ich seine Ehrlichkeit schätzte und wie heilsam sie sich anfühlte. Ausnahmsweise einmal sagte Julie nichts. Sie nickte, stieß Seufzer aus und sah Paul freundlich an.

Ich ließ das alles erst einmal sacken und wandte mich dann an Julie. Wir brauchten auch ihr Statement zum Thema Geld. Tief in Gedanken versunken, inspizierte sie ihre Nägel. Ihre Mutter hatte mithilfe von Alkohol versucht, zu verdrängen, dass der Teufelskreis aus Schulden, Angst und Knappheit sich immer weiterdrehte. »Ich glaube, Geld macht mich wütend. Ja, ich empfinde dabei Angst und Wut … Einiges davon habe ich an dir ausgelassen, Paul, und manchmal lag es auch ganz einfach an deiner Art. Bis heute regt es mich maßlos auf, wenn ich befürchte, dass nicht genug da ist. Aber Gott sei Dank sind wir inzwischen besser abgesichert.«

Ashleys Interesse war geweckt, und er zeigte sein Gesicht auf dem Bildschirm. »Ich werde mich nie und nimmer verschulden. Ich will auf keinen Fall das durchmachen, was Mum durchgemacht hat.« Paul und Julie sahen ihn verständnisvoll an und stimmten ihm zu.

Von da an ging die praktische Organisation leicht von der Hand. Das bekannte »Drei-Töpfe-System« kann oft dabei helfen, Streitigkeiten um Geld zu beizulegen. In diesem Fall sollten Julie und Paul zu gleichen Teilen in einen Topf einzahlen, um Ashleys und Dans Ausgaben zu bestreiten, aufgeteilt in Haushaltsrechnungen, Kleidung und Extras wie Geburtstagsfeiern und Urlaube. Sie konnten es sich beide leisten, aber falls ihr Einkommen sehr unterschiedlich gewesen wäre, hätte man auf einer behördlichen Webseite den Anteil berechnen können, den jeder Elternteil hätte zahlen müssen. Der zweite und der dritte Topf waren jeweils für ihre eigenen Familien gedacht. Julie und Paul verabredeten, über Extras für Dan und Ashley zu diskutieren und sich von Fall zu Fall zu einigen.

Die giftige Atmosphäre zwischen ihnen hatte sich weitgehend verflüchtigt. Das Erzählen ihrer Geschichte hatte zunächst ein Narrativ zugrunde gelegt, auf dem wir aufbauen konnten. Zweifellos gab es immer noch Narben und Wunden, die sich wieder entzünden konnten, aber immerhin standen sie sich nicht mehr wie Kampfhähne in der Arena gegenüber.

Ich war gespannt, wie es ihnen in ihren Beziehungen nach der Trennung gegangen war, und warum diese bisher gehalten hatten. Julie antwortete: »Ich war viel mehr zu einer Beziehung bereit. Ich wollte gern mit Charlie zusammenbleiben und nicht mehr allein sein, und dabei hat es auch eine große Rolle gespielt, dass er im Zweifelsfall für mich sorgen könnte. Das machte mich ruhiger und ausgeglichener, und wenn ich mal ausflippe, schafft er es jedes Mal, mich schnell wieder zu beruhigen – zum Beispiel, indem er Witzchen macht.« Als sie das sagte, glitt ein liebevolles Lächeln über ihr Gesicht.

Die Forschung zeigt, dass eine bindungsgestörte Person wie Julie durch die Beziehung zu einer Person mit sichererem Bindungsstil wie Charlie ebenfalls einen neuen Bindungsstil entwickeln kann. Dass er finanziell abgesichert war, trug zum Gelingen der Beziehung bei. Mir waren Studien bekannt, die besagten, dass die Art und Weise, wie man eine Beziehung wahrnimmt und über sie denkt, einen größeren Einfluss auf die Beziehungsqualität hat als die Eigenschaften der einzelnen Personen. 45 Prozent der Beziehungszufriedenheit hängen davon ab; die Persönlichkeitsmerkmale des Partners machen 5 Prozent aus und die eigenen 19 Prozent. Die

Hauptautorin der Studie, Samantha Joel, sagte im Wissenschaftsmagazin *Inverse*: »Das zeigt, dass die Person, die wir wählen, nicht annähernd so wichtig ist wie die Beziehung, die wir zu ihr aufbauen.« Als ich Julie darauf ansprach, stimmte sie mir ein wenig traurig zu: »Ja, Charlie konnte ich von mir aus etwas geben und mich so an ihn binden, wie ich es bei Paul nicht konnte … und er will es genauso sehr wie ich. Er sagt mir, dass er mich liebt und an unserer Beziehung arbeiten möchte. Ich vertraue ihm. Paul und ich, wir hatten nie eine Chance.«

Ich sah Ashleys Gesicht: Er wirkte traurig und schluckte schwer. Es war schmerzlich für ihn, zu hören, dass seine Mutter nie in der Lage gewesen war, seinen Vater zu lieben. Meiner Meinung nach war es aber auch gut für ihn, dass sie es aussprach, so schwer es auch sein mochte. Ashley hatte ja die Trennung seiner Eltern miterlebt, dennoch fragte er sich wahrscheinlich oft, was falschgelaufen war. Hatte es vielleicht an ihm gelegen? Kinder geben sich oft die Schuld an der Trennung ihrer Eltern. Jetzt hatte er eine deutlichere Erklärung und konnte sich einen Reim auf die Ereignisse machen.

Die Arbeit, die wir gemeinsam leisteten, war wichtig und wurde dadurch erleichtert, dass sich die Familie nicht in einer Krise befand und beide Seiten finanziell abgesichert waren. Dadurch, dass sie sich entschieden hatten, mich aufzusuchen und mir zuzuhören, war ihr Verständnis für sich selbst und für den anderen gewachsen. Sie hatten sich für die Therapie entschieden: Ihre Bereitschaft, sich auf die Therapie einzulassen, trug dazu bei, dass Veränderungen möglich wurden.

Es wuchs ein gegenseitiges Einfühlungsvermögen, das eine engere Verbindung ermöglichte, während sie zugleich ihre Abwehrhaltung lockerten. Wir arbeiteten mit ihrer Leidensgeschichte, und sie fanden einen Weg, einen großen Teil ihres Kummers auszudrücken. Indem sie den Stress rausließen, eröffneten sie einen neuen Weg, um ihre Beziehung als getrenntes Paar und gemeinsame Eltern wieder aufzubauen. Mit dem Wissen um die Struktur der Stieffamilienarchitektur hatten sie ein Vorbild, auf dem sie aufbauen konnten. Dan und Dolly mussten noch in das, was erarbeitet worden war, integriert werden.

Die Bedeutung, die die Familienmitglieder ihren neu gestalteten Beziehungen verliehen, spiegelte ihr Verhalten nicht nur wider, sondern prägte es auch. Wir waren uns einig, dass sich die Beziehung der Kinder zu ihren Eltern dank der Therapie ändern würde und dass das vielleicht schon ausreichen würde.

Unsere Arbeit ging weiter. Wir vereinbarten, uns einmal monatlich zu treffen, um den Dialog aufrechtzuerhalten und die Räder zu schmieren, bis die Familie den Eindruck hatte, dass ihre neue Art des Umgangs miteinander fest verankert war. Dann würden wir prüfen und entscheiden, was sie in Zukunft brauchten. Ich glaube, dass Beziehungen kontinuierlich gepflegt werden müssen und könnte mir daher gut vorstellen, dass wir uns in absehbarer Zeit nur noch alle paar Monate treffen. Das ist präventive Medizin, die beste Medizin von allen.

Tod eines Kindes

Wie kann die Familie mit dem Verlust umgehen?

Familie Browne und Francis

Die Familie Browne und Francis umfasste die aus Antigua stammende 78-jährige Patience, geschieden von dem bereits verstorbenen Raymond, ihren jüngsten Sohn Keith, 45, seine Partnerin Angela Francis (ebenfalls aus Antigua) und deren Sohn aus einer früheren Beziehung, Linford, 26 Jahre alt. Keith und Angela hatten eine vierjährige Tochter, Chandice. Fünf Jahre zuvor war ihr erstes Kind, Amani, im Alter von drei Jahren an einem Gehirntumor gestorben. Patience' jüngste Tochter Marianne war vor zwölf Jahren an Krebs gestorben. Wir trafen uns, um die langfristigen Auswirkungen von Amanis Tod zu analysieren, der auf beiden Seiten der Familie Risse verursacht hatte.

Bevor die Pandemie unser Leben aus den Angeln hob, beschloss ich, die Komfortzone meiner Praxis im Zentrum Londons zu verlassen, um neue Erkenntnisse zu gewinnen. Ich wollte die geografische und psychologische Distanz zwischen meiner Umgebung und der meiner Klientinnen und Klienten überwinden.

So saß ich dann also an einem frühen Dezembermorgen auf einem nagelneuen grünen Sofa in einer Wohnung in Peckham den Vertreterinnen und Vertretern dreier Generationen einer Familie gegenüber. Patience, die Großmutter, hielt sich kerzengerade und ruhte in sich; sie hatte um eine Tasse schwachen Tee gebeten. Sie trug ein gut sitzendes marineblaues Kleid und glänzend geputzte Schuhe. Gelassen blickte sie in die Runde. Ihr Sohn Keith und seine Lebensgefährtin Angela liefen hin und her, boten Getränke an und plauderten angeregt. Ich kannte die beiden bereits von der Psycho-

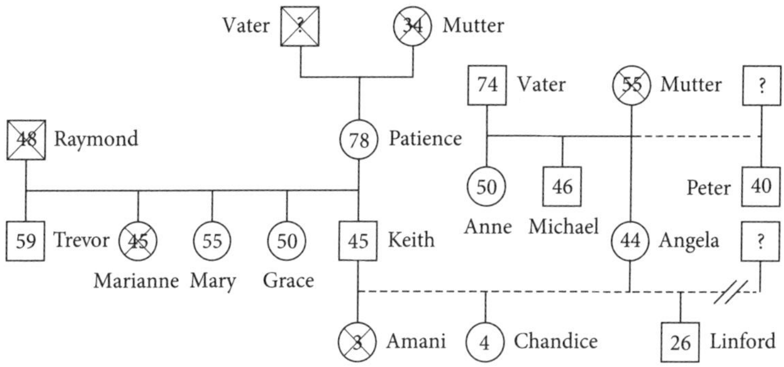

therapie, die sie vor einigen Jahren bei mir gemacht hatten, wodurch wir recht ungezwungen und herzlich miteinander umgingen. Linford, groß und sportlich, aß einen Frühstücksmuffin und schien in Anbetracht der frühen Stunde erstaunlich gut gelaunt zu sein. Chandice war in der Vorschule.

Amanis Tod hatte wie ein Erdbeben die ganze Familie erschüttert und bleibende Wunden hinterlassen. Für die meisten von uns ist die Beziehung zu unserer Familie die wichtigste, die wir haben – und zugleich die schwierigste. Unter Druck können bereits bestehende Verwerfungen in Familien aufbrechen: Tragödien lösen oft Abwehrverhalten aus und führen dazu, dass sich Menschen voneinander entfernen. Ich interessierte mich dafür, wie es sein konnte, dass diese eng verbundene Einheit scheinbar aufgeblüht und zusammengewachsen war, während sich in der erweiterten Familie Klüfte aufgetan hatten: Keith und Angela hatten seit Amanis Tod kaum noch Kontakt zu ihren Geschwistern.

Zunächst wollte ich zu den Wurzeln ihrer beiden Familien zurückgehen. Keith erklärte, dass er und Angela eine ähnliche Herkunftsgeschichte hätten. Keith' Urgroßvater väterlicherseits, John Browne, ein Ire, der in London ansässig gewesen war, war nach Antigua gegangen und hatte sich dort niedergelassen. Im Alter von nur

17 Jahren hatte Johns Enkeltochter Patience die umgekehrte Reise zurückgelegt. Patience erzählte uns, dass Raymond ihr nur einen Monat nach Beginn ihrer Beziehung mitgeteilt habe, dass er nach England gehen würde und sie ziemlich wagemutig gefragt habe, ob sie ihn begleiten wolle. Drei Tage später hatte sie ihre Entscheidung getroffen: »Ich sagte Ja, und im Januar 1959 kam ich hier an.«

Während Patience erzählte, kicherten die anderen, und ich erkannte in Patience' Zügen einen Nachhall dieses romantischen Mädchens. »Ich bin hergekommen, weil ich wahnsinnig in ihn verliebt war. Aber im Rückblick glaube ich nicht, dass dieser Mann mich je wirklich geliebt hat. Ich war noch nie mit einem Flugzeug geflogen oder mit einem Schiff gefahren. Ich bin nach New York geflogen und dann an Bord der *Ormonde* weiter nach England gereist. Die Überfahrt dauerte zehn Tage. Ich war furchtbar seekrank, bin aber wohlbehalten angekommen. Es war eiskalt. Raymond hat mich am Bahnhof mit einem warmen Mantel empfangen. Ich hatte noch nie Schnee gesehen. Ich habe Tag und Nacht geweint: ›Ich will nach Hause! Ich will nach Hause!‹ Aber dann habe ich mir gesagt: ›Hör auf, über Antigua zu reden. Das hier ist jetzt dein Zuhause.‹«

Patience wohnte immer noch gleich um die Ecke des Hauses, in dem sie einundsechzig Jahre zuvor von einer Irin ein Zimmer gemietet hatten. Wie ich im Lauf der Zeit erfuhr, war dies charakteristisch für Patience: Sie war eine mutige Frau, und wenn sie sich einmal für etwas entschieden hatte, setzte sie es auch in die Tat um. Das wies jedoch zugleich auf eine gewisse Sturheit hin. Sie knüpfte starke Bindungen zu Orten und Menschen, die sie wiederum durch die Irrungen und Wirrungen ihres Lebens hindurch unterstützten.

Angela hatte eine ähnliche Abstammung. Ihr Ururgroßvater Bob war Engländer gewesen, der es in Antigua zu Wohlstand gebracht hatte. Sie sagte zu mir: »Wenn sie unseren Namen hören, haben die Leute automatisch bestimmte Erwartungen an uns. Irgendwie bin ich stolz darauf.«

Ihre Eltern waren in den 1950er-Jahren nach England gekommen, als ihr Vater 16 und ihre Mutter 18 Jahre alt waren. Keith' und Angelas Eltern hatten sich sogar oberflächlich gekannt; sie hatten als junge Erwachsene dieselben Tanzveranstaltungen besucht. Ich fand es interessant, dass sie als Paar so ähnliche Wurzeln hatten: Beide hatten antiguanische und englische Vorfahren, und beide teilten ein Gefühl der tiefen Verbundenheit mit ihrem Wohnort und miteinander. Ihr ganzer Umgang war von Humor geprägt. Ich hatte noch nie eine Familie erlebt, in der so viel gelacht wurde. Wenn eine Person sprach, lehnte sie sich zu den anderen hin und lockte bei ihnen ein Lächeln hervor. Manchmal dient Humor als Ablenkungsmanöver, um schwierige Gespräche und das mit ihnen verknüpfte Unbehagen zu vermeiden, und manchmal wird dadurch jemand lächerlich gemacht. Ich achtete auf Anzeichen dafür, ob dies hier der Fall war, aber ihr Lachen war durchweg authentisch und kam von Herzen.

Amanis tragischer früher Tod hatte Keith und Angela vor Jahren schon einmal zu mir geführt. Ich sah Keith an, wie sehr er sich seitdem verändert hatte: Damals hatten seine Augen nichts als Trauer widergespiegelt, und seine schlabbrige Trainingshose und sein graues Sweatshirt hatten stumm von seinem Leid gekündet. Jetzt trug er einen kurzen, gepflegten Bart und Designerschuhe und wirkte fröhlich und alert. Er lächelte und wandte sich direkt an Angela, als er beschrieb, wie Amanis Geist in ihnen gewachsen war, während der Schmerz und die Trauer allmählich nachgelassen hatten, und sie wieder anfangen konnten zu leben. Wenn ein Kind stirbt, erhalten Eltern oft die Intensität ihres Schmerzes aufrecht, weil sie sich in ihm dem Kind weiterhin sehr nah fühlen können. Bei Angela und Keith war es so, dass Amani umso lebendiger in ihnen wurde, je mehr ihr Schmerz nachließ, was sie dazu befähigte, mehr Freude im Leben zu suchen.

Sie hatten genug Kraft getankt, um in den Urlaub zu fahren, zum ersten Mal nach Antigua, und Keith glaubte, dass diese Reise im vergangenen Winter die entscheidende Wendung gebracht hatte. Er war jetzt stärker, weil er spürte, wie Amani ihn anspornte und sagte: »Geh raus und genieße dein Leben!« Als Angela mit Tränen in den Augen meinen Arm berührte, sah ich ihr an, dass es für sie nicht ganz so klar war: »Manchmal geht es mir gut. Manchmal fühle ich mich schuldig.« Zu diesem Zeitpunkt hatte ich den Eindruck, dass Keith die zentrale Kraft in der Familie war und seine Energie auf alle anderen abstrahlte. Ich war gespannt, ob ich richtig lag und ob sich seine Heilung auf die übrigen Familienmitglieder übertragen ließ.

Ich fragte Patience, wie es für sie gewesen war, das Leid ihres Sohnes mitzuerleben, während sie selbst ebenfalls um ihre Enkelin trauerte. Patience saß aufrecht, die Hände im Schoß gefaltet, und erinnerte sich zunächst an ihre Freude, als Keith endlich Vater geworden war. Dann wurde ihre Stimme leiser und sie hielt inne: Es erforderte Mut, Amanis Namen auszusprechen, der mit so viel Trauer verbunden war. Ich machte mir bewusst, dass sein Ursprung für sie eine besondere Bedeutung gehabt haben musste: Er bedeutet aus dem Kisuaheli übersetzt »Frieden«.

Patience erstarrte, als sie gedanklich zu der Tragödie zurückkehrte. Einige Monate nach Amanis Geburt war ihr aufgefallen, dass Amani nicht so lebhaft und munter war, wie es ein Baby in diesem Alter hätte sein sollen. Keith ergänzte, dass seine Mutter Krankenschwester war. Die Empörung, die Patience all die Jahre später immer noch empfand, schwang in ihrer Stimme mit, als sie nun beschrieb, wie sie mit Amani zigmal beim Hausarzt und in der Notaufnahme war und jedes Mal mit dem Rat abgewiesen wurde, ihr Paracetamol zu geben. Wir sprachen damals nicht darüber, aber es ist mir wichtig, darauf hinzuweisen, dass es im MBRRACE-Bericht von 2018 heißt, dass schwarze Frauen fünfmal häufiger kurz nach der Geburt sterben als andere. Dies wurde auch in einem Artikel des British Medical Journal aus dem Jahr 2020 aufgegriffen, in dem ein Ende des systemischen Rassismus im britischen Gesundheitssystem gefordert wurde.

Keith und Angela ließen nicht locker, bis sie schließlich einen Termin bei einem Facharzt erhielten, der, als er Amani sah, sofort feststellte, dass mit ihr etwas nicht stimmte. Nach einer Gehirnuntersuchung erhielten sie die erschütternde Nachricht, dass Amani unter einem Hirntumor litt. Während Patience erzählte, begann Angela, die während unseres Gesprächs leise geweint hatte, zu zittern. Ich fragte sie, ob es zu viel für sie sei, aber sie schüttelte den Kopf: Sie wollte, dass Patience weitersprach.

Amanis Behandlung im Krankenhaus während der nächsten drei Jahre war eine Tortur gewesen. Obwohl es Zeiten der Remission gab, erholte sie sich nie vollständig. Wie die meisten Familien hofften die Brownes trotz aller Widrigkeiten, dass sie überleben werde, und fürchteten, dass jedes Nachlassen ihrer Hoffnung und ihres Glaubens ihren Tod beschleunigen könne. Patience sprach langsam: »Gegen Ende ihres Lebens konnte sie nicht mehr gehen oder sprechen oder irgendetwas selber tun. Als sie starb, dachte ich, ich würde auch sterben, an gebrochenem Herzen. Ich hielt sie in meinen Armen und sie tropfte in meine Strickjacke. Seitdem habe ich die Jacke nicht mehr gewaschen. Es war schrecklich, sie in der Leichenhalle zu sehen! Sie war erst drei Jahre alt … Ich dachte, ich würde es nie verwinden. Sie war mein kleiner Engel. Ich wollte nicht ohne sie leben. Aber ich musste mich zwingen. In meiner Wohnung sehe ich sie manchmal, wie sie mich ansieht und mit mir spricht. Wir werden immer an sie denken und sie niemals vergessen.«

Während Patience sprach, ergriff ihre Erschütterung jeden im Zimmer. Angela schluchzte. Ich sagte ihr, dass ich verstehen könne, wie nah ihr das ging, und sie sagte: »Ich kann jede Minute so abspulen, wie sie sie beschreibt. Ich sehe es wie in einem Film. Als sie starb, dachte ich: Wer bin ich jetzt? Für wen kämpfe ich jetzt?«

Als ich später darüber nachdachte, fand ich es interessant, dass Angela mit dem Sinnverlust und tiefen Schuldgefühlen kämpfte. Patience trauerte nicht nur um den Tod ihres Enkelkindes, sondern auch um den Verlust ihrer Identität als beschützende Großmutter, während sie zugleich noch um den Tod ihrer eigenen Tochter trauerte. Ich habe bei meinen Klienten und Klientinnen festgestellt, dass die Schuldgefühle der Mutter nach dem Tod ihres Kindes oft stärker sind als die des Vaters.

Keith meldete sich zu Wort und versuchte, das Gespräch wieder in eine positive Richtung zu lenken, wie er es auch schon getan hatte, als Angela und er in den Monaten nach Amanis Tod zu mir gekommen waren. Er erzählte uns jetzt, wie klug sie gewesen sei, wie das Pflegepersonal sie bewundert und wie man sich um sie bemüht habe. Angela bemerkte voller Stolz: »Zu ihrer Beerdigung sind ganz viele Leute aus dem Krankenhaus gekommen – insgesamt waren vierhundert Trauergäste da!« Ich spürte, wie stolz Keith auf seine Tochter war, ohne dass er Schuldgefühle verspürte, und wie sehr Amani in ihm weiterlebte.

Während des gesamten Gesprächs schwieg Amanis Halbbruder Linford, als wäre er zu Eis erstarrt. Ich eröffnete ihm, dass Geschwister manchmal diejenigen seien, die still trauerten; manchmal entwickelten sie auch Aggressionen, weil das kranke Geschwisterkind die gesamte Aufmerksamkeit auf sich zog, und hatten zugleich Gewissensbisse, weil ihnen klar war, dass es ungerecht war, ihnen die Schuld daran zu geben. Linford erwiderte heftig, er habe gewollt, dass seine Mutter sich auf Amani konzentriere, dass es für ihn in Ordnung gewesen sei, sich um sich selbst zu kümmern. Doch als Amani kränker geworden sei, »wurde es irgendwie schwierig. Ich war auf mich allein gestellt. Mum war nie zu Hause. Keith kam, wenn er konnte … An dem Tag, als es passierte, hatte ich gerade ein Fußballspiel gewonnen. Ich war überglücklich. Als ich den Anruf erhielt, ließ ich den Hörer fallen und wurde ohnmächtig.«

Linford beschrieb Wochen, in denen er von Trauer überwältigt gewesen war. »Manchmal flippe ich aus, aber es ändert gar nichts, wenn man ausflippt. Ich pfeife mich dann zurück. Ich werde auch nicht handgreiflich oder so.« Angela schaltete sich ein. Sie sprach über Linford im Präsens, aber ich ahnte, dass es auch um die Zeit von Amanis Tod ging: »Er lässt mich nicht an sich heran. Vielleicht erdrücke ich ihn.«

Linford sah sie an und schüttelte den Kopf. Sie lachten laut. In dem Moment erkannte man, wie gut sie sich verstanden: Eine Frage war aufgekommen und beantwortet worden, mit Blicken, die sich trafen, Lachen und wenigen Worten.

Ich sprach Linford noch einmal auf seine Trauer an. »Mit der Zeit habe ich mir gesagt: ›Was kann ich schon ändern?‹ Und allmählich habe ich losgelassen.«

Da musste ich noch einmal nachhaken: Das klang mir ein bisschen zu einfach. Er stimmte widerstrebend zu und erklärte, er verarbeite seine Aggressionen im Kopf und spreche mit seinen beiden engsten Freunden.

Ich saß in der Nähe von Angela und gegenüber von Keith und bemerkte, dass sie angespannt wurden, während Linford sprach, und dass sich ihre Traurigkeit in Ärger verwandelte. Ich spürte, dass wir uns auf schwierigem Terrain bewegten, weg vom Epizentrum der Trauer und hinein in ihr Hinterland. Weitere Fragen ergaben, dass in Keith und Angela, anders als bei Linford, eine Aggression schwelte, die sie bisher nicht überwunden hatten. Angela hatte zwei Brüder (einer war von einem anderen Vater), Michael und Peter, und eine Schwester, Anne. Keith hatte einen Bruder, Trevor, und zwei überlebende Schwestern, Mary und Grace.

Nachdem Amanis Tumor diagnostiziert worden war, hatten die Geschwister auf beiden Seiten noch Kontakt miteinander gehabt. Doch als sich ihr Zustand verschlimmerte und sie schließlich starb, zogen sich die Geschwister zurück. In Angelas Fall gab es anscheinend eine kleine Meinungsverschiedenheit mit ihrer Schwester Anne. Ihr Bruder Michael hatte sogar an Amanis Bahre gesagt, er wolle, dass der Streit beigelegt werde – aber Anne hatte jede Versöhnung abgelehnt. Angela hatte die beiden seither ein paarmal bei Familienfeiern gesehen, und sie hatten versucht, mit ihr zu sprechen – aber sie hatte sie ignoriert. Als ich sie fragte, ob sie wieder Kontakt aufnehmen wolle, sagte sie: »Nein, nicht wirklich. Wir sollten eine Familie sein, wir sind zusammen aufgewachsen. Ich habe ihnen eine ausführliche Textnachricht geschickt, in der ich alles erklärt habe. Mein Vater und meine Brüder haben gesagt, sie wollten den Streit beenden, aber es hat sich nichts geändert. Keith hat ihnen einen Brief geschrieben und sie gebeten, sich zu versöhnen – aber nichts hat sich getan. Mir geht es jetzt gut. Ich will mein Leben nicht damit vergeuden, mich über Dinge zu ärgern, die ich nicht ändern kann.«

Ich sagte Angela, dass ich das nicht recht verstünde: Einerseits wolle sie nicht mit ihren Geschwistern sprechen, andererseits schien sie durch die Textnachricht aber eine Lösung anzustreben. Keith und Angela versuchten, mir den Sachverhalt zu erklären, aber ich konnte ihre widersprüchlichen Botschaften nicht entschlüsseln. Ich kam zu dem Schluss, dass sie wahrscheinlich zwiegespalten waren: Einerseits waren sie sauer, andererseits wollten sie diese Distanz nicht. Später in unserer Therapie sagte Angela, dass sie ihren Vater für einen »miesen Vater« hielt, für den seine eigenen Bedürfnisse das Allerwichtigste seien und der Konflikte vermied. Ich fragte mich, ob das Ergebnis vielleicht anders ausgefallen wäre, wenn er sich eingemischt hätte, um zu vermitteln. Ich glaube, dass Eltern erwachsener Kinder, wenn man ihnen vertraut, sehr großen Einfluss haben.

Als ich sie an jenem Tag verließ, war ich optimistisch und zuversichtlich, die Ambivalenz in Angelas Geschwisterbeziehungen in weiteren Sitzungen auflösen zu können – ich stellte mir sogar vor, möglicherweise eine Versöhnung herbeizuführen. Zwar betrachtete ich mich nicht unbedingt als Retterin, aber vielleicht doch als etwas Ähnliches, was eine Therapeutin keinesfalls tun sollte – insbesondere in diesem Fall, der das zusätzliche Risiko eines »White-Saviour-Komplexes« barg.

Mit der Zeit wurde mir jedoch klar, dass ich mich geirrt hatte: Noch während ich dies schreibe, ist keine Versöhnung in Sicht. Angela sprach jedoch oft über ihre Schwester und ihre Brüder. Sie erzählte mir, dass ihr Bruder Michael sich mit seiner Tochter zerstritten hatte und nun kaum noch mit ihr sprach – aber auch die Nichte daran hinderte, sich ihrer Tante anzunähern. Angela erklärte kategorisch: »Die sind für mich gestorben! Die bringen nichts als Ärger – sie sind unhöflich, unausstehlich und frustrierend.« Ein wenig traurig fügte sie hinzu: »Seit dem Tod meiner Mutter hat Anne das Kommando über meine Brüder. Sie zwingt sie dazu, sich zwischen uns zu entscheiden. Sie droht ihnen, den Kontakt zu ihnen abzubrechen, falls sie etwas mit mir zu tun hätten.«

Keith ergänzte: »Du siehst aus wie deine Mutter, und dafür hassen sie dich.«

Angela erwiderte: »Für mein Aussehen kann ich nichts – meine Schwester ist dafür meinem Vater wie aus dem Gesicht geschnitten.«

Dies ist einer der Fallstricke von Verwandtschaft: Sie ist die einzige Beziehung, die wir nicht beenden können, auch wenn wir es noch so sehr wollen. Verwandtschaft ist genetisch bedingt und in unserem tiefsten Inneren ein Teil von uns, ob wir Kontakt zueinander haben oder nicht. Vielleicht ist es augenblicklich das Beste, dass sich Angela und ihre Geschwister nicht versöhnen: Die Kluft ist zu tief, um sie zu überwinden. Dennoch kann sich Angela nicht von ihren Brüdern und ihrer Schwester lösen, sie kann diese Beziehungen nicht kappen, wie das mit alle anderen möglich wäre. Bei Familienstreitigkeiten bleibt immer eine letzte wunde Stelle zurück.

Dennoch ist es durchaus möglich, dass sich Familien versöhnen, auch wenn man sich gegenseitig böse verletzt hat, auch bei Konflikten, die so unlösbar scheinen wie dieser. Es gibt viele Beispiele dafür. Ich hoffte, dass auch diese Familie wieder zusammenfinden konnte, wenn wieder genug emotionale Reserven vorhanden waren, um die Rolle jedes Einzelnen in dem Konflikt zu erkennen und sich klarzumachen, wie die anderen die Situation erlebt hatten.

Die Familie von Keith war ebenso komplex. Er war das jüngste Kind und der Liebling von Patience: »Natürlich liebe ich sie alle, aber man hängt eben mehr an dem einen als an dem anderen, weil sie nun mal so sind, wie sie sind. Keith tut so viel für mich! Er ist wie meine rechte Hand. Ich wüsste nicht, was ich ohne ihn machen würde.« Den anderen brachte sie nicht so viel Vertrauen entgegen. Keith beschrieb, wie eifersüchtig seine Geschwister oft reagiert hatten, insbesondere, als Patience ihnen mitteilte, dass sie neben Amani und nicht neben ihrem Mann oder ihrer Tochter beerdigt werden wollte und dass sie Keith mit der gesamten Organisation betraut habe.

Keith fügte hinzu: »Ich bin der Einzige, der Zugang zu ihren Papieren hat.«

Zugleich äußerte Patience ihr Unverständnis darüber, wie es zu diesem Zerwürfnis zwischen den Geschwistern gekommen sei, und sagte: »Wir sind doch alle eine Familie. Wir sollten als eine Familie leben, nicht ›Du bist die Nummer eins‹ – jeder ist die Nummer eins.«

Ich provozierte sie, denn Keith war eindeutig ihre Nummer eins. Ich erklärte ihr, dass die Bevorzugung eines Kindes die Beziehungen zwischen Geschwistern untergraben, ja sogar vergiften könne.

Keith schaltete sich ein, um zu vermitteln. Er saß auf dem Boden, in einer Yoga-Sitzhaltung – er hatte gelesen, dass langes Sitzen auf Stühlen schädlich sei –, und sagte eindringlich: »Es gibt einen Sockel, der groß genug für uns alle ist, aber ich bin der Einzige, der darauf steht … Ich könnte den anderen aufhelfen.« Ich hörte an seiner Stimme, wie traurig und aufgewühlt er war, wenn es um seine Geschwister ging, und wie nahe sie sich gestanden hatten, als er fortfuhr: »Ich wünschte, ich hätte eine Lösung, aber ich habe keine.« Aber er gab, typisch Keith, die Hoffnung nicht auf. Vielleicht erforderte seine positive Grundeinstellung weniger Energie als die Frage, ob ihre Trauer die bereits bestehende Familiendynamik aufgebrochen und destabilisiert hatte. Diese Vorstellung war im Moment zu schmerzlich, um sich mit ihr auseinanderzusetzen.

Nebenbei fragte ich Linford, was er über Keith' Geschwisterdynamik dachte, und er sagte: »Das wusste ich alles nicht. Es ist ziemlich … wow … aber, ja, ich kann es verstehen.«

Ich hatte einen Geistesblitz. »Wir können in einer Familie leben und sie trotzdem nicht kennen.«

Als Linford nickte, lachten alle. Ich erkannte allmählich, dass ihr Lachen signalisierte, dass ihnen ein Licht aufging: Aha, so ist das also!

Als wir uns das nächste Mal trafen, sah ich die Gesichter von Patience und Keith nur zur Hälfte, dafür aber ihren ganzen Spiegel und ihr Sofa. Die Pandemie hatte uns gezwungen, auf Onlinesitzungen auszuweichen. Weder Keith noch Patience hatten Erfahrungen mit Videokonferenzen, und trotz meiner Hinweise – zu denen auch mein verzweifeltes »Sie sind ja mit der Technik völlig überfordert!« gehörte – gelang es mir nie, ihre Gesichter vollständig zu sehen. Meine ungeduldigen Ausrufe brachten alle zum Lachen.

Ich war froh zu hören, dass sie alle gesund und munter waren. Angela sah ohne ihr Arbeits-Make-up jünger aus als sonst, und ihre Ohrringe lugten unter langen Zöpfen hervor, die locker auf ihren schmalen Schultern hingen. Chandice war gesprächig und freundlich und tänzelte fröhlich zur Musik von *Frozen* umher. Sie sagte mir, dass sie die Schule nicht vermisse und es toll finde, zu Hause zu sein, wo sie ihre Eltern ständig um sich hatte. Keith kommentierte: »Ich könnte weinen vor Dankbarkeit über die Freude, die sie mir bringt.«

Linford wanderte in der Küche hin und her und spielte mit seinem Handy. Diese ungezwungene häusliche Szene, so ganz anders als die meisten anderen Therapietermine, bildete den Hintergrund für unsere kommenden Sitzungen. In gewisser Weise verschaffte sie mir einen besseren Einblick in ihr Leben und die Dynamik zwischen ihnen, aber sie gab ihnen auch die Freiheit, sich von der Therapie ablenken zu lassen.

Vor allem aber übertrug sich mir ein tiefes, allumfassendes Gefühl der gegenseitigen Zuneigung durch den Cyberspace. Ihre warmherzige, humorvolle Art hielt sie zusammen. In einer Zeit, in der sich die Welt wie leer gefegt anfühlte, spürte ich, wie es mir in Anwesenheit dieser Menschen gleich besser ging.

Der Lockdown gab Keith die Gelegenheit, überfällige Arbeiten am Haus zu erledigen, während Angela, die zierlich, aber stark war, im Garten arbeitete, Beete umgrub, Unkraut jätete und allerlei pflanzte. Sie hatte ihre kreative Seite entdeckt. Patience erzählte uns, dass sie einmal am Tag hinaus in den Vorgarten ging und sich ansonsten mit der Hausarbeit beschäftigte, in der Gewissheit, dass Keith und auch ihre anderen Kinder regelmäßig vorbeikommen würden, um ihr ihre Einkäufe zu bringen und ihr zu helfen. »Es ist ganz einfach«, erklärte Keith. »Ich wechsle eine Glühbirne, gebe ihr ihr Rezept vom Arzt, wir umarmen uns – fertig.« Linford, der sich anfangs über die Pause von der Arbeit gefreut hatte, schlug die Zeit mit einer 28-tägigen Fitness-Challenge und Onlinespielen tot. Sie machten alle einen zufriedenen Eindruck.

Ich erkundigte mich, wie es ihnen finanziell ging. Patience lebte von ihrer Rente. Keith' Einkommen als Taxifahrer war über Nacht weggebrochen, aber er hatte es geschafft, ein Viertel seines Verdienstes wieder hereinzuholen, indem er als Fahrer für Führungskräfte arbeitete, bei der Bank ein Darlehen aufnahm und mit seinem Vermieter einen Mietnachlass aushandelte. Angela, die als Kindergärtnerin arbeitete, war beurlaubt worden, ebenso wie Linford, der seinen Job als Souschef in einem Spitzenrestaurant verloren hatte. Wir hätten die ganze Sitzung damit verbringen können, über die ärgerlichen Nebenwirkungen des neuen Normalzustands zu sprechen, aber ich wollte lieber mehr über Keith' Geschwisterbeziehungen erfahren. Ich wollte verstehen, wie es zu dem Bruch gekommen war, und ich hörte aus der offeneren Art seiner Äußerungen heraus, dass eine Versöhnung durchaus möglich war.

Keith leitete mit einer Frage zu dem Thema über: »Wir hatten früher so viel Spaß, obwohl wir nichts hatten. Wir hatten eine einzigartige Beziehung. Obwohl kein Geld da war, hielten wir zusammen, niemand blieb auf der Strecke. Inzwischen sind wir getrennte Wege gegangen und haben uns voneinander entfernt. Warum sind wir mit so wenig so glücklich gewesen und sind jetzt mit so viel so unglücklich?«

Es versetzte mir einen Stich. Ich erwiderte Keith, dass wir darauf vielleicht keine endgültige Antwort finden würden, aber vielleicht ein gewisses Verständnis erreichen könnten.

Im Lauf mehrerer Sitzungen gelang es uns, diesem Verständnis ein Stück näher zu kommen. Es gab zwei Gründe, die miteinander zusammenhingen. Erstens hatte Keith' ältere Schwester Grace Patience in Kontakt zu den Zeugen Jehovas gebracht. Zweitens hatte Grace Keith während Amanis Krankheit und danach kein bisschen geholfen – schon gar nicht finanziell. Für Keith war das der ultimative Verrat und darüber hinaus heuchlerisch: Wie konnte sie ihn als gläubige Christin derart im Stich lassen?

Dies arbeiteten wir in unseren Sitzungen allmählich heraus. Noch drei Monate nach Amanis Tod war Patience verzweifelt und betete jede Nacht, aber »Gott hörte nicht zu». Als Katholikin, die in Antigua eine streng katholische Schule besucht hatte, hatte sie alle ihre Kinder in diesem Glauben erzogen, und um sie zu respektieren, hatten die Kinder wiederum ihre Kinder katholisch erzogen. Patience erzählte mir, dass ihre Tochter Grace ihr eines Tages, als es ihr sehr schlecht ging, vorgeschlagen hatte, mit ihr in den Königreichssaal zu gehen, den Versammlungsort der Zeugen Jehovas. »Was ich an diesem Sonntag bei ihnen hörte, brachte mich zum Nachdenken. Es hat mich sofort angesprochen. Von diesem Tag an wurde ich Zeugin Jehovas, und ich bin sehr zufrieden damit.« Sie sagte dies in einem Ton, der keine weitere Diskussion zuließ.

Ich sah Keith, der inzwischen aufgestanden war, hin und her lief und manchmal aus dem Blickfeld verschwand, an, dass er das nicht einfach so hinnehmen würde. »Wir freuen uns für dich, Mum, aber stell dir mal vor, wie es für uns gewesen ist. Du warst unser Oberhaupt, und jetzt ist dieses Oberhaupt weg, und wir sind verlorene Schafe. Warum bist du Zeugin Jehovas geworden? Mum, Weihnachten war für dich wichtiger als für jeden anderen auf der ganzen Welt! [Die Zeugen Jehovas feiern Weihnachten nicht.] Du hast schon im November mit den Vorbereitungen begonnen, und jetzt wissen wir nicht, was wir an Weihnachten machen sollen, und du sitzt mit verschränkten Armen daneben. Ist es ein unbewusstes Bedürfnis zu leiden, weil deine Enkelin gestorben ist?«

Als Patience sich aufrichtete und das Kinn anhob, um zu antworten, meldete sich Chandice, die leise vor sich hingesungen hatte, zu Wort: »Wann kommt Amani zurück? Kommt sie zu meiner Geburtstagsfeier?«

Niemand von uns sagte ein Wort. Nicht einmal ich, die Expertin für Trauerverarbeitung, hatte das kommen sehen. Sichtlich erschüttert antwortete Angela: »Sie ist im Himmel, Schatz. Sie kann nicht zu deinem Geburtstag kommen«, und nahm sie mit in den Garten. Die anderen sahen mich an. Patience sagte ganz langsam und mit Tränen in den Augen: »Vor ein paar Monaten hat sie meine Hand genommen und gesagt: ›Nanny, Nanny, ich habe solche Angst! Ich will nicht sterben.‹ Was sollen wir machen?« Ich erklärte ihr, dass sie zunächst überprüfen müssten, was Chandice über Amani wusste. Der Himmel kann für ein Kind vieles bedeuten, das nichts mit der Dauerhaftigkeit des Todes zu tun hat. Er könnte ein Burger-Restaurant oder ein Name für eine Puppe sein. Ich erklärte der Familie, dass Chandice wissen müsse, dass Amani gestorben sei, so schwer es auch auszusprechen war, und auch, dass das bedeute, dass sie nicht zurückkommen werde. Sie musste dieselbe Wahrheit erfahren wie alle Erwachsenen in ihrer Umgebung: Was sie nicht wusste, würde sie sich ausdenken, und was sie sich ausdachte, konnte noch erschreckender sein als die Wahrheit. Sie atmeten schwer und waren erleichtert, eine Orientierungshilfe zu haben. Wir vereinbarten, das Gespräch über Patience' Beitritt zu den Zeugen Jehovas beim nächsten Mal fortzusetzen.

Es war eine intensive Sitzung gewesen, und als wir das Onlinetreffen beendeten, spürte ich, wie körperlich angespannt ich war. Einer der vielen Gedanken, die mir im Kopf herumgingen, war: Wie oft passiert so etwas? Die Ungeheuerlichkeit und der Schock von Amanis Tod fünf Jahre zuvor hatten alles durchdrungen und uns alle zum Schweigen gebracht. Es war das Gefühl, als hätte sie ihren Platz in diesem Familiensystem erhalten, und in diesem Schweigen lag die Erkenntnis, dass sie zwar gestorben, aber in den Herzen ihrer Verwandten immer gegenwärtig war. Ich fragte mich auch, ob Chandice' Frage ein Beispiel für das war, was oft in Familien passierte: Schmerzhafte Themen werden durch die Notwendigkeit, für die Kinder zu sorgen, vermieden. Die Geschäftigkeit der Kinderbetreuung oder anderer Aufgaben wird häufig als Betäubungsmittel für die Trauer eingesetzt, wodurch natürlich der übliche Verarbeitungsprozess nicht durchlaufen werden kann.

In unserer nächsten Sitzung erklärte Patience, ihre Mutter sei gestorben, als sie noch klein war, und sie sei von ihrer frommen katholischen Großmutter erzogen worden. Ich verstand das so, dass die Kirche in gewisser Weise eine wichtige Bezugsgröße für sie als kleines Kind gewesen war, das einen Verlust erlitten hatte. »Der Priester zeigte mir alle Statuen in der Kirche und sagte, ich solle zu Maria beten. Als Kind wusste ich es nicht besser. Aber jetzt weiß ich es. Der Einzige, der uns helfen kann, ist Jesus. Es geht mir besser, weil mir die Bibel erklärt worden ist. Viele sagen, dass ich spinne, aber sie hat mir geholfen.« Ich merkte an, dass der Glaube an etwas, das größer ist als das menschliche Leben, vielleicht das Einzige war, was ihr helfen konnte. »Ich habe eine ziemlich traumatische Zeit hinter mir. Erst ist mein Exmann gestorben, dann meine Tochter, dann Amani. Ich habe gebetet und gebetet. Einmal, um drei Uhr morgens, glaubte ich, einen Mann zu sehen. Ich habe sein Gesicht nicht gesehen, nur seinen Rücken. Er war groß und sagte zu mir: ›Patience, du musst dein Verhalten ändern.‹ Ich glaube, dass Jesus mir erschienen ist, und seitdem habe ich mich sehr verändert. Ich will nicht mehr katholisch sein. Diese Religionsgemeinschaft ist das, was ich will.«

Aus Patience' Stimme hörte ich ihren unerschütterlichen Glauben an diese Religionsrichtung heraus – ihr Glaube war so tief in ihr verwurzelt, dass er wie ein fester Pfahl im Boden stand, und sie weigerte sich, darüber zu diskutieren. Aber Keith wollte, dass sie zugab, wie schwer es für die ganze Familie gewesen war, als sie ihren gemeinsamen Glauben aufgegeben hatte. In den Jahren seit ihrer Bekehrung, so erzählte er uns, sei seine Beziehung zu allen seinen Geschwistern zerbrochen. Er hatte Grace seit fünf Jahren nicht mehr gesehen und auch mit den anderen nicht mehr gesprochen. Aber Patience wiederholte einfach: »Ich habe nur gesagt, dass jeder seine eigene Meinung hat. Du entscheidest, an wen oder was du glaubst – niemand zwingt dich zu etwas. Ich will doch nichts weiter, als dass meine Kinder es akzeptieren, dass ich jetzt Zeugin Jehovas bin.«

Keith entgegnete mit einer Wut, wie ich sie noch nie bei ihm erlebt hatte: »Meine Mutter legt schlechte Dinge in eine Schachtel und betet, wenn sie ins Bett geht, dass es am Morgen besser ist. Ich will doch nichts weiter, als dass sie erkennt, wie uns all das emotional mitgenommen hat.« Ich sah Keith an, nahm seine Wut zur Kenntnis und erklärte ihm, dass Patience nach dem, wie ich sie bisher erlebt hatte, nicht in der Lage sei, sich den Konflikt zwischen ihrer Entscheidung und seinen Schwierigkeiten damit bewusst zu machen.

Anschließend dachte ich darüber nach, wie unterschiedlich die verschiedenen Generationen mit Schwierigkeiten umgehen. Patience' Generation neigte dazu, sie zu verdrängen, zu vergessen und weiterzumachen. Allerdings blieb ihnen auch nicht viel anderes übrig: Psychoedukation, Beratung und Therapie gab es kaum. Für Keith und Angela war es viel normaler, ihre Gefühle zu äußern, und natürlich ist es für die Generation Z, wie Linford, noch wahrscheinlicher, dass sie von ihren psychischen Problemen erzählt. Doch ist eine Methode besser als die andere? Als Therapeutin bin ich voreingenommen, also ja, ich glaube, dass Emotionen Signale für Informationen sind, die wir zur Kenntnis nehmen und durch uns hindurchfließen lassen müssen. Oft sind es unsere Mechanismen, mit denen wir diese Gefühle blockieren, die dauerhaften Schaden anrichten: Wenn wir sie loswerden, können wir uns weiterentwickeln und uns verändern.

Patience wollte, dass ihre Gefühle ernst genommen wurden, nahm aber ihrerseits Keith' Gefühle nicht zur Kenntnis, was ihn ärgerte. Sie war nicht in der Lage, zu erkennen, dass ihre anderen Kinder berechtigte Gefühle der Eifersucht auf die Bevorzugung des jüngsten Sohnes haben könnten.

Ich glaube, dass wir daraus etwas lernen können: Wir müssen in der Lage sein, unsere Gefühle zu benennen und sie gegenüber den wichtigen Menschen in unserem Leben auszudrücken, und wir müssen den Mut haben, weiterzumachen, egal, was das Leben uns vorsetzt.

Es war Linford, der damit begann, die Kluft zu überbrücken. Er sagte, er wisse, dass alle schockiert gewesen seien, als Patience zu den Zeugen Jehovas übergetreten war, aber er verstehe ihre Sichtweise, da er selbst zum Islam konvertiert sei, als er jünger war. Er meinte, das gemeinsame Weihnachtsessen sei der Dreh- und Angelpunkt, der sie alle verbinde. Nicht ihr unterschiedlicher Glaube sei das Problem gewesen, sondern dass sie nicht mehr gemeinsam am Tisch gesessen hätten. Beim Weihnachtsessen herrschte eine Atmosphäre, bei der alle sich willkommen fühlten und die ihnen ein Gefühl der Zusammengehörigkeit verlieh, das das ganze Jahr über anhielt. Da seine Großmutter dies nicht mehr organisieren könne, sei es vielleicht an Keith, den Weihnachtsmann zu spielen.

Keith nickte zustimmend, als Angela sich fragte, ob Patience überhaupt wusste, dass sie das Oberhaupt der Familie war. Patience lächelte. Sie wusste es, und sie liebte ja alle so sehr wie eh und je, daran hatte sich nichts geändert. Angela meldete sich zu Wort: »Ich glaube, sie vermissen Weihnachten, Mum.«

Wieder machte Linford den entscheidenden Vorschlag: »Ich finde, wir sollten einen Tag festlegen, irgendeinen Tag, denn alle haben ein Problem damit, wenn Weihnachten dabei eine Rolle spielt, weil so viele von uns eine andere Religion haben. Was wir brauchen, ist ein gemeinsamer Tag, an dem wir uns austauschen können. Wir könnten ihn ›Tag der Zusammengehörigkeit‹ nennen – oder ›Browne-Tag‹.« Alle lachten – ihr Familiensignal der Erleichterung und Zustimmung.

Aber Keith konnte es nicht dabei belassen. Er drängte Patience ein weiteres Mal, die Verantwortung für den Schmerz zu übernehmen, den sie verursacht hatte. Keith war verzweifelt, weil die Kluft zu seiner Schwester Grace nicht überwunden worden war und seine Mutter seine Frustration darüber, dass sie die Religion gewechselt hatte, nicht verstehen konnte. Sein Verhältnis zur Kirche hatte ohnehin einen Knacks erlitten: Er war jede Woche hingegangen – es hatte ihm überhaupt nicht geholfen, als Amani starb. Keith ließ seinem Ärger freien Lauf und wiederholte immer und immer wieder: »Als ich Grace brauchte, wo war sie da? Wo war die Hilfe? Wo war die Hilfe? Nirgends. Was nützt die Religion, wenn man seinem Bruder nicht helfen will? Wo ist Gott?«

Wieder mischte sich Linford ein und schlug vor, dass sie Grace besuchen und die Sache klären sollten. Allmählich zeigte sich, dass Linford das emotionale Bindeglied und der Vermittler in der Familie war. Das ist eine wichtige Rolle. Jede Familie braucht mindestens eine Person, die diese Rolle übernimmt – und diese kann so viel bewirken!

Angela und Patience betonten noch einmal, wie wichtig es für sie sei, miteinander zu reden. Keith' wütende Reaktion hatte uns alle erschreckt. Doch es war wichtig, dass er seinen Ärger zum Ausdruck brachte, denn ihn hinunterzuschlucken, hätte es ihm unter Umständen unmöglich gemacht, die Differenzen zwischen ihm und Grace zu überwinden.

Ich war froh, dass wir alle Zeugen seines Schmerzes geworden waren und dass er ihn so weit herausgelassen hatte, dass er nun ruhiger über Grace sprechen konnte. Beim Schreiben stelle ich jetzt im Nachhinein fest, dass ich in dem Moment übersah, wie Patience vorübergehend Teil des Problems wurde, weil sie Keith' Perspektive nicht zuließ, die die Familie zur Versöhnung hätte führen können. Vielleicht hatte auch ich mich von ihrer ruhigen Autorität beeinflussen lassen.

Therapie findet nicht in einem Vakuum statt; politische und gesellschaftliche Ereignisse wirken sich auf die einzelnen Menschen persönlich und damit auch auf die Therapie aus. Rassismus schlägt seelische Wunden. Eine unserer Sitzungen fand eine Woche nach der Ermordung von George Floyd statt, der in Minneapolis von dem weißen Polizeibeamten Derek Chauvin, der ihn verhaftet hatte, erwürgt worden war. Ich fragte die Familie, was sie vom Wiederaufleben der *Black-Lives-Matter*-Bewegung hielt und ob sie darin einen echten Impuls für den Kampf gegen Rassismus sehe. Patience antwortete, sie wisse nichts Genaues über die Bewegung, fügte jedoch hinzu, dass sie die Aggressivität nicht möge. Patience hatte ein ausgeprägtes Gefühl für Recht und Unrecht. Sie fuhr fort: »Ich weiß nicht, warum die Leute Schwarze diskriminieren. Wir tun niemandem etwas, und trotzdem wird alles Schlechte, was passiert, den Schwarzen in die Schuhe geschoben. Als ich noch gearbeitet habe, habe ich oft die Erfahrung gemacht, dass Patienten sagten: ›Ich will nicht, dass Sie mich anfassen.‹ Dann habe ich erwidert: ›Und wer kümmert sich dann um Sie?‹ Ich habe die Leute mit Respekt behandelt. Oft haben sie sich daraufhin beruhigt und haben mich von da an sogar gegrüßt.« Nachdenklich blickte sie aus dem Fenster und sagte: »Es hat sich vieles geändert. Ein schwarzes Kind kann ein weißes Kind zu Hause besuchen und umgekehrt. Zu meiner Zeit hätten die Leute einem die Tür vor der Nase zugeschlagen.« Was sie erzählte, war so schlimm, dass wir einige Momente lang kein Wort sagten. Mir zog sich vor Scham der Magen zusammen. Patience schien es nicht zu bemerken. Als sie aus dem Fenster schaute, schien sie sich an etwas zu erinnern, und mit amüsiertem Blick sagte sie: »Keith' bester Freund war ein weißer Junge aus Irland.«

Keith warf ein: »Ja, mein bester Freund kam aus einer irischen Familie. Es war in den 1970er-Jahren, hier und da sah man noch Schilder mit der Aufschrift: *No Blacks, No Irish, No Dogs.*« Keith lachte. »Wir spazierten mit unserem Hund daran vorbei und lachten.«

Ich wollte ihn gerade fragen, warum er sich bei der Erinnerung an diese schlimme Beleidigung nicht aufregte, aber Patience mischte sich ein: »Eine enge Freundin von mir war weiß. Ich ging zu ihrer Beerdigung und wurde sehr freundlich aufgenommen. Niemand hat mich komisch angeschaut, nach dem Motto: ›Wer ist die denn?‹ Alle sind zu mir an den Tisch gekommen.«

Keith unterbrach seine Mutter. »Ich glaube, wir haben uns nie richtig klar gemacht, wie schwer meine Eltern es gehabt haben. Sie haben Diskriminierung am eigenen Leib erfahren, und meine Schwestern auch. Meine ältere Schwester Mary hat mir erzählt, dass Beschimpfungen zum Beispiel in der Schule an der Tagesordnung waren und ihre Lehrer und Lehrerinnen nichts unternahmen, um sie zu schützen. Und komischerweise wurden meine Schwestern auch von Kindern mit dunklerer Hautfarbe diskriminiert, weil sie nicht dunkel genug waren. Meine Mutter hat nie über dieses Thema gesprochen – bei uns zu Hause gab es nichts, wodurch wir uns ›schwarz‹ gefühlt hätten. Uns wurde beigebracht: ›Seid bescheiden, verhaltet euch gegenüber anderen respektvoll, macht einfach weiter, erledigt eure Schularbeiten.‹ Wir hatten alle dieselben Probleme, unabhängig von unserer ethnischen Herkunft. Meine Mutter hetzte uns nie gegen die Weißen auf. Meine Eltern waren so respekteinflößend, dass meine Freunde sagten: ›Die Brownes sind im Anmarsch, macht keinen Blödsinn‹, wenn sie sie auch nur von Weitem sahen.«

Angela hatte andere Erfahrungen gemacht: Sie war in der Minderheit gewesen. »In der Grundschule gab es nur mich und noch ein anderes schwarzes Mädchen und dann noch zwei Mädchen gemischter Herkunft, das war alles. In der weiterführenden Schule gab es etwa 30 schwarze Schülerinnen und Schüler. Wir hingen zusammen ab. Aber als Linford zur Schule ging, waren 75 Prozent der Schülerinnen und Schüler schwarz. Es war ein Gefühl wie, wow, wo kommen die denn alle her?«

Ich wollte wissen, ob sie in der Schule Rassismus erlebt hatte. Sie antwortete: »Ein bisschen – nur von ein, zwei Kindern in der Grundschule.« Ich war überrascht, dass sie diese Erfahrung ebenso wie Keith und Patience auf die leichte Schulter nahm, und fragte, warum sie darüber nicht zutiefst verletzt war. Angela antwortete sehr überlegt: »Damals hätte mich meine große Schwester im Zweifelsfall beschützt, und ich hatte in der Schule nie Ärger. Aber BLM finde ich gut, um das Bewusstsein für Rassismus zu schärfen. Es muss sich etwas ändern! Wie die Bewegung vorgeht, finde ich allerdings nicht gut. Manche Leute scheinen mich deswegen plötzlich mit anderen Augen zu sehen, als könnte ich jeden Moment explodieren. Sie starren mich an, weil ich schwarz bin. Dabei denke ich: Aber ich bin's doch nur.«

Keith fügte hinzu: »Es ist eine wirklich interessante Zeit. Ich denke nicht immer daran, und wenn ich dann zum Beispiel im Fernsehen Fußball schaue, steht auf allen Trikots ›BLM‹, und dann bin ich ganz aufgeregt. Aber ich unterstütze keine Leute, die Denkmäler abreißen. Die Botschaft geht in der Gewalt unter. Wir dürfen die Verbrechen der Vergangenheit nicht vergessen, aber man kann die Geschichte nicht ungeschehen machen. Wir haben alle irgendetwas mitgenommen von diesen schlimmen Dingen. Trotzdem können Leute wie Marcus Rashford viel bewirken. Vielen ist vorher nicht klargewesen, was wir tagtäglich durchmachen mussten.«

In dem Moment hätte ich mir gewünscht, bei ihnen sein zu können. Es war ein komplexes Thema, das starke Gefühle hervorrief, und ich wusste, dass die Kamera einiges davon herausfilterte. Aber ich konnte ihre allgemeine Einstellung zueinander nachvollziehen. Ein Kaleidoskop von Gedanken wirbelte mir im Kopf herum. Als Weiße, die nie Vorurteile aufgrund ihrer Hautfarbe hatte überwinden müssen, fühlte ich mich schuldig wegen der Ungerechtigkeiten einer Gesellschaft, deren Teil ich war, und schämte mich für meine eigenen unbewussten Vorurteile. Diese Familie schien stolz auf ihre ethnische Zugehörigkeit zu sein und sich über den Rassismus, mit dem sie konfrontiert worden war, wenig aufzuregen. Hatten sie sich assimiliert, waren sie »farbenblind« geworden (hatten sich ihr Schwarzsein nicht eingestanden), hatten sie sich geduckt, um Rassismus auszuweichen? Und wie hatte sich das auf ihr Wesen ausgewirkt und darauf, wie sind sie mit Streit und Verlust umgingen?

Ich dachte, Linford könne vielleicht modernere Ansichten beitragen, die sich mit den bei den Demonstrationen geäußerten deckten. Er sagte jedoch nur: »Ich bin kein besonders großer Aktivist.« Er hatte viele Gespräche mit seinen Freunden geführt, die von der Bewegung begeistert waren, aber als sie ihn baten, sich ihnen anzuschließen, ging er nicht hin. Als ich ihn fragte, warum, senkte er den Kopf und es herrschte eine bedrückte Stille. Als ich nachhakte, schluckte er und sagte schließlich: »Das erzähle ich Ihnen ein andermal.« Ich nahm mir vor, das Thema zu einem späteren Zeitpunkt noch einmal aufzugreifen. Linford erzählte von seinen Erfahrungen mit Rassismus: »Als ich 13 war, bin ich einmal mit einem Freund die Straße entlanggegangen, und plötzlich hat mich jemand beschimpft und einen Cheeseburger nach mir geworfen. Er hat mich im Nacken getroffen.« Er legte die Hand an den Hals. Ich erschauderte vor Abscheu. Linford nickte. »Ja, es war echt schlimm.« Aber ich spürte, dass diese Sache, über die er nicht reden wollte, verhinderte, dass er sich mit diesem rassistischen Angriff voll und ganz auseinandersetzte.

Ein paar Wochen später fragte ich Linford, ob er inzwischen bereit sei, über das Thema zu reden. Er zögerte zunächst, suchte nach Worten und sah seiner Mutter nicht in die Augen, als er erzählte: »Eines Abends habe ich in betrunkenem Zustand einem Mann aufs Auge geschlagen. Ich wurde verhaftet und wegen Körperverletzung angeklagt. Es war eine schlimme Zeit; der Prozess dauerte 18 Monate, und ich musste ständig vor Gericht. Ich hatte Angst, ins Gefängnis zu kommen, und es ging mir sehr schlecht. Am Ende bekam ich eine Bewährungsstrafe und musste gemeinnützige Arbeit leisten.«

Ich musste mich zurückhalten, während er sprach; ich sah die Angst in seinen Augen und bemerkte seinen beschleunigten Atem.

Patience seufzte mehrfach; Keith und Angela sahen Linford verständnisvoll an. Ich teilte ihm mit, wie sehr ich mit ihm fühlte und wie schlimm es war, dass eine einzige Tat unter Alkoholeinfluss so verheerende Folgen gehabt hatte. Linford hob den Blick und sah seine Mutter an. Sie habe ihn motiviert, sein Leben in den Griff zu bekommen, und die Struktur zu Hause habe ihm Sicherheit gegeben. Sein Vorgesetzter bei der Arbeit habe ihm während des gesamten Prozesses zur Seite gestanden und ihm geholfen, sein Selbstvertrauen wiederzufinden. Er lächelte froh. »Ich bin unheimlich gern da. Wenn alles wieder aufmacht, werde ich richtig reinklotzen.«

Wieder einmal machte ich die Erfahrung, dass nicht die Erfahrungen, die man macht, bestimmen, wer man ist, sondern die Art, wie man auf sie reagiert. In Linfords Fall hatte ihn seine Angst behindert, und nur durch die aktive Unterstützung seiner Familie und den Glauben seines Managers an ihn hatte er wieder Fuß gefasst. Menschen brauchen andere Menschen. Wir brauchen sie in guten Zeiten, aber ganz besonders in schlechten Zeiten.

Zudem war Linford ein wichtiger Faktor in der Familie. Sein Vorschlag, den er vor Wochen gemacht hatte, dass sie miteinander reden sollten, um den Riss in der Familie zu kitten, trug Früchte. Patience hatte mit allen ihren Kindern gesprochen und zu ihnen gesagt: »Das muss aufhören. Ihr habt euch früher alle sehr nahegestanden. Ich weiß nicht, was passiert ist, aber es ist nicht richtig, dass ihr Geschwister euch so streitet.« Als sie das erzählte, holte sie tief Luft und warf mir den eindringlichen Blick zu, den sie für wichtige Momente aufhob. »Und tatsächlich hat sich etwas verändert, und zwar zum Besseren.«

Es faszinierte mich, welchen Einfluss Patience auf ihre erwachsenen Kinder ausübte. Sie hatten sich ihre Worte zu Herzen genommen, wieder Kontakt zueinander aufgenommen und begonnen, die Risse zu kitten. Ich lächelte. »Familien sind mir manchmal ein

Rätsel«, sagte ich. »Mal ist vollkommen unklar, warum Verwandte jahrzehntelang nicht miteinander reden und sich um eine geerbte Vase streiten, und ein andermal versöhnen sich zerstrittene Mitglieder nach tiefen Zerwürfnissen aufgrund einer einfachen Aufforderung ihrer Mutter.« Emotionale Systeme funktionieren nicht nach einem logischen Muster, und jeder Versuch, sie dazu zu bringen, ist sinnlos. Dennoch steckt in diesen allgegenwärtigen familiären Bindungen das Potenzial für eine positive Entwicklung. Keith hatte bereits erlebt, dass sich die Beziehung zu seinen Geschwistern allmählich veränderte, denn zum ersten Mal seit Jahren hatten sie im Garten seines Bruders gemeinsam zu Abend gegessen. »Sie haben sich teilweise bei mir entschuldigt. Es ist so gelaufen, wie ich es mir erhofft hatte. Grace hat sich entschuldigt und Trevor hat ein paar Dinge gesagt, die er schon seit Jahren loswerden wollte. Es war wieder so wie früher, wenn wir gemeinsam am Tisch saßen.« Erleichtert fuhr Keith fort: »Es bedeutet mir sehr viel, dass wir eine Möglichkeit gefunden haben, aufeinander zuzugehen. Wir tragen die Liebe zueinander in uns.«

Es war eine große Freude für mich, in ihren Mienen die Erleichterung darüber abzulesen, dass ihre Familienbande wieder neu geknüpft wurden. Als ich darüber nachdachte, wie schnell die Versöhnung nun doch vor sich ging, wurde mir klar, dass die Grundlagen für ihr gegenseitiges Vertrauen und ihre Zuneigung zueinander bereits in ihrer Kindheit gelegt worden waren. Dies war keine gestörte Familie mit toxischen Beziehungen. Das Zerwürfnis war durch mehrere Faktoren bedingt worden: Amanis Tod, den Tod von Keith' Schwester Marianne, die mangelnde Bereitschaft der Geschwister, Keith zu unterstützen, die schwelende Rivalität um die Gunst der Mutter sowie deren Übertritt zu den Zeugen Jehovas, der das Ende ihres jährlichen Weihnachtsrituals bedeutet hatte. Jedoch nun, da sich alle die nötige Zeit nahmen und sich Mühe gaben, konnte trotz allem eine Versöhnung angebahnt werden.

Es interessierte mich, welche Rolle dieser eine besondere Tag für den Zusammenhalt der Familie spielte. Die Fürsorge und Aufmerksamkeit, die Patience zum Wohl aller aufbrachte, stand in krassem Gegensatz zu den Verhältnissen in Angelas Familie: Ihr Vater hatte zwar geäußert, er wolle, dass die Geschwister ihre Differenzen ausräumten, aber er hatte sich nie dafür eingesetzt. Familien brauchen unsere Zeit und Hingabe, um sie auf Kurs zu halten. Schweigen schafft oft Barrieren.

Nebenbei hatte Linfords Rolle als Vermittler ihm möglicherweise die Kraft und Sicherheit verliehen, um seinen eigenen Weg gehen zu können. Eines Tages fragte ich ihn spontan – vielleicht war es therapeutische Intuition –, warum er eigentlich noch zu Hause wohne. Er lachte und sagte, er sei schon einmal ausgezogen, aber als Amani starb, sei er zurückgekommen, um seiner Mutter zu helfen, und irgendwie sei er geblieben. Ich sah, wie Keith und Angela sich anschauten, und fragte sie, was dieser Blick zu bedeuten hatte. Sie lachten, wie immer. Angela antwortete dann entschieden, es sei nun wirklich an der Zeit, dass Linford sich eine eigene Wohnung suche, und Linford erwiderte: »Du würdest mich vermissen!« Worauf Angela prompt erwiderte: »Aber nur ein kleines bisschen.« Alle kicherten, und Linford wiederholte mehrmals: »Nur ein kleines bisschen.« Nur Patience lächelte still vor sich hin. Ich sah Linford an, dass es in ihm arbeitete, und er sah aus, als wolle er sagen: Ich werd's euch zeigen!

Als wir uns das nächste Mal trafen, war er gerade ausgezogen. Voller Stolz berichtete er, er habe ziemlich schnell etwas gefunden. Er teilte sich mit seiner Freundin ein Zimmer in einer WG mit zwei anderen. Er zeigte es mir begeistert mit der Kamera: Es war hell und sauber. Ich konnte spüren, wie glücklich er war. Es war ein wichtiger Schritt.

Am Ende der Sitzung vor unserer Sommerpause erwähnte Keith leichthin: »Ich war sieben, als Mama und Papa sich getrennt haben.«

Ich war so überrascht, dass ich zunächst nichts darauf erwiderte. Alles, was ich bis dahin gehört hatte, hatte darauf hingedeutet, dass die Ehe von Raymond und Patience lang und glücklich gewesen war. Ich wusste aus Erfahrung, dass Klientinnen und Klienten am Ende einer Sitzung zwischen Tür und Angel oft noch eine Bombe platzen lassen. Sie wollen, dass die Therapeutin oder der Therapeut die Informationen erhält, sind aber noch nicht bereit, sich mit dem Problem auseinanderzusetzen.

Als wir uns nach den Sommerferien wiedersahen, freuten wir uns alle sichtlich. Ich war ganz gerührt, als Chandice mich als Erste zu Beginn der Sitzung wie eine Freundin der Familie mit »Hallo Julia« begrüßte und neben ihrer Mutter auf dem Sofa herumsprang. Sie fragte mich, wann ich Geburtstag habe, und zählte die Geburtstage aller Familienmitglieder auf, wobei ihrer natürlich besonders hervorgehoben wurde. Ich erinnerte mich daran, dass ich in der Ausbildung gelernt hatte, Kindern unter vier könne man nichts vormachen. Chandice schien ein besonders gutes Beispiel dafür zu sein. Diesem energiegeladenen, von allen geliebten Kind entging nichts. Sie spürte nicht nur die Stimmungen der anderen, sondern wusste auch instinktiv, was sie brauchte, wie sie es bekommen konnte und wann sie sich selbst beschäftigen musste.

Ich eröffnete unsere neue Sitzung, indem ich auf die Scheidung von Patience und Raymond zurückkam und meine Verwunderung darüber äußerte. Nachdenklich erzählte mir Patience: »Am Anfang führten wir eine gute Ehe. Ich weiß nicht, woran es gelegen hat, dass sich das irgendwann veränderte und es immer mehr bergab ging. Raymond trank, lachte, wenn ich ihn zur Rede stellte, und tat so, als ob alles in Ordnung wäre, obwohl es das nicht war. Ich habe immer wieder zu ihm gesagt: ›Du musst Verantwortung übernehmen, wir müssen zuerst an die Kinder denken!‹ Jahrelang habe ich ihm in den Ohren gelegen und ihm jedes Mal wieder eine Chance gegeben, aber es hat nichts genützt. Und dann hatte ich endgültig genug.«

Keith erklärte, dass die Arbeitsstelle seines Vaters genau zwischen einem Buchmacher auf der einen und einer Kneipe auf der anderen Seite gelegen habe. Der Alkohol und das Glücksspiel hätten ihn aus der Bahn geworfen. Nachdem er ein paarmal kleine Summen gewonnen hatte, glaubte er, beim nächsten Mal den ganz großen Treffer landen zu können. Doch das Gegenteil war der Fall gewesen.

Patience hatte es als alleinerziehende, berufstätige Mutter natürlich schwer gehabt: »Ich musste dafür sorgen, dass es den Kindern gut ging, dass sie pünktlich zur Schule und wieder nach Hause kamen, dass das Essen auf dem Tisch stand ... Aber nichts war so schlimm wie das Chaos, das sein Verschwinden hinterließ, und meine Gedanken, die ständig um ihn kreisten.«.

Mit dem Verschwinden seines Vaters hatte Keith' glückliche Kindheit geendet. Sie hatten ihr Haus verkaufen müssen, und er sah seinen Vater fünf Jahre lang nicht, bis dieser ihn eines Tages aus heiterem Himmel in der weiterführenden Schule besuchte. »Danach habe ich ihn regelmäßig besucht und ihn besser kennengelernt. Er hatte damals schon einen Herzinfarkt hinter sich und war nicht mehr der Alte. Er liebte meine Mutter über alles, aber er wusste, dass er es vermasselt hatte. Er sagte nie ein böses Wort über sie. Mary und ich kümmerten uns ein bisschen um ihn, und meine Mutter kochte samstags Suppe für ihn mit. Besucht hat sie ihn aber nie. Nach einem zweiten Herzinfarkt konnte er nicht mehr sprechen, aber er war immer guter Dinge.«

Keith' Tonfall veränderte sich, als wäre er mit seinem ganzen Wesen in die Erinnerung an die Zeit eingetaucht, als sein Vater sehr krank war und beschlossen hatte, dass er nicht allein in seiner Wohnung in England sterben wolle: Er wollte nach Hause, nach Antigua. »Vor seiner Abreise sind wir alle zu ihm gegangen. Meine Mutter kam auch mit, und sie tanzten miteinander. Es war wirklich schön, sie tanzen zu sehen.«

Mir kamen die Tränen. Ich spürte, wie viel ihnen Raymond bedeutet hatte. Durch seine Liebe und seine heitere Art hatte er ihnen viel gegeben, andererseits aber auch so viel Traurigkeit bereitet, weil er »es vermasselt« hatte.

Eine Scheidung kann viele negative Folgen für Kinder haben, wobei das Leid oft weniger von der Trennung an sich verursacht wird als von den Konsequenzen: Armut, Verbitterung der Eltern und deren Entfremdung. Erwachsene, deren Eltern sich getrennt hatten, sagen häufig, es sei damals das Ende ihrer Kindheit gewesen. Wir wissen, dass Väter für die Entwicklung und das Wohlergehen ihrer Kinder wichtig sind; weniger bekannt ist, wie sehr die Kinder davon profitieren, wenn sich die Väter nach einer Trennung weiterhin um sie kümmern. Raymond hatte gelitten; Keith jedoch nicht. Er hatte durch die Scheidung seiner Eltern keine dauerhaften Schäden davongetragen. Das zeigte mir einmal mehr, wie wichtig Gemeinschaften für die Erziehung eines Kindes sind. Keith war gut aufgehoben gewesen: seine sehr präsente, liebevolle Mutter, seine älteren Geschwister und deren Partner, alle hatten sich um ihn gekümmert.

Um nicht unbewusst auf rassistische Stereotypen über abwesende schwarze Väter hereinzufallen, las ich das Buch *Living While Black* der Psychologin Guilaine Kinouani, aus dem hervorgeht, dass »schwarze Väter mit am meisten in das Leben ihrer Kinder eingebunden sind: 2,5 Millionen von ihnen engagieren sich, 1,7 Millionen nicht.«

Ich fragte, ob Patience noch andere Partner gehabt habe. Sie habe einen gehabt, ein paar Jahre lang, sagte sie, aber es habe nicht funktioniert, weil er ein Frauenheld gewesen sei. Sie sprach leichthin über ihn, als hätte die Beziehung keine Spuren bei ihr hinterlassen. »Seitdem bin ich allein. Es müssen jetzt 30 Jahre sein.« Sie tat mir leid: Raymond war offenbar ihre eine große Liebe gewesen. Ich spürte, wie wir alle etwas melancholisch wurden, weil wir uns der Facetten des Verlustes bewusst wurden, der nie wiedergutgemacht werden konnte.

Normalerweise ermutige ich meine Klientinnen und Klienten, ihren Schmerz auszudrücken, um den Verlust zu betrauern und ihre Wunden heilen zu lassen. Aber ich spürte instinktiv, dass das in diesem Fall falsch gewesen wäre. Im Hinblick auf die Männer, die sie enttäuscht und verlassen hatten, empfand die Familie lediglich eine pragmatische Akzeptanz. Patience gab den Ton an: Sie war eine Frau ihrer Zeit, deren grundlegende Überzeugung es war, das Leben meistern zu müssen, wie es eben kam, und kein Aufhebens darum zu machen. Außerdem zehrte sie noch immer davon, dass ihre Ehe anfangs glücklich gewesen war.

Mir war auch klar geworden, dass Raymond einen bedeutenden Einfluss auf Keith ausgeübt hatte – durch seine Liebe, seinen Humor und seine Begeisterungsfähigkeit – und ihm zugleich als schlechtes Vorbild diente, dem es nicht nachzueifern galt. Keith fasste es sehr deutlich in Worte: »Ich habe aus ihren Fehlern gelernt, wie schmerzlich es ist, wenn eine Beziehung in die Brüche geht. Aber ich erkenne durchaus auch ihre Stärken. Ich versuche, respektvoller zu sein …«. Er wandte sich an Angela: »Ich bin immer für euch da.« Sowohl Keith als auch Angela waren klug genug, um zu wissen, dass sie die in ihrer Kindheit erlernten Muster durchbrechen und vieles anders machen konnten als ihre Eltern und die Generationen vor ihnen. Wir alle können diese Muster aus der Kindheit verändern.

Es fehlte ein letztes Puzzleteil in der Geschichte der Familie Browne, über das wir noch nicht gesprochen hatten: Linfords Beziehung zu seinem leiblichen Vater. Niemand hatte ihn je erwähnt, und ich hatte nie erfahren, wie er hieß. Ich musste nachfragen, ob er tot war. Nein, er lebte noch. Als ich ihn zur Sprache brachte, veränderte Angela ihre Körperhaltung. Normalerweise saß sie leicht nach vorn gebeugt da, offen und ungeschützt. Doch in dem Moment, als ich nach Linfords Vater fragte, verschränkte sie die Arme. Linford ging auf und ab. Keith und Patience waren entspannter, sogar neugierig. Angela sprach leise: Sie hatte ihre Wut im Griff, aber sie war deutlich spürbar. Es traf mich vom Bildschirm aus wie ein dumpfer Schlag. »Er war ein Frauenheld, hat getrunken und war unzuverlässig. Wir hatten darüber gesprochen, eine feste Beziehung einzugehen, und ich dachte, ich würde ihn kennen – und dann ist er einfach abgehauen.«

Das mussten wir alle erst einmal sacken lassen. Linford ergriff als Nächster das Wort. »Früher habe ich oft über Dad nachgedacht. Ich habe mich gefragt, wie er so ist, und versucht, ihn mir vorzustellen. Aber als ich ihn dann kennengelernt habe … Tja, ich wollte herausfinden, wie er ist, und stellte dann fest, dass ich es doch lieber nicht gewusst hätte. Er ist ein Säufer. Es macht mich wütend oder traurig, ihn zu sehen. Ich kann ihn nicht ändern, deshalb muss ich loslassen. Keith ist mir ein viel besserer Vater als er. Er hat einen guten Einfluss auf mich.«

Seine Stimme klang so fest, wie ich es von ihm noch nie gehört hatte. Über dieses Thema hatte er lang und intensiv nachgedacht. Ich fragte ihn, ob es etwas gebe, was er seinem Vater mitteilen wolle. Linford lachte. Meine Frage gefiel ihm, und sein ganzer aufgestauter Ärger entlud sich: »Er hätte die Mutter meiner Schwester [er meinte damit die vorherige Frau seines Vaters und deren Tochter] nicht verlassen dürfen, und außerdem sollte er aufhören zu trinken!«

Für einen Moment trat eine Pause ein, und Linford wandte sich mit einem Lächeln an Angela. »Mum würde mich manchmal am liebsten umbringen, weil ich so aussehe wie er und sogar so klinge wie er.«

Dies führte uns in eine andere Richtung und zu einer Erfahrung, die für viele Familien mit geschiedenen Eltern typisch ist. Angela sagte lächelnd, aber unnachgiebig: »Linford glaubt, er kann alle mit seinem Charme einwickeln, genau wie sein Vater. Ich wünschte, er wäre mehr wie ich und wollte nicht immer seinen Kopf durchsetzen. Mal behandelt er mich wie eine Freundin, mal wie seine Mutter.«

Ich ertappte mich dabei, wie ich Linford in Schutz nahm (eher wie eine beschützende Freundin anstatt wie eine unvoreingenommene Therapeutin – vielleicht hatte er mich in diesem Moment an meinen Sohn erinnert). »Mal ganz ehrlich«, sagte ich, »was hat er denn falsch gemacht? Er hat ein Studium abgeschlossen, als Erster in der Familie, er hat einen festen Job, hat seine Arbeit behalten, hat das Gerichtsverfahren durchgestanden. Er wohnt in einer WG, er trinkt nicht, und ist es nicht toll, dass er so viel Charme hat?«

Linford grinste von einem Ohr zum anderen, und da er nun glaubte, in mir eine Verbündete zu haben, legte er los: »Mum macht genau das Gleiche. Sie wechselt zwischen Kameradin und Mutter. Manchmal komme ich nicht zum Essen, und dann sagst du einmal: ›Komm einfach, wenn du so weit bist‹, und beim nächsten Mal heißt es dann, das sei respektlos von mir!«

Angela widersprach nicht und sagte: »Kann sein, du hast ja recht, aber ich finde, wir sollten bei dir an erster Stelle stehen.«

Linford entgegnete: »Aber du weißt doch, dass du bei mir an erster Stelle stehst! *Muuum*! Das weißt du doch. Und du hast ja recht, manchmal musst du mit mir schimpfen. Aber … ich bin einzigartig. Ich kann gar nicht so wie mein Vater werden. Du hast mich großgezogen. Ich habe Keith als Vater, und Leute wie Keith gibt es nicht viele.«

Patience beendete das Gespräch in ihrer unnachahmlichen, kraftvollen Art: »Linford hat eine glänzende Zukunft vor sich.«

Auch ich glaubte an ihn; er war ein bemerkenswerter junger Mann. Linford sprach ein wichtiges Thema an, nämlich die unterschätzte Rolle der Stiefväter als Erziehungspersonen. Ich glaube, dass ihnen viel zu wenig Wertschätzung und Anerkennung entgegengebracht wird. Da unsere Wege keineswegs in Stein gemeißelt sind, kann das richtige Eingreifen zur richtigen Zeit ein potenziell gefährdetes Kind auf einen positiven, stabilen Weg bringen.

Unsere letzte Sitzung konzentrierte sich auf ein Thema, das zum familiären Konfliktherd geworden war: das Weihnachtsessen. Über Jahrtausende hinweg haben Familien wichtige Veränderungen oder Jahreszeiten besonders gefeiert. Das Ritual in jeder Familie ist einzigartig und wird von der jeweiligen Kultur beeinflusst; das vertraute Muster des Zusammenkommens ist sowohl festlich als auch tröstlich. Die Gesellschaft hat viele ihrer Rituale aufgegeben, seit sie säkularer geworden ist, aber Weihnachten ist weitgehend erhalten geblieben. Und für die Familie Browne hatte das Weihnachtsfest mehr Einfluss auf ihren Zusammenhalt, als sie gedacht hatten. Als es für Patience unmöglich wurde, die Weihnachtsgastgeberin zu sein, begann die Verbindung zwischen den Mitgliedern zu bröckeln. In unseren Gesprächen hatten sie sich darauf geeinigt, ein festliches Essen zu veranstalten. Angela erzählte mir: »Wir haben neulich darüber gesprochen. ›Mama, komm rüber, iss etwas mit uns, entspann dich und freue dich des Lebens.‹ Wir nennen es einfach nicht Weihnachten.«

Patience stimmte zu: »Lasst uns den entscheidenden Schritt gehen und wieder als Familie zusammenkommen. Wir wollen uns doch alle einig sein.«

Es war ein wichtiger Moment; eine Befreiung von den Verletzungen der Vergangenheit, ein wichtiger Schritt in Richtung eines neuartigen Zusammenhalts als Familie. Sie vergaßen ihre Verluste und Schwierigkeiten der Vergangenheit nicht, wollten aber trotz alledem wieder enger zusammen sein.

Familien sind dynamische, lebendige Gebilde, die aktualisiert und überarbeitet werden müssen, wenn Familienmitglieder wachsen, sterben, sich wandeln und weiterentwickeln. Ich hatte das Privileg, mitzuerleben, wie einige Mitglieder dieser Familie ihre Einstellungen überprüften, klärten und veränderten. Dadurch konnten sie sich versöhnen und liebevoll miteinander umgehen.

Unsere Arbeit war getan. Alle waren sich einig, dass sie sich durch die Therapie besser kennengelernt hatten. Patience sagte: »Mir hat es geholfen, und wir verstehen uns jetzt.«

Keith fügte hinzu: »Es tut gut, zu wissen, dass es aufwärtsgeht. Grace hat mich zu meinem Geburtstag angerufen. Ich kann Ihnen gar nicht sagen, was mir das bedeutet hat!«

Angela sagte: »Wir können uns jetzt in die anderen hineinversetzen.«

Linford fand es »wahnsinnig gut«.

Mit mir als Außenstehender konnten sie Gespräche führen, die sie allein so nicht hätten führen können. Die Tragödie von Amanis Tod hatte sie auseinandergebracht. Sie hatten versucht, sich zu stabilisieren, indem sie unangenehme Gedanken und Gefühle unterdrückten, weil sie nicht wussten, wie sie sie ohne Streitereien hätten ausdrücken sollen. Das wiederum hatte bereits bestehende Ressentiments und Rivalitäten an die Oberfläche gebracht und verstärkt. So etwas passiert in Krisenzeiten häufig. Die Sitzungen ermöglichten es ihnen, ehrlich auszusprechen, was für sie problematisch war, wütend zu werden, sich Luft zu machen und sich zu versöhnen. Ich glaube, dass ich in meiner Rolle dafür sorgte, dass jeder Stimme in der Familie gleich viel Raum gegeben wurde – etwas, was oft durch die Familiendynamik verhindert wird. Dann drängt sich die Person in den Vordergrund, die am lautesten schreit. Jetzt war die Familie in der Lage, die Ansichten der anderen zu akzeptieren und ihre negativen Gefühle loszulassen. Da die Stimme jeder und jedes Einzelnen gleichberechtigt gehört wurde, konnten sie neue Ideen leichter annehmen.

Der Streit an sich ist manchmal gar nicht das Entscheidende: Es kommt darauf an, Gedanken und Gefühle zu äußern, die sich, wenn sie unterdrückt werden oder vor sich hin gären, zu Ressentiments und starren Haltungen entwickeln. Kurzum: Es kommt darauf an, wie der Streit geführt wird. Angela und ihre Geschwister hatten sich nicht versöhnt, vermutlich, weil der Vater keine klare Position bezog. Angela hatte ihre Liebe und Aufmerksamkeit auf diejenigen gelenkt, denen sie vertraute. Die Brownes, mit Patience als ihrem Oberhaupt, griffen sich nicht gegenseitig an oder brachten eine lange Liste früherer Vergehen aufs Tapet, sondern sie konzentrierten sich auf das aktuelle Problem. Sie waren guten Willens, aufmerksam zuzuhören und nicht auf ihrem Recht zu beharren, und kamen dadurch irgendwann wieder in gegenseitiger Zuneigung zusammen. Es entstanden schließlich mehr Nähe und Verbundenheit.

Diese Familie hatte zahlreiche Tragödien durchgemacht: frühe Todesfälle, Scheidung, Entfremdung zwischen Geschwistern, eine Verhaftung, rassistische Angriffe. Und doch entwickelte sie sich positiv. Was war das Geheimnis? Meiner Meinung nach hat Patience die Marschrichtung vorgegeben. Sie war die treibende Kraft, die der Familie den Willen verlieh, zusammenzuhalten und die schlechten Zeiten zu überstehen. Ihre zuverlässige, unerschütterliche Liebe war das Fundament ihrer Leben. Und diese Liebe schien die einzelnen Familienmitglieder nicht zuletzt davor beschützt zu haben, von den schlimmen rassistischen Angriffen, denen sie ausgesetzt waren, tiefe Wunden davonzutragen. Patience' weitere Charaktereigenschaften – Ausdauer, Humor und Zuversicht – übertrugen sich auf alle in ihrem Umfeld. Was sie durch ihr Verhalten vorlebte, hatte ebenso viel Einfluss wie das, was sie sagte. Sie alle vertrauten ihr, und das ermöglichte es ihnen, sich selbst und den anderen zu vertrauen. In der Krise nach Amanis Tod hatte dies jedoch paradoxerweise zu einer Entfremdung geführt.

Der Glaube war eine wichtige Quelle für Patience' Stärke in schweren Zeiten.

Wenn wir intensiv trauern, stecken wir in dem Ereignis fest, erzählen es uns immer wieder. In einem solchen Zustand sind wir kaum in der Lage, anzuhören, was andere uns über den Verlust erzählen. Jeder Einzelne tut sein Bestes, um mit seiner eigenen Trauer fertig zu werden, aber ohne Zusammenarbeit kann das Familiensystem in kleine Inseln des Schmerzes zersplittern.

In unseren Sitzungen stellte Linford die entscheidende Verbindung zwischen den Familienmitgliedern und ihren konkurrierenden Standpunkten her. Er war derjenige, der ihre Argumente neu formulierte und ihnen half, zu genesen.

Wenn eine Familie in einer Sackgasse steckt, genügt eine Person, um die Dynamik zu verändern und wieder in Gang zu bringen. Oft sind Kinder in der besten Position, um diese Aufgabe zu übernehmen. Da sie noch nicht von dem Narbengewebe der angehäuften Verluste gezeichnet sind, besitzen sie die Elastizität, die Lage unter einem neuen Aspekt zu betrachten und innovative Lösungen zu finden.

Weisheit entsteht nicht nur durch Erfahrung, sondern auch dadurch, dass man flexibel genug ist, eine neue Perspektive einzunehmen.

Die Weisheit der Jugend ist eine viel zu wenig beachtete Ressource.

Suizid des Vaters

Wie lässt sich das Trauma überwinden?

Familie Rossi

Familie Rossi besteht aus Sarah, 75, Physiotherapeutin im Ruhestand, und ihren drei Töchtern: Francesca, 48, alleinerziehende Mutter zweier Kinder, die in Italien lebt und als Kuratorin in einem Museum arbeitet; Maria, 45, verheiratet und Vollzeitmutter von drei Kindern; und Anna, 42, verheiratet, Krankenschwester und gerade in Elternzeit. Alle sind praktizierende Katholikinnen; vor allem Sarah besucht regelmäßig die Kirche. Ihr Mann Matteo, ein italienischer Polizist, starb durch Selbsttötung, als die Mädchen noch klein waren. Vor vier Jahren, als Francesca ihre Alkoholsucht in einem Therapiezentrum behandeln ließ, wurde deutlich, dass es ungelöste Familienthemen gab, die mit dem traumatischen Tod Matteos zusammenhingen, was die Frauen veranlasste, eine Familientherapie zu beginnen. Wir trafen uns per Videokonferenz.

Suizid wirkt wie eine Streubombe. Die Splitter bohren sich in alle Umstehenden und schmerzen als Trauer und Trauma in ihnen fort, bis sie ausfindig gemacht und die Wunden behandelt werden. Schuldgefühle und die immer wiederkehrenden Fragen »Was wäre gewesen, wenn« und »Warum« sind nur einige der Qualen, mit denen die Opfer zu kämpfen haben. Die drei Töchter Matteos hatten schon zu lang mit dem Schmerz über den Tod ihres Vaters gelebt. Jetzt, 40 Jahre später, wollten sie aufarbeiten, wie er sich auf sie und ihre Mutter ausgewirkt hatte.

Als ich Sarah zum ersten Mal traf, war ich beeindruckt von ihrer kraftvollen, rauen Stimme. Sie schaute mich durch ovale Brillengläser an. Ihr dichtes weißes Haar war ordentlich frisiert und wurde

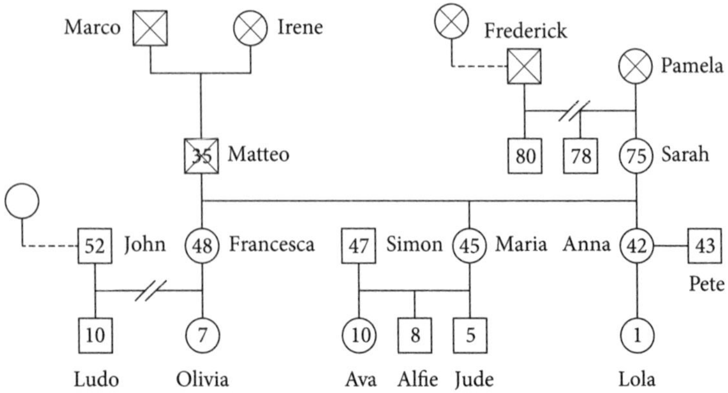

von einer Schildpattspange zusammengefasst. Die Botschaft, die sie vermitteln wollte, war deutlich: »Leg dich nicht mit mir an. Ich bin stark.« Als Therapeutin gehe ich automatisch davon aus, dass sich hinter einer vehementen Verteidigungshaltung eine umso größere Verletzlichkeit verbirgt. Ich sollte bald herausfinden, dass Sarah diesen Schutzpanzer nicht umsonst aufgebaut hatte.

Wenn ich meine Klientinnen und Klienten zum ersten Mal treffe, frage ich mich: Wie wurden sie, wie sie sind? Sarah erzählte mir ihre Geschichte. Schon von klein auf hatte sie es nicht leicht gehabt. Sie war die einzige Tochter und jüngstes von drei Kindern einer Mittelschichtfamilie aus York. Ihr Vater war Allgemeinmediziner, ihre Mutter war Krankenschwester gewesen und hatte ihren Beruf aufgegeben, als die Kinder kamen. Doch Sarahs Vater war mit der besten Freundin ihrer Mutter fremdgegangen, was zu einer schmerzhaften Scheidung führte, als Sarah gerade sieben Jahre alt war. Ich war schockiert, als ich hörte, dass die Kinder bei der Scheidungsvereinbarung zwischen den beiden Eltern aufgeteilt wurden, als wären sie Hab und Gut. Ein Bruder lebte dauerhaft bei seinem Vater, der andere bei seiner Mutter, während Sarah wie ein Ball in einem erbitterten Pingpongspiel zwischen den beiden Haushalten hin- und hersprang.

Ihre Stimme wurde ungewohnt leise, als sie davon erzählte, was darauf hindeutete, dass sie sich nur ungern an diese Zeit erinnerte: »Ich kannte es von klein auf nicht anders, deshalb habe ich es nicht hinterfragt. Aber wenn ich jetzt zurückblicke, frage ich mich, was sie sich wohl dabei gedacht haben. Die einzige Erleichterung war, dass ich meinen älteren Bruder nur noch alle zwei Wochen sehen musste. Er schüchterte mich ein und behandelte mich, als wäre ich ein schwaches und dummes Mädchen. Mein Verhältnis zu ihm ist heute besser«, fügte sie hinzu, »aber ich spüre immer noch diesen Anflug von Angst, wenn er mich ansieht oder einen bestimmten Ton anschlägt.«

Während Sarah erzählte, dachte ich über die Bindungstheorie John Bowlbys nach. Sie besagt, dass die primären Beziehungen, die wir in unseren ersten Lebensjahren erfahren, die Muster vorgeben, nach denen wir uns in unseren zukünftigen Beziehungen verhalten und wie wir mit unserem emotionalen Selbst umgehen – ob wir sicher und robust oder unsicher und zerbrechlich sind. Wenn einer Person mit unsicherer Bindung ein Trauma widerfährt, wird ihre Fähigkeit, damit umzugehen, durch die negativen Bewältigungsmechanismen, die sie früh gelernt hat, beeinträchtigt. Es ist wie bei einer Eiche: Konnten tiefe Wurzeln in gutem, fruchtbarem Boden getrieben werden, wird sie Stürmen besser standhalten. Und es sind nicht nur unsere Bezugspersonen, die uns formen: Unsere Geschwister beeinflussen unsere Entwicklung ebenfalls, im Guten wie im Schlechten. Die Verachtung von Sarahs Bruder hatte ihr weitere Ängste eingeflößt, die bei traumatischen Ereignissen rasch hochkommen konnten. Die Trennung der Eltern hinterließ eine eiternde Wunde. Sarah betonte, mit welchem Stigma eine Scheidung damals, vor fast 70 Jahren, behaftet war – als Kind hatte sie niemanden gekannt, dessen Eltern sich hatten scheiden lassen, was dazu führte, dass sie sich ausgegrenzt und geächtet fühlte. Hinzu kamen die aggressiven Gefühle, die durch die Trennung ihrer Eltern aufwallten, und die hilflose Wut über den Verrat und den Preis, den sie dafür zahlen musste, indem sie nie ein stabiles Zuhause hatte. Wie zu dieser Zeit üblich, wurde über nichts davon gesprochen. Niemand erkannte den Schaden, den das Schweigen anrichtete: Man erwartete von den Beteiligten, dass sie so weitermachten, als wäre nichts Ungewöhnliches passiert.

Sarah wandte sich mir mit einem Lächeln zu, das nicht zu dem Schmerz in ihren Augen passte. »Aus diesen Gründen sehnte ich mich nach einer glücklichen, stabilen Ehe. Ich weiß noch, wie ich im Bett lag und mir die wunderbare Familie vorstellte, die ich haben würde, das typische idyllische Heim mit Blumengarten davor.« Mit einem bitteren Lachen fuhr sie fort: »Das hat wohl nicht ganz geklappt.«

Ich erkannte, wie destabilisierend und unberechenbar es gewesen sein musste, zwischen ihren Eltern hin- und herzupendeln und inmitten so vieler unausgesprochener Spannungen zu leben. Die oberste Regel beider Elternteile lautete: »Mach kein Theater, mach einfach weiter«, und das tat Sarah, sie war effizient und organisiert. Weitermachen war eine überlebenswichtige Fähigkeit, die sie brauchte, und sie hatte immer funktioniert. Wenn ich mir jetzt ihr makelloses Gesicht ansah, das sie der Welt zeigte, vermutete ich, dass Perfektionismus und Kontrolle zu ihren Bewältigungsstrategien gehörten. Sicherlich waren ihre Erfahrungen als Kind die unbewussten Einflüsse, die ihre Reaktion auf die Ereignisse in ihrem Leben prägten.

Im Gegensatz zu ihren Brüdern hatte Sarah nicht studiert: Typisch für eine junge Frau in den späten 1960er-Jahren. Nachdem sie einige Jahre als Sekretärin gearbeitet hatte, reiste sie nach Palermo, um Italienisch zu lernen. »Ich hoffte, dass ich mein erwachsenes Ich entdecken würde«, erzählte sie, »das selbstbewusster und glücklicher wäre. Ich war so ein ruhiges, braves Kind gewesen. Ich hatte keine Ahnung, was ich wollte oder wer ich war.«

In der Sprache der Therapeuten war sie ein »angepasstes Kind«, das nur dann weiß, was es will, wenn es die Wünsche und Bedürfnisse anderer Menschen erfüllt. Man brauchte nicht lange an Sarahs Fassade zu kratzen, um auf das verletzliche Kind zu stoßen, das sich in ihrem Inneren versteckte. Obwohl sie Mitte 20 war, als sie England verließ, vermutete ich, dass ihre emotionale Entwicklung bei der Scheidung ihrer Eltern unterbrochen worden war. Ich stellte mir vor, dass das verlassene, verängstigte siebenjährige innere Kind schon durch das kleinste Anzeichen des Verlassenwerdens geweckt werden konnte.

Sarah blühte unter der sizilianischen Sonne auf und genoss ihr neues Leben in Italien. Kein Wunder, dass sie sich innerhalb von sechs Monaten verliebte – in Matteo, einen jungen Polizisten. Sie hatten sich in der hitzigen Atmosphäre eines Sommerfestes kennengelernt. Er war gut aussehend, lustig und zuvorkommend. Innerhalb eines Jahres waren sie verlobt. Erst nach der Heirat stellte Sarah fest, dass Matteo zwei Seiten hatte: den lebenslustigen Charmeur und den unberechenbaren Alkoholiker.

Innerhalb von acht Jahren bekamen sie drei Töchter, und Matteos Alkoholsucht verschlimmerte sich mehr und mehr. Als die weiblichen Familienmitglieder eines Nachmittags vom Mittagessen nach Hause kamen, war Matteo nicht zu Hause. In der Nacht erschoss er sich. Sarah kehrte im Alter von 35 Jahren nach England zurück, verwitwet, mittellos und mit drei traumatisierten Kindern.

Der Schwerpunkt unserer Therapie lag auf den Folgen des Suizids, die sich in den Jahrzehnten seit Matteos Tod in jedem von ihnen dramatisch manifestiert hatten. Eine Selbsttötung hat weitreichende Auswirkungen. Das Trauma lebt im Körper fort und vergiftet das Leben der Betroffenen in jeder Hinsicht. Es verwandelt Gold in Blei.

Ich sprach das erste Mal mit den vier Frauen, als sie zusammen in Italien Urlaub machten. Sie hatten ein Haus in der Nähe von Matteos Eltern gemietet, wo sie jeden Sommer verbrachten. Sarahs drei Töchter blickten mir entgegen, mit goldbrauner Haut und lächelnden braunen Augen. Obwohl durchaus eine Familienähnlichkeit bestand, hatte jede von ihnen ihr eigenes, typisches Aussehen entwickelt. Francesca hatte weißblondes Haar, das zu einem formschönen Bob geschnitten war; sie trug mehrere Lagen silberner und türkisfarbener Halsketten und sah aus, als würde sie hart daran arbeiten, fit zu bleiben. Marias langes braunes Haar fiel ihr in Wellen bis auf die Schultern. Mit ihrer Pilotenbrille, dem weißen Hemd mit Kragen und ihrem pflaumenroten Lippenstift wirkte sie gepflegt bis in die Spitzen. Anna war ebenfalls brünett und trug große Ohrringe, kein Make-up und einen Leinenkaftan.

Sogar auf dem Bildschirm konnte ich spüren, wie viel Energie den Schwestern ihr Zusammensein verlieh. Sarah sprach zuerst und ballte dabei die Faust. »Ich glaube, sie hatten das Gefühl, dass das hier gut für Mutter wäre. Dass sie vielleicht etwas mehr Hilfe brauchen könnte.«

Indem sie über sich selbst als Objekt und nicht als Subjekt sprach, verriet sie mir, wie herausfordernd es für sie war, mit ihren drei Töchtern in Therapie zu gehen. Sie wusste, dass wir uns treffen würden, um über das Ereignis zu sprechen, das ihr Leben aus den Angeln gehoben und über das sie seit Jahrzehnten hinwegzukommen versucht hatte, und dass es sehr schmerzhaft werden würde. Der Spruch »Die Zeit heilt alle Wunden« trifft nur dann zu, wenn die Betroffenen daran arbeiten, diese Wunden zu schließen. Unverarbeitete Trauer lebt so lebendig weiter wie am Tag des Todes, egal wie viele Jahre und sogar Jahrzehnte seitdem verstrichen sind.

Vier Jahre zuvor, als Francesca in eine Suchtklinik eingewiesen wurde, war ihnen allen während einer Familiensitzung klar geworden, dass es noch viele ungelöste Probleme im Zusammenhang mit Matteos Tod gab. Ich fragte sie, was ihnen von den Gruppensitzungen noch in Erinnerung geblieben sei, und Sarah, jetzt wieder etwas ruhiger, sagte zu ihren Töchtern: »Ihr wisst das besser als ich. Ihr habt ein gutes Gedächtnis. Ich erinnere mich nur noch daran, dass auf mich eingeredet wurde.«

Als Francesca erwiderte: »Es wurde nicht auf dich eingeredet«, zuckte Sarah zusammen.

Ich hatte den Eindruck, dass Sarah sich zwar eine Verbesserung der Situation wünschte, aber nicht wusste, was sie dafür tun konnte. Sie wirkte fast ein bisschen entnervt, als müsse man eben einfach weitermachen und damit basta. Doch hinter ihrer toughen Fassade spürte ich das Brodeln beunruhigender Gefühle. Vor allem hatte sie Angst davor, das Trauma wieder aufleben zu lassen – und das war es, was sie gefangen hielt.

Die Frauen erzählten mir alle ziemlich aufgewühlt, dass sie nach Matteos Beerdigung von niemandem Unterstützung erhalten hatten, weder von Verwandten noch von Freunden. Sarah erklärte, verständlicherweise aufgebracht: »Keiner hat mir zugehört. Ich kam nicht mal dazu, auszusprechen, wie es mir ging.« Als sie ihren Arzt um Rat und Hilfe bat, sagte er nur: »Sie machen das schon richtig. Machen Sie einfach so weiter und genießen Sie die Zeit mit Ihren Kindern.« Sarah sah nur eine Möglichkeit, für ihre Kinder da zu sein: Indem sie dafür sorgte, dass sie ein Dach über dem Kopf hatten und sie genug Geld für ihren Unterhalt verdiente. Alle waren sich einig, wie schwer Sarah es gehabt hatte und wie wichtig ihr Durchhaltevermögen gewesen war, um ein Zuhause für die Kinder zu schaffen. Damals fehlte es an Informationen, Unterstützung und psychologischem Verständnis für die Bedürfnisse hinterbliebener Kindern im Allgemeinen und für ihren Zustand nach einem Suizid im Besonderen. Die Familie war in dieser verstörenden Situation vollkommen alleingelassen worden.

Francesca, deren Gesicht im Schatten lag, sodass ich es nur schwer erkennen konnte, sagte: »So direkt haben wir noch nie mit Mummy gesprochen.«

Sarah lachte, als wäre sie zwiegespalten. Ich spürte Francescas Frustration. Die Töchter waren der Meinung, dass sie die therapeutische Arbeit geleistet hätten, um mit dem Tod ihres Vaters umzugehen, ihre Mutter jedoch nicht. Sie hatten das Gefühl, dass Sarah zwar, wie Anna es ausdrückte, »eine äußerst kompetente, starke und zupackende Frau« war, aber zugleich auch unberechenbar. «Erst bist du gereizt oder sauer und sprichst wie eine dominante Mutter, und im nächsten Moment bist du ganz verletzlich, leidend oder irgendwie schwach. Dann habe ich das Gefühl, dass sich Mummy so verhält, als wäre sie außen vor oder als würden wir uns gegen sie verbünden – als gäbe es eine ungleiche Machtdynamik und sie wäre das Kind.«

Eltern mögen es nicht, wenn sie von ihren erwachsenen Kindern kritisiert werden. Ich hatte erwartet, dass Sarah entrüstet und abwehrend reagieren würde. Stattdessen sagte sie: »Ich stimme dir voll und ganz zu und bin jetzt bereit, ein bisschen tiefer zu graben und zu forschen. Was auch immer in der Welt gerade los ist – ich finde, es ist ein guter Zeitpunkt. Ich habe schon mit Anna darüber gesprochen, eine Therapeutin aufzusuchen …« Sie sah mich an: »Ja, ich würde wirklich gern etwas ausgeglichener mit diesen drei Frauen umgehen. Mir ist klar, dass sie als Erwachsene reifer sind als ich … Das hört sich schlimm an, oder?«

Ihre Töchter waren erfreut. Anna sagte aufmunternd: «Ich fand es schön, zu sehen, dass du im Umgang mit deinen Freundinnen selbstbewusster geworden bist.«

Sarah lächelte. Doch kurz darauf sah sie traurig aus, hatte Tränen in den Augen. Maria, ihre mittlere Tochter, die ihrer Mutter gegenüber eine beschützende Haltung einzunehmen schien, sagte: »Ich sehe dir an, dass du etwas auf dem Herzen hast, und das tut mir so leid! Was können wir für dich tun?«

Ich mischte mich ein und sagte, dass es nicht an ihr sei, etwas zu tun: Das sei meine Aufgabe. Es wurde Zeit für etwas psychologischen Input. Zunächst stellte ich fest, dass sie eine Familie waren, sich liebten und den Willen hatten, ihre Beziehung zu verbessern. Ich fügte hinzu, dass dies keineswegs selbstverständlich sei. Oft führt die Krise durch einen Suizid zu tief greifenden Konflikten in den Familien, und der Schmerz drückt sich in gegenseitigen Aggressionen aus. Die Rossis hingegen waren einander mit so viel Vertrauen und Liebe zugewandt, dass sie bereit waren, die Unannehmlichkeiten auf sich zu nehmen, obwohl sie wussten, dass es schmerzhaft und schwierig werden würde.

Das Wichtigste für sie war, die Wahrheit herauszufinden, oder besser: ihre individuellen Wahrheiten. Einerseits hatten sie alle dasselbe erlebt, aber die Auswirkungen sowohl auf die Mutter als auch auf die Töchter hingen von ihrem jeweiligen Alter, der Reihenfolge ihrer Geburt, der Rolle, die sie einnahmen, ihren Genen und ihrem Persönlichkeitstyp ab. Ich bemühte mich, ihnen zu vermitteln, wie sehr ich sie dafür bewunderte, dass sie den Mut hatten, sich dem Trauma aus ihrer Vergangenheit zu stellen. Und ich wiederholte, dass wir versuchen würden, die – auch körperlichen – Empfindungen hervorzurufen, die sie damals möglicherweise noch nicht in Worte fassen konnten. Wir führen ein gelungenes Leben, wenn wir ein Narrativ haben, eine Geschichte, die wir uns über das Geschehene erzählen können. Keine der Frauen – besonders Sarah als damals einzige Erwachsene – hatte angesichts der Katastrophe wissen können, wie sie sich verhalten sollten oder was sie brauchten.

In diesem Fall spielte unter anderem die Schande der verbotenen, inakzeptablen Selbsttötung eine große Rolle, die über Matteos Tod lag, zumal die Familie katholisch war. Erst ab den frühen 1970er-Jahren war es in Italien erlaubt, die Leichen von Suizidopfern in geweihter Erde zu bestatten.

Sarah nickte, während sie sprach: »Ich muss noch einen Schritt weiter gehen. Wie meine Töchter schon gesagt haben, habe ich in letzter Zeit mehr Selbstvertrauen gewonnen – gegenüber meinen

Freundinnen und sogar gegenüber meinen Brüdern, vor denen ich früher große Angst hatte. Ihnen gegenüber fühlte ich mich immer, als wäre ich wieder drei Jahre alt, aber inzwischen kann ich mich besser behaupten.«

Francesca stimmte ihr zu, kam dann aber auf das vorher Besprochene zurück und betonte: »Ich glaube aber, da ist immer noch eine Menge Schmerz und, Mum, ich möchte dich ja nicht in Verlegenheit bringen, aber deine Wutanfälle, wie gestern am Strand …«

Die Schwestern waren mit ihren Kindern am Strand gewesen, hatten ihre Mutter nicht gesehen und waren in die entgegengesetzte Richtung gegangen. Sarah war daraufhin sehr aufgebracht und hatte mit einem »Tobsuchtsanfall« reagiert, wie sie es nannten.

Sarah erwiderte energisch, dass sie missverstanden worden sei. Dann beruhigte sie sich und erklärte, dass das Verhalten ihrer Kinder eine Erinnerung daran in ihr ausgelöst habe, wie Matteo sie im Stich gelassen habe. »Erst später ist mir eingefallen, dass es unser Hochzeitstag war. Es ging mir sehr schlecht, und ich fühlte mich zutiefst verlassen. Ich habe geweint, was gut war – aber, Schatz«, fügte sie mit belegter Stimme hinzu, »ich wollte nicht ausflippen, es war unangemessen.« Sie überlegte einen Moment und fügte dann hinzu: »Ich wünschte, ich könnte mich mehr wie eine Erwachsene benehmen – es ist peinlich. Das wolltest du doch damit sagen, oder?«

Ich sagte ihr, dass es bestimmt ein großer Schmerz für sie gewesen sein müsse, dieses Gefühl des Im-Stich-gelassen-Werdens zuzulassen und ihren Verlust zu beweinen, dass es aber andererseits doch auch sehr befreiend gewesen sein müsse. Sarah gestand, dass sie Matteos Tod bisher nicht so gesehen hatte – nämlich, dass er sie verlassen habe: Sie hatte ihn anderen gegenüber immer in Schutz genommen und allen erzählt, er sei »krank«. Sich selbst aber hatte sie nicht in ähnlicher Weise geschützt. Ich war erleichtert, dass sie endlich erkannte, welche Folgen sein Suizid für sie hatte. Solange wir an starren Überzeugungen festhalten, bleiben wir emotional gefangen. Wenn wir unseren Blickwinkel ändern, können wir uns für neue und befreiende Gefühle öffnen.

Sarah hatte einen ersten zaghaften Schritt gewagt, sich dem Leid ihrer Vergangenheit zu stellen. Doch ihre Töchter wollten eindeutig, dass sie weiter ging, dass sie die Augen öffnete und erkannte, wie sich das auf ihr Verhalten ihnen gegenüber auswirkte. Als ich die vier auf dem Bildschirm beobachtete, bemerkte ich bei den Töchtern verräterische Anzeichen für ihre Frustration über ihre Mutter: leichtes Stirnrunzeln und kleine, abrupte Bewegungen. Maria rieb sich ständig die Nase.

Anna meldete sich zuerst zu Wort: »Ich bin auch der Meinung, dass noch viel mehr dahintersteckt, und es ist gut, dass Mum sich geäußert hat. Aber, Mum, wir haben oft irgendwie das Gefühl, dich verletzt zu haben. Wir möchten aber nicht immer auf Zehenspitzen um dich herumschleichen müssen – vor allem, weil wir dir nie absichtlich wehgetan haben.«

Ich war gerade dabei, hinzuzufügen, dass das Feedback, das Sarah erhielt, keine Kritik darstellte, als Francesca mich unterbrach: »Doch, ich meine das durchaus kritisch«, sagte sie. »Ich weiß, das klingt jetzt nicht sehr nett. Aber ich habe eben das Gefühl, dass ich als Älteste von klein auf mit Mums Gefühlen umgehen musste, die praktisch ohne Vorwarnung von verletzt zu wütend wechselten. Und jetzt, mit Ende 40, wäre ich dankbar, das nicht mehr tun zu müssen … Ich fühle mich schlecht, das so zu sagen, aber ich wünsche mir sehr, dass du dir Mühe gibst und dass wir wirklich ehrlich sind und endlich über diese Dinge sprechen.«

Während sie sprach, sah ich die Angst in Annas und Marias Augen. Ob ihre Mutter damit umgehen konnte? Aber Sarah erwiderte, sie freue sich aufrichtig, das zu hören, und versicherte ihren Töchtern trotz der Tränen in ihren Augen, dass sie sich ändern wolle. Obwohl sie sich selbst für machtlos hielt, hatte sie einen größeren

Einfluss auf ihre Töchter, als ihr bisher bewusst war. Weil sie ihre Mutter war und sich in der Vergangenheit als unberechenbar erwiesen hatte, konnte schon eine hochgezogene Augenbraue von ihr Wellen der Angst durch alle drei jüngeren Frauen schicken. Dass ihr das klar wurde, schien von entscheidender Bedeutung zu sein.

Sarah setzte ein tapferes Gesicht auf. Obwohl sie zittrig war, gab sie zu: »Ich muss mir bewusster machen, was ich sage – aber wenn das wirklich nötig ist, sollte ich vielleicht einfach von jetzt an die Klappe halten.«

Ich bat die vier, sich bewusst zu machen, dass es hier nicht darum ging, ob irgendjemand gut oder schlecht oder perfekt war: Es ging darum, die Machtverhältnisse zwischen ihnen als Erwachsene neu auszutarieren, ehrlich zueinander zu sein und das Unbehagen, das dies manchmal auslöste, zuzulassen und darauf zu vertrauen, dass sie ihre Beziehung nach einem Streit wieder kitten konnten. Alle drei Töchter schlugen sich auf die Seite ihrer Mutter und sagten ihr auf ihre Weise: »Mum, lass uns einfach mehr kommunizieren, zugeben, wenn etwas schiefläuft, und damit klarkommen.«

Francesca gab sich die größte Mühe, zu ihrer Mutter durchzudringen: »Wenn ich mit meinen Schwestern zusammen bin, kann ich so sein, wie ich wirklich bin, mit allen Fehlern. Mum, du sollst wissen, dass du geliebt wirst, dass du lustig bist, dass du schrullig bist und dass wir dich für all das lieben. Wir als deine Kinder wünschen uns: Zieh deine Augenbraue hoch, sei du selbst und lass uns darüber reden. Dann wird es hoffentlich für uns alle leichter.« Sarah lächelte, errötete und sagte einfach: »Danke.«

Das war ein guter Anfang. Ich war beeindruckt von ihrem Mut und ihrer Ehrlichkeit und stolz darauf, dass Sarah bereit war, an sich zu arbeiten. Stärker zu werden, indem sie sich ihre Verletzlichkeit eingestand, widersprach allem, was sie bisher gelernt hatte. Die drei Menschen, die sie am meisten auf der Welt liebte, konfrontierten sie mit Aspekten ihres Verhaltens, von denen sie sich wünschten, dass sie sie änderte. Alle vier waren traumatisiert, und wer ein Trauma erlitten hat, gewinnt oft den Eindruck, sich in einer fremdartigen, beängstigenden Welt zu befinden, und fühlt sich hilflos. Ich wusste, dass ich ihnen helfen konnte, indem ich allmählich Vertrauen zwischen uns allen aufbaute und sie ermutigte, sich auf die Suche nach dem zu machen, was sie ins Gleichgewicht brachte: Therapie, Yoga, Tanz, Natur. Der Kreislauf des Traumas, in dem sie sich als Familie befanden, zehrte ihre Kräfte auf und ersetzte sie durch ein übles Gebräu von Scham. Indem sie gemeinsam darüber sprachen, würde man einen Teil des giftigen Bodensatzes endlich loswerden können.

Es sah ganz danach aus, als kämen wir gut voran. Alle möglichen bisher unausgesprochenen Gedanken über die Familiendynamik kamen heraus, vor allem zwischen Sarah und ihren Töchtern. Doch wir mussten noch weiter gehen, um den Wurzeln des Traumas auf die Spur zu kommen. Unsere nächste Sitzung begann damit, dass Sarah erwähnte, ein Freund der Familie habe etwas Nettes über Matteo gesagt. Es hatte sie berührt, weil sie sich zum ersten Mal darüber gefreut hatte, anstatt zu denken: Wenn du wüsstest! Francesca, das älteste Geschwisterkind, antwortete: »Es ist schön, zu hören, dass jemand etwas Gutes über Papa sagt. Aber ich habe in Erinnerung, dass die Leute immer gesagt haben, wie toll er war. Ich habe noch nie jemanden fragen hören: ›War es schlimm für euch, dass euer Vater ein depressiver Alkoholiker war, der sich umgebracht hat?‹«

Tatsächlich vermeiden es gerade diejenigen, die uns am nächsten stehen, häufig, heikle Fragen zu stellen – meist, weil sie nicht wissen, was sie mit den Antworten anfangen sollen, da wir glauben, den Schmerz anderer sowieso nicht heilen zu können. Es lohnt sich jedoch, daran zu denken, dass es schon ein Geschenk ist, jemandem, der leidet, mitfühlend zur Seite zu stehen. Ein einfacher Weg zu wichtigen und möglicherweise schmerzhaften Gesprächen ist die Frage: »Hast du irgendwelche Sorgen?« Oder: »Was bedrückt dich?«

Sarah war ebenfalls der Meinung, dass nie jemand ehrlich über Matteos Tod gesprochen habe, weil niemand die Wahrheit hören wollte. An ihre Töchter gewandt fuhr sie fort: »Und das habe ich mich auch nie getraut. Wie war es für euch?«

Ich ließ Sarahs eindringliche Bestätigung auf mich wirken und bat dann die Frauen mit sanfter Stimme ebenfalls, mir zu erzählen, wie es für sie war.

Ein paar Augenblicke lang herrschte Schweigen. Ich konnte fast spüren, wie die drei erschauderten. Anna sprach zuerst und sagte, sie wisse es nicht genau, weil sie noch so klein gewesen sei. Wir weinten alle, als sie sagte: »Meine ersten drei Jahre waren seine letzten drei Jahre … Ich habe oft gedacht: Hat er mich nicht lieb genug gehabt, um weiterleben zu wollen?« Sie wisse, fuhr sie fort, dass es für Francesca am schlimmsten gewesen sein müsse, weil sie es mit angesehen hatte und sich daran erinnerte, wie »alles den Bach runterging«.

Maria fügte hinzu: »Ich möchte jetzt unbedingt darüber sprechen. Ich dachte, es sei normal, dass es unangenehm ist, über etwas Emotionales zu sprechen. Wir haben alle so getan, als würde es uns nichts ausmachen. Ich weiß, dass Papa lustig war. Ich hörte so gern die spaßigen Geschichten über ihn, und wenn ich mir sein Foto anschaue … Er sah so gut aus! Aber es gibt so viele Lücken. Ich will die Wahrheit wissen, die ganze Wahrheit. Ich habe es satt, dass sie immer wieder verdrängt wird!«

Ich schaute Sarah an, um zu prüfen, wie die Worte ihrer Töchter auf sie wirkten. Sie sagte, sie könne verstehen, dass die drei darüber reden wollten, und sie wolle es auch, aber sie habe vor Angst einen Kloß im Hals. Ich sah, wie sie die Zähne zusammenbiss und sich kaum noch beherrschen konnte, und fragte, ob ich ihr helfen könne. Sie lächelte und sagte, nein, sie wolle nur zuhören.

Die Töchter reflektierten über das Leben und die Persönlichkeit ihres Vaters: Als Polizist hatte er viele gewalttätige Situationen miterlebt, darunter auch eine, in der er einen Mann erschossen hatte – das musste auch bei ihm ein Trauma verursacht haben. Seine Eltern waren warmherzig, aber konservativ. Sie sprachen nie darüber, dass sie durch den Krieg traumatisiert waren, sondern bewältigten ihr Leben, indem sie Unmengen tranken und aßen. Sarah und ihre Töchter waren sich einig, dass all diese aufgestauten Gefühle sie traurig machten und dass sie wütend auf die anderen Erwachsenen in ihrem Leben waren, von denen keiner in der Zeit ihrer Not für sie da gewesen war. Sie hätten dringend Geborgenheit gebraucht.

Ich hatte noch ein anderes ergreifendes Bild vor Augen – wie es ihnen immer einen »Stich« versetzt haben muss, andere Kinder mit ihren Vätern zu sehen. Ich konnte mir sehr gut dieses traurige Gefühl vorstellen, das sie jedes Mal empfanden, wenn sie ein Kind Hand in Hand mit seinem Vater sahen, wie sie miteinander sprachen, sich zuhörten, sich umarmten. Es musste eine ständige Erinnerung an die Hunderte fehlender Interaktionen gewesen sein, jene Leerstelle, die ihr Vater hätte ausfüllen sollen.

Francesca lächelte am Ende der Sitzung, schaute ihre Mutter an und sagte: »Es ist schon toll, dass wir das machen.« Und genau das dachte ich auch. Sie hatten Gefühle und Gedanken geäußert, die seit Jahrzehnten in ihnen gesteckt hatten. Ich wusste, dass es für Sarah schwer war, und ich dachte bei mir, dass sie gerade lernte, wie wichtig es ist, Schmerzen in Worte zu fassen: Es brachte sie nicht um. Stattdessen führte es zur Heilung.

Schmerzhafte Gefühle hervorzuholen ist nie ein reibungsloser Prozess. Kurz vor Beginn unseres nächsten Termins erfuhr ich, dass es Sarah nicht gut ging und sie nicht zur Sitzung kommen würde. Als ihre Töchter sich einloggten, sah ich ihnen ihre unterschiedlichen Reaktionen an: Francesca war sauer – es gab noch so viel, was sie von ihrer Mutter wissen wollte; die anderen beiden waren besorgt. Sarah habe eine »komische Phase« gehabt, ihr sei andauernd übel gewesen und sie habe weder sprechen noch schlafen können. Sie habe starke Nacken- und schreckliche Kopfschmerzen gehabt. Der Arzt tippte auf Long Covid. Anna dagegen glaubte, es sei der Gesamtsituation geschuldet. Sarah war seit Monaten isoliert; ihr lang ersehnter Urlaub hatte ausfallen müssen. Ich dagegen vermutete, dass sich die Langzeitfolgen des Traumas körperlich manifestierten, während sie anfing, es zu verarbeiten.

Die Töchter waren erleichtert, dass es ihr inzwischen allgemein etwas besser ging, und vor allem, dass sie sich nun auch einer Einzeltherapie unterzog und angedeutet hatte, dass sie wieder zu unseren Sitzungen kommen werde, sobald sie einige ihrer Probleme in Einzelgesprächen aufgearbeitet habe und sich widerstandsfähiger fühle. Ich machte den Schwestern klar, dass ihre Mutter wütend auf Matteo sein musste. Inzwischen waren 40 Jahre vergangen, und sie hatte immer noch mit den Folgen seines Suizids zu kämpfen. Er hatte sie zurückgelassen, sie hatte ihre Kinder allein großgezogen, und nun warfen ihre Töchter ihr auch noch vor, dass sie Fehler gemacht habe.

Es gab noch so viele Fragen, auf die die Schwestern eine Antwort suchten. Maria fragte sich, warum Sarah »immer versuchte, zu rechtfertigen, dass er uns in seinem Abschiedsbrief nicht erwähnt hat«.

Ich fragte, was in dem Brief gestanden hatte. Francesca schaute weg und erinnerte sich: »Das Schwierigste, worum ich meine Mutter je gebeten habe, war, diesen Brief lesen zu dürfen. Sie hat ihn mir kommentarlos aufs Bett gelegt und wir haben nie darüber gesprochen.« Anna äußerte, wie wütend sie darüber sei, dass ihr Vater ihr keinen Brief hinterlassen habe. »Es würde mir so viel besser gehen, wenn er mir einfach gesagt hätte, dass er mich liebt. Vielleicht hätte ich dann vernünftige Beziehungen zu Männern aufbauen können.«

In gewisser Weise hatte Sarahs Abwesenheit eine Tür geöffnet, die es ihren Töchtern ermöglichte, die tief greifenden und dauerhaften Auswirkungen von Matteos Suizid zu analysieren. Während unseres Gesprächs schwankten sie zwischen Wut und Traurigkeit. Ich konnte den Schmerz in Francescas Stimme hören, als sie sagte: »Wir haben nie über die Nacht, in der er starb, gesprochen. Wir wissen nur, dass wir unterwegs gewesen waren, anschließend ins Bett gegangen sind und dass Mama ihn in der Garage gefunden hat. Ich war acht. Ich wusste nicht, wie sich Trauer anfühlt. Seitdem habe ich immer wieder versucht, diese Trauer zu empfinden, aber ich konnte es nicht. Ich habe nie die Gefühle gehabt, die ich als trauerndes Kind hätte haben sollen.«

Während sie sprach, lasteten ihre Traurigkeit und Unwissenheit körperlich auf mir.

Maria und Anna sahen Francesca fast sehnsüchtig an, in dem Wunsch, dass sie ihnen mehr erzählte. Aber sie wusste auch nichts weiter als das, was sie schon kannten: »Als wir ins Auto stiegen, um zum Mittagessen zu fahren, war Mama traurig und verletzt, weil Papa nicht mitwollte. Als wir schon im Auto saßen, kam er noch einmal zu uns heraus. Er war ausnahmsweise hundertprozentig nüchtern. Er sagte: ›Ich habe euch lieb.‹ Ich dachte: ›Das ist schön.‹ Ich weiß noch, dass er uns alle damit meinte … Es war absichtlich an uns alle gerichtet. Er war ein Softie …«

Maria strahlte und sagte, dass sie sich nie zuvor daran erinnert habe, aber jetzt, wo sie es von Francesca gehört habe, »ist es total präsent und ich erinnere mich daran«. Maria fuhr fort: »Ich weiß noch, dass Mama geweint hat, und als ich zu ihr ging, sagte sie, ich solle ins Bett gehen und wir würden morgen früh darüber reden … Aber wir haben nie darüber gesprochen, wie jede Einzelne von uns es erlebt hat. Wir haben nicht darüber geredet, dass wir ihn noch einmal sehen wollten. Wir haben ihn nach seinem Tod nicht noch einmal gesehen, was wir hätten tun sollen.«

Anna schaltete sich ein: »Ich erinnere mich, wie ich die Treppe herunterkam und alle weinten. Alle aßen zu Mittag und ich dachte: ›Ich esse jetzt Chips …‹ Ich erinnere mich an Schokotaler … Jetzt habe ich Herzklopfen und fühle mich ein bisschen verschwitzt.«

Francesca lächelte sie warmherzig an und bestätigte ihre Erinnerungen: »Liebes, genau so war es.«

Ich bat die Schwestern, kurz innezuhalten, durchzuatmen und mir zu erzählen, was sie in diesem Moment körperlich empfänden. Sie sagten, sie hätten einen Kloß im Hals und ein Engegefühl in der Brust. Indem sie ruhig durchatmeten, erlangten sie wieder Kontrolle über die physischen Reaktionen, die ihre Erinnerungen hervorgerufen hatten.

Anna hatte angefangen zu weinen. »Das sind so wichtige Informationen für mich! Ich danke Gott für euch. Das ist alles neu für mich.«

Francesca sah sie zärtlich an und sagte: »Süße, er hat dich geliebt, er hat uns alle geliebt, und das alles ist furchtbar traurig. Ich glaube, man hat uns eingeredet, er habe es für uns getan – um uns ein besseres Leben zu ermöglichen.«

Maria stimmte ihr zu und sagte, das Gleiche habe sie auch immer den Leuten erzählt, damit sie kein Mitleid mit ihr hätten. Doch jetzt kam sie zu dem Schluss: »Unser Leben war besser ohne ihn, aber es war auch beschissen ohne ihn.« Diese Erkenntnis war zwar schmerzhaft, aber nachdem sie endlich gewisse Zusammenhänge erkannt hatten, konnten die Schwestern endlich damit aufhören, ständig nach Antworten zu suchen und auf Mauern der Konfusion und Ungewissheit zu stoßen.

Ich erklärte ihnen, dass verwaiste Kinder anhand der Erwachsenen in ihrem Umfeld lernen, wie man trauert, und in den 1970er-Jahren war es üblich, seinen Kummer zu verbergen, so zu tun, als sei alles in Ordnung, und die Kinder vor schmerzlichen Wahrheiten zu schützen. Die Forschungen amerikanischer Psychologen, wie

Professor William Worden, haben gezeigt, dass dies genau die falsche Strategie ist. Kinder müssen die Gelegenheit erhalten, zu trauern. Wenn man ihnen nicht die Wahrheit sagt, denken sie sich alles Mögliche aus und bleiben in den Leerstellen gefangen, die durch die Wahrheit hätten ausgefüllt werden können. Maria hatte bereits geäußert, welche Erleichterung sie jetzt schon verspüre. Gemeinsam mit den Schwestern erarbeitete ich, wie lang das Erbe des Suizids in ihnen fortgelebt hatte und dass sie nun, indem sie darüber redeten, einerseits die Wut auf ihren Vater äußern konnten, weil er sie alleingelassen hatte, und sich gleichzeitig erlauben konnten, ihn für seine guten Seiten zu lieben. Das Schweigen hatte sie an Gefühle von Scham, Zorn und Verlassenheit gebunden. Sie beendeten die Sitzung mit den Worten »Gott sei Dank, dass wir uns haben« und »Das ist der Silberstreif am Horizont!«. Als sie Kinder waren, hatte Francesca gemeinsam mit Sarah die Mutterrolle für sie übernommen, wofür Maria und Anna ihr sehr dankbar waren. Als Erwachsene hatte sich die Dynamik ausgeglichen: Sie standen derjenigen bei, der es gerade schlecht ging, hielten es aber emotional auch aus, wenn sie einmal Meinungsverschiedenheiten hatten und sich gegenseitig ärgerten. Anna war manchmal streitsüchtig; Maria nahm eher die Rolle der Friedensstifterin ein, aber manchmal provozierte sie Francesca, wenn diese behauptete, dass es ihr gut gehe. Für mich war klar, dass ihre Geschwisterliebe der Fels in der Brandung war, der ihnen im Leben festen Halt bot. Im Gegensatz zu den Erfahrungen, die ihre Mutter mit ihren Brüdern gemacht hatte, war ihre Beziehung zutiefst stärkend.

Generelles Misstrauen gegenüber Männern. Alkoholprobleme. Schulische Probleme. Minderwertigskeits- und Außenseitergefühle als Kinder. Üble sexuelle Erfahrungen. Geldsorgen. Ängste. Dies waren nur einige der Schwierigkeiten, mit denen sie alle zu kämpfen hatten und die wir in den nächsten Sitzungen besprachen. Die

Schwestern äußerten ihr Bedauern und ihre Reuegefühle darüber, was sie auf der Suche nach Liebe alles getan hatten, von der sie dachten, dass sie sie niemals finden würden. Obwohl alle drei Schönheiten waren, fühlten sie sich hässlich. Sie alle hatten depressive Phasen und schlimme Angstzustände erlebt, die Anna als »massive Nervenzusammenbrüche« bezeichnete.

Maria und Anna hielten es für ein Wunder, dass sie inzwischen stabile Beziehungen führten, nicht zuletzt dank ihrer verständnisvollen Ehemänner. Francesca beschrieb ihre schreckliche Ehe mit einem »klassischen Narzissten«, der sie misshandelt und manipuliert hatte. Inzwischen war sie getrennt und zog ihre beiden halbwüchsigen Kinder allein groß – etwas, was nie gewollt hatte. Während sie diese traurige Phase schilderte, beugten sich Maria und Anna zu ihr, schimpften auf ihren Ex und betonten, wie sehr sie darunter gelitten hätten, ihr nicht helfen zu können.

An diesem Punkt schlug ich vor, uns für einen Moment auf Francesca zu konzentrieren. Ich bat sie, die Augen zu schließen und mir zu sagen, was sie sah. Sie sagte: »Ein kleines Mädchen, ganz allein.«

»Was braucht dieses kleine Mädchen?«, fragte ich.

»Eine Umarmung.«

»Stell dir vor, dass du sie in den Arm nimmst«, sagte ich.

Unter Tränen sagte Francesca: »Mir geht es gerade nicht besonders gut … Ich sehe Maria, und dass sie eine Umarmung braucht.«

Diese einfache Übung zeigte, dass es für sie beinahe unmöglich war, Selbstmitgefühl aufzubringen: Sie war voll und ganz auf ihre Schwestern fixiert. Sie hielt inne, und in dem Moment spürte ich, wie eine Veränderung in ihr vorging, als sie dies erkannte. Schließlich sagte sie: »Es geht mir wirklich nicht gut. Ich bin so festgefahren! Ich müsste mich mehr um mich kümmern.«

Als wäre ein Damm gebrochen, sprudelte es aus ihren Schwestern hervor: »Ja, ja! Das musst du unbedingt!«

Anna erklärte, dass die Schwierigkeit für sie darin bestehe, nachzuempfinden, wie sehr ihre Schwestern gelitten hatten. »Wenn ich an euch denke, überkommt mich eine so große Traurigkeit. Ich habe euch sehr lieb. Ich habe unseren Vater kaum gekannt, und umso schlimmer finde ich das, was ihr durchgemacht habt.«

Francesca setzte zu einer Erwiderung an, fing sich dann aber und sagte: »Es war nicht in Ordnung. Es war scheiße.«

Ich fragte Francesca, was sie zu ihrem jüngeren Ich sagen würde. Sie schaute an die Decke, sprach langsam und strich sich die Haare zurück, als ob sie den Gedanken enthüllen wollte. »Dass du so unsicher bist, liegt daran, dass deine Eltern beide emotional nicht stabil genug waren, um sich um dich zu kümmern. Du brauchst nicht für alles die Verantwortung zu übernehmen. Es lag nicht an dir und daran, dass du nicht richtig funktioniert hast …« Sie fuhr fort: »Ich möchte ihr sagen: ›Du bist nicht verkehrt. Du bist in Ordnung, so wie du bist, du bist nur in einer schwierigen Situation.‹«

Ich spürte, wie sich die Anspannung löste, als Francesca erkannte, was sie seit Jahrzehnten bedrückt hatte. Mit geröteten Wangen und Tränen in den Augen schaute Maria ihre Schwestern liebevoll an und sagte: »Ava [ihre Tochter] hat mich gefragt: ›Wie war das damals, als dein Papa gestorben ist?‹, und ich habe ihr erzählt: ›Es war so ein Auf und Ab bei uns zu Hause – erst waren alle wahnsinnig lieb zu uns, zum Beispiel bei der Beerdigung, und danach kam die große Leere.‹ Ich hatte gehofft, dass wir auch nach seinem Tod ein liebevolles Zuhause haben würden, aber da hatte ich mich getäuscht …«

Anna sagte: »Es macht mich stinksauer, wenn ich das alles höre. Ich fühle mich so hilflos und wütend!« Ihr Zorn war umso heftiger, da sie ihre Schwestern so sehr liebte. Es war bewegend, mitzuerleben, wie sich die Frauen einander zuwandten, sich gegenseitig beruhigten und miteinander in Verbindung traten, wie sie der Tragödie mit Liebe begegneten und erleichtert waren, dass die Wahrheit ans Licht kam.

Suizidforschung ist belastend. Mehrere Studien haben gezeigt, dass die Wahrscheinlichkeit, dass Hinterbliebene ebenfalls Suizid begehen, höher ist als bei Menschen, die aus anderen Gründen Angehörige verloren haben. Auch besteht bei ihnen ein erhöhtes Risiko für diverse körperliche und psychische Erkrankungen. Dr. Alexandra Pitman vom University College London hat die Ursachen analysiert: Scham, die besonderen emotional-sozialen Belastungen durch den Suizid, die komplexe, unverarbeitete Trauer und das aus der Selbsttötung resultierende Trauma. Wenn Hinterbliebene allerdings ab dem Zeitpunkt des Todes und auch danach noch kontinuierliche Unterstützung erhalten, muss es nicht zu solchen Auswirkungen kommen. Tragischerweise hatte die Familie Rossi jedoch keinerlei derartige Hilfe erhalten.

Es lohnt sich, die eigene Familiengeschichte einer näheren Betrachtung zu unterziehen. Sind frühere Familienmitglieder durch Selbsttötung gestorben? Hat dies dazu geführt, dass innerhalb der Familie überdurchschnittlich häufig Alkohol- und Drogenabhängigkeit oder Depressionen auftraten? Sucht besitzt eine genetische Komponente, aber sie wird auch durch familiäre Verhaltensweisen mitbedingt, zum Beispiel, wenn einem vorgelebt wird, dass man Gefühle abblocken kann, indem man sie betäubt, sei es mit Alkohol oder durch Drogen. Solche Mechanismen werden über Generationen weitergegeben.

Da Sarah weiterhin nicht zu unseren Sitzungen erschien, konnten ihre Töchter offen über sie sprechen, auch wenn es immer noch schmerzlich für sie war. Sie schilderten, wie die Stimmung ihrer Mutter oft innerhalb einer Nanosekunde in Gereiztheit umschlug, besonders wenn sie gestresst war. Francesca erinnerte sich an einen Zwischenfall in ihrer Jugend: »Das Schlimmste war, als sie mir mit 15 eine solche Ohrfeige verpasst hat, dass ich eine Weile lang nichts sehen konnte. Ansonsten hat sie mich so gut wie nie geschlagen. Aber diese Wut … Ich weiß noch, dass ich dachte: ›Du kannst doch nicht einfach alle schönen Momente, die wir zusammen haben, kaputt machen. Das ist nicht in Ordnung.‹«

Ihre Schwestern nickten. Sie waren alle auf Zehenspitzen um ihre Mutter herumgeschlichen, aber für Francesca war es am schwierigsten gewesen. Sie fuhr fort: »Ich mag es nicht, wenn sie mich anfasst, weil ich weiß, dass ihr körperliche Nähe auch unangenehm ist … Ich schalte dann komplett ab, obwohl ich wünschte, es wäre nicht so.«

Ich erklärte den Schwestern, dass die mangelnde Impulskontrolle ihrer Mutter direkt mit dem Trauma zusammenhing. Durch die stumme und erschreckende Natur eines Traumas fällt es den Betroffenen schwer, ruhig zu bleiben, weil der Kampf-Flucht-Starre-Programm des Gehirns permanent läuft, was mit der Amygdala zusammenhängt, dem Feuermelder des Gehirns. Bessel van der Kolk, einer der weltweit führenden Psychologen auf dem Gebiet der Traumatologie, sagt, dass Menschen, die ein Trauma erlitten haben, dazu neigen, sofort vom Reiz zur Reaktion überzugehen, ohne die notwendige psychologische Bewertung der Bedeutung des Geschehens vorzunehmen. Dadurch hätten sie den Impuls, zu erstarren oder schon bei kleinen Provokationen überzureagieren und andere einzuschüchtern. Mit anderen Worten: Personen mit einer posttraumatischen Belastungsstörung (PTBS) haben durch unverarbeitete Erlebnisse ein hohes Maß an Stress abgespeichert und geraten in einen toxischen Kreislauf, in dem sie sich ständig bedroht fühlen, obwohl sie konkret keinen äußeren Gefahren ausgesetzt sind.

Wir waren uns einig, dass das nicht diagnostizierte Trauma der Mutter ihnen allen großen Kummer bereitet hatte. Wir hofften, dass die Therapie, die sie endlich erhielt, sie befreien und es ihr ermöglichen würde, in der Gegenwart zu leben, ohne dass die Ängste der Vergangenheit sie weiterhin quälten. Die Schwestern wünschten ihr, dass sie lernte, mehr Mitgefühl mit sich selbst zu haben.

Alle drei waren optimistisch. Francesca erzählte, sie habe kürzlich ein besseres Gespräch mit ihrer Mutter geführt als in den vergangenen Jahren.

Für Maria war es besonders wichtig, dass ihr eine ihrer Erinnerungen bestätigt wurde, die sie jahrzehntelang geplagt hatte: »Es gibt eine Sache, die immer wieder in mir hochkommt und ständig in meinem Unterbewusstsein lauert. Ich war noch klein, da hat eines Tages jemand seinen Finger in mich hineingesteckt. Ich wusste nicht, wie mir geschah, und ich habe die Sache jahrelang verdrängt. Nach der letzten Sitzung habe ich mich daran erinnert, dass ich auf einer Untersuchungsliege lag. Ich war allein. Ich habe mich gefragt, warum mir jemand so etwas hätte antun sollen? Ich war vollkommen durcheinander. Gott sei Dank hat mein Mann mich großartig unterstützt. Ich konnte mir die ärztlichen Unterlagen beschaffen, auf denen ›rektale Untersuchung‹ stand, aber das Erstaunliche war«, Tränen der Erleichterung liefen über ihr Gesicht, »dass Francesca sich an den Vorfall erinnerte. Sie sagte: ›Ja, Maria, da war irgendetwas mit deinem Po. Ich weiß noch, dass Mummy sauer war und sich um dich gekümmert hat, weil der Arzt das mit dir gemacht hatte. Sie musste hinter dem Vorhang warten, bekam nicht mit, was er mit dir anstellte, und konnte dich nicht beschützen.‹«

Francesca wiederholte, woran sie sich erinnerte, und es tat gut, die Erleichterung auf Marias Gesicht zu sehen, als sie sagte: »Ich weiß jetzt alles wieder ganz genau. Als sie ›Po‹ sagte, wusste ich, dass ich es mir nicht ausgedacht hatte. Ich konnte mich wieder ganz deutlich daran erinnern, und es ging mir auf einmal eine Million Mal besser. Puuuh, was für eine Erleichterung!« Das war eine kleine, aber eindrucksvolle Vignette, die zeigt, wie sehr unvollständige, beängstigende Erinnerungen die Betroffenen belasten können und wie heilsam es sein kann, wenn sie geklärt werden. Es ist das, was wir nicht wissen, das uns am Ende heimsucht. Wie hart die

Wahrheit auch sein mag, sie ist besser als eine Lüge oder Unwissenheit.

Zwischen den Terminen beschäftigte mich der Inhalt unserer Sitzungen, bei Geschichten traumatisierter Klienten und Klientinnen geht mir das öfter so. Als wir uns das nächste Mal trafen, äußerte ich die Vermutung, dass das Trauma, das der Suizid ihres Vaters hinterlassen hatte, immer noch in ihnen und in ihrer Mutter steckte. Sie hatten mir alle deutlich zu verstehen gegeben, dass ihr Alarmsystem schon bei der kleinsten Provokation auf Stufe Rot schaltete. Sie waren übermäßig wachsam, um Bedrohungen zu vermeiden, und hatten alle eine Vorgeschichte von Depressionen und Suchtverhalten. Ich war der Meinung, dass jede von ihnen eine EMDR-Therapie machen sollte, wobei EMDR für *Eye Movement Desensitization and Reprocessing* (Desensibilisierung und Verarbeitung durch Augenbewegung) steht. EMDR heilt traumatische Erinnerungen aus der Vergangenheit, indem es bei der Nachverarbeitung der damit verknüpften Ängste hilft. Die Therapie basiert physiologisch auf dem dualen Aufmerksamkeitssystem: Der Therapeut beziehungsweise die Therapeutin fordert ihre Klientel auf, ihrer Hand von links nach rechts zu folgen, während sie Fragen stellt. Dadurch wird unsere natürliche adaptive Verarbeitung eingeschaltet und unser gegenwärtiges Verständnis mit dem vergangenen Trauma verknüpft, wodurch neue Informationen aufgenommen und die alten Probleme gelöst werden können.

Anna war sofort einverstanden: »Ich habe mir eine ordentliche Dosis Therapie verdient!«

Maria und Francesca nickten eher zögerlich – und dann setzte sich Maria abrupt auf, als hätte es bei ihr Klick gemacht. Sie sagte: »Ich und ein Trauma! So habe ich mich nie gesehen.« Sie schaute auf ihre Hände, während sie sich an das sechsjährige Mädchen zurückerinnerte, das sie zum Zeitpunkt des Suizids gewesen war. »Ich glaube, wir spielen alles herunter, die ganze Zeit. Wir behaupten, es gehe uns gut. Aber es ist viel schwerwiegender, als wir es uns je eingestanden haben … Ich kann nichts mehr sagen, meine Stimme ist ganz zittrig. Wir müssen uns klarmachen, dass wir traumatisiert sind.«

Marias Schwestern schienen ihre Worte auf sich wirken zu lassen. Ich erklärte ihnen, dass die Therapie, die wir machten, wichtig war und gute Ergebnisse zeigte, aber dass EMDR ihr Leben völlig verändern würde. Diese Therapie würde ihnen helfen, die vielen dysfunktional gespeicherten Erinnerungen an den Tod ihres Vaters und seine Folgen zu heilen, die immer wieder ausgelöst wurden.

Ich fand, dass wir schon sehr viel erreicht hatten. Die Schwestern hatten eine kohärentere Sichtweise und ein besseres Verständnis für ihre verheerenden Erfahrungen gewonnen, was an sich schon heilsam war. Der nächste Schritt würde darin bestehen, dass sie eine andere Beziehung zu ihrem Vater entwickelten – und ich fragte mich, ob sie dazu bereit waren. Beim Umgang mit Tod und Trauer versuche ich, meinen Klienten und Klientinnen zu vermitteln, dass die oder der Verstorbene zwar nicht mehr körperlich anwesend ist und dass diese neue Realität betrauert werden muss, die Liebe zu der oder dem Verstorbenen jedoch erhalten bleibt – diese Liebe stirbt nie. Die Trauerexpertin Phyllis Silverman und ihre Kolleginnen und Kollegen haben dafür den Begriff *continuing bonds (fortgesetzte Bindungen)* geprägt.

Ich fragte die Rossi-Schwestern, ob es für sie infrage käme, ihrem Vater zu schreiben oder ein Ritual zu entwickeln, durch das sie sich an ihn erinnern und die Bindung zu ihm aufrechterhalten könnten. Sie könnten zum Beispiel einen Baum pflanzen oder etwas Symbolisches anschaffen oder herstellen, das ihn verkörperte, etwa ein Bild, einen Topf oder eine Skulptur. Sie sahen mich mit offenen Mündern an. So etwas hatten sie noch nie in Erwägung gezogen, und zunächst sträubten sie sich dagegen. Anna, der die Tränen über das Gesicht liefen, antwortete zuerst: »Während ich Ihnen zugehört habe, wurde mir klar, dass ich mich nicht wie seine Tochter fühle. Ich habe nicht das Gefühl, einen Vater zu haben. Ich konnte nie eine Beziehung zu ihm aufbauen. Ich war nicht anwesend in seinem Leben. Ich habe nicht das Gefühl, dass ich einen Anspruch auf ihn habe. So zu denken ist mir völlig fremd.«

Maria hob die Arme und warf ein: »Was sollte ich denn auf so ein Moodboard kleben? Wir haben jede genau fünf Fotos von ihm, ansonsten rein gar nichts. Ich glaube nicht, dass ich irgendeine Beziehung zu ihm habe, und ich weiß auch nicht, ob ich eine haben will.«

Ich fühlte ihren Zorn und war erleichtert, dass sie ihn zum Ausdruck bringen konnte.

Francesca reagierte gefasster und versuchte, ihre jüngeren Schwestern zu trösten. »Mir geht es ähnlich«, sagte sie. »Aber er war dein Daddy. Er hat mit dir gespielt, dich im Arm gehalten und so weiter. Er sprach oft von seinen drei Mädchen. Ich weiß, dass er in seinen letzten Jahren sehr distanziert war.« Als ich sie dann aufforderte, über ihre eigenen Gefühle zu sprechen, biss sie sich auf die Unterlippe. »Ich bin zutiefst aufgewühlt. Ich habe das nie so gesehen, dass ich bis heute eine Beziehung zu ihm habe – ich dachte, die endete mit seinem Tod. Es wäre interessant, eine Beziehung unter Erwachsenen zu ihm auszuprobieren.« Sie wandte ihr Gesicht von der Kamera ab und fuhr fort: »Für mich ist meine Beziehung zu ihm gestorben, als er starb.«

Wir alle seufzten. Eine bewegende Erkenntnis, Die einzige Beziehung, die Francesca zu ihrem Daddy hatte, war die zum abwesenden Vater – eine Beziehung, die etwas Verbittertes besaß. Als ich Francesca darauf ansprach, stimmte sie zu, legte die Hand unters Kinn und fuhr ruhiger fort: »Ich hätte gern eine erwachsene Beziehung zu meinem Vater, eine distanzierte, undramatische, aus meiner Perspektive als Erwachsene und ohne das Trauma.«

Ihre Schwestern lachten leicht hysterisch und sagten: »Igitt!« Doch ich sah ihnen an, dass die Vorstellung sie bewegte, die Beziehung zu ihrem Vater über den Tod hinaus weiterzuführen, und ich war gespannt, wohin das führen würde.

Nicht nur fiel es den Töchtern leichter, sich zu äußern, wenn ihre Mutter nicht dabei war, sondern dasselbe galt wahrscheinlich auch für Sarah. Ich kontaktierte sie, um mich zu erkundigen, wie es ihr ging. Die Sitzungen mit ihren Töchtern seien zu anstrengend für sie gewesen, erklärte sie mir. Die starken Emotionen hätten eine heftige körperliche Reaktion hervorgerufen. Ich hatte mir vorgenommen, mit ihr gemeinsam eine Brücke zu meiner Arbeit mit ihren Töchtern zu schlagen und in Erfahrung zu bringen, zu welchen Erkenntnissen sie in der Zwischenzeit gelangt war.

Ich erfuhr, wie schlimm die ersten Jahre nach dem Verlust aus ihrer Sicht gewesen waren: ihre untröstliche Trauer, ihre verzweifelte Einsamkeit, die Scham über Matteos Suizid sowie der enorme Stress als Alleinerziehende mit Vollzeitjob. Hinzu kamen die Geldsorgen und der Versuch, »die Vergangenheit zu verdrängen, damit ich weitermachen konnte«. Sie hatte sogar ebenfalls daran gedacht, selbst ihr Leben zu beenden. Mir fiel auf, dass das, was Sarah durchmachte, zwar einzigartig war, es aber auch Parallelen zu den Erfahrungen ihrer Töchter gab.

Sarah stieß ein etwas zynisches Lachen aus, als sie erklärte, dass sie »blind für das absolut Offensichtliche« gewesen sei, bis ich ihren Töchtern klargemacht habe, dass sie traumatisiert seien. Mit rauer Stimme fügte sie hinzu: »Ich dachte, ich hätte das alles verarbeitet, aber womöglich habe ich mich geirrt.« Mit ihrer Therapeutin, so erzählte sie mir, mache sie gute Fortschritte, indem sie sich nach und nach mit ihren traumatischen Erinnerungen auseinandersetzte. Obwohl sie es nicht ertragen konnte, von »ihren Mädchen« direkt kritisiert zu werden, bereute sie vieles. »Ich weiß, was ich falsch gemacht habe, und ich wünschte, ich hätte anders gehandelt! Es belastet mich, dass ich ihnen Angst gemacht habe, dass ich so reizbar war. Ich wünschte, ich hätte mehr mit ihnen geredet, hätte Geburtstage und Jahrestage gefeiert und wäre offener gewesen. Ich wäre gern eine gelassene, besonnene, lustige Mutter und Großmutter, aber das bin ich einfach nicht.«

Ihre Ehrlichkeit war beeindruckend. Es ist schwer, unsere Fehler als Eltern zuzugeben, aber auch wichtig, dass wir es wagen, wenn wir eine gesunde Beziehung zu unseren erwachsenen Kindern entwickeln wollen. Alle hatten einen hohen Preis für Matteos Tod gezahlt und zwangsläufig hatte Sarah diejenigen, die sie am meisten liebte, am meisten verletzt.

Wir alle halten uns als Eltern für defizitär, solange wir uns an eine Idealvorstellung klammern. Ich erinnerte Sarah daran, dass ihre Töchter außergewöhnliche, wunderbare Frauen waren, und zwar nicht zuletzt aufgrund ihrer Erziehung. Und daran, dass es noch nicht zu spät war, die Fehler der Vergangenheit einzugestehen und die Zukunft dadurch zum Positiven zu beeinflussen. Ihre Töchter hatten nicht die Absicht, sie abzustrafen; sie wollten lediglich erreichen, dass sie mit ihrer Mutter über Konflikte reden konnten und sie nicht mit Samthandschuhen behandeln mussten.

Sie fragte mich, wie das funktionieren solle, und sagte: »Meine hochgezogene Augenbraue ist nun mal mein Markenzeichen …« Ich erklärte ihr, dass es nie auf die Konflikte ankomme – die sich unvermeidlich einstellen –, sondern auf die Fähigkeit, sie anschließend beizulegen. Das sei der springende Punkt. Sarah verstand, was ich meinte. Mit leuchtenden Augen erinnerte sie sich an eine Situation in der Woche zuvor, als Anna und sie sich ein wenig gekabbelt hatten. Aufgeregt sagte sie: »Aber dann haben wir uns hingesetzt und darüber geredet, und ich habe mich entschuldigt, und sie hat gesagt, es tue ihr leid, dass sie so ungeduldig gewesen sei. Dann war es sofort wieder gut!« Sarah stieß einen Seufzer aus, als hätte sie endlich eine Karte für das fremde Gebiet erhalten, in das sie vor Jahrzehnten gestoßen worden war. Endlich konnte sie den richtigen Weg ausmachen, benennen, was schiefgelaufen war, erklären, was dies bedeutete, sich entschuldigen, wenn sie andere dadurch verletzt hatte und sich liebevoll mit den anderen versöhnen. Ich erinnerte sie daran, dass eine Wiederannäherung Zeit braucht: Sie lässt sich nicht überstürzen.

Als wichtigen Wegweiser auf dem Pfad zu einer neuen Beziehung zu ihrem toten Vater bat ich Matteos drei Töchter, eine Beschreibung von ihm zu verfassen. Nachdem alle einzeln daran gearbeitet hatten, stellte Anna ihre als Erste vor: »Ich habe das aufgeschrieben, worüber wir in Bezug auf unseren Vater gemeinsam gesprochen haben und was wir, wenn möglich, bewahren wollen. Für uns geht es vorrangig um die Ereignisse, die erklären, was mit ihm geschehen ist, aber auch darum, den Menschen zu ehren, der er war, und zu beleuchten, warum das Schreckliche passiert ist.«

Sie einigten sich auf Folgendes:

»Daddy hatte eine sehr einsame Kindheit, sein Vater war ständig beruflich unterwegs.

Seine Kindheit war darüber hinaus altmodisch und hart. An ihn als einzigen Sohn wurden hohe Erwartungen gestellt – das war eine Last, an der er immer schwer zu tragen hatte.

Er wurde Polizeibeamter, bestand seine Prüfungen während der Ausbildung mit Bravour und hatte eine glänzende Zukunft vor sich. Er hatte einen scharfen Verstand, war schlagfertig, gesellig und fröhlich, obwohl er im Grunde seines Herzens ein romantischer Softie war.

Trotz alledem belasteten ihn seelische Probleme, die durch seine Erfahrungen bei der Polizei noch verstärkt wurden, wobei einige einschneidende Erlebnisse im Dienst zu einer PTBS führten. In einer Zeit, in der man über psychische Belastungen und Sucht nur wenig wusste, wuchs ihm das alles über den Kopf und er nahm sich aufgrund der finanziellen Probleme und seiner Alkoholabhängigkeit das Leben.«

Sie lasen es mir vor, stolz und unter Tränen. Endlich hatten sie eine Erzählung, der sie vertrauten und an die sie glaubten. Sie enthielt alle wichtigen Elemente: die Wurzeln der psychischen Probleme ihres Vaters, die Ereignisse, die sie verschlimmerten, seine Intelligenz, seinen Humor, seine fröhliche Art und wie es dazu kam, dass er als Mann in dieser Zeit nicht die Hilfe bekam, die er so dringend gebraucht hätte. Es war ein wichtiger Meilenstein in ihrer sich entwickelnden und verändernden Beziehung zu ihm. Ich war berührt von ihrer Courage.

Ein Arbeitskollege, mit dem ich über den Fall sprach, wies darauf hin, dass das Schreiben dieses Briefes dazu beigetragen habe, ihre Sichtweise auf ihren Vater zu verändern. Meine Arbeit mit ihnen hatte sich auf ihren eigenen Schmerz und ihr Leiden konzentriert, auf ihr Gefühl, dass er sie nicht genug geliebt habe, dass sie nicht wertvoll genug gewesen waren, als dass er ihretwegen hätte am Leben bleiben wollen. Durch das Verfassen dieser Erzählung hatten sie eine neue Position eingenommen, die es ihnen ermöglichte, seinen Suizid deutlicher aus seiner Perspektive zu sehen anstatt nur aus ihrer kindlichen Sicht. Sie erkannten, in welchem Maß seine Selbsttötung mit einer längeren Geschichte von Lebensereignissen zusammenhing, von denen viele nichts mit ihnen zu tun hatten, und das half ihnen, diese – und ihn – mit Mitgefühl zu betrachten. Indem sie diese Geschichte gemeinsam aufschrieben, befreiten sie sich aus der Perspektive des verletzten Kindes, in der ihre Erinnerungen an ihn verwurzelt waren. Wenn wir uns eine andere Geschichte erzählen, fühlen wir uns auch anders.

Was ich hier aufgeschrieben habe, bin ich mit allen vier Rossi-Frauen durchgegangen und in unserer weiteren Arbeit haben wir uns immer wieder darauf bezogen. So gehe ich nur mit Klienten und Klientinnen vor, über die ich etwas veröffentliche. Meiner Erfahrung nach kann ihnen das Lesen über ihren eigenen Prozess zu einer Katharsis verhelfen und zu einer Heilung beitragen, da sie erkennen, wie sehr sie »gesehen« und verstanden wurden. Es war für sie alle schwer zu verdauen, und sie mussten sich Zeit nehmen, um ihren Prozess individuell und gemeinsam zu verarbeiten.

Sarah kehrte wieder zu unseren gemeinsamen Sitzungen zurück. An der Art, wie sich die Frauen begrüßten und anlächelten, erkannte ich sofort, dass die Beziehungen zwischen ihnen liebevoller geworden waren. Es schien weniger Spannungen zu geben. Sie hatten sich getroffen, um zu besprechen, was ich geschrieben hatte, und das war nützlich gewesen. Ich zollte ihnen meinen Respekt für ihren Mut, sich dem zu stellen.

Sarah sprach zuerst: »Für mich war das Schlimmste, dass ich Francesca geschlagen habe. Ich kann mich überhaupt nicht daran erinnern, was an sich schon schrecklich ist. Ich bin entsetzt! Ich habe Francesca um Verzeihung gebeten. Mein Verhalten ist unentschuldbar, und ich bin schockiert darüber.« Sie schlug die Hände ineinander und ließ ihren Tränen freien Lauf, während sie sich an andere Situationen erinnerte, in denen sie ihre Kinder nicht unterstützt hatte. Beschämt und wütend über ihre Unfähigkeit, mit gewissen Schwierigkeiten umzugehen, biss sie sich in den Daumen und sagte schließlich zu ihren Töchtern: »Ihr drei seid der Mittelpunkt meiner Welt, aber ich habe versagt. Euer Leben war außerordentlich hart, und das tut mir leid.«

Ich reflektierte darüber, wie schwer dieses Eingeständnis für sie sein musste. Ihre Töchter waren zu Tränen gerührt und umarmten sie mit warmen Worten. Sarah fuhr fort, sie sei »dankbar für die Gelegenheit, es euch sagen zu können, weil ich euch liebe«.

Alle drei Töchter erwiderten, dass sie das nie bezweifelt hätten. Mit neuer Energie straffte Sarah den Rücken. »Es ist schon eine große Erleichterung. Aber wir hätten das ein paar Jahrzehnte früher gebraucht.« Sie sagte: »Francesca hat mir eine lange Strickjacke geschenkt und mir gesagt, ich solle sie als Umarmung von ihr betrachten. Die ziehe ich jetzt an und esse einen Schokoladenriegel.«

Ich freute mich darüber, dass sie jetzt offenbar mehr Selbstfürsorge für sich aufbrachte, anstatt ständig auf sich herumzuhacken und nicht gut mit sich umzugehen.

Dann erzählte sie von etwas, an das sie sich mit Stolz erinnerte: Kurz nach Matteos Tod war sie mit ihren drei kleinen Mädchen zum Blumenladen gegangen. Sie hatten Blumen ausgesucht, und Sarah hatte jede Tochter ermutigt, ihrem Vater einen kleinen Brief zu schreiben. Erleichtert tippte sie die Fingerspitzen aneinander und sagte: »Und ich habe sie noch.« Ihre Töchter nickten herzlich und sagten einvernehmlich, es sei tolle Sache gewesen, die sie da gemacht habe. Es war ihnen nicht leichtgefallen, ihre Mutter zu kritisieren, und jetzt freuten sie sich darüber, sie für ihre Stärken loben zu können.

Sarah fuhr fort und sprach jetzt für sie alle: »Wir haben uns vorgenommen, als Familie offener und ehrlicher miteinander umzugehen. Das ist ein weiterer Schritt voran, und wir erhoffen uns davon, nicht mehr so angespannt zu sein und uns miteinander wohlzufühlen. Ich habe mich vorher nicht getraut, mit jemandem zu reden. Ich wusste nicht, was ich sagen sollte, oder befürchtete, ich sei dumm. Ich dachte, niemand würde mir zuhören. Aber dass wir das jetzt erreicht haben, ist wunderbar! Ich traue mich jetzt, offen zu sprechen. Das doch eine ganze Menge, oder?«

Ich fragte ihre Töchter, wie es ihnen damit gehe. Sie dachten lange nach und ließen das Neue auf sich wirken. Sie waren sich einig, dass ihre Mutter mit mehr Selbstvertrauen über ihre Gefühle sprach und dass sich die Dynamik zwischen ihnen zum Positiven zu verändern begann. Anna sagte schließlich: »Es tut gut, über das alles zu reden und in Worte zu fassen, was früher unausgesprochen zwischen uns stand. Für uns bedeutet das, dass wir von jetzt an konstruktiver und natürlicher miteinander reden können.«

Maria fügte lächelnd hinzu: »Mit geht es viel besser. Ich habe inzwischen das Gefühl, dass unsere Gespräche angenehmer und entspannter ablaufen können und wir zunehmend davon profitieren.«

Francesca, die im Dunkeln saß, so müde von der Arbeit und dem Leben, dass sie noch nicht einmal das Licht eingeschaltet hatte, hörte sich dennoch sehr liebevoll an, als sie das Schlusswort sprach: »Es war unglaublich! Es ist so viel passiert! Wir sitzen alle mit unserem eigenen Haufen von Puzzlestücken da, und indem wir miteinander sprechen, fügen wir sie zu einem gemeinsamen Bild zusammen. Das ist wirklich heilsam!«

Unsere Arbeit neigte sich ihrem natürlichen Ende zu, als die Frauen in eine neue Phase eintraten. Sie hatten sich vorgenommen, eine individuelle Traumatherapie mit einer EMDR-Therapeutin zu machen und ihren Heilungs- und Entwicklungsprozess individuell fortzusetzen, während sie ihre veränderten Beziehungen zueinander und zu Matteo verarbeiteten. Ihr Weg würde schmerzlich und steinig werden, aber ihr solides Fundament verlieh mir die Zuversicht, dass sie sowohl individuell als auch als Familie von alldem profitieren würden. Auch ich hatte eine bereichernde Erfahrung durch die Arbeit mit ihnen machen dürfen.

Das Leben aller vier Rossi-Frauen war von einem Trauma überschattet, das viel zu lange nicht thematisiert worden war. Obwohl die Tabus, über psychische Probleme und Suizid zu sprechen, zum Glück nicht mehr so ausgeprägt sind wie zu der Zeit, als Matteo sich das Leben nahm, kommt es weiterhin nicht selten vor, dass Familien schweigen oder zumindest nicht genug über vergangene Traumata sprechen, in der irrigen Hoffnung, dass die Zeit alles heilen werde.

Doch Zeit ohne den Sauerstoff der Kommunikation kann weiteren Schaden anrichten. Das »Wegschauen« birgt große Gefahren.

Jedes Gefühl will wahrgenommen werden, unterdrückte Gefühle gären und werden mit der Zeit immer giftiger. Im Vakuum gedeihen Fantasien und destruktive Bewältigungsmechanismen. Die Folgen sind bei jedem Menschen anders, aber bestimmte Muster tauchen immer wieder auf: Suchtverhalten und mangelnde Impulskontrolle, die Unfähigkeit, anderen zu vertrauen oder gesunde Beziehungen einzugehen, Sprödigkeit und Starrheit.

Es ist nie zu spät, sich dem Schmerz der Vergangenheit zu stellen. Es erfordert jedoch großen Mut. Schweigen errichtet ein Gefängnis, doch behutsames Aufschließen setzt neue Energie für das Leben frei.

Holocaust-Trauma

Wie können Familien über Generationen hinweg die Angst besiegen?

Familie Berger

Die Bergers waren ultraorthodoxe Juden, die in Manchester lebten. Die Älteste in der Familie war die 91-jährige Kati, eine aus Ungarn stammende Holocaust-Überlebende. Ihr Ehemann Isaac, der 30 Jahren zuvor gestorben war, hatte ebenfalls den Holocaust überlebt. Ich arbeitete mit vier Generationen der Familie Berger, nämlich mit Kati, ihrer Tochter Anna, 66, Annas Tochter Rebecca, 47, und Rebeccas Tochter Dina, die 25 Jahre alt war und selbst eine kleine Tochter, Leah, hatte. Es war eine seltene und wertvolle Gelegenheit, mit so vielen Generationen einer Familie arbeiten und sich ein Bild davon machen zu können, was von Generation zu Generation tradiert wird.

Stellen Sie sich vor, Vertreterinnen von fünf Generationen Ihrer eigenen Familie vor sich zu sehen. Das ist aufregend, ja, fast unbegreiflich, oder? Ich staunte jedenfalls, als ich mir das Foto der fünf Berger-Frauen ansah. In der Mitte, klein, aber fröhlich lächelnd, stand Kati, Mutter, Großmutter, Urgroßmutter und mittlerweile Ururgroßmutter von Leah, die in den Armen von Anna, ihrer Urgroßmutter und Katis ältester Tochter, schlief. Anna, mit rabenschwarzem Haar, braunen Augen und sorgfältigem Make-up schaute glücklich in die Kamera. Hinter ihr, ebenfalls stolz lächelnd, stand Rebecca, schlank, das lange kastanienbraune Haar mit einem Schal zurückgebunden. Sie hatte den Arm um ihre Tochter Dina gelegt, Katis Urenkelin. Dina war größer als ihre Mutter, sah ein wenig blass aus und hatte einen schüchternen

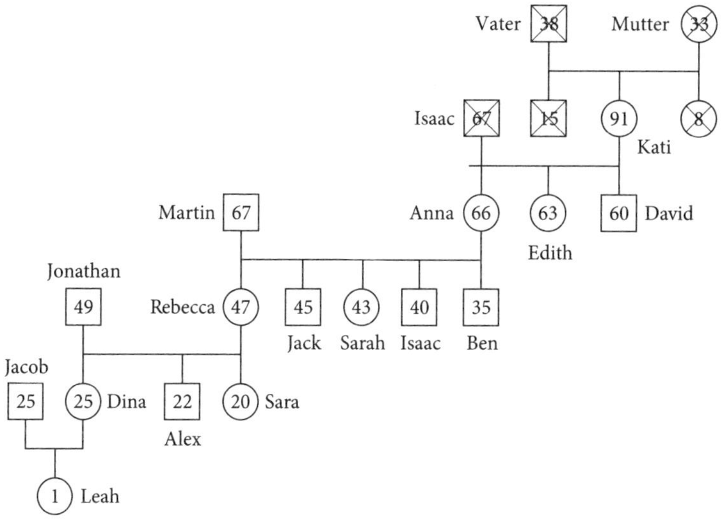

Blick in den haselnussbraunen Augen. Ich hätte sie auf ungefähr 16 geschätzt, jedenfalls sah sie keineswegs alt genug aus, um Leahs Mutter zu sein. Sie waren alle schlicht gekleidet, hauptsächlich schwarz, bis auf einen weißen Kragen oder eine bestickte weiße Bluse mit schwarzem Saum, und alle trugen Perlenohrringe. Dem Hintergrund nach zu urteilen war das Foto auf einer Feier entstanden: Gruppen von Männern saßen an Tischen, elegant in Anzüge gekleidet und mit Kippa auf dem Kopf. Die Frauen lachten amüsiert, als ich ihnen später erzählte, dass mir gar nicht aufgefallen war, dass sie Perücken trugen.

Normalerweise wenden sich Einzelpersonen oder Familien an mich, weil ein problematisches Ereignis eine Krise in ihrem Leben ausgelöst hat und sie meine Unterstützung brauchen, um damit fertigzuwerden. Das war bei der Familie Berger nicht der Fall. Stattdessen hatte ich mich an sie gewandt: Ich hatte eine Anzeige auf der Website einer jüdischen Organisation geschaltet, in der ich fragte, ob eine orthodoxe jüdische Familie bereit wäre, zu diesem Buch beizutragen. Ich hoffte, dass die Zusammenarbeit mit ihnen mir einen Zugang zu einer anderen Kultur eröffnen würde, zu einer Gemeinschaft, die außerhalb der modernen Gesellschaft zu leben schien.

Doch es gab auch einen persönlichen Grund für mein Interesse. Mein Mann ist Jude, und seine jüdische Identität macht einen zentralen Bestandteil seiner Persönlichkeit aus. Dies hat mein Interesse an der jüdischen Geschichte, dem Leben, den Menschen und der Kultur noch verstärkt. Ich weiß nur zu gut, dass Vorurteile in Unwissenheit gedeihen und Unterschiede Aggressionen auslösen können. Umgekehrt gilt: Je mehr wir übereinander wissen, desto mehr Gemeinsamkeiten entdecken wir und desto mehr Empathie und Verständnis empfinden wir füreinander. Ich vertraute darauf, dass meine Beziehung zur Familie Berger therapeutisch und tiefgehend sein würde, auch wenn sie nicht auf vertraglicher Basis stattfand. Und auch darauf, dass sie die heilende Kraft entwickeln würde, die darin liegt, dass jemand einfach zuhört, während man seine Geschichte erzählen kann. Ich war der Überzeugung, dass es für uns alle eine Bereicherung sein würde, wenn wir uns füreinander öffneten und uns über unsere Leben austauschten.

Der dunkle Schatten des Völkermordes lastet bis heute auf den Schultern zahlreicher Jüdinnen und Juden. Für sie ist der Holocaust keineswegs ein abgeschlossenes Kapitel: Er endete nicht 1945, sondern lebt weiter, eingebettet in das kollektive Gedächtnis der Familien der Überlebenden und auch in der erweiterten jüdischen Gemeinschaft. Ich war gespannt darauf, wie viel davon in der Familie Berger wachgehalten worden und was in Vergessenheit geraten war, worüber man leicht sprechen konnte und was tabu war. Da die jüdische Gemeinschaft für ihren Familiensinn bekannt ist, hoffte ich, die Kernelemente ausmachen zu können, die die Basis für stabile und glückliche Familien bilden.

Zu meiner Freude meldete sich Rebecca bei mir, eine Arzthelferin mit Interesse an Psychologie, und erkundigte sich näher nach meinem Projekt. Sie schlug ihrer Familie vor, daran teilzunehmen, und nachdem sie sichergestellt hatten, dass es sich nicht um eine Therapie handelte, freuten sie sich darauf, mich kennenzulernen. Es ist schon merkwürdig, dass das Wort »Therapie« für viele Menschen ein Hindernis darstellt, während »Gespräche« weniger bedrohlich klingt. Ich glaube, es gibt irgendeine mythische Vorstellung davon, dass Therapeutinnen oder Therapeuten in den Kopf ihrer Klientel eindringen und sie irgendwie zwingen können, sich mit Dingen auseinanderzusetzen, die sie nicht wissen wollen. Nichts liegt mir ferner: Mir ist es wichtig, eine vertrauensvolle Beziehung zu meinen Klientinnen und Klienten aufzubauen, sodass sie sich bei mir sicher fühlen und in ihrem eigenen Tempo herausfinden können, was sie verarbeiten müssen – oder auch nicht.

Kati war 14, als ihre Familie in Auschwitz aus den Waggons getrieben wurde, und noch immer, 77 Jahre später, konnte sie sich mit erschreckender Klarheit an jedes Detail erinnern. »Sobald wir aus den Waggons ausgestiegen waren, wurde meine Großmutter, die das Einzige trug, was sie von zu Hause mitgebracht hatte, nämlich ihr Leichentuch, zusammen mit einigen anderen alten Menschen auf einen Lastwagen verladen. Ich habe sie nie wiedergesehen.«

Kati sprach leise, und man hörte ihrem Akzent ihre ungarische Herkunft noch an, obwohl sie schon seit über 70 Jahren in England lebte. »Am Bahnhof von Auschwitz wurden Männer und Frauen getrennt, und wir mussten auf Mengele zugehen [der als Todesengel bekannte Nazi-Arzt, der hauptsächlich die ›Selektion‹ durchführte und entschied, welche der ankommenden jüdischen Menschen direkt in die Gaskammern kamen; er war später für seine grausamen Experimente an Menschen berüchtigt]. Ich ging mit meiner Mutter, meiner Schwester und meinem Bruder auf ihn zu. Mengele sagte zu ihnen, sie sollten nach links gehen, und er sagte zu mir, ich solle nach rechts gehen. Ich rannte hinter meiner Mutter her. Ich wollte bei ihnen bleiben. Er stieß mich zurück nach rechts.«

Ihre Stimme zitterte kaum, als sie erzählte, was an diesem Tag geschehen war. »Ich erinnere mich, dass er, als er uns auswählte, auf meine Knöchel schaute. Vielleicht wollte er sehen, ob ich stark bin. Ich war 14 Jahre alt, sehr groß – ich sah nicht so jung aus. Die Leute, die uns aus den Waggons holten, hatten mir eingeschärft, ich solle sagen, ich sei 16 oder 17. Ich sagte immer wieder: ›Ich bin 16.‹ Aber Mengele fragte mich nicht nach meinem Alter.« Kati hielt inne, sammelte kurz ihre Gedanken und fuhr dann fort: »Ich habe ein Buch gelesen, in dem jemand genau das gesagt hat: Mengele hat die Menschen nach ihrer Stärke selektiert. Und ich habe keine schmalen Knöchel oder so.«

Wieder schwieg sie einen Moment lang. »Es ist unfassbar, unmöglich zu verstehen. Als wir in der Baracke ankamen, sagte ich: ›Meine Mutter hat mir gesagt, dass wir uns in zwei Wochen wiedersehen‹, und ein polnisches Mädchen sagte: ›Deine Mutter ist im Rauch.‹ Sie hatte recht: Meine Mutter, meine Schwester und mein Bruder starben innerhalb kurzer Zeit. Wir waren nicht viele in meinem Alter. Wir blieben zusammen und teilten alles.«

Kati war noch ein Teenager, als ihre gesamte Familie ermordet wurde. Bevor wir uns trafen, war ich davon ausgegangen, dass sich dieses Trauma irgendwie in der Familie äußern würde. Ich saß ihnen als erfahrene Zuhörerin gegenüber, die ihre Geschichte kennenlernen wollte, und ich hatte mir erhofft, dass das Reden über die Vergangenheit hilfreich für sie sein würde. Ich hatte jedoch nicht geahnt, wie erschütternd es sein würde, ihnen zuzuhören.

Zahlreiche Forschungsarbeiten zeigen, dass Überlebende des Holocausts zwar nicht oft über ihre Erfahrungen sprechen, ihr Leid aber über Jahrzehnte hinweg weitergegeben wird – ein generationenübergreifendes Trauma. Die Forschung dokumentiert zwei Muster der Weitergabe von Überlebenden an ihre Kinder. Das erste zeigt sich in den psychischen Krankheiten, an denen die Überlebenden aufgrund ihrer Erfahrungen leiden, darunter Schizophrenie, Depression, Angstzustände und Paranoia. Diese Krankheiten werden direkt an die Kinder weitergegeben, und zwar auf die gleiche Weise, wie sich alle psychischen Störungen der Eltern auf die nächste Generation auswirken: emotionale Distanz, ein Mangel an verlässlicher Liebe, an Geborgenheit und Zuneigung, die die Kinder brauchen, sowie regelmäßige familiäre Unstimmigkeiten oder Gewalt. Das andere Muster der sekundären Übertragung ergibt sich aus dem anhaltenden Leiden der Eltern, durch das sie nicht in der Lage sind, ausreichend effektiv zu funktionieren, um »gut genug« für ihre Kinder zu sein. Möglicherweise sind sie ihrem Kind gegenüber intolerant oder unempathisch, wenn es in irgendeiner Form leidet. Geschieht dies wiederholt und über einen längeren Zeitraum, erlebt das Kind das Verhalten seiner Eltern als Vernachlässigung oder Entbehrung.

Einige Forschungsergebnisse deuten darauf hin, dass ein Trauma bereits im Mutterleib epigenetisch weitergegeben wird. Dr. Rachel Yehuda, eine Pionierin auf diesem Gebiet, schrieb 2016: »Die Studie sagt aus, dass wir auf vielfältige Weise auf unsere Umgebung reagieren, was lang anhaltende, verändernde Auswirkungen haben kann. Infolgedessen kann das, was unseren Eltern oder vielleicht sogar unseren Großeltern oder früheren Generationen widerfahren ist, dazu beitragen, uns auf einer grundlegenden molekularen Ebene zu formen, welche unsere Verhaltensweisen, Überzeugungen, Stärken und Schwächen beeinflusst.« Es handelt sich dabei nicht um eine spezifisch »jüdische« Studie bzw. ein spezifisch »jüdisches« Problem: Das Phänomen wird sich an Familien von Überlebenden des 11. Septembers ebenso beobachten lassen wie an jenen von Soldaten und Soldatinnen, die in Kriegen und Krisenherden eingesetzt waren. Das hat weitreichende Konsequenzen.

Ich hatte mir ausgemalt, dass ich die vielen verschiedenen Formen erkennen würde, in denen die schlimmen Ereignisse aus der

Vergangenheit noch heute in der Familie Berger lebendig waren, obwohl sie kein aktuelles Problem hatte. Vor unserem Treffen hatte ich mich angespannt gefühlt und befürchtet, dass das Gespräch über ihre Erlebnisse in Auschwitz und Bergen-Belsen die Wunden des Traumas wieder aufreißen könnte. Hinter meiner Verlegenheit verbarg sich meine eigene Angst vor dem Unerträglichen, das Kati mir erzählen würde. Doch die alte Dame beruhigte mich und lächelte mich auf dem Bildschirm strahlend an: Ich könne sie alles fragen. Manche Überlebenden, so auch Katis Ehemann, sprachen nie über den Holocaust. Katis Gelassenheit war außergewöhnlich angesichts der Schrecken, die sie beschrieb. Während sie sprach, weinten ihre Tochter Anna und ihre Enkelin Rebecca und tupften sich die Augen mit Taschentüchern ab. Kati war kleiner als sie, aber sie hatte ein unglaubliches Charisma und die Art, wie sie mich unverwandt ansah, war zutiefst beeindruckend.

Sie fuhr fort: »Mein Vater hat im Krematorium gearbeitet. Diese Leute wurden immer nach einer gewissen Zeit umgebracht. Er war sehr mutig und gehörte zu einer Gruppe, die versuchte, das Krematorium mit Munition in die Luft zu sprengen. Er wurde erschossen.«

Ich sah dieses junge Mädchen vor mir, dessen gesamte Familie ermordet worden war, an einem Ort, der einzig und allein dazu bestimmt war, ihre gesamte Glaubensgemeinschaft zu vernichten. Ich konnte mir nicht vorstellen, woher in aller Welt sie die Kraft zum Überleben genommen hatte, und fragte sie danach. Kati antwortete schlicht: »Es ist ein Wunder. Ich denke, wenn ich verheiratet gewesen wäre und Kinder gehabt hätte, wäre es unmöglich gewesen. Wenn deine Kinder ermordet werden, wird einem der Grund zum Leben genommen. Wenn man jung ist, will man leben.«

Ich fühlte mich wie betäubt. Ich saß in meinem warmen Büro, ohne jemals in einer lebensbedrohlichen Situation gewesen zu sein, und ich hörte ihr zu, doch mir war klar, dass ich niemals würde verstehen können, was sie durchgemacht hatte. Bemerkenswerterweise hatte sie nicht nur Auschwitz überlebt, sondern auch die unvorstellbaren Qualen, die auf die Evakuierung folgten. »Die Russen kamen näher und bombardierten uns. Die Nazis hatten Angst, dass die Russen uns befreien würden, also ließen sie uns sechs Wochen lang marschieren«, erklärte sie. »Das war der Todesmarsch. Sehr viele von uns sind gestorben. Wir haben in Scheunen geschlafen. Ich war sehr schwach. Manchmal bekamen wir eine kleine Kartoffel, ein wenig Wasser. In der Fabrik, in der ich Granaten befüllte, war ein tschechisches Mädchen, das mir immer ein bisschen zu essen abgab. Dann war Weihnachten. Die Leute, die für uns zuständig waren, trugen Zivilkleidung, keine Nazi-Uniformen. Manchmal brachten sie einen kleinen Kuchen mit. Ich war noch sehr jung, und jede Kleinigkeit, die wir zusätzlich bekamen, half uns. Ich war entschlossen, bis zum Ende durchzuhalten. Das hat mir geholfen, zu überleben.«

Anna ergänzte Katis Bericht um ihre eigenen Erfahrungswerte: »Auf einer Reise durch Polen, auf der ich historische jüdische Stätten besuchte, erfuhr ich, dass manche Häftlinge ein schweres Rad drehen mussten und sie hart schufteten, bis man ihnen klarmachte, dass sie es vollkommen umsonst drehten. Sobald sie wussten, dass das, was sie taten, sinnlos war, starben sie. Etwas zu haben, nach dem man am Ende des Tunnels Ausschau halten kann, schafft einen Sinn, sogar in einem Konzentrationslager, aber sich für buchstäblich nichts zu schinden, ist seelenzerstörend. Man sieht es an meiner Mutter: Sogar das Füllen von Granaten war eine sinngebende Tätigkeit.«

Neben dem Gefühl der Sinnhaftigkeit schien mir die Hoffnung, so gering sie auch sein mochte, der Schlüssel zu Katis Überleben gewesen zu sein. Ich bemerkte auch, dass Anna sich im Lauf des Gesprächs mit dem Leiden ihrer Mutter auseinandersetzte. Auch wenn sie inzwischen selbst Urgroßmutter war, würde sie im Herzen immer Katis Tochter bleiben. Sie wollte ihre Mutter beschützen, aber auch ihr Wesen verstehen.

Kati fuhr ruhig und ohne Angst fort – die Geschichte, die sie erzählte, war tragisch und vertraut zugleich: »Ich wurde von den Briten aus Bergen-Belsen befreit. Ich kann mich nicht mehr an viel erinnern. Sie haben meinen Puls gemessen. Ich weiß noch, dass sie mich gewaschen haben, und dann wurde ich bewusstlos. Ich bin in einem weißen Bett aufgewacht. Ich weiß nicht, wie lange ich bewusstlos war oder wie lange ich im Krankenhaus lag. Ich erinnere mich an die salzige Milch, die man mir gab – ich durfte anfangs keine feste Nahrung zu mir nehmen. [Grausamerweise starben nach der Befreiung Hunderte von Menschen, weil sie nach langem Hungern zu schnell etwas aßen.] Als ich wieder gesund war, wollte ich nach Hause. Ich hatte einen Onkel, der auch überlebt hatte. Er holte mich ab und nahm mich mit zurück nach Ungarn. Wir gingen zu unserem Haus in unserem Dorf, aber es war völlig zerstört. Glücklicherweise entdeckte ein anderer Onkel, Harry, in England meinen Namen auf der Liste der Überlebenden von Bergen-Belsen und kontaktierte seinen Bruder, der mich gefunden hatte. Es war 1946, ich war 16, und dieser Onkel brachte mich nach Manchester. Ich erinnere mich daran, als wäre es gestern gewesen.«

Ich hätte gern mehr darüber erfahren, wie es für sie gewesen war, nach Hause zu kommen, aber ich fragte nicht nach: Sie hatte gerade ihre ganze erschütternde Geschichte über Auschwitz erzählt. Wenn sie mehr hätte sagen wollen, hätte sie es getan. Es reichte.

Die Wangen von Anna und Rebecca röteten sich vor Rührung, und sie blinzelten ihre Tränen weg, während sie dieser altbekannten Geschichte lauschten. Sie waren voller Ehrfurcht vor Kati, genau wie ich. Ich war zutiefst beeindruckt von der Vitalität dieser 91-jährigen Frau, die offenbar in der Lage war, auf ihre schrecklichen Erlebnisse zurückzublicken, das Grauenvolle daran zur Kenntnis zu nehmen und sich dennoch nicht von den Geistern der Vergangenheit heimsuchen zu lassen. Ich fragte die anderen Frauen, wie sie es erlebten.

Anna, die neben ihrer Mutter saß, betonte, dass es in ihrer Kindheit nie Auswirkungen dessen gegeben habe, was ihre Eltern durchgemacht hatten: weder Zorn noch Ermahnungen, für Essen und Kleidung dankbar zu sein. Ihre Eltern waren als Jugendliche in dieses Land gekommen, ohne Englisch zu sprechen, »mit nichts in der Hand«, und waren zufrieden. Sie hatten ein gutes Zuhause geschaffen und es mit Liebe erfüllt. Rebecca sah Kati an und sprach ganz schnell, vor lauter Eifer, ihre Gefühle auszudrücken, und sagte im Grunde das Gleiche wie ihre Mutter. Von der Zeit, die sie bei ihren Großeltern verbracht hatte, waren ihr nichts als tiefe Liebe und Geborgenheit im Gedächtnis geblieben. Es gab nie Konflikte, Stress oder Spannungen. Sie wünschte sich, ihren Enkelkindern dasselbe mitgeben zu können.

Die Frauen sahen Kati liebevoll an und versicherten ihr, wie stolz sie auf sie waren, dass sie überlebt hatte. Sie lächelten erst sich und dann Kati an, während sie übereinstimmend zugaben, dass sie den Alltag vielleicht nicht immer perfekt meisterten, aber, wenn es hart auf hart käme, genügend Kraft besäßen, das Positive zu sehen und weiterzumachen. Während sie sich unterhielten, sah ich, wie Kati sich im Stillen freute, und ich spürte, dass die Liebe und die Bewunderung, die ihr entgegengebracht wurden, sie aufbauten. Nur sehr wenige Familien bringen ihre Liebe und ihren Respekt für die Älteren so offen zum Ausdruck, wie ich es hier miterleben durfte. Daran sollte man sich ein Beispiel nehmen. Doch fühlte man sich als Kind oder Enkel gegenüber einer so außergewöhnlichen Person nicht unzulänglich? Obwohl ich nicht den Eindruck hatte, dass dies der Fall war, wollte ich der Sache auf den Grund gehen.

Ich fragte Kati, wie sie dieses Grauen überwunden und Vertrauen und Liebe entwickelt habe. Sie antwortete, sie glaube, dass es an der Liebe ihres Mannes Isaac gelegen habe. Ihr Gesicht hellte sich auf, als sie sich an ihn erinnerte: »Mein Mann war unglaublich, er hatte so viel Kraft …«

Sie erzählte weiter: »Ich wohnte bei meinem Onkel Harry und ging ein paar Monate lang zur Schule. Dann besuchte ich Abendkurse und bestickte tagsüber Kleider, um etwas zu verdienen. Ich war nie gern untätig und kann gut handarbeiten. Zu dieser Zeit begegnete ich meinem Mann. Ich hatte ihn schon vor dem Krieg gekannt, und es war ein Glück, dass wir uns trafen.« Kati sah mir direkt in die Augen und sprach mit großer Intensität, während sie sich an die Begegnung mit Isaac erinnerte.

»Mein Ehemann kam zwei Jahre nach mir nach England. Ich glaubte nicht, dass er mich heiraten würde, aber ich hoffte, er würde mir einen Antrag machen. Und das hat er getan.« Sie strahlte, wie es für sie typisch zu sein schien. Ich war gerührt davon, wie betont sie von »meinem Ehemann« sprach, als wolle sie ausdrücken, was dieser geliebte Mensch ihr bis heute bedeutete. Man konnte es deutlich spüren. Ununterbrochen lächelnd fuhr sie fort: »Ich war immerfort glücklich während meiner Ehe. Wir haben ein Haus gebaut, die Kinder bekommen. Nichts war uns zu viel – wir hätten alles für sie getan.«

Als führe sie Selbstgespräche, fuhr sie fort: »Wir brauchten etwas, wofür es sich zu leben lohnte. Ich liebe meine Kinder und Enkelkinder. Mein Mann ist sehr früh gestorben – das war schrecklich, schlimmer als alles andere –, aber da hatte ich ja schon eine Familie – sie war mir eine große Unterstützung.« Es war das erste Mal, dass sie Traurigkeit zeigte. Sie weinte nicht, aber man sah ihr an, dass sie ihren Mann, der vor 30 Jahren gestorben war, noch immer schmerzlich vermisste. Anna scherzte, dass viele Männer Kati nach Isaacs Tod gern geheiratet hätten, aber sie hätte nur eingewilligt, wenn sie den ganzen Tag über Isaac hätte reden können. Katis Liebe zu ihm war eine lebendige Kraft in ihr, die seit seinem Tod keineswegs erlahmt war. Ich konnte es verstehen: Da er ihr die Kraft gegeben hatte, in einer so schweren Zeit den Faden des Lebens wiederaufzunehmen, hätte sie niemals einen anderen Mann als ihn lieben können.

Geliebt zu werden, Geborgenheit zu erfahren und gleichzeitig das Ziel zu haben, eine Familie zu gründen, hatte Kati möglicherweise vor zu vielen Gedanken an die Vergangenheit bewahrt. Trotzdem fragte ich sie, ob gelegentlich unbewusst Erinnerungen oder Assoziationen an die Zeit im Lager in ihr aufgestiegen seien. Kati erzählte mir, dass sie bei eingeschaltetem Licht und offener Tür schlief, und als ihre Kinder klein waren, habe sie geträumt, dass die Deutschen kämen und sie mitnähmen.

Sie erzählte, wie sehr sie ihre Mutter und ihren Vater immer noch vermisste, und dass sie oft Vorstellungen hatte wie »ich die Tür öffne und mein Vater hereinkommt und mit ihm meine Schwester. Meine Schwester war drei Jahre jünger als ich, und wenn sie nach der Befreiung noch am Leben gewesen wäre, hätte ich mich um sie gekümmert. Ich hätte zwar nicht gewusst, wie, aber ich hätte es getan.«

Ich verspürte einen Stich mörderischer Wut auf diese Menschen, die ein elfjähriges Mädchen getötet hatten, und sprach das auch aus. Anna meldete sich wieder zu Wort und legte ihre Hand auf die ihrer Mutter, als wollte sie sagen: »Ich mach das schon, Mama.« Sie wiederholte, dass ihre Mutter nie ein böses Wort über irgendjemanden gesagt habe. Wenn sich jemand schlecht benahm, argumentierte sie, dass es dafür bestimmt einen guten Grund gebe oder dass derjenige einen schlechten Tag gehabt habe. Kati antwortete: »Es liegt nicht in meiner Natur, mich zu beschweren. Ich war so froh, ein Zuhause zu haben … das kannst du dir nicht vorstellen.«

Das war der springende Punkt. Wir konnten uns nicht vorstellen, inwieweit ihre Erfahrungen ihre Haltung und ihre Ansichten geprägt hatten. Gelebte Erfahrung kann nicht durch theoretische Erkenntnisse ersetzt werden. Anna und Rebecca erzählten, sie sagten ihren Kindern, die am Essen herummäkelten, jedes Mal: »Oma isst alles!« Und sogar die Enkelkinder sagten, wenn ihnen kalt sei, würden sie an ihre Großmutter denken und versuchen, nicht zu jammern.

Diese bewusste Sichtweise mag zwar hilfreich sein, aber uns einzureden, dass wir keinen Grund zur Klage haben, funktioniert leider nicht. Nur wenn man eine Situation am eigenen Leib erfahren hat, hat man den emotionalen Input und das seelische Rüstzeug, um neu zu bewerten, was im Leben wirklich zählt.

Da ich so große Wut verspürte, obwohl ich die Familie gerade erst kennengelernt hatte, konnte ich nicht umhin zu denken, dass die Wut derjenigen, die gelitten hatten, in den darauffolgenden Generationen sublimiert worden sein musste. Ich nahm an, dass sie sich in ihrem Wunsch nach Ordnung und Kontrolle im Leben niederschlug.

In den kommenden Wochen versuchte ich, mehr darüber zu erfahren, aber es gelang mir nicht. Verständlicherweise empfanden die Frauen den starken Wunsch, ebenso gelassen und liebevoll wie Kati zu sein, und falls sie eine negative Seite hatten, was nicht unbedingt der Fall sein musste, wäre es zu viel verlangt gewesen, dass sie sie sich eingestanden oder sie gar mir gegenüber gezeigt hätten.

Es ist gut dokumentiert, dass Menschen, die beinahe verhungert wären, für immer ein verändertes Verhältnis zum Essen haben, was nicht verwunderlich ist. Es wäre zu erwarten, dass sich ein Nahrungstrauma in Form von Ängsten äußerte, zum Beispiel, dass es nichts zu essen gibt, oder durch Zwänge, etwa durch die Neigung, Reserven zu lagern, oder die Unfähigkeit, Essen wegzuwerfen. Nicht so bei Kati. Sie sagte mir gegenüber: »Essen spielt keine große Rolle für mich. Als ich in dieses Land kam, liebte ich Orangen. Ich habe ständig Orangen gekauft, weil es sie bei uns zu Hause nicht gegeben hatte. Aber ansonsten ist alles normal.«

Anna erwiderte ihrer Mutter, dass das so nicht ganz richtig sei: »Deine eindrücklichsten Erinnerungen sind die an das Essen deiner Mutter, an die Speisen, die du als Kind gegessen hast.« An mich gewandt fuhr sie fort: »Meine Mutter kocht immer wieder Gerichte, die sie von zu Hause kennt. Essen ist wichtig für sie. Sie spricht gern darüber, was sie kochen wird, und redet auch bei Tisch über das Essen.«

Kati nickte zustimmend. »Ich koche gerne. Es macht mir Spaß, und den Kindern schmeckt es bei mir. Leider bin ich vor ein paar Monaten vom Stuhl gefallen, als ich ein Kochbuch heraussuchen wollte.« Sie hatte sich die Hüfte gebrochen, war danach aber einfach ins Bett gegangen, ohne jemandem etwas zu sagen, weil sie kein Theater machen wollte.

Das alles gab mir zu denken. Essen ist für uns alle ein sensibles Thema, zumindest mal kompliziert. Nahrung ist mit Emotionen verknüpft; wir essen, um uns zu trösten oder um uns von dem abzulenken, was uns gerade beschäftigt. In Familien folgt unser Verhältnis zum Essen häufig dem Vorbild der Eltern, und wir geben es in der Regel an unsere Kinder weiter. Kati gab ihr Trauma zwar nicht über das Essen weiter, aber ihre Beziehung dazu war besonders stark: Nahrung symbolisierte Sicherheit und Überleben.

Essen prägt sich in unser Gedächtnis ein: Der Anblick, der Geruch, der Geschmack und die Konsistenz bestimmter Lebensmittel rufen Körpererinnerungen hervor, die uns unmittelbar in unsere Vergangenheit und die damit verbundenen Empfindungen hineinversetzen. In Katis Fall riefen die Speisen ihrer Kindheit Bilder von ihren geliebten Eltern in ihrer Küche in Ungarn und das Geborgenheitsgefühl, das damit verknüpft war, hervor.

Rebecca erzählte stockend und mit gesenktem Kopf, dass sie eine Zeit lang an einer Essstörung infolge ihres Perfektionsstrebens gelitten habe. Sie hatte sich als unvollkommen betrachtet und geglaubt, die Kontrolle ihres Körpergewichts wäre die Lösung. Glücklicherweise hatte sie professionelle Hilfe in Anspruch nehmen können und die Essstörung überwunden, doch mit leiser Stimme gestand sie ein: »Es geht mir besser, wesentlich besser, aber manchmal habe ich immer noch Essattacken.«

Ich hatte den Eindruck, dass Rebecca offen mit ihren Gefühlen umgehen und sie gut ausdrücken konnte. Auf meine Nachfrage zu diesem Punkt dachte sie eine Weile nach und nickte dann. Ihre Miene hellte sich auf, als ihr etwas in den Sinn kam: Sie fragte sich, ob sie die Botschaft verinnerlicht hatte, dass Menschen in den Lagern getötet wurden, wenn sie krank aussahen. Ihre Mutter habe ihr immer versichert, sie sehe »gut« aus, und versucht, ihr die Angst zu nehmen (»Was soll denn passieren?«). Doch im Nachhinein wurde ihr klar, dass dies einen inneren Konflikt ausgelöst hatte, bei dem sie Kontrolle und Perfektion anstrebte. Lächelnd sah sie mich an: Gerade hatte sich für sie ein wichtiger Teil ihres inneren Rätsels wie von selbst gelöst.

Ich war überrascht, als Kati erklärte, dass der Lockdown schwierig für sie gewesen sei, doch nach näherer Überlegung wurde mir klar, dass für Kati ein wichtiger Bewältigungsmechanismus darin bestand, mit anderen zusammen zu sein und ihnen zu helfen, woraus sich wiederum ihr Selbstwertgefühl speiste. Sie hatte seit je engen Kontakt zu anderen gepflegt, sogar in den Lagern. Ungarisch zu kochen und zu erleben, wie ihr Essen ihren Enkelkindern schmeckte, gab ihrem Leben Sinn. Die Pandemie hatte sie der Möglichkeit beraubt, großzügig und produktiv sein zu können. Resilienz entsteht nicht durch passives Warten darauf, dass sich etwas ändert, sondern dadurch, dass man selbst aktiv wird, sich nützlich macht und anderen hilft. Wir lachten alle, als Anna uns erzählte, dass ihre Mutter immer noch mit dem Bus zum Einkaufen fuhr und ihre Nachbarn waren empört, dass sie sie nicht fuhren. Doch Kati bestand darauf, allein zu fahren. Sie wollte raus, Leute treffen, ihre Lebensmittel selbst einkaufen und das Gefühl haben, eine Aufgabe erledigt zu haben. Stolz sagte sie: »Ich bin durchaus in der Lage, für mich selbst zu sorgen.«

Ihre positive Entschlossenheit, mit der sie sich Aufgaben stellte und diese erledigte, um anderen etwas zu geben, trug entscheidend zu ihrer außergewöhnlichen Widerstandsfähigkeit bei.

Nachdem ich Kati und ihre Familie kennengelernt hatte, versuchte ich die Frage zu beantworten, warum die alte Dame, wie Rebecca es ausdrückte, »so erstaunlich widerstandsfähig ist, wenn ihr etwas Schlimmes widerfährt. Ich habe sie nie deprimiert, missmutig oder mürrisch erlebt. Ich kann mich nicht erinnern, dass sie jemals krank war.«

Was hatte Kati in die Lage versetzt, sich trotz der verheerenden Ereignisse in ihrer Vergangenheit so positiv zu entwickeln, und wie gelang es ihr, auch mit über 90 noch aktiv und gesund zu bleiben? Es musste doch etwas geben, das wir alle von ihr lernen konnten!

Ich sprach mit einem führenden klinischen Psychologen, einem Professor für Entwicklungsneurowissenschaften und Psychopathologie, der mir erklärte, dass die verschiedenen Teile dieses Puzzles in die drei bekannten Kategorien fallen: Erziehung, Gene und Umwelt. Katis Gefühl, von ihren Eltern geliebt, wertgeschätzt und umsorgt worden zu sein, hatte solide Grundlagen geschaffen, die es ihr ermöglichten, standhaft zu bleiben und ihr Trauma ohne große Schäden zu verkraften. Ihre Anpassungsreaktion war das Ergebnis der stabilen prägenden Erfahrungen ihrer Kindheit und Jugend vor dem Krieg. Diese Fähigkeit, ein Trauma zu verarbeiten und mit ihm zu leben, hindert es daran, sich in den neuronalen Netzen des Gehirns festzusetzen.

Die Gene spielen dabei eine viel größere Rolle, als mir bisher bewusst war. Wie ein Mensch auf eine Bedrohung reagiert, wie anpassungsfähig er ist, liegt zum Teil in seinem Erbgut verankert – wir wissen noch nicht, in welchem Ausmaß, aber wir wissen, dass verschiedene genetische Varianten in einigen Populationen stärker ausgeprägt sind als in anderen. Kati wurde, wie wir alle, mit einem genetischen Bauplan geboren, der ihren IQ, ihre körperlichen Merkmale und ihre Persönlichkeit codiert enthielt. Doch während die Gene ihr Potenzial bestimmten, war es letztendlich die Art und Weise ihres Zusammenwirkens mit anderen Genen, die Katis Persönlichkeit formte. Somit bestimmen die Gene im Erbgut auch die Reaktionen, die man in seinem Umfeld hervorruft. Da Kati noch mit 91 eine vor Lebensfreude sprühende Frau war, musste sie sehr wahrscheinlich auch ein blitzgescheites, fröhliches Mädchen gewesen sein.

Dieser sich wiederholende Prozess formt uns: Wir agieren aktiv bei der Gestaltung unserer sozialen Welt, rezipieren nicht nur passiv. Kati, eine positive, lächelnde, freundliche und interessierte Person, hatte vermutlich schon immer die Fähigkeit besessen, stabile Beziehungen zu den Menschen aufzubauen, denen sie in ihrem Leben begegnete. Das an sich wäre schon ein psychologischer Schutz gewesen, und es könnte der Grund dafür gewesen sein, dass das tschechische Mädchen in der Fabrik Kati eine Kartoffel abgab. Obwohl Kati es als Glücksfall empfand, dass sie und Isaac sich verliebt hatten, wurde ihr Schicksal durchaus von der Liebe geprägt, die sie als Kind empfangen hatte, und von der Wechselwirkung zwischen ihren Genen und ihrer Umwelt.

Wir können nur mit den Karten spielen, die uns ausgeteilt wurden; das Entscheidende aber ist, wie wir sie einsetzen. Kati hatte ihrerseits die beste Karte aus diesem Blatt gewählt: Isaac. Damit war sie in einen positiven Kreislauf mit einem neuen Kartensatz – ihren Kindern – eingetreten, und so setzte sich der Zyklus fort.

Zusätzlich zu den drei genannten Schlüsselkomponenten war das Puzzleteil, das Katis Resilienz vervollständigte, die Bedeutung, die sie ihren Erlebnissen beimaß. Wir wissen, dass ein Trauma keine automatischen Reaktionen in Gang setzt. Kati beschrieb ihr Überleben als »ein Wunder«, was es auch war, aber sie hätte beispielsweise auch ein Überlebensschuldsyndrom entwickeln können. Doch wenn ihre Kinder sie fragten, warum sie überlebt habe, antwortete sie: »Damit ihr mich als Mama und ich euch als Kinder haben kann.« In ihrer Vorstellung hatte die Tatsache, dass ausgerechnet sie überlebt hatte, einen Sinn, und ohne dieses Gefühl der

Sinnhaftigkeit, das ihr die Gründung einer Familie verlieh, wäre sie vielleicht nicht so widerstandsfähig gewesen.

Als wir uns dem Ende der Sitzung näherten und Kati immer noch fröhlich lächelte, während Anna, Rebecca und ich emotional erschöpft waren, fragte ich sie, wie sie mit Konflikten innerhalb ihrer Familie umgingen. Sie antworteten mir, es gebe keine Konflikte. Ich spitzte die Ohren. Ich konnte mir nicht vorstellen, dass es eine Familie ohne Streit gab. Doch Anna erklärte es mir, während die anderen bestätigend nickten: »Wir alle arbeiten daran mit. Wenn jemand nachgeben muss, dann tut er oder sie das, das tun wir immer. Niemals lassen wir zu, dass irgendetwas ein Problem verursacht. Das ist es nicht wert; es ist besser, die Sache zu vergessen. Es gab schon oft Anlässe zum Streit, um Besitztümer, die ganzen typischen Alltagskonflikte. Aber wir sagen kein Wort. Wir schauen einfach weg.« Rebecca beschrieb mir im Folgenden, wie gut sie sich mit ihren Geschwistern verstand, wie sie mit einem Rudel Cousins und Cousinen aufgewachsen waren, denen sie immer noch nahestanden, und dass sie als Familie alles stehen und liegen ließen, um sich gegenseitig zu helfen. Alle betonten, wie gesegnet sie seien, weil sie von Kati gelernt hatten, für alles dankbar zu sein.

Sie bestätigten die Theorien von Martin Seligman und anderen Vertretern der positiven Psychologie, die betonen, dass Dankbarkeit, also der Fokus auf das Gute und nicht auf das Schlechte oder den Mangel, zu mehr Lebensglück führt. Wie Rebecca es stolz formulierte: »Wir alle denken an die Menschen, die nicht hier sind, und wie gern wir sie bei uns hätten. Natürlich sind wir manchmal gereizt; es gäbe viele Anlässe für Auseinandersetzungen, und manchmal zanken sich unsere Kinder, aber richtigen Streit gibt es bei uns nicht.«

Doch auch in Familien, in denen nicht gestritten wird, kann es zu Reibereien kommen. Es stellte sich heraus, dass Anna ihrem Bruder David nicht besonders nahestand. »Wir verstehen uns zwar, aber wir sind sehr unterschiedlich. Zwar streiten wir uns nicht direkt …« Sie hielt inne, als sie sah, dass ihre Mutter das Gesicht abwandte. Rasch fügte sie beruhigend hinzu: »Wir haben uns lieb, das weißt du, und du weißt, dass ich ein gutes Verhältnis zu Edith [ihrer Schwester] habe.«

Aber Kati wirkte jetzt sehr aufgewühlt und sagte: »Ich spreche nicht darüber, aber es regt mich auf. Das ist nicht gut für mich. Ich muss wegschauen. Mein Mann würde sich sehr darüber ärgern. Ich versuche, mich nicht einzumischen. Was können wir schon ändern? Aber es regt mich auf.« Anna und Rebecca versuchten sie zu beruhigen und versicherten ihr, dass es keinen Grund zur Sorge gebe.

Dass Geschwister unterschiedlich waren, noch dazu, da sie sich nicht einmal stritten, schien mir nicht der Rede wert zu sein, vor allem vor dem Hintergrund der Untersuchungen des Psychologen Karl Pillemer von der Cornell University, der herausfand, dass fünf Prozent der Geschwister einander völlig entfremdet sind und 23 Prozent kaum miteinander reden. Was mich an den Bergers besonders beeindruckte war jedoch der Moment, als Kati das Gesicht abwandte, weil sie nicht einmal eine Andeutung von Entfremdung ertragen konnte, und Anna und Rebecca sie sofort beruhigten und umsorgten.

Solche Familiendynamiken kann man unter verschiedenen Gesichtspunkten betrachten. Im Fall der Familie Berger war es nicht etwa so, dass es keine Spannungen oder Konflikte gab, sondern dass diese Konflikte nicht zugelassen oder offen diskutiert wurden. Diese Art der familiären Blockade (und ihr Zusammenhang zu individuellen Blockaden) ist interessant. In jeder Familie gibt es Regeln, ob ausgesprochen oder unausgesprochen, worüber geredet werden kann, was ausgedrückt werden darf oder verleugnet werden muss. Das ist an sich nichts Schlechtes, aber es lohnt sich zu untersuchen, welche Regeln es innerhalb der Familie gibt und welche psychologischen Nachteile damit verbunden sind, denn sie könnten ja geändert werden.

Meine Neugier auf diese Dynamik, die von Anfang an bestanden hatte, wuchs, als ich erfuhr, dass dieses Muster, Kati vor jeder Art von Sorgen zu bewahren, regelmäßig auftrat. Es fiel der alten Dame schwer, mit Sorgen umzugehen, und ihre Familie wollte um jeden Preis, dass es ihr gut ging. Sie rundum zu schützen war natürlich eine Herkulesaufgabe. Anna sagte dazu: »Wir äußern zwar unsere eigenen Ansichten, versuchen aber, nicht zu urteilen, und nur selten wird ein Familienstreit daraus.« Ich erkannte, dass sich die Bergers innerhalb ihrer Familie um Harmonie und Vertrauen bemühten, weil sie keine Angst vor Attacken hatten. Ich fragte mich jedoch, welche Konsequenzen es hatte, wenn man nicht in der Lage war, für seine eigene Meinung einzustehen: Unterdrückte Aggressionen können in übertriebene Kontrolle ausarten, Verhaltensstarre provozieren und zu Co-Abhängigkeit führen.

Es gibt ein breites Spektrum und verschiedene Formen von Co-Abhängigkeit. Vereinfacht ausgedrückt bedeutet Co-Abhängigkeit, dass das Selbstwertgefühl einer Person von der Zustimmung anderer abhängt und sie dadurch nicht mehr weiß, wie sie aus eigener Kraft ihre Bedürfnisse stillen soll. Co-Abhängige haben Schwierigkeiten, Nein zu sagen oder eine andere Meinung zu vertreten – aus Angst vor Konflikten. Das kann dazu führen, dass problematische Gefühle verdrängt werden, was wiederum beklemmend wirken kann. Oft kommen die verdrängten Gefühle auf andere Weise zum Vorschein. Ich konnte noch nicht beurteilen, ob die Bergers co-abhängig waren – aber es ist immer sinnvoll für Familien, sich anzuschauen, welche Mechanismen untereinander greifen.

Nach mehreren Sitzungen kristallisierte sich heraus, dass diese Familie durchaus Sorgen hatte, und zwar eine Menge. Kati gab zu: »Ich mache mir ständig Sorgen um sie alle. Es ist schrecklich. Ich habe Angst, es könnte ihnen nicht gut gehen, ich habe Angst, dass ihnen etwas Schlimmes zustößt.« Anna beschrieb, zögerlicher als sonst und die Hände schützend vor dem Bauch verschränkt, wie sie mit ihren Ängsten umging: »Ich habe gelernt, mir zu sagen, dass es nichts bringt, sich Sorgen zu machen. Ich kann einfach nicht alles kontrollieren ... und ich versuche, keine Angst zu haben ... Ich versuche, es nicht zu zeigen.« Aber wenn ihr Sohn Ben Probleme hatte oder Rebecca unglücklich war, so räumte sie ein, sei sie »innerlich ein Wrack gewesen. Ich fühlte mich körperlich krank. Ich konnte weder essen noch schlafen.« Sie hatte quasi anhaltende Angstzustände.

Rebecca, die aufrecht dasaß, die Hand ans Kinn gelegt und offensichtlich sehr interessiert an diesem Gespräch, dachte einen Moment nach und sagte dann, dass ihre Reaktion ganz ähnlich sei. Sie bewältigte ihre Ängste, indem sie Listen anfertigte, wofür ihre Mutter sie aufzog. Doch sie arbeitete an sich: »Ich möchte ein nützlicher Mensch sein. Ich muss mich abgrenzen. Wenn ich keinen Job hätte, wäre ich völlig durcheinander. Ich möchte auf die Bedürfnisse der anderen eingehen, ohne mich zu sehr von ihnen vereinnahmen zu lassen. Das ist keine leichte Aufgabe.«

Ihre Ängste äußerten sich auf unterschiedliche Weise: Sie erzählten einander bestimmte Dinge nicht, weil sie damit unverhältnismäßig große Sorgen auslösen würden, oder sie baten nicht um Hilfe, weil sie kein »Theater« machen wollten. Es war ein ungeschriebenes Gesetz für jede Generation, den Eltern Sorgen zu ersparen, sich gut zu benehmen und gemäß ihrer Religion zu leben. Es schien ein Spannungsfeld zu geben: Sie mussten offen miteinander umgehen, um liebevolle Unterstützung zu erhalten und gleichzeitig beachten, dass es eine Grenze dessen gab, was jeder Mensch ertragen konnte.

Ich wollte dies in einem größeren Zusammenhang verstehen. Untersuchungen der Familiengerontologin Dr. Amber Seidel von der Penn State York Universität zeigen, dass wir uns durchweg mehr Sorgen machen als frühere Generationen, vor allem um unsere erwachsenen Kinder. Das liegt wahrscheinlich daran, dass die meisten von uns ihren Kindern näherstehen, als die Generation unserer Eltern es tat und stärker in ihr Leben eingebunden sind: Dank der Smartphones können wir ständig über jede Kleinigkeit auf dem Laufenden gehalten werden, was einen Teufelskreis der Angst auslösen kann. Es heißt nicht umsonst: Aus den Augen, aus dem Sinn. Unsere Ängste konzentrieren sich oft auf zukünftige Ereignisse, für die wir uns alle möglichen negativen Umstände ausmalen, wir geraten in Panik durch das Heraufbeschwören von Worst-Case-Szenarien. Dies sind die Folgen unserer Überzeugungen, dass das Sorgen uns vor schlimmen Folgen schützt oder, genau umgekehrt, dass es uns krank machen kann.

Der Psychologe Paul Gilbert vertritt im Hinblick auf Ängste einen interessanten Ansatz aus evolutionärer Perspektive. Er beschreibt, dass die Funktion der Angst im Gehirn darin besteht, mit Bedrohungen umzugehen und sich auf künftige Ereignisse vorzubereiten (im Lauf der Evolution betraf das z. B. den Mangel an Nahrung oder die tödliche Bedrohung durch Raubtiere). Das Angstsystem unseres Gehirns steht uns im Weg, weil es sich noch nicht ausreichend an die Art der heutigen Bedrohungen und Ängste angepasst hat. Dadurch kann es passieren, dass sich unser Gehirn dauerhaft auf »Besorgtheit« einstellt.

Viele von uns kennen diesen Zustand der erhöhten Alarmbereitschaft, doch dagegen kann man etwas tun. Dr. Sarah Vohra, Autorin des Buches *The Mind Medic*, vertritt die Meinung, dass wir unsere Ängste nicht nur durch Entspannungsübungen wie Yoga oder Meditation in den Griff bekommen können, sondern auch, indem wir sie in Kategorien einteilen. Wir können uns fragen: »Ist dies eine Angst, die ich in ein lösbares Problem verwandeln kann?« Zum Beispiel kann ich die bedrückende Unsicherheit, ob morgen eine

Besprechung stattfindet, beenden, indem ich mich bei einem Kollegen erkundige.

Oder handelt es sich um eine Angst in Bezug auf etwas, was vielleicht nie eintreten wird und einen trotzdem den ganzen Tag über beschäftigt, wie zum Beispiel die, dass ein Kind in Gefahr sein könnte? In diesen Fällen rät Dr. Vohra, die Angst aufzuschreiben und auf die Liste der Sorgen zu setzen, die man loswerden will. Sie schlägt vor, sich täglich 30 Minuten Zeit zu nehmen, um die Liste durchzugehen und sich so viele Sorgen zu machen, wie man will. Kommt außerhalb der Sorgenzeit eine Angst in einem auf, sollte man sich mit positiven Aktivitäten ablenken, z. B. ein Gespräch mit einer Freundin führen oder sich einer bestimmten Aufgabe widmen. Während der Sorgenzeit streicht man dann alles durch, was einem keine Sorgen mehr macht, zerreißt die alte Liste, wirft sie weg und notiert auf einem neuen Blatt, worüber man sich am nächsten Tag noch Sorgen machen kann. Vielleicht hört es sich kompliziert an, aber in der Praxis ist es ganz einfach, und da wir Gewohnheitstiere sind, werden wir schon bald feststellen, dass wir automatisch den Sorgenmodus abschalten und uns mehr auf den Tag einlassen können. Ich hoffte, Rebecca dieses hilfreiche Werkzeug an die Hand geben zu können.

In der zweiten und dritten Generation der Bergers gingen die Ängste mit der Überzeugung einher, dass sie im Vergleich zu Kati ein sorgenfreies Leben führten und sich deshalb keine Sorgen machen dürften. Ich hatte den Eindruck, dass in dieser Familie die Sorgen und Ängste auf eine Art und Weise zirkulierten, die für alle schwierig war. Dem zugrunde lag die Angst aus Katis Vergangenheit, die sich in Sorgen und ein ständiges Bedürfnis verwandelt hatte, Sicherheit zu suchen. Das war eine Folge des Traumas, zwar weit weniger schädlich als andere mögliche Auswirkungen, aber dennoch lästig.

Rebecca wollte wissen, wie sie einerseits ihre Sorgen zulassen konnte, ohne die engen Beziehungen zu den anderen zu gefährden. Sie wünschte sich, ihrer Mutter offen sagen zu können, was sie beschäftigte, ihren Rat einholen und gleichzeitig den nötigen Abstand zu ihr wahren zu können. Anna hatte nicht das Gefühl, dass Rebecca sich ändern müsse, sondern fand, dass sie alles richtig mache. Aber ihre Tochter befand sich in einem fortlaufenden Prozess der Bewusstseinsbildung, um sich weiterzuentwickeln und schlechte Gewohnheiten abzulegen, die ihr nur schadeten. Die Gespräche mit mir halfen ihr zumindest zu einem kleinen Teil, ihr Leben selbst in die Hand zu nehmen. Es schien ihr gutzutun, mit einer dritten Person offen über das zu sprechen, was sie bewegte.

Früher hatte Rebecca zum Beispiel Lebensmittel gehortet – eine Eigenart, die in vielen Familien vorkommt, vor allem aber bei Überlebenden des Holocausts. Kürzlich war ihr klar geworden, dass schon Kleinigkeiten Panik in ihr ausgelöst hatten, und es half ihr, das Szenario, das sie in ihrem Kopf durchspielte, zu überprüfen. Als ihr zum Beispiel Eier ausgingen, machte sie sich klar, dass der Himmel nicht einstürzte und sie sich von einer Nachbarin welche leihen konnte. Von der Forscherin und Autorin Brené Brown hatte sie einen nützlichen Spruch übernommen: »Strebe nach Exzellenz, aber versuche nicht, Perfektion zu erreichen.«

Anna neckte Rebecca, dass sie sich manchmal so verhalte, als sei sie die Überlebende. Die Bedeutung dieser Aussage wurde mir erst nach der Sitzung klar: Vielleicht hatte Rebecca ein unausgesprochenes Trauma ihrer Großmutter verinnerlicht, konnte sich aber nicht erlauben, es auszudrücken, da Kati sich nie beklagte.

Als ich dies aus psychologischer Sicht betrachtete, nützte mir mein Wissen über Mutter-Tochter-Beziehungen. Damit soll die Bedeutung der Väter nicht in Abrede gestellt werden, aber ich konzentrierte mich auf die matrilineare Seite. Aus der Neurowissenschaft haben wir gelernt, dass der Teil des Gehirns, der Gefühle vermittelt, bei Müttern und Töchtern ähnlich ist. Die Mutter-Tochter-Bindung ist der Grundstein für den Aufbau stabiler Beziehungen und für die Entwicklung des Selbstwertgefühls eines Kindes.

Eine Tochter lernt am meisten von dem, was ihre Mutter ihr durch ihr Verhalten vorlebt, mehr als von dem, was sie sagt. Das Diktat »Tu, was ich sage, nicht, was ich tue« könnte nicht falscher sein. In der Familie Berger wurde verlässliche Liebe von der Mutter an die Tochter weitergegeben. Am Beispiel von Kati und Isaac hatten sie erlebt, wie wichtig es war, romantische Beziehungen zu haben und eine eigene Familie zu gründen. Kati hatte ihr Trauma verarbeitet, aber ich hatte das Gefühl, dass Anna und Rebecca Züge davon in sich trugen, obwohl sie glaubten, nicht das Recht dazu zu haben.

Es stellte sich heraus, dass sie viele Jahre gebraucht hatten, um zu lernen, voneinander unabhängig zu sein – was bedeutete, dass sie sich nahestanden, aber dennoch Abstand zueinander hielten – und ich erkannte, dass sie immer noch daran arbeiteten. Sie wussten, dass andernfalls die Fähigkeit, eine Bindung mit einem Partner einzugehen, darunter leiden konnte.

Ich erfuhr, dass Rebecca sehr jung geheiratet hatte, was bedeutete, dass sie noch sehr stark auf ihre Eltern fixiert gewesen war. Sie hatte ihrer Mutter sogar jeden Morgen eine SMS mit ihren Plänen für den Tag geschickt. Mit der Zeit hatte sich die Bindung jedoch ein wenig gelockert. Anna wusste, dass das gesund war, gab aber ein wenig traurig zu: »Ich fühle mich schon ein bisschen ausgeschlossen, wenn ich manche Kleinigkeiten nicht erfahre, und frage mich dann, warum sie mir nichts gesagt hat.« Doch dann schaute sie Rebecca an und sagte mit einem stolzen Lächeln: »Ändere dich bloß nicht.« Dies war ein wunderbarer Moment, der zeigte, wie schwierig der Balanceakt von Nähe und Distanz zwischen Mutter und Tochter ist. Und wie immer liegt der Schlüssel darin, offene und ehrliche Gespräche zu führen.

Dina, mit der ich zusammen mit ihrer Mutter Rebecca sprach, stand noch ganz am Anfang dieses Anpassungsprozesses. Die beiden saßen nebeneinander. Dina hatte ihr Haar mit einem breiten schwarzen Band gezähmt, sah jung und strahlend aus und sprühte vor Energie. Sie besuchte ihre Mutter jeden Tag und erzählte ihr alles. Doch Rebecca, die in Gegenwart ihrer Tochter weicher und sanfter wirkte, wollte nicht, dass ihre Tochter ihr eigenes Muster wiederholte, und fragte sie: »Fühlst du dich von mir unter Druck gesetzt?« Sie erklärte, dass sie entschlossen sei, ihre Kinder nicht zu erdrücken.

Dina lachte und winkte auf die Sorge ihrer Mutter hin ab. »Ich kann so gut mit dir über alles reden! Falls ich mich erdrückt fühlen sollte, sage ich dir Bescheid.« Sie beugten sich vor und umarmten sich.

Alle Berger-Frauen trugen ein Trauma in sich: Fragmente des Leidens, die sie tagtäglich begleiteten. Sie konnten keine gestreifte Kleidung tragen, weil sie sie an die Lager erinnerte, und wenn sie an einem rauchenden Schornstein vorbeikamen, dachten sie sofort an die Gaskammern. Hunde lösten Angst in ihnen aus. Nur Dina, die der vierten Generation angehörte, war weniger belastet. Sie sprach mit tiefer Stimme, lachte viel und neckte ihre Mutter, wobei sie ihr manchmal widersprach, sich aber immer liebevoll auf sie zubewegte. Sie schien frei von der Last der Sorgen zu sein. Katis positives Streben nach Glück war in den nachfolgenden Generationen stark verankert, und Dina war das Produkt zweier Generationen, die in Frieden gelebt hatten. Der Schrecken der Vergangenheit war bei ihr weniger stark ausgeprägt. Meiner Einschätzung nach wuchs mit jeder Generation, die sich in Sicherheit fühlte, auch das Vertrauen.

Im Gespräch mit Dina wurde mir besonders bewusst, dass sie in einer Blase lebte, die von der Moderne fast unberührt schien. Mit ihren 25 Jahren befand sie sich in einer Umgebung, die für ihre Zeitgenossen, die vielleicht nur ein paar Kilometer entfernt wohnten, nur schwer vorstellbar war.

Sie sprach fröhlich und beschrieb ihre Lebensweise – »Das ist alles, was ich kenne« – mit völliger Akzeptanz. Sie kleidete sich bescheiden, trug nie Hosen und ging wie die meisten jungen Frauen in der Gemeinde bis zu ihrem 18. Lebensjahr zur Schule. Nur wenige besuchten anschließend die Universität, denn, wie Dina mir erzählte: »Als ich mit 22 heiratete, war ich schon alt, der Durchschnitt liegt bei 19 bis 20. Ich habe mit 24 mein erstes Kind bekommen, und das ist spät.«

Die Mädchen gehen nach der Schule ein Jahr lang auf ein Seminar in Israel, und dann wird ihre Ehe von einem Heiratsvermittler arrangiert. Das Paar trifft sich vier- oder fünfmal, und wenn sich die jungen Leute mögen, verloben sie sich. Sie konnten sich zwar aussuchen, wen sie heiraten wollten, aber sie durften nicht zu lange allein bleiben. Und sie standen unter Druck, in jeder Hinsicht geeignet zu erscheinen: attraktiv, fromm und aus guter Familie stammend. Sich schlecht zu benehmen, zu rebellieren, wäre für diese Familien ein Gräuel gewesen. Je länger eine junge Frau mit der Hochzeit wartet, desto geringer wird die Auswahl an geeigneten Ehemännern und desto mehr wächst der Druck. Sobald die Frauen verheiratet sind, ist (wenn alles gut geht) die Mutterrolle ihre Hauptaufgabe, und obwohl einige Frauen arbeiten, ergreifen sie meist typisch weibliche Berufe: Hebamme, Krankenschwester, Zahnarzthelferin. Nur wenige Frauen in der ultraorthodoxen Gemeinschaft machen beruflich Karriere.

Dina kritisierte diese Lebensweise nicht. Ich war sehr daran interessiert, von innen heraus kennenzulernen, was von außen betrachtet einschränkend erscheinen mag. Ich hatte angenommen, dass die Frauen aufgrund ihrer Geschichte bereit waren, viel von ihrer Freiheit aufzugeben, um in Sicherheit leben zu können. Doch Dina sah das nicht so. Sie war, wie alle in ihrer Familie, dankbar dafür, Jüdin zu sein und so zu leben, wie sie es taten; ich spürte sogar, dass ich ihr ein wenig leidtat, weil ich nicht in den Genuss ihrer Lebensweise kam.

Es war mutig und großzügig von den Bergers, mir Einblick in ihre Welt zu gewähren und mich so intensiv an ihrem Familienleben teilhaben zu lassen. Ihre Gemeinschaft trat ausschließlich dann in Kontakt mit der modernen Gesellschaft, wenn es beruflich notwendig war, ließ es normalerweise aber nicht zu, dass Leute wie ich in ihrer Familienpsyche herumstöberten. Fairerweise muss man sagen, dass das auf die meisten Menschen zutrifft, aber auf die ultraorthodoxen Jüdinnen und Juden in einem noch weit höheren Maß. Ihr Leben war durch die Geografie und die Bräuche ihrer Gemeinschaft begrenzt: Keine der Bergers hatte jemals in einem nichtkoscheren Restaurant gegessen.

Daher war es für sie etwas Besonderes, mit mir, einer völlig Fremden aus einer anderen Kultur, zu sprechen. Ich wusste, dass ich ihre Grenzen respektieren musste, und trotzdem fiel es mir schwer, nicht zu versuchen, sie zurechtzurücken. Sie hatten es nicht nötig, und ich verbrachte viele nachdenkliche Stunden, oft auf meinem Fahrrad, in denen ich mich dazu anhielt, meinen Frieden damit zu machen. Es fiel mir schwer, meine Fähigkeiten – die mir Handlungsspielraum und Sinn gaben – nicht zu nutzen, um Beziehungen zu Menschen aufzubauen und sie dabei zu unterstützen, neue Standpunkte einzunehmen oder alte Ängste abzubauen. Ich erkannte, dass mir meine eigenen Kontrollprobleme einen Streich spielten und ich mich mit ihnen auseinandersetzen musste.

Ich konnte jedoch nicht verhindern, dass ich eine Grenze überschritt, und das hatte mit meiner Arbeit zu tun. Ich ertappte mich dabei, wie ich zu Anna sagte, ich hätte das Gefühl, dass sie ihre eigene individuelle Identität – eine Arbeitsidentität – vermisste. Sie könne sich doch ehrenamtlich engagieren oder als Mentorin arbeiten, egal was, Hauptsache, sie komme mal aus dem Haus und könne mal eine andere Facette ihrer Persönlichkeit ausleben. Ich war überrascht, dass sie sich nicht dagegen wehrte, sondern mir nur freundlich lächelnd erwiderte: »Es stimmt schon, dass mir manchmal etwas fehlt. Ich muss das richtige Gleichgewicht finden und auf jeden Fall auch etwas für mich tun.«

Ich war froh über ihr Eingeständnis, dass sie etwas für sich tun musste. Auch Dina, die augenblicklich Vollzeitmutter war, schloss nicht aus, in Zukunft arbeiten zu gehen.

Ich weiß, dass Arbeit für viele kein optionales Nice-to-have ist. Für die Bergers war es jedoch eine freie Entscheidung. Ich hatte mich zu Wort gemeldet, weil ich voreingenommen war: Die Arbeit hatte mir schon oft Halt gegeben. Ich gebe zu, dass es Phasen im Leben gibt, in denen die Arbeit vielleicht auf Eis gelegt werden muss und es wichtiger ist, Partnerin und Mutter zu sein, aber ich glaube fest daran, dass Frauen viel mehr als das zur Gesellschaft beitragen können und es für Familien und Frauen gesund ist, wenn sie durch ihre Arbeit ein zusätzliches Ziel, eine Sinnstruktur und Selbstwertgefühl finden. Die Bergers hingegen hatten ihren ganz eigenen starken Rückhalt: ihren Glauben.

Katis Eltern waren fromme Juden gewesen. Der Onkel, der sie bei sich aufgenommen hatte, gehörte der ultraorthodoxen Gemeinde an. Kati meinte, sie könne verstehen, warum andere ihrem Glauben abgeschworen hätten, nachdem sie »Menschen brennen sahen«, aber für sie bedeutete die Religion eine Möglichkeit, die Verbindung zu ihrer Familie aufrechtzuerhalten. Sie liebte die alten Traditionen: Sie lebten weiter und gaben ihr Halt, nachdem so vieles zerstört worden war. Sie hatte die Hölle auf Erden durchgemacht, aber ihr Glaube verlieh ihr Mut, denn er entsprang der Überzeugung, dass es etwas gab, was größer und bedeutender war als sie. Die weiblichen Mitglieder ihrer Gemeinde gingen nur an hohen Feiertagen in die Synagoge, doch, wie sie sagte: »Ich bete einfach ein bisschen, wann immer ich es brauche.« Ich lächelte: Kati war eine Meisterin der Untertreibung.

Anna erklärte, dass es einen Unterschied zwischen ihrem Glauben gebe, der in der Ausübung ihrer Religion bestand, und ihrer Religion, bei der es mehr um Zugehörigkeit gehe: »Unsere Religion ist so umfassend; für uns ist sie im Grunde ein lebendiges, atmendes Gebilde. Wir singen jeden Freitagabend dieselben Lieder, dieselben Melodien, dieselben Gebete. Es gibt mir das Gefühl, Teil einer Gemeinschaft zu sein, eines größeren Ganzen, sodass ich mich nie allein fühle. Überall auf der Welt kann ich mich einer Gemeinschaft anschließen.«

Die Vorstellung vom Judentum als lebendiger Einheit fand ich faszinierend. Ich mag die Rituale von Kirche und Synagoge, aber ich betrachte diese als feste, objektive Gebäude, die ich besuche, und nicht als ein Wesen. Ich musste an das Ausmaß der Einsamkeit im modernen Großbritannien denken, das die Kampagne zur Beendigung der Einsamkeit (*Campaign to End Loneliness*) aufzeigt: Diese ermittelte, dass eine von 20 Personen »oft oder immer« einsam ist und sich 45 Prozent der Erwachsenen »gelegentlich, manchmal oder oft« einsam fühlen. Dieses starke Gefühl der totalen Zugehörigkeit und des absoluten Vertrauens, überall und jederzeit mit anderen jüdischen Menschen in Kontakt treten zu können, war sehr beeindruckend. Mit kräftiger Stimme und leuchtenden Augen erzählte Anna, dass dies ihre Quelle des Glücks sei: »Was die religiöse Seite betrifft, würde ich mich, wenn es mir schlecht geht, meinen Psalmen zuwenden. Immer wenn es jemandem nicht gut geht, greife ich sofort zu unseren Psalmen. Wir haben in der Coronazeit alle gemeinsam gebetet. Das ist die Grundlage unseres Glaubens. Ich bin mir ihrer vielleicht nicht in jedem Augenblick bewusst, aber sie ist da.«

Rebecca sprach noch leidenschaftlicher. »Gott ist bei uns, eine Präsenz, ein Geist. Wenn sich Tragödien oder schlimme Dinge ereignen, frage ich mich oft, wie um alles in der Welt jemand ohne Glauben weitermachen kann? Gott weiß, was geschehen wird und was für uns richtig ist. Auch wenn wir uns an einem Punkt befinden, an dem das Leben sehr düster oder traurig oder beängstigend erscheint, gibt es einen größeren Plan für uns. Es gibt einen Gott, der die Welt regiert, und wir können nicht alles durchschauen. Wenn eine Tragödie geschieht, haben wir die Möglichkeit, uns Gott zu überlassen und zu sagen: ›Wir begeben uns in deine Hände.‹« Ich sah, wie Anna ihre Tochter stolz und liebevoll anschaute, als sie all das, was sie ihr beigebracht hatte, mit solcher Überzeugung aussprach. Rebecca fuhr fort: »Ich hoffe, dass ich nie ernsthaft auf die Probe gestellt werde, das, was ich gerade gesagt habe, auch zu leben, aber ich versuche, mich daran zu halten. Meine Mutter sagt über Religion: Bei uns gibt es eine Ordnung, eine vorhersehbare Einteilung des ganzen Jahres. Wir wissen, wann wichtige Monate anbrechen, wann die Feiertage begangen werden. Das gibt unserem Jahr Struktur. Für jedes Fest gibt es die entsprechenden Orte, Lieder und Speisen. Das ist überall auf der Welt gleich. Wo immer man auf der Welt unterwegs ist, ist man Teil von etwas und gehört dazu.«

Dina wiederholte in etwa das Gleiche, was ihre Mutter schon gesagt hatte. Sie betete jeden Morgen und wann immer das Baby ihr die Zeit dazu ließ. Sie glaubte, dass die Familie ein integraler Bestandteil des Judentums und des Fortbestands des jüdischen Volkes sei, und somit war die Familie mit ihrer Religion verflochten. Sie alle empfanden ein tiefes Gefühl der Dankbarkeit dafür, jüdisch zu sein.

Interessanterweise zeigen mehrere Forschungsstudien, dass gläubige Menschen glücklicher sind als andere. Für junge Erwachsene wie Dina bedeutet das Aufwachsen in einer gläubigen Familie einen zusätzlichen Schutzfaktor für die Psyche. Ich glaube nicht, dass es möglich ist, spirituellen Praktiken und Religiosität einen genauen Wert beizumessen: Das ist etwas ganz Individuelles. Doch als ich über die Bergers reflektierte, wurde mir klar, dass ihr Glaube viele Lücken füllte.

Ich musste mich darauf einlassen, dass die Gegenwart des Todes den Hintergrund ihres Lebens bildete. Anna erklärte, dass sie am Sabbat weder Strom noch Verkehrsmittel benutzen durften. Der Sabbat war ein Tag der Ruhe. Als Kind saß sie nachmittags mit ihren Geschwistern zusammen und sah sich Familienfotos an, die in Kartons aufbewahrt wurden. Es waren keine fröhlichen Schnappschüsse von Familienurlauben, sondern Bilder von verstorbenen Verwandten, darunter auch Aufnahmen von Schubkarren voller Leichen aus den Konzentrationslagern. Anna erzählte, dass sie sich diese zuerst ansahen, sie beiseite legten und dann andere Familienfotos betrachteten.

Über den Tod zu reden war für sie kein Tabu, wie es in anderen Familien so oft der Fall ist. Anna hatte ihrem Vater und seinen Geschwistern dabei zugehört, wie sie über ihr Grab in Israel sprachen und planten, wer neben wem liegen werde, als würden sie die Sitzordnung an einem Tisch besprechen. Kati fühlte sich in Israel sicher, und es tröstete sie, zu wissen, dass sie dort begraben werden würde, neben Isaac und seiner Familie. Dies war besonders ergreifend, da so viele ihrer Familienmitglieder nie beerdigt worden waren oder keinen Grabstein hatten, der an sie und ihr Leben erinnerte. Auf Isaacs Grabstein standen die Namen naher Verwandter, um ihnen ein Denkmal zu setzen. Fasziniert stellte ich fest, dass dies nicht etwa deprimierend war, wie man meinen könnte, sondern ganz im Gegenteil: Dankbar für ihr Leben zu sein und gleichzeitig die Unvermeidbarkeit des Todes zur Kenntnis zu nehmen und offen darüber zu sprechen verlieh diesen Menschen Lebensfreude und Vitalität.

Ich freute mich darüber, dass die Bergers unsere Gespräche als hilfreich empfunden hatten. Dadurch, dass sie mir als Außenstehender ihre Ansichten und ihre Lebensweise geschildert hatten, waren für sie zugleich bestimmte Aspekte ihres Lebens klarer hervorgetreten, wenn auch auf unterschiedliche Art und Weise. Als sie meine ehrliche Einschätzung hörten, dass Ängstlichkeit auf vielfältige Weise in ihrer Familie auftrat, diese aber kein sekundäres Trauma verkörperte, zauberte ich ein Lächeln der Erleichterung in ihre Gesichter. Sie hatten es bereits gewusst, aber es ist immer ermutigend, wenn man es dann noch von jemand anderem hört. Von ihren Reflexionen sind mir besonders die Worte von Anna im Gedächtnis geblieben: »Mir haben unsere Sitzungen gut gefallen und ich habe mich gefreut, Sie kennenzulernen und Gedanken und Gefühle mit Ihnen auszutauschen. Wenn ich an unsere Gespräche zurückdenke, dann als eine sehr kathartische Erfahrung, die die Beziehungen innerhalb meiner Familie gestärkt und mir ein tieferes Verständnis für meine eigenen Kinder vermittelt hat.«

Ist es nicht interessant, dass wir unsere eigenen Kinder besser kennenlernen können, wenn wir über sie nachdenken und sprechen, anstatt nur mit ihnen zusammen zu sein?

Rebecca sagte: »Die Gespräche, die wir geführt haben, waren sowohl gedanklich als auch gefühlsmäßig aufschlussreich und anregend. Wir haben unsere Familiengeschichte und -dynamik analysiert, die sich immer vertraut und bekannt anfühlten und es immer noch tun. Gleichzeitig hat mir das ein Nachdenken auf einer tieferen Ebene ermöglicht, indem wir bisher unerforschtes Terrain erkundet und gleichzeitig die Wertschätzung für das gesteigert haben, was ich schon immer gewusst, aber vielleicht für allzu selbstverständlich gehalten habe.«

Für mich war dieser Aspekt, dass wir unsere Zeit genutzt hatten, um unbekanntes Terrain in uns selbst und in unseren Familien zu erforschen und damit das Altvertraute noch mehr wertzuschätzen und unter einer anderen Perspektive zu betrachten, eine Offenbarung. Oft erkennen wir nicht, was sich direkt vor unserer Nase befindet, bis wir unsere Aufmerksamkeit auf eine andere Art und Weise darauf richten.

Kati, die ultimative Matriarchin mit ihrer ruhigen, umfassenden Fähigkeit, zu lieben, und ihrem Lebensmut, war eine zutiefst beeindruckende Persönlichkeit, wie man sie selten findet. Diese Fähigkeit, zu lieben, war ihr eigentliches Vermächtnis, das von Generation zu Generation weitergegeben wurde. Diese Liebesfähigkeit und ihr Glaube. Wie Rabbi Jonathan Sacks gesagt hat: »Wenn man sich die Bibel ansieht, denkt man nicht als Erstes ans Glücklichsein. Wir sind Meister des Elends, Gelehrte der Angst, und wenn das alles vorüber ist, feiern wir. Ein Jude ist per definitionem ein Mensch, der mit Gott und der Menschheit ringt und sich im Leben behauptet … Wenn etwas Schlimmes passiert, werde ich nicht lockerlassen, bis ich das Segensreiche darin erkenne.«

Das scheint mir eine Lebenseinstellung zusammenzufassen, die in hohem Maß sinnstiftend sein kann. Es geht nicht um ein Leben ohne Leid oder eines ohne Angst und Chaos, sondern darum, Gott die Führung zu überzulassen und letztlich Wege zu finden, sich gesegnet zu fühlen. Dies ist eine positive Art, zu leben.

Als ich Monate nach dem Ende unserer Sitzungen über Identität und Familie nachdachte, kamen mir die Bergers wieder in den Sinn. Sie hatten sich auf ungewohnte Weise in meinem Kopf festgesetzt. Ich versuchte auszumachen, welche Unterschiede durch einen so starken und lebendigen Glauben entstehen. Ich kam zu dem Schluss, dass unsere Leben zwar nach außen hin anders aussahen, unsere Sorgen und Schwierigkeiten sich aber letztlich um die gleichen Dinge drehten: Liebe, Familie, Zugehörigkeit, Überleben, Sicherheit und Sinnhaftigkeit.

Als ich Katis Geschichte gehört hatte, hatte ich mich auf die Suche nach Beweisen für ein generationenübergreifendes Trauma gemacht, nach einer Art und Weise, wie die Schrecken der Vergangenheit in der Familie verankert sein könnten. Doch stattdessen fand ich etwas anderes. Die Kräfte, die in der Familie Berger am stärksten wirkten, waren anderer Art: Katis außergewöhnliche Widerstandskraft, ihre Vergebungsbereitschaft und ihre Fähigkeit, im Angesicht des Bösen liebevoll zu sein, hatten dazu geführt, dass sie von ihren Kindern und Enkeln verehrt wurde. Sie war für sie ein Vorbild für weibliche Stärke, Liebe, Dankbarkeit, Glauben und Ausdauer.

Doch auch darin lauerten mögliche Ursachen für Schwierigkeiten. Bemerkenswerte Familienmitglieder stellen eine besondere Herausforderung für die nachfolgenden Generationen dar, die daraufhin in Bezug auf sich selbst ein Gefühl der Unzulänglichkeit entwickeln können. Die Gefahr besteht, dass sie ihre ganz normalen menschlichen Schwächen an enorm hohen Standards messen. Die Erfahrung, ein Kind Katis zu sein, ist vergleichbar mit der, das Kind einer bekannten oder erfolgreichen Person, sei es aus dem Bereich der Politik, der Wirtschaft oder der Kultur, zu sein. Man ist immer zuerst das Kind von jemandem: der Sohn von X oder die Tochter von Y. Die Verehrung von Familienlegenden kann zu unterdrückten Emotionen, Perfektionismus, Co-Abhängigkeit und dem Kampf um die eigene Identität führen, weil man eine genauso bedeutende Persönlichkeit werden will.

Indem die einzelnen Familienmitglieder diese Dynamik durchschauen und lernen, sich selbst in ihrem eigenen Kontext und in ihrer eigenen Zeit zu betrachten und sich selbst mit größerem Mitgefühl zu behandeln, können sie ihre:n innere:n Kritiker:in zum Verstummen bringen und dennoch Kraft aus den Heldinnen und Helden ihrer Familie schöpfen: Sie können zulassen, dass ihre Geschichten miteinander verbunden und dennoch eigenständig sind.

Unheilbar krank

Wie erfüllt leben im Angesicht des Todes?

Familie Craig und Butowski

Archie Craig war ein 54-jähriger Schotte, der mit seiner polnischen Verlobten Katharina und seinem 28-jährigen Sohn Greg in den Highlands lebte. Isla, seine 26-jährige Tochter, lebte in den Scottish Borders. Von der Mutter seiner Kinder war Archie geschieden. Die erste Krebsdiagnose hatte er zwölf Jahre zuvor erhalten, als ihm eine Niere entfernt worden war. Vier Jahre lang war alles gut gegangen, doch dann wurden bei einer Routineuntersuchung Metastasen in Lunge und Brust gefunden. Vier Monate bevor er seine Therapie bei mir begann, erhielt er die niederschmetternde Nachricht, dass er einen Tumor im Gehirn habe. Man gab ihm noch ein Jahr zu leben. Unsere Aufgabe bestand darin, ihn und seine Familie während seiner Krankheit zu unterstützen. Im Lauf der Zeit wurde deutlich, dass mehrere Aspekte unsere Aufmerksamkeit erforderten: die Tatsache, dass er die Beziehung zu seinen Eltern abbrechen musste, um psychisch und physisch nicht noch mehr zu leiden, und der Umgang mit den furchtbaren Nebenwirkungen seiner Strahlen-, Chemo- und Steroidtherapie. Die ganze Familie stand vor der Herausforderung, wie Archie mit den Einschränkungen, die ihm die Pandemie auferlegt hatte, so gut wie möglich leben konnte, während er seinem Tod entgegensah.

Ich wandte mich an Cancer Research UK, um Archies Erkrankung in den statistischen Kontext einzuordnen. Statistiken können nützlich sein, um eine bestimmte Diagnose in den Blick zu bekommen, aber sie lösen oft auch Angst oder Aggressionen aus, wenn sie uns an unserem verletzlichen Punkt treffen. Den Zahlen entnahm ich, dass Archie eigentlich noch viel zu jung war, um an einer seltenen

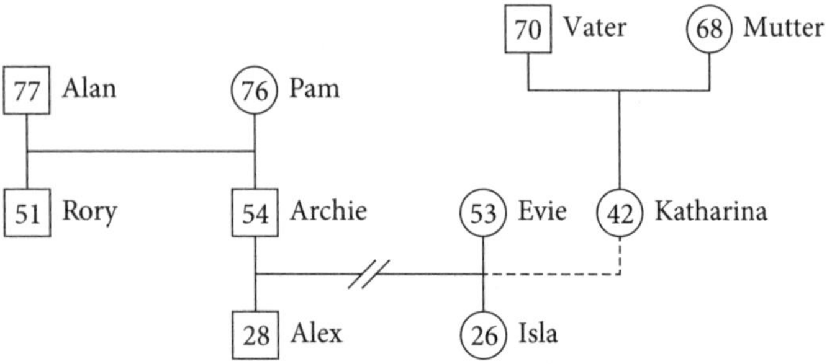

und unheilbaren Krebserkrankung zu leiden. Wie er und sämtliche Mitglieder seiner Familie immer wieder betonten, wussten sie zwar, dass das Leben nicht fair ist, empfanden diese Ungerechtigkeit aber als besonders grausam.

- Jedes Jahr sterben in Großbritannien mehr als 166 000 Menschen an Krebs.
- Bei Männern im Vereinigten Königreich ist Nierenkrebs die zehnthäufigste Ursache für Krebstod, mit rund 2 900 Todesfällen im Jahr 2018.
- Jährlich betrifft über die Hälfte (54 Prozent) aller Krebstodesfälle in Großbritannien Menschen im Alter von 75 Jahren und mehr (2016–2018).
- Die Hälfte (50 Prozent) der Menschen, bei denen in England und Wales Krebs diagnostiziert wird, überleben ihre Krankheit zehn Jahre oder länger (2010–2011).

Wenn ich meine Klientinnen und Klienten, mit denen ich im Lauf der Jahrzehnte in Kontakt stand, Revue passieren lasse, scheint es immer eine Person gegeben zu haben, deren Situation mein tiefstes Mitgefühl und manchmal auch meine Sorge galt. In dieser Zeit war Archie Craig dieser Klient.

Ich betrachtete Archie auf dem Bildschirm; er war leichenblass und hatte jegliche Kopfbehaarung verloren. Er trug eine Brille mit dickem Gestell, die etwas zu groß an ihm aussah. Es dauerte ein paar Minuten, bis mir auffiel, dass Archie sich nicht bewegte. Er saß aufrecht im Bett, gekleidet in ein schickes Hemd, und wenn er sprach, unterstrich er seine Worte weder durch Mimik noch durch Gestik. Es war, als müsse er jedes Quäntchen Energie für das Sprechen aufsparen. Die ersten Worte, die Archie an mich richtete, lauteten: »Krebs stellt alles auf den Kopf, macht Weiß zu Schwarz. Krebs ist ein Dieb. Er stiehlt Teile deines Körpers.«

Das stimmt.

Archie war 54 und hatte mit Anfang 40 die Diagnose Nierenkrebs erhalten. Nach einer erfolgreich verlaufenen Operation, bei der ihm eine Niere entfernt worden war, lebte er vier Jahre lang krebsfrei. Schon kam die Fünfjahresmarke in Sicht, nach der ein Rezidiv unwahrscheinlicher wird. Doch dann erhielt er die grausame Nachricht, dass sich Metastasen gebildet hatten. Vor Kurzem war er mit Kopfschmerzen zum Arzt gegangen und hatte erfahren, dass er unter einem Hirntumor litt. Der Arzt hatte ihm mitgeteilt, dass es keine Heilung für ihn gebe. Man könne die Krankheit eventuell durch Behandlungen noch etwas in Schach halten, aber seine Lebenserwartung betrage nur noch zwölf Monate.

Natürlich war Archie am stärksten von dieser Erkrankung betroffen, aber sie wirkte sich unweigerlich auf alle Mitglieder seiner Familie aus.

Aus einer Studie des *National Center for Biotechnology Information* (Golics et al., 2013) wusste ich, dass in einer Familie mit einer chronischen Krankheit 92 Prozent der befragten Familienmitglieder emotional von der Krankheit des Patienten betroffen waren und dabei angaben, Sorge (35 Prozent), Frustration (27 Prozent), Aggression (25 Prozent) und Schuldgefühle (14 Prozent) zu empfinden. Das ist ein heftiger Gefühlscocktail, der unter der Oberfläche herumwirbelt; es sind die Emotionen der Trauer und eine natürliche Reaktion auf die Krankheit. Ich wusste, dass ich niemandem diese Intensität der Gefühle würde nehmen können, hoffte aber aufrichtig, die Familie unterstützen zu können. Es ging in diesem Fall nicht um eine Beziehung, in der große Veränderungen im Verständnis zu erwarten waren. Vielmehr sah ich meine Aufgabe darin, alle so zu stabilisieren, dass sie den anhaltenden Ansturm von Schwierigkeiten, mit denen sie konfrontiert wurden, bewältigen konnten. Wenn nötig, wollte ich ihnen Vorschläge machen, was sie tun und sagen konnten, um hinterher nichts zu bereuen.

Zu mir als außenstehender Person konnten sie vollkommen offen sein, mich brauchten sie nicht zu schützen, um mich mussten sie sich keine Sorgen machen. Ich vertraute darauf, dass dies von Nutzen sein würde. Selbst wenn es nur ein kleiner Nutzen war, war es das wert. Ich unterschätze nie den Wert des Zuhörens: Aufmerksames Zuhören ist eine wertvolle Ressource, die ich anbieten wollte.

Außerdem schätzte Archie die Möglichkeit, an meinem Buch mitzuwirken: »Meine Erfahrung muss für irgendjemanden etwas wert sein.« Vielleicht war es ein kleiner Trost für ihn, dass seine Geschichte veröffentlicht werden würde.

Archie stand im Mittelpunkt unserer Sitzungen, an denen oft auch seine Verlobte Katharina teilnahm. Archies Sohn Greg, von Beruf Biologe, wohnte noch bei Archie; seine Tochter Isla, Mitarbeiterin bei der Gesundheitsbehörde NHS, lebte ein paar Stunden entfernt. Mit Greg und Isla wollte ich getrennt von Archie sprechen. Wir kamen übereinstimmend zu dem Entschluss, dass es zu viel für ihn sein könnte, Zeuge ihrer Verzweiflung zu werden. Aus meiner Fallstudie, die er in seinem eigenen Tempo lesen konnte, würde er erfahren, was sie dachten und fühlten.

Als Archie erzählte: »Der Krebs war in meine Lunge und meine Brust gewandert«, spürte ich einen Stich der Angst. Aufgrund von

Krebserkrankungen in meiner eigenen Familie stehe ich solchen Nachrichten nicht neutral gegenüber. Allerdings hatte ich mich zur Verdrängung entschlossen. Es hätte niemandem genutzt, wenn ich meine Schranken hochgezogen hätte, aber dennoch lauert stets die unterschwellige Angst, der Krebs könne zurückkehren. Aber inzwischen waren zwei Jahre vergangen, seitdem die betreffende Person in meiner Familie an Krebs erkrankt war, und ich fühlte mich belastbar genug, um wieder mit Krebspatienten zu arbeiten.

Dies ist ein Bereich meiner Arbeit, den ich lohnend und sinnvoll, aber auch belastend finde. Ich hoffte, dass ich einen besseren Einblick in die Erfahrungen dieser Familie bekommen würde. Ich war mir der Kehrseite der Medaille bewusst: Ich würde zusätzliche Supervision benötigen, um sicherzustellen, dass ich mich auf die Erfüllung ihrer Bedürfnisse konzentrierte. Unsere Beziehung war als Unterstützung für diese Familie gedacht, und meine Aufgabe war es, psychisch stabil genug dafür zu bleiben. Es ging hier nicht um mich.

Ich erwähne dies, weil ich es für wichtig halte, daran zu erinnern, dass jeder Therapeut und jede Therapeutin seine oder ihre eigene Geschichte von Verlusten, Verletzungen, Fehlern, Störungen und möglichen Auslösern mitbringt. Ich bekomme oft zu hören: »Für eine Therapeutin wirken Sie sehr aufgewühlt«, als müsse ich als Therapeutin über magische Kräfte verfügen und mittels derer das Leben voller Gleichmut, Liebe und Frieden meistern. Wenn es doch nur so wäre! Aber nein: Ich muss mich selbst ständig darum bemühen, liebevoll, aufmerksam, neugierig und offen zu bleiben, und dazu gehört auch, zu versagen, zu fallen und nicht zurechtzukommen.

In der Krise nach Archies tödlicher Diagnose war seine Familie als Ressource für Unterstützung, Liebe und Verbundenheit für ihn – sowie für jeden in seiner Situation – der Schlüssel dazu, dass er das Leiden ertragen konnte. Die Komplexität besteht darin, dass jede

Person in einer Familie ihre eigenen Reaktionen und Methoden hat, mit dem Problem umzugehen, was sich wiederum auf die anderen auswirkt.

Die Trauer beginnt mit dem Zeitpunkt der Diagnose. Jede neue Diagnose bringt eine zusätzliche Welle von Trauergefühlen mit sich: Schock, Kummer, Angst, Wut, Furcht oder sogar Hoffnungslosigkeit. Wenn jedes Mitglied einer Familie diese Gefühle erlebt, kann das überwältigend sein. Schlechte Nachrichten versetzen unser Bedrohungssystem in höchste Alarmbereitschaft. Wir beeinflussen uns unweigerlich und instinktiv gegenseitig, denn unsere Gefühle sind ansteckend. In der Lage zu sein, ehrlich und offen miteinander zu kommunizieren, seine Gefühle zu benennen und auszudrücken sowie über seine Ängste und sogar seine Hoffnungen zu sprechen, bietet eine Möglichkeit, auch in turbulenten Zeiten so viel Stabilität wie möglich zu bewahren.

Das bedeutet auch, dass jede:r Einzelne im Familiensystem Verantwortung für sein oder ihr Verhalten übernehmen muss. Es heißt, sensibel für die Bedürfnisse der anderen zu sein, an einem Strang zu ziehen, die eigenen Reaktionen im Auge zu behalten und gegebenenfalls zu verändern, wenn sie sich negativ auf die anderen auswirken. Dazu waren Archies Eltern jedoch nicht in der Lage.

Gleich in unserer ersten Sitzung verkündete mir Archie: »Meine Eltern leben noch, aber ich habe keinen Kontakt zu ihnen. Das tut mir weh, aber meine Mutter sagt äußerst merkwürdige Dinge, nicht nur zu mir, sondern auch zu meiner Verlobten und meinen Kindern. Das Fass zum Überlaufen gebracht hat ihre Reaktion, nachdem sie erfahren hatte, dass der Krebs auf mein Gehirn übergegriffen hatte. Da hat sie zu Katharina gesagt: ›Archie war schon immer ein schwieriges Kind. Er hat mich ganz schön Nerven gekostet.‹ Dann hat sie ungefähr 20 Minuten lang weitergeredet und am Ende gesagt: ›Krebspatienten gehen gern ins Hospiz.‹«

Er ballte die Fäuste, während er sprach, und ich konnte mir vorstellen, dass er seiner Wut heftiger Ausdruck verliehen hätte, wenn er nicht so schwach gewesen wäre. Mich durchfuhr ein Stich in der Magengegend angesichts der Gefühllosigkeit seiner Mutter.

Archie fuhr fort: »Als ich das gehört habe, war ich empört. Aber ich habe eine schwere Hirnverletzung, ich darf mich nicht aufregen oder wütend werden. Das Risiko besteht, dass ich dadurch einen Schlaganfall oder einen Krampfanfall erleide. Dieser Gefahr durfte ich mich nicht aussetzen. Ich musste den Kontakt zu ihnen abbrechen.«

Katharina erzählte mir später, dass Archie zwei Monate gebraucht habe, um sich von den bösen Worten seiner Mutter zu erholen, und noch immer sah ich ihm an, wie weh ihm das tat, während er traurig nickte. »Ja, es hat lang gedauert, bis ich es verarbeitet hatte. Ich habe mich in meinen Schmerz verrannt, und es hat eine Weile gedauert, bis mir klar wurde, dass ich eine Wahl habe. Ich konnte mich wie ein verletzter Teenager verhalten, den Launen meiner Mutter ausgeliefert, oder ich konnte ich selbst sein, ein 54-jähriger Mann, der seine Mutter nicht mehr braucht. Ihre Worte tun mir immer noch weh, aber nicht mehr so sehr. Ich muss die Situation so akzeptieren, wie sie ist.«

Ich sagte ihm, dass er ganz anders als seine Mutter sei. Im Gegensatz zu ihr besaß er die Einsicht, das Einfühlungsvermögen und das Selbstmitgefühl, seine Perspektive zu ändern. Aber er zahlte einen Preis dafür: Regelmäßig musste er an seine Mutter denken und an das, was sie gesagt hatte. Gedanken wie: »Sie hätte mitfühlender sein können. Sie konnte sich zwischen Mitgefühl und dem Bedürfnis nach Rachsucht entscheiden, und sie hat die Rachsucht gewählt.« Trotz der Unzulänglichkeiten und auch trotz der Grausamkeit seiner Eltern war es eine große Belastung für Archie, dass er keinen Umgang mit ihnen hatte. Sie waren eben seine Eltern, und er liebte und vermisste sie, aber er wusste, dass er den Abstand wahren musste. Das war eine Bürde, von der ich mir gewünscht hätte, er hätte sie nicht tragen müssen.

Als ich Archie im Lauf der Wochen besser kennenlernte, wurde die Bedeutung seiner dysfunktionalen Herkunftsfamilie immer klarer. Es gab keine einzige Sitzung, in der er nicht vor allem über seine Mutter und oft auch über seinen Vater sprach. Er hatte gelernt, damit umzugehen, aber das bedeutete nicht, dass er es vergessen konnte. Bei jeder und jedem von uns sitzen die Wunden, die uns unsere Eltern zugefügt haben, tief: Wir können lernen, damit umzugehen, aber wir können sie leider nicht ungeschehen machen. Wenn Archie über seine Mutter sprach, imitierte er oft ihre Stimme, die im besten Fall einschüchternd und im schlimmsten Fall bedrohlich war.

Archie kannte die Ursachen für ihr Verhalten. Seine Mutter war als Kind von ihrem Vater missbraucht worden und hatte das Trauma nie verarbeitet. Ihre unverarbeiteten, angestauten Emotionen infolge des Traumas beeinflussten ihr Leben an jedem einzelnen Tag. Sie heischte ständig um Aufmerksamkeit, meist indem sie ihre Krankheiten übertrieb – ihren schlimmen Rücken, ihren Diabetes oder ihre Minischlaganfälle. Archie sagte: »Nur sie allein hat Mitgefühl verdient. Sie ist eine echte Dramaqueen.« Das Leiden anderer missbrauchte sie als Bühne für ihr eigenes, sogar nachdem bei ihrem Sohn Krebs im Endstadium diagnostiziert worden war. Was seinen Vater betraf, so hatten Archies Eltern zwar »heftige Streitereien«, aber letztendlich hatte die Mutter die Hosen an. Wenn Archie erzählte, las ich in seinen Augen und hörte an seinem Tonfall, wie klar er die Zusammenhänge erkannte und wie tief verletzt er war.

Er fasste das Umfeld, in dem er aufgewachsen war, folgendermaßen zusammen: »Es gab keine Zuwendung, keine elterliche Fürsorge. Ich glaube, Liebe war schon da, aber keine Zärtlichkeit.«

Erschwerend kam hinzu, dass seine Eltern schon ihr Leben lang den Zeugen Jehovas angehörten, die für Archie eine Sekte waren. Das bedeutete, dass das Familienleben von extrem dogmatischen Regeln geprägt gewesen war und niemand etwas infrage stellen oder in irgendeiner Weise seine eigene Persönlichkeit entwickeln durfte. Für Archie, und ich würde behaupten, für jedes Kind, das unter einem so strengen Regime aufwächst und das nur wertgeschätzt wird, wenn es folgsam ist, bestand eine hohe Wahrscheinlichkeit, zumindest Ängste und mangelndes Selbstvertrauen zu entwickeln. Sein Elternhaus und seine Erziehung wirkten sich auf jeden Aspekt von Archies Leben aus – bis er eine Therapie machte. Bis dahin hatte er sich und seine Welt so verstanden, dass immer entweder er selbst oder jemand anderes die Schuld für etwas trug – eine starre und strafende Sicht auf die Erfahrungen des Alltags, begleitet von einer ständigen Unterströmung der Angst. Eine traurige Folge davon war, dass sich dies auf Archies Erziehung seiner eigenen Kinder ausgewirkt hatte, die sich ihrerseits mit den Folgen herumschlagen mussten.

Eine freundliche Kollegin von mir, Mary Russell, hatte mir ihre Abhandlung mit dem Titel *Totalist Recruitment Warning Signs* (Warnzeichen für die Anwerbung durch Totalitäre) über die Alarmzeichen geschickt, auf die man achten muss, um eine Sekte zu erkennen. Alle Elemente stimmten mit dem überein, was Archie über die Zeugen Jehovas erzählt hatte. Es wird dort beschrieben, wie Mitglieder aktiv davon abgehalten werden, außerhalb der Gemeinschaft enge Freundschaften einzugehen, wie sichergestellt wird, dass niemand den Status quo infrage stellen kann, und wie ihre strikten Regeln und ihre Gemeinschaft die einzige Antwort auf alle Probleme sind.

Im Lauf der Jahre habe ich unter anderem gelernt, dass nur sehr wenig im Leben schwarz oder weiß, gut oder schlecht ist. Das Bedürfnis nach Kontrolle ist angstbasiert und oft die Quelle erbitterter Streitigkeiten zwischen Einzelpersonen und Familien. Wenn eine

Person oder eine Organisation an ihre absolute Richtigkeit glaubt, lautet meine erste Frage: Wovor hat sie Angst? Welches Risiko besteht für sie, wenn sie andere Meinungen oder mehr Freiheit zulässt? Die Antworten sind die Grundlage für das weitere Vorgehen.

Archie hatte mit 28 Jahren die Zeugen Jehovas verlassen, aber seine Art der Kommunikation und seine reflexartige Reaktion auf das Leben waren noch immer von ihnen geprägt. Erst als seine Ehe scheiterte, sein Unternehmen pleite ging und er mit knapp über 40 einen Zusammenbruch erlitt, erwarb er im Lauf einer Therapie das, was er als »ein neues Betriebssystem« bezeichnete. »Ich traf daraufhin klügere Entscheidungen.«

Dass eine gelungene Therapie noch lange nach Abschluss weiterwirkt, bewies mir Archie in vielen meiner Sitzungen mit ihm, in denen er von seinem Therapeuten Nigel G. erzählte, den er mit Stolz bei seinem vollen Namen nannte. Archie dachte in jeder schwierigen Situation an Nigel und fragte sich, was er dazu sagen würde. Archie erklärte: »Er hat mir beigebracht, dass mein emotionales System schneller reagiert als mein bewusstes Denken und ich in Reaktion auf meine Umgebung lebte. Ich habe gelernt, die Signale in mir zu erkennen und sie zu identifizieren. Ich fühle dies, ich fühle jenes, aber eine solche Reaktion ist vielleicht nicht hilfreich. Was ist die richtige Reaktion? Stopp. Denke über deine Reaktion nach, schalte dein Gehirn ein, bevor du handelst. Früher war ich oft sehr impulsiv. Heute bin ich vorsichtiger. Und geduldiger. Ich treffe viel bessere Entscheidungen … So wie die, Katharina kennenzulernen. Wäre mir das ein paar Jahre früher passiert, hätte ich diese Chance verpasst, die sich als sehr, sehr, sehr, sehr, sehr [er grinste, während er ›sehr‹ wiederholte] gut herausgestellt hat, nämlich ihre Nummer zu wählen.«

Während er sprach, wäre es beinah begeistert aus mir herausgeplatzt: »Stimmt! Es ist nie zu spät, sein Leben zu ändern. Negative Muster sind nicht in Stein gemeißelt. Wir können uns ändern!« Aber Archie steckte mitten im Flow der Liebe und Zuneigung zu seiner Verlobten: Es war nicht der richtige Zeitpunkt, den Nutzen der Therapie hervorzuheben.

Katharina hatte sich, wie so oft, zu Archie gesellt, lag neben ihm auf dem Bett und streichelte seinen Arm. Auch sie war blass, sie hatte glänzendes blondes Haar und kastanienbraune Augen. Sie war groß, trug für ihre Arbeit als Kommunikationsmanagerin ein schickes, gut geschnittenes Outfit und machte einen selbstbewussten Eindruck.

Sie lächelten, als sie sich an ihr erstes Treffen bei einem Besuch Katharinas in Schottland erinnerten. Ich liebe es, solche Geschichten zu hören! Archie und Katharina unterbrachen sich dauernd gegenseitig, kicherten und lebten sichtlich auf. Archie war schlecht gelaunt, sie kam zu spät, aber er bat sie um ihre Nummer und küsste sie sogar an diesem ersten Abend. Wenn das kein Zeichen war! Sie skypten und schickten sich Nachrichten, und bald waren sie ein Paar, obwohl sie in zwei verschiedenen Ländern lebten. Sie lernten sich online kennen und lieben und trafen sich, sooft sie konnten. Nach zwei Jahren zog Katharina nach Schottland.

Ich stellte wieder einmal fest, dass gute Erinnerungen genauso stark in uns weiterleben wie schlechte und dass unsere Entscheidungen, worauf wir uns fokussieren, unsere Stimmung und unsere Einstellung zum Leben beeinflussen und verändern können. Archie litt ständig unter Schmerzen und wusste um seine begrenzte Lebenszeit, aber wenn er mit Katharina zusammen war, kam es mir so vor, als würde er all das vergessen und neue Energie schöpfen. Die Liebe kann uns nicht heilen, aber sie ist ein sehr wirksames Mittel dafür, uns Lebensfreude zu schenken, auch wenn wir schwer leiden.

Archie wandte sich ihr zu. »Ich war noch nie so glücklich und zufrieden wie jetzt. Katharina ist eine ganz besondere Frau. Warum sie nur bei mir bleibt?«

Katharina lachte. »Wir lieben uns wirklich sehr. Wir sind glücklich! Es ist eine schwere Zeit, aber ich möchte nichts davon missen. Bei Archie muss ich mich nicht verstellen, nicht so tun, als ob; er nimmt mich so, wie ich bin. Er ist so verrückt wie immer. Er liebt mich. Es ist schlimm für mich, ihn leiden zu sehen und nichts dagegen tun zu können.«

Während sie sprach, wurde mir bewusst, dass die Liebe uns den Mut verleiht, alle unsere Masken fallen zu lassen, und wir derart befreit die Liebe dann auch uneingeschränkt geben und empfangen können. Gerade ihre große Liebe bereitete Katharina jedoch die größte Qual, weil sie das Leiden ihres Liebsten nicht lindern konnte.

Archie betonte: »Ich habe alles, was ich brauche, ja sogar noch mehr. Ich empfinde Glück und Frieden in der Zeit, die mir noch bleibt. Auf die Schmerzen und die Boshaftigkeiten [seiner Mutter] könnte ich natürlich gut und gern verzichten.« Resigniert fügte er hinzu: »Wir brauchen ein Wunder.«

Ich erkannte, dass ein Teil meiner Arbeit mit Katharina darin bestehen würde, ihr zu helfen, den Wert und die Bedeutung ihrer Liebe zu erkennen und sie nicht geringzuschätzen, weil sie ihn trotz allem nicht heilen konnte.

Dass Archie eine so liebevolle Beziehung zu Katharina hatte, verlieh ihm die Kraft, die Schmerzen seiner Krankheit zu ertragen, und sogar ein gewisses Strahlen. Er wiederholte mehrmals, dass er nie glücklicher gewesen sei, was uns bestätigte, dass sein jetziges Leben für ihn Wert und Sinn hatte. Archie hatte es genossen, beruflich Karriere zu machen, aber im Angesicht des Todes war ihm bewusst, dass sein wahres Glück auf der Liebe und dem Wohlergehen der Menschen beruhte, die ihm am nächsten standen.

Ganz im Sinne von Viktor Frankls existenzieller Botschaft »dass man dem Menschen (…) alles nehmen kann, nur nicht: die letzte menschliche Freiheit, sich zu den gegebenen Verhältnissen so oder so einzustellen«, hatte Archie die Zügel selbst in die Hand genommen, inmitten seines größten Leids. Der Kern seiner Widerstandsfähigkeit war die Liebe zwischen ihm, Katharina und seinen Kindern. Ich glaube ohnehin, dass es kaum möglich ist, diese überwältigenden Erfahrungen ohne die Liebe anderer zu bewältigen.

Als ich über Archie und die Notwendigkeit reflektierte, dass er sich vor der negativen Reaktion seiner Eltern auf seine Krankheit schützte, erinnerte ich mich daran, dass er gesagt hatte: »Ich hasse mich irgendwie dafür.« Das Missbrauchstrauma von Archies Mutter sowie die Schwäche des Vaters aufgrund seiner eigenen Kindheit und Jugend wirkten über die Generationen hinweg fort. Wie Archie es so treffend formulierte: »Ich bin sauer darauf, dass meine Mutter und mein Vater ihre Probleme auf uns abgeladen haben. Sie haben ein Recht dazu, unter dem zu leiden, was ihnen widerfahren ist, aber es ist nicht in Ordnung, es an uns auszulassen.«

Archies Krankheit löste in seinen Eltern deren persönliche Abwehrmechanismen und Verhaltensmuster im Umgang mit Schwierigkeiten aus. Seine Mutter stellte sich in den Vordergrund, sein Vater hatte sich abgeschottet. Beide Abwehrmechanismen hinderten sie daran, ihren Sohn zu unterstützen, den sie trotz allem höchstwahrscheinlich liebten. Ich habe schon viel Schlimmes erlebt, was durch solche Unkenntnis der eigenen Beweggründe und das gedankenlose Ausleben von Familienmustern angerichtet wurde.

Archie dagegen hatte seine Hausaufgaben gemacht. Er sagte zu mir: »Ich habe mit meiner ersten Frau und den Kindern im Grunde genommen das wiederholt, was ich selbst als Kind erlebt hatte. Aber durch meine Therapie bei Nigel habe ich mich geändert. Ich habe mich bei meinen Kindern entschuldigt. Ich habe zu ihnen gesagt: ›Mir war nicht bewusst, was ich angerichtet habe, und ich will nicht mehr so sein wie früher. Wenn ihr Probleme habt, liegt das höchstwahrscheinlich nicht an euch, sondern an mir. Ihr wart noch Kinder. Ich war derjenige, der die Verantwortung trug.‹« Dieses Gespräch veränderte die Beziehung zu seinen Kindern von Grund auf. Archie und sie hatten inzwischen ein enges Verhältnis und verstanden sich gut.

Das soll nicht heißen, dass alle Menschen eine Therapie machen sollten – obwohl es nützlich wäre! Es ist aber ein Appell an alle Mütter und Väter, dass stabile Familien von stabilen Eltern geführt werden, egal ob die Kinder groß oder klein sind. Ich würde mir wünschen, dass Eltern sich prüfen und die Auswirkungen ihres Verhaltens erkennen würden, dass sie die Verantwortung dafür übernehmen und es, wenn nötig, ändern würden. Eine so aufrichtige und herzliche Entschuldigung wie die von Archie kann viel dazu beitragen, Wunden aus der Vergangenheit zu heilen.

Archie besaß die Fähigkeit, seine Gefühle zu benennen, seine Muster zu überdenken, Einsicht in seinen eigenen Gemütszustand zu gewinnen und sich zugleich in eine andere Person hineinzuversetzen. Das erinnerte mich an die wichtige Ergänzung der Theorien zur menschlichen Entwicklung, die wir dem renommierten Psychoanalytiker und Psychologen Professor Peter Fonagy und seinen Kollegen verdanken. Dabei geht es um einen Prozess namens »Mentalisierung«.

Fonagy beschreibt diesen als »die Fähigkeit, sowohl dem eigenen als auch dem Verhalten anderer Menschen einen Sinn zuzuschreiben, indem man die möglichen Beweggründe dahinter zu verstehen versucht« und bezeichnet ihn als unerlässlich für den Aufbau stabiler Beziehungen. Nachdem Archie gelernt hatte zu mentalisieren, war er in der Lage, ruhiger, einfühlsamer und rücksichtsvoller auf andere einzugehen. Daraufhin blühten seine Beziehungen auf. Für mich war es wie ein Wunder, die Auswirkungen dieser Entwicklung zu beobachten. Wie Archie so treffend bemerkte: »Ich weiß, dass meine Familie nach meiner Arbeit mit Nigel in Frieden miteinander lebt. Wir bilden eine stabile Einheit. Daraus kann man eine Menge Kraft schöpfen.« Im Stillen applaudierte ich Nigel: Was für ein großartiges Stück Arbeit sie gemeinsam geleistet hatten! Es war buchstäblich lebensverändernd gewesen.

Archies Fähigkeit, sich auf etwas anderes als das Alltägliche zu konzentrieren, war begrenzt. Über seinen Beruf erfuhr ich gar nichts. Er hatte 18 Monate zuvor aufhören müssen zu arbeiten. Ich wusste, dass er Golf, Fußball und sein Auto geliebt hatte. Es machte ihm zu schaffen, dass er nicht mehr fahren konnte, denn das bedeutete für ihn den Verlust seiner Bewegungsfreiheit.

Die einzige andere wichtige Person, über die er sprach, war sein jüngerer Bruder Rory. Er mochte ihn sehr, sagte aber: »Er kann ein bisschen seltsam sein. Immerhin ist er genauso aufgewachsen wie ich. Rory hatte versprochen, dass er für mich da sein würde, als ich die Diagnose erhielt. Ich war gerührt und erzählte ihm, wie sehr mich all das mitnahm. Schon nach ein paar Minuten unterbrach er mich: ›Lass das, das regt dich viel zu sehr auf.‹ Das hätte auch von meiner Mutter stammen können. Wir wussten beide, was er wirklich meinte: ›Vollkommen egal, was los ist, lass uns einfach so tun, als ob alles in Ordnung wäre.‹ Als er versprochen hatte, für mich da sein, hatte er nicht überlegt, in welcher Form er das machen würde. Als ich wegen des Hirntumors im Krankenhaus lag und es mir sehr schlecht ging, sagte er: ›Du wirkst etwas mitgenommen.‹ Etwas mitgenommen!? Es war doch viel mehr als das. Ich muss versuchen, mich in ihn hineinzuversetzen, um zu verstehen, was er meint, und ich zweifle nicht daran, dass er es gut meint. Ich mache Zugeständnisse, aber es ist anstrengend.«

In weiteren Gesprächen erwähnte Archie seinen Bruder auf eine ähnliche Art und Weise, und es wurde deutlich, dass er ihre Beziehung aufrechterhalten wollte. Ihre Bindung bedeutete ihm viel: Er wollte sich nicht von ihm abnabeln. Aber er musste abwägen, wie oft er Rory sehen wollte, denn es erforderte viel mentale Stärke von ihm, ruhig zu bleiben.

Ich machte mir Gedanken darüber, dass Geschwisterbeziehungen sowohl eine große Stütze als auch eine Quelle großer Not sein können. Die frühen Dynamiken zwischen uns und unseren Brüdern und Schwestern sind tief in uns verankert: Sie können neu erworbene Stabilisierungsmechanismen durchbrechen und alte Wunden wieder aufreißen. Für Archie war es das Echo der Worte seiner Mutter, das in Rory zum Ausdruck kam, Erinnerungen an seine dysfunktionale Kindheit in ihm wachrief und ihn in einen vertrauten, aber alten Zustand der Angst hineinversetzte. Es kostete ihn viel Energie, zu seiner neuen, ruhigeren Verfassung zurückzukehren. Das bedeutete, dass er nur häppchenweise Interaktionen mit seinem Bruder bewältigen konnte.

Als ich einmal zu Beginn einer Sitzung nebenbei fragte: »Wie geht es Ihnen?«, wies mich Archie taktvoll darauf hin, dass das ziemlich unsensibel gewesen war. »Das ist eine schwierige Frage, auf die ich nur eine komplizierte Antwort habe.« Ich hätte es besser wissen müssen. Wie oft haben mir Freunde und Klienten erzählt, dass sie bei der Frage »Wie geht es dir?« am liebsten schreien würden: »Was glaubst du denn, wie es mir geht, wo ich doch …?«

Ich fragte Archie, wie man es taktvoller ausdrücken könne, und dachte dabei an den Vorschlag von Sheryl Sandberg: »Wie geht es Ihnen heute?«

Er antwortete: »Ich glaube nicht, dass die Leute die Antwort wirklich hören wollen. Sie wollen hören, dass es einem gut geht, damit sie sich nicht so viel Mühe geben müssen. Mir ist aufgefallen, dass ich nicht mehr so viel Besuch bekomme. Mein Bekanntenkreis ist geschrumpft. Das ist kein böser Wille von den Leuten. Sie fühlen sich hilflos. Wenn sie sich nach meinem Befinden erkundigen, antworte ich eher ausweichend.«

Ich war erschüttert von seinen offenen Worten und von der Erkenntnis, wie isolierend Leiden sein kann. Ich versicherte ihm, dass ich es wirklich wissen wollte.

Er atmete tief durch, ansonsten stocksteif wie immer. »Ich fühle mich wie ein alter Mann. Wie ein 80-Jähriger. Ich könnte jeden Tag laut schreien. Wenn ich die Treppe hinuntergehe, habe ich unglaubliche Schmerzen. Ich will das nicht so sehr in den Mittelpunkt stellen. Es ist eine Folge der Behandlungen. Chemo, Steroide und Strahlentherapie … Die Ärzte haben gesagt, dass die Nebenwirkungen nicht lange anhalten würden, aber sie ziehen sich schon ewig hin. Obwohl Katharina da ist, fühle ich mich ein bisschen einsam.« An der Stelle senkte er den Kopf, brach in Tränen aus und errötete.

Ich versicherte ihm mein tiefes Mitgefühl. Er weinte noch mehr, schnäuzte sich die Nase und erwiderte: »Wir wollen Urlaub machen. Im August, aber das ist so weit weg, dass ich noch gar nicht daran denken kann. Meine Zeit läuft ab, und das ist kein schönes Gefühl – niemand will das hören. Aber auch wenn ich nicht darüber spreche, habe ich es ständig im Hinterkopf. Ich bin wütend über die Situation, ich bin wütend, dass ich Krebs habe. Ich weiß, dass ich nicht der Einzige bin und dass andere Menschen noch mehr leiden, aber ich bin trotzdem wütend.«

Ich war gerührt von seiner Offenheit mir gegenüber und hatte das Gefühl, dass es ihm guttat, das endlich einmal äußern zu können: Auf mich brauchte er keine Rücksicht zu nehmen. Ich wusste, dass das eine gesunde Art der Bewältigung war, die sich grundlegend von vereinfachendem positivem Denken unterscheidet. Diese Strategie verleiht der Person die Freiheit, ihre Sorgen, Ängste und ihren Schmerz auszudrücken und dennoch zu hoffen.

In jeder unserer Sitzungen berichtete Archie in seiner typisch sachlichen Art über seine Symptome: seine Kopfschmerzen, die fiesen Probleme beim Essen, die Übelkeit, den Durchfall, die körperliche

Anstrengung beim Aufstehen, seine ständige Erschöpfung, seinen wunden Mund, den Verlust des Geschmackssinns. Obwohl er sich kurz fasste, war es wichtig für ihn, das äußern zu können. »Ich habe jede aggressive Behandlung erhalten, die man sich denken kann.« Die einzige willkommene Erleichterung war, dass er gut schlief, im »bequemsten Bett der Welt«. Gott sei Dank!

Sobald er fertig war, wechselte er jedes Mal das Thema: »Ich habe nicht mit dem Leben abgeschlossen, ich akzeptiere es. Ich weiß, wie die Situation aussieht, und ich lebe mit ihr. Trotz allem sind wir glücklich, ich bin glücklich. Es ist harte Arbeit, das Glück aufrechtzuerhalten, aber das ist es jetzt wert. Auch wenn ich nicht mehr lange zu leben habe, gibt es etwas in mir, das mich glücklich macht. Ich werde tun, was getan werden muss. Ich weiß, dass die Krankheit sich verschlimmern wird, aber ich bin nicht bereit, mich von ihr überrollen zu lassen.« Während unserer gemeinsamen Arbeit sagte er oft mit Nachdruck: »Noch bin ich nicht tot.« Im Gegenteil: Er war sehr lebendig.

Archie bewältigte die fast unmögliche Aufgabe, in dem Bewusstsein zu leben, dass seine Krebserkrankung unheilbar war, und gleichzeitig Hoffnung zu hegen. Die Hoffnung und die Liebe seiner Familie waren für ihn ein entscheidender Faktor, jeden Tag so gut wie möglich zu nutzen. Ich konnte nur Ehrfurcht vor seiner Tapferkeit empfinden. Er war ein leuchtendes Vorbild dafür, wie man auch im Schatten des Todes ein gutes Leben führen kann.

Hoffnung ist ein faszinierendes Konzept. Sie ist die Formel, die einem Leben eine neue Richtung gibt und uns durch die dunkelsten Zeiten hilft. Andererseits ist falsche Hoffnung schädlich. Die Theorie des Psychologen Dr. Charles Snyder über die Hoffnung verdeutlicht dies meiner Meinung nach. Er sagt, die Hoffnung sei nicht nur ein Gefühl, auch wenn das hilfreich sei, sondern habe zugleich eine kognitive Funktion: Man schmiedet einen realistischen Plan, einen Plan A und einen Plan B, mit dem Selbstvertrauen, ihn zu verwirklichen. Die Kombination aus dem Gefühl der Hoffnung und der Umsetzung in einen Plan bedeutet, dass sich die Hoffnung mit größerer Wahrscheinlichkeit erfüllt.

Aus meiner Erfahrung durch die Arbeit mit anderen Familien, die mit dem Tod konfrontiert waren, wusste ich, dass es wichtig war, sowohl über die praktischen als auch über die spirituellen Aspekte zu reden. Archies robuster Pragmatismus gepaart mit seiner emotionalen Ehrlichkeit machten es leichter, dieses Thema anzuschneiden. Elegant wie immer saß er in seinem Bett und sagte zu mir: »Ich hänge keinem offiziellen Glauben an, ich habe meinen eigenen. Ich denke nicht allzu weit voraus. Für später ist alles geregelt – mein Testament, meine Lebensversicherung, alle rechtlichen Dinge. Wie meine Bestattung organisiert wird, ist mir egal.« Ich nahm mir einen Moment Zeit, um mir seine Beerdigung vorzustellen. Es war beklemmend: Solche Gespräche sind schmerzlich.

Archie fuhr fort: »Mich hat bisher keiner danach gefragt, was ich möchte. Ich nehme an, es soll im kleinen Kreis stattfinden. Ich werde jedenfalls nicht zurückkommen und sie heimsuchen, egal wie sie es arrangieren.«

Für mich gab es in diesem Moment nichts weiter zu tun und zu sagen. Um mit den bewegenden Gedanken an seine eigene Beerdigung umgehen zu können, vollzog Archie sein vertrautes Ablenkungsmanöver: Er atmete tief durch und ging zu einem verwandten, weniger schmerzlichen Thema über, in diesem Fall seine Familie. Es sei für ihn ganz entscheidend, so sagte er, dass es keinen Streit zwischen seinen Kindern und Katharina geben würde. Sie mochten sich und verstanden sich wunderbar. Darauf war er, zu Recht, unheimlich stolz.

Archie strahlte bei der Erinnerung an das vergangene Wochenende, als er seine Tochter Isla zum ersten Mal seit Monaten wiedergesehen hatte. Durch die strengen Coronamaßnahmen hatte er nicht viel von der kostbaren Lebenszeit, die ihm noch blieb, mit seiner geliebten Tochter verbringen können, und an guten Tagen auch nicht das Haus verlassen und positive Erfahrungen sammeln können, um glückliche Erinnerungen für sie alle zu schaffen. Er sagte: »Es war absolut großartig, sie zu sehen. Ich habe sie so sehr vermisst, ich habe sie ganz fest umarmt ...« Er hatte Tränen in den Augen vor Erleichterung, weil er sich endlich nicht mehr beherrschen musste, und vor Glück darüber, dass er seiner Tochter wieder nahe sein und sie in die Arme nehmen konnte. »Mir war gar nicht richtig bewusst gewesen, wie sehr ich sie vermisst hatte, bis sie sich auf mich stürzte und ich sie umarmte. Es war so bewegend, dass wir beide geweint haben.« Auch mir kamen die Tränen.

Ich war froh, dass ich mich bereits in die wichtige Arbeit der Palliativmedizinerin und Autorin Kathryn Mannix eingelesen hatte. So wusste ich, welche psychologischen Vorteile es hat, umfassend über den Sterbeprozess informiert zu sein, lange bevor es so weit ist, beispielsweise die Veränderungen in Bezug auf Wachzustand, Atmung und Bewusstsein, die dabei auftreten. Mannix rät, komplexe Vorgänge wie diese sorgfältig zu durchdenken und zu diskutieren. Wie bei so vielen anderen Dingen auch führt Unwissenheit darüber dazu, dass unsere Fantasie wilde Kapriolen schlägt und wir Angst haben; sind wir jedoch gut informiert und mit Faktenkenntnis gewappnet, haben wir weniger Angst und mehr Zutrauen, was zu einem friedlicheren Ende führen kann.

Mannix schlägt vor, dass wir über das sprechen, was für die Sterbenden am wichtigsten ist. Das kann ihnen in diesem Moment Orientierung geben und bedeutet, dass wir ihre kostbare Energie achtsam nutzen. Dies kann auch vor späterer Reue schützen, einer häufigen Begleiterin der Trauer, und uns die Sicherheit geben, dass wir alle wichtigen Gespräche geführt haben, vielleicht sogar bedeutsame Botschaften durch eine Karte oder einen Brief übermittelt haben. Gemeinsam Zeit zu verbringen, vielleicht Musik zu hören (eine von Archies letzten Freuden), die Stimme der Sterbenden aufzunehmen oder ein Tagebuch über die gemeinsam verbrachte Zeit zu schreiben, sind sowohl zum jeweiligen Zeitpunkt als auch für später von unschätzbarem Wert. Die Rückbesinnung auf glückliche, liebevolle Erinnerungen ist eine wichtige Quelle des Trosts für Trauernde.

Ich behielt dies während unserer gemeinsamen Zeit im Hinterkopf und wartete auf den richtigen Moment, um es anzusprechen. Ich sah meine Aufgabe darin, sensibel auf die Erfahrungen der Familie und ihre jeweilige Offenheit für unsere Gespräche zu reagieren, die in ihrem Tempo abliefen und nicht von dem Drang geprägt waren, dass wir unbedingt über diese Dinge reden mussten. Ich vertraute darauf, dass sich die Gelegenheit bei diesen Menschen, die sich ihrer Gefühle so bewusst waren, schon ergeben werde.

Es gibt viele Familien, in denen dieses Gespräch nie stattfinden würde. Wie sehr wir uns auch wünschten, mit jenen darüber zu sprechen, die uns am Herzen liegen: Wir müssen ihr Recht auf Verdrängung respektieren. Es ist ihr einziger Bewältigungsmechanismus im Angesicht des Todes, den sie wahrscheinlich in jungen Jahren erlernt haben, und vielleicht ihr einziger Schutz. Sie haben ein Recht darauf, daran festzuhalten, und zwar in diesem Moment mehr denn je.

Oft fanden unsere Sitzungen zu dritt statt, und Katharina äußerte auch im Beisein von Archie offen, wie schwierig die Situation für sie war. Ich hatte ihr Einzelsitzungen angeboten, falls sie sie brauchen sollte. Irgendwann schickte sie mir eine Textnachricht; interessanterweise bat sie nicht um einen Termin, sondern schrieb nur: *Hier ist Katharina, Archies Verlobte.* Daraufhin verabredeten wir uns.

Ich sah ihr sofort an, wie verzweifelt sie war. »Es ist furchtbar, Archie seit sechs Monaten so dahinsiechen zu sehen.« Das Problem war, dass er kaum mehr essen konnte, nicht mehr als ein paar Löffel pro Tag. Er hatte einen widerlichen Geschmack im Mund, durch den das Essen entweder Übelkeit erregend süß oder metallisch schmeckte – er hatte angeekelt das Gesicht verzogen, als er es mir beschrieb. Es war belastend für sie beide. Archie hatte immer einen guten Appetit gehabt; Essen hatte zu seinen letzten Vergnügungen gehört und nun war ihm auch das genommen worden.

Das Problem für Katharina war, dass für ihn zu kochen eine Möglichkeit für sie gewesen war, ihm ihre Liebe zu beweisen, eine der wenigen Chancen, die sie hatte, ihm zu helfen und ihm Freude zu bereiten. Doch das war nun weggefallen. Sie sagte: »Ich bin außer mir, ich habe schreckliche Angst, ihn zu verlieren, und jetzt bestrafe ich mich auch noch selbst.« Sie hatte sich angewöhnt, mehr zu essen, wenn Archie weniger aß, und war nun krankhaft fettleibig. Ich war überrascht; es war mir gar nicht aufgefallen. Sie lachte. »Ich bin groß, ich kann das gut vertuschen.« Wir waren uns einig, dass ihr übermäßiges Essen eine unbewusste Reaktion auf sein Siechtum war: Irgendwie war es, als könne sie ihn am Leben erhalten, wenn sie für ihn aß. Es ähnelte dem Wunschdenken, den Tod eines geliebten Menschen hinauszögern zu können, wenn wir ihn nur genug lieben und auf jede erdenkliche Weise gut zu ihm sind. Neben den komplexen unbewussten Dynamiken erkannte Katharina auch den eher prosaischen Aspekt ihres Verhaltens: Sie betäubte ihre Frustration, sogar ihre Wut, aber vor allem ihre Angst, weil Archie nichts aß. Sie machte ihm absolut keine Vorwürfe; sie wusste, dass es an ihr war, das zu ändern.

Ich dachte darüber nach, dass wir alle in Extremsituationen eine Art Ventil finden müssen. Die Tatsache, dass sie ihre Gefühle nicht an Archie ausgelassen hatte, war positiv. Sie stimmte mir zu, und sie erkannte, dass ihr Verhalten nicht zuletzt ein alter Reflex war, der durch den Schmerz ausgelöst wurde. Er stammte aus ihrer frühen Kindheit, als ihr vermittelt worden war, dass sie unbedingt gut, ja perfekt sein musste, und man unrealistisch hohe Erwartungen in sie gesetzt hatte – und jetzt fühlte sie sich »hilflos«. Sie aß drei Packungen Chips oder Kekse, um ihrer Gefühle Herr zu werden. Es verschaffte ihr ein Gefühl der Betäubung, eine vorübergehende Erleichterung, aber letztendlich war es ein fataler Kreislauf der Selbstschädigung. Wir besprachen alle Probleme und überlegten uns realistisch durchführbare Alternativen, kleine Gewohnheiten, die es Katharina ermöglichen würden, ihr Verhalten allmählich zu verändern. Wenn sie bei Naschanfällen in Zukunft zunächst tief durchatmete und ein Glas Wasser trank, bevor sie die nächste Tüte aufriss, und danach ein paar Minuten durchs Haus ging, ließ der hartnäckige Drang vielleicht nach.

Wie der renommierte amerikanische Sozialwissenschaftler B. J. Fogg in seinem Buch *Die Tiny Habits®-Methode* feststellt, werden Veränderungen nicht am effektivsten durch Willenskraft bewirkt, sondern man braucht Selbstwertgefühl und das Gefühl, mit den vorgenommenen Veränderungen zufrieden zu sein. Katharina und ich mussten uns eine realistische kleine Anpassung einfallen lassen, die ihr zusätzliche Unterstützung bieten und sie mit sich selbst zufrieden machen würde. Wir einigten uns auf drei Spaziergänge pro Woche, egal wie lang, mit der Belohnung einer dicken Umarmung von Archie nach jeder Bewegungseinheit.

Als wir in der darauffolgenden Woche miteinander sprachen, war ich froh zu sehen, dass sich ihre Stimmung verbessert hatte. Katharina lächelte und wanderte mit einer gewissen Energie durch den Raum, während sie sprach. Sie hatten am Wochenende »einen wirklich lustigen Tag« verbracht, einen »Scheißegal-Tag«, und sie hatte ihr Essen reduziert. Es »pendelte sich allmählich ein«. Die Gespräche mit mir hatten ihr geholfen. Und Archie fühlte sich gerade etwas kräftiger: Er schaffte es, ein wenig aktiver zu sein und sich mehr zu bewegen. Sie hatten zusammen im Garten herumgewirtschaftet, was sich lebensbejahend angefühlt hatte. Es war eine Wechselwirkung eingetreten, die für viele von uns gilt: Wenn es der Person, die wir lieben, gut geht, fühlen wir uns besser und umgekehrt. Wie Katharina sagte: »Es ist ein ganz schmaler Grat« zwischen Zeiten der Hoffnung und Freude und der »harten Realität, den Mann, den ich liebe, vor meinen Augen zugrunde gehen zu sehen.«

Katharina und Archie saßen Seite an Seite auf dem Sofa im Wohnzimmer. Zu der Zeit, als Katharina Archie kennengelernt hatte, war es ihr sehr schlecht gegangen. »Ich hatte es aufgegeben, nach einem Partner zu suchen. Ich hatte mir gewünscht, jemanden zu finden, aber ich glaubte nicht mehr daran, dass es jemals passieren würde.« Es kam heraus, dass beide, bevor sie sich trafen, an einem so tiefen Punkt in ihrem Leben angekommen waren, dass sie über Suizid nachdachten. Erst nachdem sie sich kennengelernt hatten, ging es ihnen wieder besser.

Katharina erzählte, sie seien seit sieben Jahren zusammen und hätten sich noch nie gestritten: Sie könnten unterschiedlicher Meinung sein und die Ansichten des anderen respektieren. Archies Miene hellte sich auf, beide strahlten mich an. Katharina fuhr fort: »Ich habe ein wunderbares Verhältnis zu seinen Kindern. Ich wusste von Anfang an, dass unsere Beziehung nicht funktionieren würde, wenn ich nicht mit ihnen auskäme.« Ein Stiefelternteil zu sein ist schon per se nicht leicht, und zusätzliche Spannungen hätten die Sache noch erschwert. Für Katharina war es umso schlimmer, als nun der Vater ihrer Stiefkinder während einer Pandemie sterben musste. Ich vermittelte Katharina, was für eine Leistung es war, dass sie und Archies Kinder so gut miteinander auskamen. Archie nickte lebhaft, so stolz war er. Es war kurz nach dem Muttertag, und seine Kinder hatten Katharina eine Karte zum »Stiefmuttertag« geschickt. Er sprach davon, als wäre es ein Oscar. Er bat sie, die Karte zu holen. Sie war so riesig, dass sie sie fast verdeckte – der Stolz und die Freude in den Gesichtern des Paares waren nicht zu übersehen. Archie bat Katharina, den Text vorzulesen: *Ich bin so froh, dass du in unser Leben getreten bist, besonders in das von Papa! Du machst ihn jeden Tag glücklich, obwohl er am Tiefpunkt ist. Wir sind dir so dankbar! Du unterstützt uns und hilfst uns, denn auch wir brauchen Hilfe. Vielen Dank, dass du da bist, wir haben dich lieb.*

Archie war zu Recht stolz darauf. Eine solche Karte ist für eine Familie tatsächlich so etwas wie ein Oscar.

Ich habe festgestellt, dass Briefe und Karten in Familien einen besonderen Stellenwert besitzen. Texte über das Handy oder den Computer sind in der Regel flüchtig: Wir verlieren sie im digitalen Äther. Greifbare Botschaften der Liebe in Familien können jedoch immer wieder als Ressource genutzt werden: Sie leben noch Jahre nach dem Versenden weiter.

In einer folgenden Sitzung zeigten mir Katharina und Archie Fotos von dem Tag, an dem sie sich vor 18 Monaten verlobt hatten. Was für eine glückliche Zeit das gewesen war! Obwohl schöne Erinnerungen eine stete Quelle der Unterstützung und Kraft sind, konnten Archie und Katharina keine neuen schaffen. Sie hatten ihre Hochzeit schon zweimal absagen müssen – auch in dieser Hinsicht hatte ihnen Corona einen Strich durch ihre Lebensplanung gemacht.

Diese Feier war unglaublich wichtig für sie; sie sollte ein öffentliches Bekenntnis ihrer Liebe zueinander sein. Sie war von vielen Bedeutungsebenen durchdrungen; eine Würdigung ihrer Liebe, die sie auf so vielen Umwegen gefunden hatten, und ihrer gegenseitigen Treue, aber auch ein Fest für sie als Familie. Ihre Familie war so ganz anders als alle, die sie bisher kennengelernt hatten – sie basierte auf Ehrlichkeit, Vertrauen und Liebe. Nach all den Strapazen der Krankheit hatten sie geplant, sich mit ihren Freunden zu amüsieren und »einen tollen Tag zu erleben«. Archie wusste, dass es »eine fantastische Erinnerung« sein würde, auf die sie zurückblicken und von der sie würden zehren können. Außerdem wäre es Katharinas erste Hochzeit, und beide wollten, dass der Tag so würde, wie sie sich ihn immer erträumt hatte: das Hochzeitskleid, die Zeremonie, die Feier mit den Menschen, die sie am meisten liebten, vor allem mit Katharinas Eltern. Sie war ihr einziges Kind und stand ihnen sehr nahe. Sie hatten sie in all dem Schmerz, den Archies Krankheit mit sich brachte, in vielfältiger Weise unterstützt. Katharina hatte sich gewünscht, dass ihr Vater sie zum Altar führte, so wie sie es sich schon als kleines Mädchen vorgestellt hatte.

Aber da war natürlich noch die Sorge um Archies Gesundheit. Er wollte an seinem Hochzeitstag nicht schwach oder krank sein: »Keine Hochzeit auf dem Sterbebett.« Abgesehen davon war es aus juristischen Gründen wichtig, dass Katharina seine Frau wurde. Sie standen unter Zeitdruck. Wir beendeten die Sitzung mit Archies Worten: »Katharina kümmert sich um alle Termine, die nicht unmittelbar bevorstehen. Ich weiß nur, was ich heute und morgen schaffen kann.« Die Hoffnung auf eine Heirat gab ihnen Auftrieb, aber der Schatten der Ungewissheit war ständig präsent. Auf kurze Sicht zu segeln war schließlich die einzige Möglichkeit für sie, mit allem fertig zu werden, was ihnen bevorstand.

Ich sprach mit Archies Sohn Greg, der erleichtert war, dass er aufgrund seiner Arbeit in einem Labor nicht jeden Tag zu Hause sein musste. Vor der Pandemie hatte er allein gelebt, aber angesichts seiner psychischen Probleme hatten sie alle beschlossen, dass es für ihn besser wäre, bei seinem Vater und Katharina einzuziehen. Obwohl niemand Andeutungen in dieser Richtung gemacht hatte, hatte ich mir vorgestellt, dass es Spannungen zwischen ihnen gab. Wenn ein erwachsenes Kind nach Hause zu seinen Eltern zurückkehrt, ist es wahrscheinlich, dass es Probleme mit der Aufteilung der häuslichen Pflichten und des Raums gibt, sowohl psychisch als auch physisch.

Greg war keineswegs der einzige junge Mensch, der während der Pandemie wieder zu Hause eingezogen war. Überhaupt ist in den letzten zehn Jahren ein Trend erkennbar, dass junge Erwachsene erst sehr spät ausziehen oder nach einigen Jahren zurückkehren. Laut einer Statistik der Nationalen Statistikbehörde ONS betraf dies im Jahr 2015 3,3 Millionen junger Leute. Eine Umfrage von Compare the Market im November 2020 ergab, dass 43 Prozent der jungen Menschen zwischen 18 und 34 Jahren seit dem Ausbruch der Pandemie aus wirtschaftlichen und psychischen Gründen zu ihren Eltern gezogen waren. Die ursprünglich als vorübergehend geplanten Schutzmaßnahmen mussten beibehalten werden, und für die jungen Menschen und ihre Eltern wurden die Begleitumstände zu einer großen Belastung. Um diese Situation zu bewältigen, müssen alle Beteiligten sich vor Augen halten, dass ihre Gefühle angesichts der Umstände normal sind, und sie müssen Grundregeln aufstellen, z. B. wer welche Aufgaben übernimmt, sowie offen miteinander reden und einander zuhören.

Gregs Ähnlichkeit mit seinem Vater war unverkennbar. Im Gegensatz zu ihm wirkte er jedoch kräftig; sein muskulöser Körperbau zeichnete sich unter seinem T-Shirt ab. Er war rothaarig und trug einen kurzen Bart. Seine unruhigen haselnussbraunen Augen zeigten, dass er sich unbehaglich fühlte, weil er mit einer vollkommen Fremden über das Schlimmste in seinem Leben sprechen sollte. Wir begannen nicht mit der Krankheit seines Vaters, sondern ich suchte einen unverfänglicheren Einstieg, um zunächst eine Vertrauensbasis zwischen uns zu schaffen. Greg sprach schnell, gestikulierte mit den Händen, und in meinen Ohren schien sein schottischer Akzent die Intensität seiner Gefühle und seiner Liebe zu seinem Vater noch zu verstärken.

Greg erzählte, wie Archie ihn und Isla zum Abendessen eingeladen und sich für all die Fehler entschuldigt hatte, die er in der Vergangenheit gemacht hatte. Diese aufrichtige Entschuldigung war für Greg zutiefst heilsam. Seitdem hatten sie ein engeres Verhältnis, und Greg sah Archie durch dessen Krankheit in einem neuen Licht.

Es war ein Paradigmenwechsel: Er lernte von seinem Vater, dass er nicht alles allein tragen musste: »Ich kann mir Hilfe holen. Es ist normal, dass es einem nicht immer gut geht.« Indem er seine eigene Schwäche zuließ, konnte er alles Gute und Schlechte sowohl an sich selbst als auch an seinem Vater akzeptieren.

Es erzählte, dass er sich wie ein »Reh im Scheinwerferlicht« gefühlt habe, nachdem ihm Archie dessen jüngste Diagnose eröffnet hatte. »Ich war wie betäubt. Ich weiß nicht, wie ich damit umgehen soll.« Während er sprach, dachte ich an die kürzlich veröffentlichte Trauertheorie von Okun und Nowinski, die besonders für den Umgang mit einer Krebsdiagnose geeignet ist. Folgende Phasen werden dabei beschrieben: Krise, Einheit, Umbruch, Auflösung und Erneuerung. Okun und Nowinski betrachten den Verlauf nicht als linear, sondern als einen zeitlichen Prozess, bei dem die erkrankte Person durchaus mehrere Stadien gleichzeitig durchlaufen kann.

Bei Greg stellte ich fest, dass er sich zwischen Krise, Einheit und Umbruch bewegte. Er sagte zu mir: »Ich weiß nicht, ob mein Vater nächstes Jahr noch da sein wird, und das ist ein Gedanke, der für jeden schwer zu ertragen ist. Dass er sterben wird, belastet mich schwer. Ich möchte alles tun, was in meiner Macht steht, um ihm zu helfen, und so viel Zeit wie möglich mit ihm verbringen. Ich hoffe, dass wir ihn noch lange nicht gehen lassen müssen.« Mit gesenktem Kopf und Tränen in den Augen fuhr er fort: »Wenn er drastisch an Gewicht verliert, wie ein alter Mann daherschlurft, wenn ich daran denke, dass er seine Enkelkinder nie kennenlernen wird, das ist so, so traurig! Es ist ungerecht! Er hat schon so viel durchgemacht, und jetzt muss er noch mehr leiden. Der Krebs wird mir meinen Vater nehmen, und ich kann nichts tun, um das zu verhindern. Alles, was ich tun kann, ist, das Beste aus der Zeit zu machen, die uns noch bleibt.«

Ich war mir bewusst, dass die psychische Belastung ihren Tribut fordern und zu Depressionen, Angstzuständen und Schuldgefühlen führen konnte. In Anbetracht von Gregs Vorgeschichte hatte ich aufmerksam auf entsprechende Anzeichen geachtet. Er hatte zwar gesagt, er sei wie betäubt, aber ich konnte das nicht erkennen. Während er sprach, stellte er sich auf die unerträgliche Realität ein, mit der er und seine Familie konfrontiert waren. Indem er es aussprach, stellte er sich der Situation, nicht, damit es ihm besser ging, sondern um die ganze Intensität des Erlebten zu erfahren und einen Weg zu finden, sie zuzulassen.

Der grundlegende Schutzfaktor für Greg gegen den Seitenhieb von Depression und Angst war die Beziehung, die er zu seinem Vater hatte. Zwischen den beiden herrschte eine Dynamik, die man in der Fachsprache als *collaborative effective coping and adaption* (kollaborativ wirksame Bewältigung und Anpassung) bezeichnet. In diesem Fall bedeutete es, dass Vater und Sohn Seite an Seite die ständige Bewegung ihrer Gefühle zwischen den Polen von Verlust und Hoffnung in unterschiedlicher Intensität und zu unterschiedlichen Zeiten vollzogen. Und in dieser Bewegung passten sie sich schrittweise an die neuen Umstände an.

Das Wichtigste war, dass die Liebe, die sie zueinander empfanden, sie befähigte, dies zu ertragen. Gedankenverloren sagte Greg: »Ich möchte die Zeit, die uns noch bleibt, zu etwas Besonderem machen. Ich kann mich auf das, was passieren wird, nicht vorbereiten, und das macht mich hilflos. Meine Gefühle lassen sich durch das Wissen nicht beeinflussen. Heute ist wichtig, morgen ist wichtig.« Ich erklärte ihm, dass er fast wörtlich das Gleiche gesagt hatte wie sein Vater, und er lachte. »Keine Ahnung, ob ich darauf stolz sein soll oder nicht.« Er strich sich die Haare aus dem Gesicht, lächelte und fuhr sanfter fort: »Das beweist jedenfalls, wie ähnlich wir uns sind. Ich bilde mir gern ein, dass ich etwas von seiner Intelligenz geerbt habe. Er ist der klügste Mann, den ich kenne, witzig und liebevoll. Wenn ich nur halb so toll wäre wie er, würde mich das stolz machen.«

Während er weitererzählte, sprach er langsamer, mehr nach innen gerichtet, um Zugang zu seinen Gefühlen zu finden. »Ich möchte ein anständiger Mensch sein, nicht unbedingt ein perfekter Mensch. Mein Vater hat mir beigebracht, dass man Fehler machen darf, wenn man die Verantwortung für sie übernimmt.« Wir waren uns einig, dass ihn sein Vater gerade jetzt besonders stark beeinflusste und die Verbindung zu ihm sehr eng war und dass er ihn sein Leben lang prägen würde. Am Ende der Sitzung teilte ich Greg mit, was für ein wundervoller Sohn er sei. Er brauchte einige Augenblicke, um das zu verarbeiten. Er wiegte den Kopf, lächelte jungenhaft und sagte: »Yeah.«

Einige Wochen später hatte ich eine Sitzung mit Isla, Archies Tochter. Sie hatte ihr tiefschwarzes Haar zu einem hohen Pferdeschwanz aufgebunden, und wenn sie ihren Pony zurechtzupfte, was sie regelmäßig tat, sah ich ihre zweifarbig orange und schwarz lackierten Fingernägel und die Ringe, die sie an jedem Finger trug. Ihre Aufmachung kontrastierte mit ihrer leisen Stimme und ihren braunen Augen, die sie beim Sprechen von mir abwandte. Ich vermutete, dass sie schüchtern war, oder vielleicht hatte sie von Greg gehört, dass sie sich auf ein emotionales Gespräch gefasst machen musste und versuchte, sich zu wappnen. Doch dann sprach sie sofort sehr offen mit mir. »Ich liebe meinen Vater, und es furchtbar für mich, dass ihn diese Krankheit erwischt hat. Ich bin so traurig, und es belastet mich besonders, weil ich ihn kaum besuchen konnte. Als ich ihn am Wochenende gesehen habe, sind wir beide in Tränen ausgebrochen. Dabei wollte ich gar nicht weinen, sondern mich bemühen, tapfer zu sein. Ich möchte nicht, dass sich mein Vater Sorgen um mich macht – er hat schon genug um die Ohren.« Man merkte ihr deutlich an, wie aufgewühlt sie war, gebeutelt von widersprüchlichen Gefühlen des Kummers und der Sorge um ihn, die sich nicht gut vertragen. Ich machte sie darauf aufmerksam, dass sie ihren Vater nicht vor ihrer Traurigkeit schützen konnte und der Versuch sogar eine unerwünschte Distanz zwischen ihnen schaffen könne. Ehrlichkeit war geradliniger und würde ihnen mehr Nähe ermöglichen.

Isla wünschte sich sehr, mehr Zeit für ihren Vater zu haben, doch sie war Keyworkerin beim staatlichen Gesundheitsdienst NHS und hatte jeden Tag Hunderte Kontakte mit Menschen: Selbst wenn sie dazu bereit gewesen wäre, sich über die Coronaregeln hinwegzusetzen, hätte sie zu große Angst gehabt, ihn anzustecken. »Ich könnte nicht damit leben, wenn ich daran schuld wäre, dass er sich infiziert.« Ein wenig verzweifelt fügte sie hinzu: »Ich will meinen Vater nicht umbringen, aber ich will auch nichts bereuen!«

Sie erzählte noch ein wenig von ihrer Beziehung: wie sie sich seit dem denkwürdigen Abendessen, bei dem ihr Vater sich entschuldigt hatte, verändert habe und wie nah sie sich ihm jetzt fühle. »Ich werde immer für meinen Vater da sein. Für ihn würde ich alles stehen und liegen lassen.« Sie drehte den Kopf weg, und Tränen liefen ihr über das Gesicht, als sie sagte: »Ich habe Angst, dass ihm etwas passiert und ich dann nicht da bin.« Ihre Stimme zitterte, sie war am ganzen Körper wie erstarrt vor Angst, und ihre Augen huschten unruhig hin und her. Es herrschte einige Minuten lang Schweigen, während sie sich beruhigte. Sanft bestätigte ich ihr, wie schmerzhaft das sein müsse. Sie fuhr fort. Es war wichtig, dass sie all ihren Kummer loswurde, den sie monatelang mit sich herumgeschleppt hatte. »An Weihnachten hat er uns eröffnet, wie es um ihn steht. Es war schlimm. Ich habe meinem Vater gesagt, wie sehr ich ihn liebe. Wir waren uns einig, dass wir offen sein müssen, dass wir das als Familie durchstehen werden. Und dabei dachte ich«, sie erhob die Stimme, »wie schlimm das für mich war! Aber wie furchtbar es erst für meinen Vater gewesen sein muss! Er ist so tapfer. Wir haben alle geweint. Er ist unglaublich, er hat so lange gekämpft.«

Dann folgte sie dem Vorbild ihres Vaters, holte tief Luft und erinnerte sich daran, wie schön dieses Weihnachtsfest zugleich gewesen war. »Trotzdem hatten wir an Weihnachten viel Spaß. Ich habe ihm eine Taschenuhr geschenkt, auf der steht: ›Ich werde immer dein kleines Mädchen sein, ich werde dich immer lieben.‹ Ich wollte ihn nicht zum Weinen bringen, aber zugleich bin ich froh, dass ich ihn zu Tränen gerührt habe. Ich habe ihm auch eine lustige Tasse gekauft, eine von [dem Komiker] Del Boy. Und dann hat Dad mich drangekriegt! Er hat zu mir gesagt, ich sei ein guter Mensch, und damit hat er dann mich zum Weinen gebracht. Eins zu null für ihn. Ich habe ihn wirklich sehr lieb.« Sie lachte, als sie sich an die warmherzige, liebevolle Stimmung erinnerte, und sie beschrieb das köstliche Beef Wellington, das Katharina zubereitet hatte, und die Freude, die sie alle empfunden hatten, als sie zusammen am Tisch saßen. Diese Erinnerungen würden sie als wichtige Quelle der Liebe und Nähe zu ihrem Vater für immer begleiten.

Als ich mir erneut vor Augen führte, wie die Familie jahrelang mit Archies gesundheitlichen Problemen gekämpft hatte, unterbrochen von Phasen der Remission, bewunderte ich erneut ihre Tapferkeit und ihren außergewöhnlichen Kampfgeist, mit dem sie nicht nur weitermachten, sondern sich auch aufrecht hielten. Ich war mir nicht sicher, ob ich dazu in der Lage gewesen wäre. Isla war zuversichtlich, dass sie nichts bereuen werde, weil sie ihrem Vater alles Wichtige gesagt hatte, aber sie machte sich Sorgen um die Zukunft. Ihre schmalen Schultern hoben und senkten sich, während sie Seufzer ausstieß, und ihre Stimme klang zutiefst traurig. »Ich will einfach, dass es aufhört! Ich versuche, mich darauf vorzubereiten, aber ich weiß, dass ich nie vorbereitet sein werde … Ich werde immer verzweifelt sein, so wie ich es jedes Mal war, wenn er Hoffnung geschöpft hatte und die Behandlung dann nicht anschlug.«

Tatsache war, dass sie nicht in der Lage sein würde, ihre Gefühle unter Kontrolle zu halten, wenn schlechte Nachrichten sie erreichten. Es würde sie tief treffen. Sie sagte von sich, sie sei überempfindlich.

Dem widersprach ich vehement. Ich fand, dass dieser Ausdruck verboten werden sollte: Niemand ist überempfindlich. Es sind die anderen, denen das Ausmaß der Gefühle der »überempfindlichen« Person nicht gefällt, weshalb sie sie dafür kritisieren. Ich sagte zu Isla: »Ihre Gefühle beweisen doch nur, wie sehr Sie Ihren Vater lieben. Sie sind ein gefühlsbetontes, emotionales Wesen, und das ist gut so!«

Sie lächelte schüchtern. »Ich befürchte immer, dass ich zu viel weine, aber vielleicht ist das ja gar nicht so schlimm.«

In einer anderen Sitzung wandte Isla ihre Aufmerksamkeit den medizinischen Ergebnissen ihres Vaters zu. »Ich hätte gern die Bestätigung, dass die Strahlentherapie irgendwie geholfen hat. Er hat gesagt, es fühle sich an, als sei der Krebs weggebügelt worden. Ich bin so ungeduldig! Er hat mit seinem typischen Galgenhumor gesagte, wenn es nicht geholfen habe, müsse er ein paar Klempnerarbeiten machen lassen. Typisch Dad!« Dann folgten ihre Gedanken wieder einem vertrauten Weg, der sie in die beängstigende, unbekannte Zukunft ohne ihren Vater führte. »Ich weiß nicht, ob ich das zu Dad gesagt habe, aber ich habe es zu Katharina gesagt. Was soll ich bloß machen, wenn er nicht mehr da ist [sie legte dabei den Kopf in die Hände]? Ich frage ihn immer um Rat.« Sie schluchzte auf und sah mich dann unter Tränen an. »Katharina hat mir geantwortet, dass sie immer für mich da sein werde und ich mit ihr reden könne.« Isla schluckte ihre Tränen hinunter und ihre braunen Augen blickten traurig und verletzlich zugleich. »Darüber war ich unheimlich froh. Ich weiß, dass mein Vater sterben wird, daran lässt sich nichts mehr ändern. Er hat mir erzählt, er habe geträumt, dass der Arzt ihm gesagt habe, er hätte keinen Krebs mehr.« Ich sagte nichts und ließ ihr Zeit, mit ihren Gefühlen fertig zu werden. Wir aktualisieren unser Verständnis, indem wir den Zugang zu Informationen aus verschiedenen Kanälen zulassen: visuell, emotional, auditiv, durch Bewegung oder in Form von Beziehungen. In ihrem Fall ging es darum, ihre Gefühle, ihre Beziehung zu ihrem Vater und ihr kognitives Verständnis in Einklang zu bringen. Ein paar Minuten vergingen. Isla atmete auf und fuhr etwas zuversichtlicher fort: »Ich möchte gern einen Tag organisieren, an dem wir das alles vergessen, an dem wir den Krebs vergessen, einen Tag, an dem wir einfach nur Freude haben.« Ich spürte, wie Wellen von Emotionen mich erfassten, während sie sprach. Es war schön und intensiv. Ich ermutigte sie dazu, das unbedingt zu tun, und hoffte insgeheim, dass sie das schaffen würden, nachdem die Coronabeschränkungen aufgehoben worden waren.

Ich wollte Isla wissen lassen, dass Archie sich glücklich schätzte, sie als Tochter zu haben. Und sie war wirklich eine wunderbare Tochter. So etwas von Außenstehenden zu hören kann manchmal besser ankommen, vor allem bei einer Person, die sich sonst oft reflexartig verschließt. Ich sah an dem zufriedenen Blick in Islas Augen, dass meine Worte sie erreicht hatten. Wir stellten übereinstimmend fest, dass sie das Geschehen nicht kontrollieren konnte. »Ich möchte ihm zeigen, wie sehr ich ihn liebe. Ich möchte, dass er das weiß.« Ich wiederholte, dass ich nicht glaubte, dass er daran zweifelte, und dass er bestimmt wusste, was sie fühlte. Dass sie ihn so sehr liebte, wie sie es tat, machte sein Leben an jedem Tag, der ihm noch blieb, lebenswert.

Ich war froh, Archie an einem Tag zu sehen, an dem es ihm etwas besser ging. »Ich fühle mich gut heute; die Beschwerden haben insgesamt nachgelassen.« Er hatte mir schon früher erzählt, dass er jedes Mal darauf achtete, es allen zu erzählen, wenn er sich kräftiger fühlte und weniger Schmerzen verspürte. Das war ein großer Unterschied zu seiner Mutter, die sich genau umgekehrt verhielt.

Wir sprachen über seine wunderbaren Kinder, und er war voller Stolz auf sie. Daraufhin sagte er zu mir: »Ich mache mir Sorgen um sie. Ich möchte, dass es ihnen gut geht. Was kann ich tun, damit es ihnen gut geht?« Ihm kamen die Tränen, als ihn seine Machtlosigkeit und Traurigkeit übermannten. Er überlegte, besondere Geschenke für sie zu besorgen, irgendetwas, was sie zum Beispiel an ihrem Hochzeitstag oder zu einer anderen besonderen Gelegenheit bekommen könnten. Eine Uhr für Greg, Ohrringe für Isla. »Dadurch könnte ich in gewisser Weise bei ihnen sein.« Dann übermannte ihn sein Kummer. Ich hätte mir gewünscht, durch den Bildschirm hindurch einen Arm um seine Schultern legen zu können, ihn ohne Worte und einfach nur durch eine Berührung trösten zu können. Doch bedingt durch die Umstände konnte ich ihm nur versichern, wie sehr ich mit ihm fühlte.

Er brauchte einige Zeit, um sich zu beruhigen, fluchte verhalten, sagte, wie schrecklich alles sei, und dann, typisch Archie, wechselte er gezielt das Thema und sagte: »Genug. Es ist zu schmerzhaft, wenn ich zu weit nach vorn blicke. Ich muss mich auf das Heute konzentrieren. Ich möchte eben, so gut es geht, für alle Fälle vorsorgen.«

Für den Rest der Sitzung sprachen wir über die Dankbarkeit, die er für die Hilfe des *Maggie Centre* (einer Wohltätigkeitsorganisation, die Unterstützung und Informationen für Krebspatient:innen bietet) empfand, über seine Hochzeit und seinen Bruder, alles in einem unverfänglicheren Tonfall. Am Ende machte Archie Witze und war fröhlich. Als ich im Rückblick darüber nachdachte und seine tiefe Traurigkeit mir noch eine Weile nachhing, staunte ich über die menschliche Fähigkeit, sich zu behaupten, indem man sich der Angst stellt, sie spürt, die Gefühle zulässt und dann, wenn man weiß, dass es genug war, auf Hoffnung setzt. Ich hatte miterlebt, wie Archie diesen schwierigen, aber ermutigenden Zyklus innerhalb weniger Minuten durchlaufen hatte.

Wir endeten also mit seiner tiefgründigen Reflexion: »Ich bin positiv gestimmt und habe Hoffnung.«

Der Zeitdruck, mein Buch beenden zu müssen, hat dazu geführt, dass ich nicht mehr über diese Familie schreiben konnte. Ich habe ihnen diese Zeilen geschickt, ihre Geschichte, wie sie sie mit mir geteilt haben. Ich warnte sie, dass die Lektüre eventuell belastend sein könnte. Es ist schon nicht leicht, über äußerst schmerzliche und belastende Erfahrungen zu sprechen, doch noch schlimmer kann es sein, darüber Schwarz auf Weiß zu lesen. Sich dann auch noch mit Gefühlen, Gedanken und Sorgen anderer auseinanderzusetzen könnte manchem zu viel werden. Ich schlug Katharina vor, dass sie den Text als Erste las, um zu überprüfen, ob er für Archie zu bedrückend sein könnte. Doch Archie sagte mit seiner üblichen Standhaftigkeit: »Ich will das alles lesen.« Ich hoffe, dass die Lektüre für die Familie nicht nur emotional aufwühlend ist, sondern dass sie dadurch auch erkennen kann, wie tapfer sie alle die Balance auf dem schwierigen Grat zwischen Leben und Sterben meistern, während sie beidem offen ins Auge sehen.

Ich wünsche mir, dass die ganze Familie die Hochzeit und den »Sorgenfrei-Tag« feiern kann, ja, vielleicht sogar Urlaub machen kann.

Ich halte an dem Glauben fest, dass dort, wo die Gewissheit endet, die Hoffnung beginnt: Hoffnung und Chance gehen Hand in Hand. Auch wenn Archie genau weiß, dass er nicht mehr lange zu leben hat, wird er sich ganz bestimmt dem Licht der Hoffnung zuwenden und seine Familie darauf zuführen.

Es berührt mich zutiefst, dass ich den Weg bis hierher mit dieser Familie gehen durfte. Ich habe einige wichtige Lektionen von ihnen gelernt, die mir in Erinnerung bleiben werden und für die ich sehr dankbar bin.

Archies Geschichte hat mir gezeigt, dass unsere Eltern auch im Erwachsenenalter eine große Bedeutung für uns besitzen, die meiner Meinung nach oft nicht erkannt wird. Eine konfliktbeladene Beziehung zu ihnen ist sehr belastend für uns. Unsere Eltern sind ein Teil von uns. Wir brauchen sie nicht mehr, um zu überleben, aber in uns steckt noch immer das Kind, das geliebt werden und seinen Eltern nahestehen möchte und das irgendwie spürt, dass es sie braucht, um zu gedeihen und nicht nur um zu überleben.

Ein Happy End wünschen wir uns alle, aber manchmal müssen Bande gekappt werden, damit alte Wunden heilen können. Niemand tut das gern, aber zu wissen, wann man sich von Familienmitgliedern distanzieren muss, erfordert Mut, Stärke und Selbstbewusstsein. Man muss dabei auch an diejenigen denken, die einem am nächsten stehen und zu denen man auf Gegenseitigkeit beruhende, positive Beziehungen unterhält.

Archies Fähigkeit, sein Leben umzukrempeln, indem er mit über 40 »seine Tools« änderte, wie er es nannte, seine große Liebe fand, die Beziehung zu seinen Kindern kittete und dann sowohl den körperlichen als auch den seelischen Schmerz seiner unheilbaren Diagnose mit Offenheit und Liebe ertrug, ist wirklich bemerkenswert. Diese innere Größe ermöglicht es Katharina, Greg und Isla, an seiner Seite zu bleiben, voller Zuneigung, Nähe, sorgenvoll und auch unter Tränen. Sie brauchen keine Rücksicht auf die anderen zu nehmen, indem sie sich nicht anmerken lassen, wie sehr sie leiden, denn gerade durch ihre Ehrlichkeit besitzen sie die Stärke, das durchzustehen, was jeder Tag bringt.

Liebe – in einer Familie ist nichts wichtiger und nichts ist so schwer.

Schlussbetrachtungen

Der Mensch lernt am besten durch Geschichten.

Ich hoffe, dass Sie beim Lesen der acht Fallstudien Aspekte bei sich selbst und Ihrer Familie wiedererkannt haben und einige Einsichten und Methoden zur Veränderung der Dynamik und zur Schaffung von mehr Raum für Ihre eigene Entwicklung gewinnen können.

Vielleicht wollte ich mit den Erfahrungen meiner Klientinnen und Klienten hauptsächlich zeigen, wie universal diese sind: Wir sind nicht allein. Ich hoffe, dass Sie anhand der komplexen Familiengeschichten erkennen werden, dass Sie nicht die Einzigen sind, die mit ihrer Familie hadern, sondern dass wir alle mit verschiedenen Versionen ähnlicher Probleme zu kämpfen haben. Es gibt keine einfachen Antworten, und dass man mit Schwierigkeiten ringt, bedeutet nicht automatisch, dass etwas mit einem selbst nicht stimmt. Solche Dinge gehören zum Leben dazu, genauso wie Freude und Schönheit. Ich hoffe, dass dieses Buch Sie ermutigt, sich mit Ihren Herausforderungen anzufreunden, neue Aspekte an sich selbst und Ihrer Familie zu entdecken und Wege zu finden, Ihre Stärken und Freuden zu feiern und auch harte Wahrheiten auszusprechen, um durch diesen Prozess Möglichkeiten für Liebe und Nähe zu schaffen und diese Gefühle zu hegen und zu pflegen. Auf diese Weise umgeben Sie sich mit Freundlichkeit, Liebe und neuem Potenzial. Auf diesem Weg verleihen Sie Ihren familiären Beziehungen neue Bedeutung, was sich wiederum auf Ihr Verhalten und Ihre Position innerhalb des Familiensystems auswirken wird.

Die meisten Vorgänge in Familien spielen sich unterhalb der Oberfläche ab. Sowohl als Einzelpersonen wie auch im Familienverbund leiden wir alle unweigerlich, und zwar in vielfältiger Art und Weise und Intensität. Ich glaube fest daran, dass wir immer unser Bestes geben wollen. Das schmerzliche Paradoxon besteht darin, dass wir uns in der Angst und dem Schmerz unserer Verletzungen oft abkapseln oder aggressiv reagieren und dadurch in eine Sackgasse geraten, in der es uns schlecht geht – auf einer Skala von »Geht einigermaßen« bis »Tiefste Verzweiflung«. Auch wenn es schwerfällt: In Ordnung bringen können wir nur das, was wir bewusst zur Kenntnis nehmen.

In jedem der beschriebenen Fälle stellten meine Klientinnen und Klienten fest, dass sich etwas für sie veränderte, nachdem sie ihre Not in Worte fassen konnten und ihnen dabei mitfühlend und aufmerksam zugehört wurde. Es ging ihnen besser, und nachdem sie sich selbst und anderen offen zuwenden konnten, erfuhren sie Empathie und Heilung. Ihre von Geburt an vorhandenen liebevollen Beziehungen konnten neu geknüpft werden.

Leiden ist eine komplexe Sache. In Familien ist es doppelt kompliziert, da wir das unverarbeitete Trauma früherer Generationen in uns tragen und zugleich dem Stress normaler menschlicher Interaktionen ausgesetzt sind: dem Bedürfnis, geliebt zu werden, wahrgenommen und voll und ganz akzeptiert zu werden; die Angst, verlassen oder »weniger« geliebt zu werden; die Qual, allein zu leiden und die daraus resultierende Flut von Verwirrung, Reue, Schuldgefühlen und Ärger. Manchmal sind wir gezwungen, Seiten in uns selbst wahrzunehmen, von denen wir nicht wussten, dass sie existieren, und die wir gewiss nicht mögen. In anderen Fällen entdecken wir unser absolut bestes Ich, während wir durch den Alltag des Familienlebens navigieren.

Als ich mit diesen Familien arbeitete, erkannte ich, wie viele Schichten von Missverständnissen aufgedeckt werden mussten. In jeder Familie gab es konkurrierende Erzählungen, die gehört werden mussten. Bei dem Konflikt zwischen Keith und Patience zum Beispiel ging es in Wirklichkeit gar nicht darum, dass die Mutter

Zeugin Jehovas geworden war. Beide mussten nur einmal die Möglichkeit erhalten, die Verhältnisse aus ihrer Sicht zu schildern und sich dabei gewiss sein, dass ihnen die anderen auch wirklich aufmerksam zuhörten. Ebenso ging es bei Ashleys Wunsch, allein mit seinem Vater Paul Pizza essen zu gehen, in Wirklichkeit um sein Bedürfnis, einmal seinen Vater ganz für sich zu haben, um dessen Zeit und Aufmerksamkeit es so ein Tauziehen gab.

Das Leben jeder einzelnen Person in jeder Familie war von ihrer Persönlichkeit und ihrer Vorgeschichte geprägt – von den Wunden, die die Ereignisse, welche ihr widerfahren waren, in ihr hinterlassen hatten. Hinzu kam die tiefere, generationenübergreifende Geschichte, die unsichtbar ihre Reaktionen prägte. Erstaunlich an diesem Gewirr von Schichten war die Geschwindigkeit, mit der die Familienmitglieder ihre Wunden heilen konnten, sobald ihre Erzählungen vollständig gehört worden waren. Das Fenster der Therapie bot Möglichkeit für all ihre Emotionen – mehr als normalerweise in einer Familiendynamik zum Ausdruck kommen, wenn sich eingefahrene Muster wiederholen und die Stimmen von Einzelnen untergehen.

In manchen Fällen muss die schmerzhafte, aber notwendige Entscheidung getroffen werden, eine Beziehung zu beenden. Nicht alle konnten ihre zerrütteten Beziehungen kitten. Bei anderen stellten wir fest, dass ihre Fähigkeit, voll und ganz zu lieben und sich liebevoll zu verhalten, unter der Last ihrer unerzählten Schmerzensgeschichten verschüttet war. Sobald diese an die Oberfläche kamen, waren die Betroffenen davon befreit und konnten wieder eine Annäherung wagen.

Alle, die sich mit ihrer Familie beschäftigen, würden davon profitieren, ererbte Familienmuster und Verhaltensweisen unter die Lupe zu nehmen und offen zu überprüfen, ob möglicherweise etwas verändert werden muss. Wir wissen zum Beispiel, dass wir bestimmte Lebensmittel einer bestimmten Marke essen, weil wir sie schon als Kinder gegessen haben, oder wir essen sie aus demselben Grund nicht. Wir unterstützen Fußballvereine oder hassen bestimmte Sportarten, weil unsere Mutter oder unser Vater uns dazu gebracht oder gezwungen hat, sie zu betreiben, wie es ihre Eltern vor ihnen getan haben. Unsere Erfahrungen sind in uns eingebettet, und sie bleiben es und prägen damit unsere Entscheidungen und Wahlmöglichkeiten.

Meine erweiterte Perspektive, die ich aus meiner Arbeit gewonnen habe, ist die, dass wir uns natürlich in eine Einzeltherapie begeben können, weil wir ein Problem mit einem Mitglied unserer Familie haben, und vielleicht finden wir Wege, damit besser umzugehen. Aber wenn wir wirklich einen tief greifenden systemischen Wandel anstreben, bei dem nicht nur an den Rändern herumgebastelt wird, brauchen wir mehr Informationen. Wenn es möglich ist, alle Beteiligten mit ins Boot zu holen, ist eine Familientherapie die Lösung. Für eine Therapeutin, die eigentlich nicht in Familiendynamik ausgebildet ist, ist das eine kühne Behauptung, an die ich jedoch fest glaube.

Wenn ich über die Familien in diesen Kapiteln nachdenke, ist es im Grunde ihr Gefühl von Geborgenheit, Liebe und Zugehörigkeit, das sie gedeihen lässt. Das ist eine Voraussetzung für uns alle: Wir müssen uns sicher fühlen, bevor wir Nähe suchen und zulassen können. Emotionale Nähe ist ein menschliches Grundbedürfnis. Wir brauchen eine Verbindung zu anderen, um uns anzupassen und weiterzuentwickeln. Wir brauchen Beziehungen, in denen wir uns zu Hause fühlen, in einem Team von Menschen, das wir Familie nennen, in dem wir wirklich wir selbst sein können. Jede:r Einzelne sollte sich in seinem Zuhause, an seinem Küchentisch und in seinem Körper geborgen fühlen und ihn nicht bekämpfen oder vergiften, um Schmerzen zu betäuben, sondern neue Wege entdecken, um mit sich selbst und den anderen in Einklang zu sein. Dadurch wird sichergestellt, dass sich jeder Einzelne im Familiensystem wahrgenommen, geschätzt und respektiert fühlt, dass jeder unterschiedlich sein darf und, natürlich, geliebt wird.

Das bringt uns zu der immerwährenden Frage: Wann hört die Elternschaft auf? Ich hoffe, dieses Buch hat Ihnen meine Antwort deutlich gemacht: Sie endet nie. Sie verändert sich und gestaltet sich neu, aber die Bindungen zwischen Eltern und Kindern bleiben bestehen und müssen regelmäßig und achtsam aktualisiert werden.

Als ich diese Fallstudien schrieb, hat sich auch die Beziehung zu meiner eigenen Familie weiterentwickelt. Das Wissen über die Familien anderer Menschen hat mir geholfen, meine Beziehung zu meiner eigenen zu verarbeiten – sowohl zu den Generationen vor mir als auch zu denen nach mir. Ich habe eine umfassendere Sichtweise. Ich betrachte meine Großeltern und Eltern mit mehr Mitgefühl. Mein Verantwortungsgefühl plagt mich noch genauso wie vorher, wenn ich an die Fehler denke, die ich bei meinen eigenen Kindern gemacht habe, aber meine Schuldgefühle haben sich vielleicht ein wenig gemildert. Dass es dazu kam, ist das Resultat wichtiger Gespräche, die ich geführt und überraschender Wahrheiten, die ich erfahren habe, guter und schlechter. Trotz der vielen Unbekannten, die aufgetaucht sind, stehe ich auf festerem Boden als vorher und fühle mich sicherer, was meine Person angeht. Das ist auf seltsame Weise paradox. Analyse und Offenheit sind ebenso wichtig wie die Ergebnisse.

Das Sprichwort: »Es braucht ein ganzes Dorf, um ein Kind zu erziehen« war ein wiederkehrendes Thema in diesen Geschichten. Die Bedeutung dieses Sprichworts als Grundlage für das Wohlergehen von Familien und der Gesellschaft als Ganzes ist meinem Dafürhalten nach aus vielen Gründen heute größer denn je. Die Zusammenarbeit und Kooperation innerhalb unserer Familien wird zu einer Superkraft, wenn wir sie auf unsere Gemeinschaften ausweiten: Das Ausmaß unserer Widerstandsfähigkeit gegenüber Widrigkeiten und Krisen hängt wesentlich von funktionierenden Netzwerken und tragfähigen Nachbarschaftsverhältnissen ab. Gegenseitigkeit in unseren Beziehungen stärkt unser Vertrauen.

Eine gute soziale Interaktion ist förderlich für die psychische Gesundheit; sie führt tatsächlich zu einem Wachstum der Netzwerke in unserem Gehirn. Wir Menschen sind evolutionär so programmiert, dass wir uns gegenseitig umarmen und berühren, dass wir in den Armen gehalten werden wollen, dass wir flirten, Sex haben, plaudern, diskutieren, streiten, lachen, weinen und miteinander tanzen. Die Interaktion in Gruppen ist für ein gesundes Leben von zentraler Bedeutung. In der Kindheit, aber auch noch im Erwachsenenalter ist unser Gehirn plastisch, also formbar, und soziale Interaktionen schützen und unterstützen uns: Durch sie werden wir zu aktiven Akteurinnen und Akteuren bei der Gestaltung unseres sozialen Umfelds. Das Gegenteil wird durch das erreicht, was der Neurowissenschaftler Professor Eamon McCrory als »soziale Ausdünnung« bezeichnet – diese wirkt sich nachteilig auf unser Wohlbefinden aus. Es heißt, früher habe ein Kind mindestens neun Bezugspersonen gehabt, die unmittelbar an seinem Leben beteiligt und interessiert waren – heute sind es nur noch zwei.

Mit dem Konzept im Hinterkopf, dass wir uns unser eigenes Dorf schaffen sollten, sprach mich die Idee von Singh/Kelly an, ein Team von acht Personen zu bilden (wobei die Anzahl eine subjektive Entscheidung ist), an die sich Eltern wenden können, um Rat und Unterstützung in allen Bereichen des Lebens ihres Kindes und ihrer Familie zu erhalten. Wichtig dabei ist, dass sich die Familie von diesem Beratungsteam nie verurteilt, sondern immer wertgeschätzt fühlt. Meiner Meinung nach ist das ein ganz wunderbares neues Konzept der Patenschaft. Menschen brauchen Menschen, und der Weg zur gesunden Familie sollte mithilfe anderer geebnet werden.

Regierungen pflegen zu betonen, wie wichtig Familien seien, aber ihre Politik entspricht nicht ihrer Rhetorik. Diejenigen, die am meisten Unterstützung brauchen, haben am wenigsten Zugang dazu, oft aus wirtschaftlichen Gründen, aus Gründen der Verfügbarkeit oder aufgrund kultureller Vorurteile. Die Probleme, die sie haben, werden dann wiederum zu Problemen der Gesellschaft insgesamt. Wir alle müssen der Familie Vorrang einräumen: unsere Regierung, unsere Gemeinschaft und wir selbst.

Wir haben das Glück, über einen großen Fundus an Forschungsergebnissen, Wissen und Informationen zu verfügen, die uns bei der persönlichen und kollektiven Gestaltung unserer Familien helfen können. In diesem Buch habe ich versucht, die wichtigsten Erkenntnisse herauszuarbeiten, die uns als Unterstützung dienen können, um selbstbewusste und widerstandsfähige Familien aufzubauen. Sowohl ich als auch viele andere stellen sich gern Fragen wie: Bin ich normal? Oder versage ich bei meinen Aufgaben? Aus meiner Forschung und meiner Arbeit mit den Familien weiß ich, dass dies die falschen Fragen sind. Die besseren Fragen lauten: Woher kommen wir? Was sind unsere familiären Werte, Überzeugungen und Umgangsweisen miteinander? Welche Aspekte in mir selbst verleugne ich? Wenn man in einer vermeintlich glücklichen Unwissenheit lebt, kann dies zur kontaminierenden Kraft im Leben werden. Wir erlangen Weisheit, indem wir entdecken – in manchen Fällen auch wiederentdecken –, was in Vergessenheit geraten ist.

Damit wir uns auf die Suche machen können, möchte ich all jenen, die in einer Sackgasse stecken und die an sich und ihren Familien leiden, weil sie endlos dieselben Muster wiederholen, zurufen: *Es hat nicht mit euch und auch nicht mit euren Eltern angefangen!* Betrachtet die unerzählten Geschichten, die unverarbeiteten Verletzungen und Verluste, die euch von den Geistern der Vergangenheit hinterlassen wurden, und findet einen Weg, damit umzugehen, damit ihr sie nicht an die nächste Generation weitergebt. Seid unerschrocken und findet die Quellen dieser Geschichten! Schreibt sie auf oder zeichnet z. B. euer eigenes Genogramm.

Durch eine sorgfältige Analyse gewinnt man Informationen und neue Perspektiven. Wenn wir unseren Blickwinkel und unsere Sichtweise auf das verändern, was in unserem Inneren vor sich geht und was sich konkret abgespielt hat, ändern wir unser Verhalten. Ergebnisse verändern sich. Wenn wir uns darauf konzentrieren, Kleinigkeiten zu verbessern, anstatt eine lebensverändernde Lösung anzustreben, kann dies in den meisten Fällen zu einer guten Entwicklung führen. Es kann etwas so Einfaches sein wie die Vereinbarung, regelmäßig spazieren zu gehen und miteinander zu reden, oder die Einbindung von Kreativität und Kultur in das Familienleben durch den Besuch von Galerien und Konzerten, persönlich oder online. Was uns möglicherweise blockiert hat, wird zum Tor einer neuen Annäherung und einer neuen Art des Miteinanders, einer wiederbelebten Familie, einer Familie, die einer Weiterentwicklung offen gegenübersteht.

Die Kraft, die Geschichte Ihrer Familie zu verändern, entsteht in Ihrem Kopf. Sich die Familie vorzustellen, die Sie sich wünschen, ist der erste Schritt, um sie zu Ihrer neuen Realität zu machen.

Zwölf Tipps für eine glückliche Familie

Tolstoi hat gesagt: »Alle glücklichen Familien ähneln einander; jede unglückliche Familie ist auf ihre eigene Weise unglücklich«, doch damit bin ich ganz und gar nicht einverstanden. Familien bewegen sich innerhalb eines Spektrums, in dem es mal gut und mal weniger gut läuft, je nachdem, was gerade passiert: Dass es immer gut läuft, ist schlichtweg unmöglich. Gut funktionierende Familien sind anpassungsfähige, wandelbare Systeme, die auf individuelle Gefühle und externe Ereignisse positiver und unterstützender reagieren als dysfunktionale Familien. Aus diesem Grund kann es für Familien keine Regeln geben: Wir sind alle viel zu unterschiedlich.

Ich dachte, es könnte hilfreich sein, eine Matrix von Tipps zu erstellen, über die wir nachdenken und auf die wir uns beziehen können, wenn wir uns in unserer Familie festgefahren fühlen oder wir uneins sind. Die Interpretation der einzelnen Personen wird zwangsläufig subjektiv ausfallen, was auch gut so ist. Die Tipps hängen miteinander zusammen, wie alles, was mit Beziehungen zu tun hat. Sie formen und beeinflussen sich gegenseitig. Sinnvoll wäre vielleicht, sie sich anzusehen und dahingehend zu überprüfen, wie ein Aspekt einen anderen beeinflusst, und dann zu überlegen, wie sie sich auf Sie und Ihre Beziehung zu Ihrer Familie auswirken.

Denken Sie daran, dass es sich um Tipps handelt, nicht um Regeln. Lassen Sie Flexibilität und Selbstmitgefühl zu: Verwenden Sie die Ratschläge nicht als Knüppel, mit dem Sie sich prügeln. Die Tipps beruhen auf meiner Auswahl; es könnte sein, dass Sie einige beherzigen, manche verwerfen und andere hinzufügen. Ich möchte Sie ermutigen, Ihr eigenes Set von Tipps für Ihre Familie zu erstellen.

Denken Sie bei der Überprüfung der Ratschläge daran, dass man sich am besten auf die Verbesserung kleiner Dinge konzentriert, wenn man weiterkommen möchte, und nicht auf eine große, transformative Lösung hofft.

Es ist wichtig, zu erkennen, dass Familien nicht in einem Vakuum existieren. Die Art und Weise, wie wir denken und handeln, wird von den finanziellen, kulturellen, ethnischen, diversen Identitäten, der körperlichen und geistigen Gesundheit sowie den Umständen und Erwartungen der Generationen nachhaltig beeinflusst.

1. Haben Sie Selbstmitgefühl

Selbstmitgefühl ist entscheidend. Dort, wo wir am meisten lieben, sorgen wir uns am meisten und verletzen am meisten, und wir sind selbst am verletzlichsten. Das kann bedeuten, dass wir uns gnadenlos kritisieren, wenn wir Fehler machen, was wir unweigerlich tun werden. Machen Sie sich bewusst, dass wir in allen Rollen, die wir in unserer Familie einnehmen – Eltern, Partner, Kinder, Geschwister – nie perfekt sein können. »Gut genug« zu sein ist wirklich ausreichend! Vergeben Sie sich selbst, wenn Sie mal einen schlechten Tag haben.

Es ist hilfreich, wenn wir uns bemühen, uns selbst gegenüber genauso mitfühlend zu sein wie gegenüber den Menschen, die wir lieben. Es zeigt auch ihnen, dass ein freundlicher Umgang mit sich selbst wichtig ist. Selbstmitgefühl gibt uns die Kraft, aus unseren Fehlern zu lernen. Wenn wir uns gegenüber den Menschen, die uns nahestehen, öffnen und ihnen zeigen, wer wir hinter unseren Masken wirklich sind, führt das letztlich zu mehr Nähe und Vertrauen.

Selbstmitgefühl ermöglicht es uns, offen zu sein und die Verantwortung für unseren Anteil an eventuellen Schwierigkeiten zu übernehmen, und nicht, wie oft fälschlicherweise angenommen wird, uns aus der Affäre zu ziehen.

2. Kommunizieren Sie offen und effektiv

Nähe ist ein Punkt, um den sich alle diese Ratschläge ranken. Am offensichtlichsten zeigt sie sich in der Kommunikation. Wir kommunizieren Liebe und Nähe durch verbale und nonverbale Signale. Unsere liebevolle Verbundenheit ist der Schlüssel, ebenso wie die Anerkennung, die uns zurückgespiegelt wird und uns sagt, dass wir gut genug sind. Anderen etwas zu bedeuten ist ein zentrales Bedürfnis. Es ist hilfreich, zu erkennen, dass sich Nähe und Distanz entlang einem Kontinuum bewegen: Mal sind wir einander näher, mal weniger nah.

Offene Kommunikation bedeutet, dass Zuhören den gleichen Stellenwert hat wie Reden und dass alle Gefühle, Ideen, Ansichten und Meinungen erlaubt sind. Offene Kommunikation bedeutet, dass es keine Tabuthemen gibt, ebenso wie keine zugrundeliegenden Absichten oder Vorschriften dahingehend, was mitgeteilt und diskutiert werden darf und was nicht.

In einer Familie gibt es keine Regeln dafür, worüber man sich aufregen darf. In der Erziehung ist es wichtig, den Kindern beizubringen, dass sie sagen dürfen, was sie bedrückt: Sie sind aber nicht für die Lösung der Probleme verantwortlich.

Jüngeren Kindern gegenüber kann die Kommunikation manchmal direkter sein, z. B. indem man ihnen sagt, was sie wann tun sollen, aber im Allgemeinen hält man den Ton am besten diskursiv und kooperativ (siehe **7. Achten Sie auf die Machtdynamik**). Erwachsene sind die Vernünftigeren und dazu da, ihrem Kind zu helfen.

Der Tonfall Ihrer Stimme, Ihr Blick, Ihre Körpersprache, Ihre Aufmerksamkeit und Ihr Einfühlungsvermögen sind allesamt wichtige Faktoren in der Kommunikation. Schweigen kann einem Gegenüber die Gelegenheit zum Sprechen bieten oder als manipulatives Mittel eingesetzt werden. Wir interpretieren die Körpersprache anderer, aber was wir nicht hören, ergänzen wir oft in unserer Fantasie. Es ist einfacher und klarer, wenn wir unsere Gedanken und Gefühle respektvoll und sensibel äußern.

Wenn wir gemeinsam herausfinden wollen, was in der Familie vor sich geht, sind offene Fragen hilfreich, aber auch hypothetische Fragen sind möglich, etwa: »Was wäre, wenn du …« Das kann dabei helfen, unausgesprochene Hoffnungen, Ängste und Sehnsüchte aufzudecken. Auch Fragen, durch die man sich in andere hineinversetzt, wie »Was, meinst du, würde Opa dazu sagen?«, können nützlich sein, weil sie wichtige Dinge über die Gedankenwelt des Gegenübers verraten.

Sich gegenseitig ehrliches Feedback zu geben trägt dazu bei, die Beziehungen unmissverständlich zu gestalten, da andernfalls Ressentiments entstehen können. Eine Möglichkeit, Feedback zu geben, besteht darin, die eigenen Gefühle zu benennen. Beginnen Sie mit »Wenn du …« und beschreiben Sie dann das Verhalten oder die Gewohnheit, die Sie an Ihrem Kind, Elternteil, Geschwister oder Partner als störend oder schwierig empfinden. Dann sagen Sie: »Ich erlebe das als …« Dies ist eine Art zu kommunizieren, die keine Urteile oder Annahmen enthält, sondern das wiedergibt, was Sie fühlen und warum. Das vereinfacht das Zuhören, die anderen fühlen sich nicht so leicht verletzt, und das Selbstwertgefühl aller Beteiligten bleibt erhalten.

Wenn man in der Lage ist, als Familie gemeinsam und individuell durch diese Art der Kommunikation zu reflektieren, bedeutet das, dass große Themen, Schwierigkeiten und Quellen der Freude besprochen und verhandelt, wichtige Entscheidungen getroffen und besondere Momente gefeiert werden können.

3. Lernen Sie, produktiv zu streiten

Ehrliche Gespräche, in denen Differenzen angesprochen werden, können zu Konflikten und sogar zum Bruch führen.

Es ist nicht möglich, enge Beziehungen ohne Meinungsverschiedenheiten zu führen. Indem wir die Fähigkeit entwickeln, Differenzen und Missverständnisse auszuhalten und zu bewältigen, lernen wir etwas über uns selbst und die anderen.

Es ist wichtig, wie man streitet, und dabei gilt es grundsächlich, Beschimpfungen, Verunglimpfungen oder den Einsatz verletzender Worte zu vermeiden. Lassen Sie zu, dass hitzige, wütende, eifersüchtige, heikle Gefühle geäußert werden: Wenn sie verdrängt werden, schwellen sie an und verwandeln sich in körperliche Symptome oder emotionale Probleme. Schalten Sie das Licht in einem Raum voller heikler Gefühle ein. Das Beharren auf positiven Gefühlen führt zu negativen. Wenn das Schlechte zugelassen wird, kommt das Gute. Das ist gar nicht so einfach. Es mag widersprüchlich klingen, aber es ist möglich, starke Gefühle auszudrücken, ohne den anderen zu verteufeln oder zu beschimpfen.

Wenn sich die Wogen der Meinungsverschiedenheit einmal geglättet haben, fühlen wir uns bei einer Diskussion nach dem Streit oft näher und auf eine andere Art und Weise wahrgenommen, was tiefes Vertrauen schafft. Reden Sie miteinander, wenn Sie dazu bereit sind. Es funktioniert nicht, eine Versöhnung vorzutäuschen, wenn Sie noch wütend oder nachtragend sind.

Schaffen Sie ein Muster, das Versöhnung und Wiedergutmachung nach einem Streit beinhaltet. Das kann durchaus bedeuten, sich zu entschuldigen. Erkennen Sie auch an, dass es einen Punkt geben kann, an dem Sie Ihre unterschiedlichen Meinungen einfach akzeptieren und es gut sein lassen müssen.

Echte Wiedergutmachung bedeutet, dass die ausgesprochenen Wahrheiten nicht als Waffen gegen die betreffende Person verwendet werden. Es bedeutet auch, dass die Wiedergutmachung wirklich ernst gemeint ist, sodass die Meinungsverschiedenheit nicht im nächsten Konflikt wieder zur Sprache kommt: Ein typisches, fatales Muster in Familien besteht darin, dass oft alte Streitigkeiten und Vorwürfe immer wieder aufgewärmt werden.

Wir müssen gemeinsam Wege finden, um uns zu beruhigen und zu trösten, um uns nach dem Stress eines Streits wieder geborgen zu fühlen. Der Psychologe Dr. Dan Siegel fasst es unter dem Akronym PEACE zusammen: *presence, engagement, affection, calm and empathy* (Präsenz, Engagement, Zuneigung, Ruhe und Empathie).

4. Lassen Sie Unterschiede zu

Verschiedene Menschen haben zwangsläufig verschiedene Ansichten. Es gibt keine einheitliche Perspektive auf Überzeugungen, Themen oder die Lösung eines Problems.

Viele fühlen sich einsam und ausgegrenzt, wenn sie die schrägen Vögel in der Familie sind: zum Beispiel, wenn eine erwachsene Person als Einzige gewisse Regeln missachtet oder man das einzige Kind ist, das Sport hasst. Es ist wichtig, Wege zu finden, um dieses Anderssein anzuerkennen, zu respektieren und wertzuschätzen und zu versuchen, dennoch eine enge Beziehung aufrechtzuerhalten.

Seien Sie neugierig, nehmen Sie sich ausreichend Zeit und schaffen Sie Gelegenheit, um sich gegenseitig kennenzulernen. Sie können Zeit sowohl als kleinere Einheit – z. B. die Eltern mit nur einem der Kinder oder die Geschwister zusammen ohne die Eltern – als auch gemeinsam verbringen.

In Familien, die den Mitgliedern gegenüber tolerant sind und nicht nur einen Weg für richtig halten, gibt es eine breitere Basis, von der aus man sich gegenseitig unterstützen kann, wenn Stolpersteine auf dem Weg liegen, die es immer gibt. Engstirnige Ansichten führen zu oberflächlicher Unterstützung.

Es ist auch hilfreich, zu erkennen, dass jedes Familienmitglied eine andere, subjektive Sicht auf die gemeinsame Vergangenheit haben kann. Zum Beispiel, als der Vater einen Witz erzählte: Eine Person mag sich daran erinnern, dass er sehr lustig war, eine andere, dass er dumm war, und eine dritte, dass er verletzend war.

In Familien kann es zu Streitigkeiten kommen, wenn man sich an »Wahrheiten« der Vergangenheit erinnert, obwohl es wahrscheinlich nicht nur eine Wahrheit gibt. Es kann eine Wahrheit über die Fakten, den Ort und das Datum geben, aber nicht über die gelebte Erfahrung dieser Erinnerung. Jedes Familienmitglied hat seine subjektive Wahrheit.

Unterstützen und ermutigen Sie alle Mitglieder Ihrer Familie, ganz sie selbst zu sein, und versuchen Sie, keinen nach Ihren Vorstellungen davon zu formen, wie er oder sie sein sollte. Auch sollten Sie keine zu hohen Erwartungen an sie stellen.

5. Haben Sie fünfmal mehr positive Interaktionen als negative

Das bedeutet nicht, dass Sie eine Checkliste führen und bis fünf zählen müssen, aber es ist ein guter Leitfaden: Wenn Sie sehen, dass sich vieles negativ entwickelt, überprüfen Sie sich selbst. Neigen Sie dazu, eher kritisch als positiv zu sein? Vielleicht fühlt sich ein Mitglied Ihrer Familie von Ihrer Kritik mehr getroffen als ein anderes. Finden Sie für sich selbst heraus, woran das liegt. Es kann sein, dass das, was Sie an anderen nicht mögen, genau das ist, was Sie an sich selbst ablehnen. Wissen ist Macht.

6. Setzen Sie sich gegenseitig Grenzen

Grenzen sind physischer und emotionaler Natur und daher in Familien für die seelische und körperliche Gesundheit von großer Bedeutung.

Kinder und Erwachsene brauchen Grenzen, um zu wissen, welches Verhalten und welche Erwartungen akzeptabel sind und welche nicht. Diese Grenzen werden sich im Lauf des Lebens einer Familie anpassen und verändern. Jedes Mitglied übernimmt die Verantwortung für seinen Anteil an der Sicherheit und dem Gleichgewicht des Familiensystems und respektiert ihn. Zum Beispiel darf man die Grenze eines anderen nicht verletzen, indem man ihm unangemessene Fragen stellt. Es kann sich um eine körperliche Grenze handeln: Ein gängiges Beispiel ist »Schlag deinen Bruder/deine Schwester nicht!«. Oder die Akzeptanz der physischen Grenzen, indem man das Zimmer eines anderen nicht betritt. Wenn wir Grenzen setzen, müssen wir uns darauf verlassen, dass die anderen sie konsequent und verlässlich einhalten.

Weniger ist mehr. Ein paar klare Regeln, an die man sich hält, sind besser als viele verwirrende.

Grenzen können auch in realistischen Erwartungen bestehen, um durch ihre Einhaltung Enttäuschungen und Unmut zu vermeiden. Dazu gehören etwa Pünktlichkeit oder dass man »geliehene« Kleidung zurückgibt.

Ein bekanntes Sprichwort besagt: »Gute Zäune machen gute Nachbarn.« Dieses Sprichwort kann auf zahlreiche Aspekte des Familienlebens angewandt werden, z. B. auf Hausarbeit, Privatsphäre und unseren persönlichen Besitz.

7. Achten Sie auf die Machtdynamik

In allen Familien herrscht eine bestimmte Machtdynamik, wobei sich die Machtverhältnisse in Familien je nach Phasen und im Lauf der Zeit verschieben. Diejenigen, die die Macht haben, treffen oder blockieren Entscheidungen.

Jede Familie hat ihre eigene Art, mit Macht und Entscheidungsprozessen umzugehen. Nur so kann eine Familie funktionieren, und die Familieneinheit kann wichtige Entscheidungen in Bezug auf das gemeinsame Leben treffen, z. B. was Finanzen, Wohnung, Schule, Urlaub und so weiter angeht.

Damit eine Familie erfolgreich funktionieren kann, muss jedes Mitglied, unabhängig von seinem Alter, das Gefühl haben, dass es über sein Leben bestimmen kann und dass seine Gefühle und Gedanken berücksichtigt und in gemeinsame Entscheidungen mit einbezogen werden.

Es heißt oft, kollaborative, d. h. geteilte, gleichberechtigte Macht der einzelnen Familienmitglieder sei am zweckmäßigsten. An Macht orientierte Muster können jedoch von kollaborativ bis chaotisch oder hierarchisch reichen, was, wenn sich diese Muster verfestigen, zu Schwierigkeiten führen kann. Macht, die auf Angst oder Zwang beruht, führt zu dysfunktionalen Familien.

Macht ist ein komplexes Thema: Selbst kleine Kinder müssen sich irgendwie Gehör verschaffen, aber sie müssen auch wissen, dass ihre Eltern die Verantwortung für ihr Leben und ihre Entscheidungen tragen. Zu viel Macht in zu jungen Jahren kann das Kind überfordern und zu Störungen führen. Es muss seine Grenzen kennen. Als Eltern sollten Sie versuchen, »größer, stärker, weiser und freundlicher« zu sein. Das bedeutet, dass Sie Ihrem Kind keine überfordernde oder beängstigende Menge an Macht zugestehen, aber dennoch respektieren sollten, wie es sich fühlt und was es sagt.

8. Nehmen Sie sich Zeit für Spaß und Freude

Nehmen Sie sich Zeit für Spaß und Freude. In Familien ist es wichtig, Aufgaben und Pflichten auch mal beiseitezuschieben, um gemeinsam etwas Schönes zu erleben. Das kann etwas ganz Einfaches sein, zum Beispiel gemeinsam Filme zu schauen, Gesellschaftsspiele zu spielen oder Kuchen zu backen. So etwas ermöglicht spontane Kreativität und Fantasie; wir können Grenzen erweitern und Aspekte von uns selbst offenbaren, die unter Umständen im Alltag verborgen bleiben.

Zusammen etwas zu unternehmen kann Spannungen abbauen, und wir können Spaß und Freude aus einfachen spielerischen Vergnügungen schöpfen.

Feiertage bringen die Familie oft völlig aus dem Gleichgewicht, wenn sich alle endlich entspannen und sich auf das Zusammensein anstatt auf den gemeinsamen Alltag konzentrieren können. Anlässe wie Weihnachten können Spaß machen, aber auch große Spannungen mit sich bringen, wenn die Erwartungen an »Spaß« zu hoch gesteckt sind. Die unterschwelligen emotionalen Vorgänge und der Druck, die dem Zusammensein der Familie an Weihnachten zugrunde liegen, können sich als explosiv erweisen, wenn die Mitglieder viele ungelöste Probleme haben und zahlreiche Verwerfungslinien offengelegt werden.

9. Entwickeln Sie Rituale

Der Mensch ist ein Gewohnheitstier: Wir mögen Gewohnheiten, weil sie uns einen Großteil der Entscheidungsfindung abnehmen, die unser Gehirn in Anspruch nimmt, und weil sie das Funktionieren der Familie ermöglichen.

Es ist hilfreich, familiäre Gewohnheiten zu bedeutungsvollen Ritualen weiterzuentwickeln: Das verleiht ihnen Inhalt. Wenn wir unsere Neugier und Kreativität nutzen, indem wir beispielsweise eine Musik-Playlist für ein bestimmtes Fest zusammenstellen, stärkt das die Bindungen und erzeugt in den Familien starke Gefühle, die sowohl heilsam als auch eine Quelle der Freude sein können.

Rituale, mit denen das Familienleben gefeiert wird – Geburtstage, Taufen, Hochzeiten und Beerdigungen – erleichtern den Übergang, indem sie die neue Phase einleiten. Sie können Prozesse in Gang setzen, die möglicherweise ins Stocken geraten sind, weil man sich gegen eine neue Lebensphase sträubt, etwa bei der Heirat eines erwachsenen Kindes oder dem Tod eines Familienmitglieds.

Wichtige Ereignisse und Übergänge mit Ritualen zu markieren kann auch das Unsichtbare sichtbar und bedeutsam machen. Rituale können auf vielfältige Weise gestaltet werden – zum Beispiel mit besonderen Kerzen und Gebeten oder mit Spaziergängen, die das Familienleben bereichern.

Jedes Mal, wenn wir ein Ritual vollziehen, verleihen wir ihm eine neue Bedeutung. Jedes Mal sind wir anders, belebt oder abgestumpft durch das, was in dieser Lebensphase gerade geschieht. Das Ritual hilft uns, neue Kraft zu schöpfen und zusammenzukommen, auch wenn wir es vielleicht gerade gar nicht wollen.

Rituale schaffen eine Quelle von Erinnerungen und Geschichten, die wir uns über unsere Familie erzählen und an die wir mit Vergnügen zurückdenken, und natürlich auch etwas, worauf wir uns freuen können. Sie vermitteln unserem Körpergedächtnis, dass wir wichtig sind, dass wir dazugehören, sowohl im physiologischen als auch im psychologischen Sinne.

10. Lassen Sie Veränderungen in der Familie zu

Nicht unbedingt zu viele ständige, chaotische Veränderungen, aber Veränderungen, die sich allmählich als Reaktion auf neue Umstände entwickeln, unterstützen das Gedeihen von Einzelpersonen und Familien. Wenn wir uns verändern, müssen wir, so unangenehm das auch sein mag, unsere Komfortzone verlassen und der Veränderung erlauben, uns zu verändern. Nur so können wir uns entfalten.

Starrheit macht Familien unflexibel und kann zu Brüchen führen. Natürlich nimmt jedes Familienmitglied eine bestimmte Rolle ein, aber lassen Sie zu, dass sich diese Rollen ändern und anpassen, so wie es die Menschen selbst tun. So kann beispielsweise ein jüngeres Geschwisterkind, das immer »der kleine Bruder« war, seinem älteren Geschwisterkind mit seinem Fachwissen in einem bestimmten Bereich des Lebens helfen. Dies kann auch bedeuten, dass man sich gegenseitig unterstützt – es gibt Phasen in Familien, in denen ein Mitglied mehr nimmt als gibt und umgekehrt.

Besonders wichtig wird diese Entwicklung, wenn die Kinder erwachsen und die Eltern älter werden.

11. Reflektieren Sie über sich selbst und die Muster innerhalb Ihrer Familie

Jedes Familienmitglied, das reflektierend nach innen und außen schaut und seine Denkweisen überprüft, leistet einen wichtigen Beitrag zum Familienglück.

Meistern Sie Ihre Gefühle, bevor sie mit Ihnen durchgehen. Denken Sie daran, dass emotionale Systeme nicht logisch funktionieren: Finden Sie Wege, mit eventuellen starken Gefühlen umzugehen und sich ganz auf sich selbst zu konzentrieren, bevor Sie kommunizieren, was Ihnen wichtig ist. Erforschen Sie Ihre Stärken und Schwächen. Seien Sie sich der Trigger bewusst, die Sie die Beherrschung verlieren lassen. Das ist nicht einfach und ein lebenslanger Prozess.

Sie können damit beginnen, dass Sie sich bewusst machen, was die teils gehässigen Stimmen in Ihrem Kopf zu Ihnen sagen. Schreiben Sie es auf! Achten Sie auf die Auslöser, die Sie in höchste Alarmbereitschaft versetzen. Ist es ein bestimmter Blick, ein Geräusch oder ein Gefühl? Benennen Sie, was es ist. Vielleicht finden Sie eine Möglichkeit, es zu zeigen.

Wenn Sie feststellen, dass es nicht die richtige Zeit oder der richtige Ort ist und Ihre Selbstbeherrschung an ihre Grenzen kommt, halten Sie inne. Atmen Sie durch. Selbstbeherrschung zum richtigen Zeitpunkt ist wichtig. Sich selbst aus einer Situation herauszuziehen ist in dem Moment viel wichtiger als eine Auszeit für Ihr Kind, Ihre Geschwister, Ihren Partner oder Ihre Eltern. Wenn Sie sich selbst zurücknehmen und analysieren, was in Ihnen vorgeht, sind Sie viel eher in der Lage, andere in der Familie zu unterstützen und sie zu beruhigen.

12. Leben Sie das Verhalten vor, das Sie sich von anderen wünschen

Durch das, was wir als Einzelpersonen, Partner, Eltern und Großeltern durch unser Handeln, unsere Kommunikation, unsere Entscheidungen und unsere Lebensweise vorleben, lernt jeder in unserer Familie. Die Menschen in unserem Umfeld lernen von dem, was wir tun, nicht von dem, was wir sagen. Wir können noch so oft zu unserer Familie sagen: »Ich will nur, dass ihr glücklich seid«, aber wenn wir nicht vorleben, wie man glücklich ist und selbst nicht glücklich sind, können es unsere Mitmenschen auch nicht von uns lernen.

Oder wir sagen: »Ich hab dich lieb«, verhalten uns aber nicht dementsprechend. Liebe innerhalb der Familie muss sich auch im Handeln widerspiegeln.

Übernehmen Sie als Erwachsene:r die Verantwortung für sich, erkennen Sie also die Folgen Ihres Handelns an. Nehmen Sie als erwachsene Person, unabhängig von Ihrer Vergangenheit, zur Kenntnis, dass Sie jetzt dafür verantwortlich sind, wie Sie sich verhalten und was Sie glauben. Selbst wenn Sie einmal in einen kindlichen Zustand zurückversetzt werden, müssen Sie Ihre Emotionen in den Griff bekommen (siehe 11. Reflektieren Sie über sich selbst und Ihre Familienmuster), um als reifer Elternteil oder reife Partnerin bzw. reifer Partner aufzutreten.

Oft wollen wir, dass andere Menschen Eigenschaften und Verhaltensweisen zeigen, die wir selbst nicht aufweisen, oder wir mögen Persönlichkeitsanteile nicht, weil wir selbst sie haben. Es erfordert Selbsterkenntnis und Anpassungsfähigkeit, um solche Reaktionen zu überwinden. Wenn wir erkennen, dass das, was wir vorleben, negativ ist, sollten wir es zur Kenntnis nehmen und uns bemühen, unser Verhalten zu ändern. Das ist dem Familienglück auf jeden Fall zuträglich.

Eine kurze Geschichte der Familie

Familien werden ebenso wir ihre einzelnen Mitglieder durch den Kontext, in dem sie existieren, geformt und verändert. Es gibt und gab schon immer zyklische Beziehungen zwischen Familien, Politik und Kultur. Familien fungieren als Mikrokosmos innerhalb des Makrokosmos der Gesellschaft als Ganzes. Wenn wir traditionell von »Familie« sprechen, haben wir ein Bild von Vater, Mutter und zwei Kindern vor Augen, das allgemein als »Kernfamilie« bekannt ist. Strukturell gesehen kümmert sich in diesem Stereotyp die Mutter um Kinder und Haushalt, während der Vater als Ernährer und Oberhaupt agiert. Betrachtet man die Familie im Wandel der Zeit, entspricht dieses Bild jedoch kaum noch der Realität.

Jahrhundertelang, bis zur industriellen Revolution, existierten Familien in großen Einheiten als soziale Blase und als Zusammenschluss von Arbeitskräften. Wir gehen oft davon aus, dass Mehrpersonenhaushalte wie Stief- und Großfamilien ein relativ neues Phänomen sind. Im späten 18. und 19. Jahrhundert gab es jedoch häufig große Haushalte, in denen auch entferntere Verwandte und Arbeitskräfte mit unter demselben Dach wohnten. Geheiratet wurde nicht aus Liebe, sondern aus wirtschaftlichen Gründen. In Adelsfamilien und Königshäusern schmiedete man durch Hochzeiten Bündnisse zwischen Regionen und Nationen. In anderen gesellschaftlichen Zusammenhängen wurden Ehen auf der Basis gemeinsamer Überzeugungen und gemeinsamer Besitztümer arrangiert, oder die Bauern vereinbarten, das Land gemeinsam zu bewirtschaften. Das Leben auf dem Land war hart: Die Menschen mussten sich selbst versorgen und Waren produzieren, um genug Geld zum Überleben zu verdienen, also wohnten und arbeiteten die Familien gemeinsam in ihrem Haus und auf ihrem Grund und Boden. Kinder wurden geboren, um ihren Beitrag zum Familienleben zu leisten und nach dem Tod der Eltern die Nachfolge anzutreten. Die Liebe in diesen Familien zeigte sich in Taten, die der Familie dienten – man bedenke, dass »Familie« von lateinisch *familia* kommt, was »Gesinde« oder »Gesamtheit der Dienerschaft« (von *famulus,* »Diener«) bedeutet. Daraus folgt, dass die praktische Seite des Familienlebens Vorrang vor emotionaler Entwicklung und Fürsorge hatte.

In den Familien gab es immer eine klare hierarchische Ordnung, die von der Kirche unterstützt wurde, welche einen großen Einfluss auf das ganze Leben ausübte. Die Familien wurden durch die in der Bibel zum Ausdruck gebrachten Ansichten über Ehe und Fortpflanzung geprägt; Vorschriften und Gesetze, basierend auf der christlichen Lehre, regelten die Haushalte. Ehebruch war eine Sünde und die Geburt eines unehelichen Kindes eine Schande. In diesem Bereich haben die größten Veränderungen innerhalb der Familie stattgefunden: Die Rolle der Religion bei der Festlegung des äußeren Erscheinungsbilds, des Verhaltens und der Werte, nach denen die Menschen leben müssen, hat sich größtenteils abgeschwächt. Sie beeinflusst zwar immer noch das Leben einiger Menschen, aber ihre Macht ist deutlich geringer, und viele der traditionellen Verpflichtungen und Regeln gelten nicht mehr.

Die Industrialisierung hat das Familienleben auf dem Land tief greifend verwandelt. Das 18. und 19. Jahrhundert waren eine Zeit immenser Veränderungen, die sich auf die Familienbildung und die Lebensweise auswirkten: Als eine der wichtigsten Folgen der industriellen Revolution gilt die Trennung von Wohnung und Arbeit, was große soziale und familiäre Verschiebungen mit sich brachte. Dann kamen die beiden Weltkriege und veränderten ihrerseits die Familienstruktur sowohl kurz- als auch langfristig. Nach dem Ersten Weltkrieg waren viele Frauen verwitwet oder fanden keinen Mann zum Heiraten. Im Zweiten Weltkrieg mussten Frauen den Platz der

Männer in der Arbeitswelt einnehmen, was den Wandel von der Frau als Hüterin des Heims zur berufstätigen Frau förderte. Heute sind in England fast ebenso viele Frauen wie Männer erwerbstätig, wenn auch mehr Frauen in Teilzeit arbeiten.

Die Art und Weise, wie man als Familie Zeit miteinander verbrachte, veränderte sich auf vielfältige Art und Weise. Dienstleistungen, die früher in der Verantwortung der Familie lagen, wurden vom Staat übernommen, z. B. Bildung, medizinische Versorgung und Wohlfahrt. 1908 führte die *Liberal Party* mit dem *Children and Young Persons Act* [Kinder- und Jugendschutzgesetz] die Anfänge des Wohlfahrtsstaates ein. Mit dem *Coal Mines Regulation Act* [Gesetz über Kohlengruben] wurde die Arbeitswelt neu geprägt. Bis 1945 wurden der *Family Allowances Act* [Familienbeihilfegesetz] und der *Education Act* [Bildungsgesetz] in Kraft gesetzt. Die fortschreitende Einführung und Weiterentwicklung der Technik im Haushalt und außerhalb davon hatte einen großen Einfluss auf das Familienleben. Geschirrspüler, Waschmaschinen und moderne Herde sorgten dafür, dass Mütter mehr Zeit hatten. Grammofone, Radios und Plattenspieler brachten neues Leben, neue Klänge und neue Ideen mit sich. Das Fernsehen übertrug zeitgenössische Familienbilder in die Haushalte, und Werbung verkaufte ideale Lebensstile. Familien konzentrierten sich nicht mehr nur auf die Erledigung von Aufgaben, damit sie überleben konnten, sondern wurden zu einer eng verbundenen Gruppe von Menschen, die sich umeinander kümmerten, gegenseitige Nähe suchten und nun mehr Möglichkeiten zur gemeinsamen Freizeitgestaltung hatten. Die Jugend hatte die Freiheit, auszugehen und Spaß zu haben.

Ein langsamer, aber bedeutender Wandel in den Geschlechterrollen trat ein. Der Mann als Oberhaupt der Familie, der das Sagen hatte und bestimmen konnte, verlor an Bedeutung, und die Emanzipation der Frau sorgte für mehr Gleichberechtigung. Da Frauen zunehmend einer Arbeit außer Haus nachgingen, waren sie wirtschaftlich weniger von den Männern abhängig und gewannen dadurch wesentlich mehr Wahlfreiheit bei den Beziehungen, die sie eingingen oder abbrachen. Bis vor wenigen Jahrzehnten lebten Familien noch recht lange zusammen: Oft wohnten Paare bei den Eltern des Mannes oder Frau, bis sie sich ein eigenes Heim leisten konnten.

Heute befinden wir uns erneut inmitten eines enormen gesellschaftlichen Wandels, aber es ist erwähnenswert, dass dies nur weitere Schritte auf einem Weg sind, der von früheren Generationen eingeschlagen wurde. Familien sind vielfältiger geworden, und obwohl das traditionelle Bild immer noch die »Norm« darstellt, können wir beobachten, wie sich die Verhältnisse verschieben. Zu den neuen Familien gehören Einelternfamilien, Stieffamilien, polyamore Familien, Großfamilien und Patchworkfamilien, die sich aus dem Paar, den gemeinsamen Kindern und Kindern aus früheren Beziehungen zusammensetzen. Familien werden größer, einerseits, weil durch die gestiegene Lebenserwartung mehr Generationen dazugehören, aber auch, weil wir wieder häufiger erleben, dass sich mehrere Haushalte zu Gemeinschaften zusammenschließen. In den letzten zwei Jahrzehnten waren diese »Großfamilien« der am schnellsten wachsende Familientyp; in England vergrößerte sich die Anzahl nach Angaben des ONS [Amt für nationale Statistik] um drei Viertel auf 297 000 Haushalte im Jahr 2019. Mehrfamilienhaushalte können aus alten Eltern bestehen, die mit ihren Kindern und Enkeln zusammenleben, oder auch aus Freundinnen und Freunden, die sich eine Wohnung teilen. Wie in vorindustriellen Zeiten können Familien auch aus Personen bestehen, die nicht biologisch miteinander verwandt sind – z. B. aus angeheirateten Tanten und Onkeln, aus der »urban family«, die aus gemeinsamen Lebensabschnitten entstanden ist, oder dem Freund aus Kindertagen, der so vertraut wie ein Bruder ist. Diese besonderen, gewählten, sozial konstruierten Familienbande können ebenfalls eine moderne Familie ausmachen.

In der englischsprachigen Fachliteratur wird der Begriff *beanpole family* (Bohnenstangenfamilien) verwendet, um zu beschreiben, wie Familien heute häufig strukturiert sind. Da Paare weniger Kinder haben (etwa 50 Prozent der Alleinerziehenden und Paare [in Großbritannien], die in einer Lebensgemeinschaft leben, haben nur ein Kind) und die Lebenserwartung steigt, sind Großeltern und Urgroßeltern in das Leben ihrer Enkel und Urenkel eingebunden. Erwachsene sind heutzutage länger erwachsene Kinder ihrer Eltern, als sie selbst als Eltern ihre eigenen Kinder aktiv erziehen. Dies ist ein deutlicher Unterschied zu den 1960er-Jahren, als weniger als jeder fünfte Erwachsene noch einen lebenden Elternteil hatte. Dies führt zu einem interessanten Umschwung in der Familiendynamik, wenn das erwachsene Kind noch von den Eltern umsorgt wird: Mit der Zeit kehrt sich das Machtgleichgewicht zwischen ihnen um. Oft erleben die Jüngeren die Älteren dann als aggressiv und stur , weil sie es nicht mögen, wenn man ihnen Vorschriften macht, während sie zugleich zerbrechlicher und hilfloser werden.

Die Familien sind heute insgesamt weniger hierarchisch strukturiert, emotional offener und weniger didaktisch als früher. Einige behaupten, dass diese Veränderung dadurch beeinflusst wurde, dass die Mutter dem Vater gleichgestellt ist. Moderne Familien verfügen zweifellos über mehr psychologische Informationen und erkennen allmählich, wie wichtig es ist, den Kindern Autonomie beizubringen, um ihr Selbstvertrauen innerhalb des begrenzten Rahmens des Elternhauses zu stärken.

Wir können nicht wissen, wie sich das digitale Zeitalter auf die Gestaltung und die Werte der Familie auswirken wird, aber es ist wahrscheinlich, dass der Einfluss bedeutend sein wird. Es könnte bei der Neugestaltung künftiger Familien ebenso prägend sein wie der politische Einfluss und die industrielle Revolution in der Vergangenheit. Vielleicht wird es zur Atomisierung der Familie beitragen: durch den Rückgang gemeinsamer Familienerlebnisse, wie z. B.

das gemeinsame Fernsehen, da jedes Kind und jede:r Erwachsene eigene digitale Geräte in ihren Zimmern haben; ständige Debatten und Kämpfe darum, dass die wichtigste Beziehung eines Kindes nicht die zu seinem Smartphone sein sollte. Eine weitere große Veränderung wird höchstwahrscheinlich in der Flexibilität des Arbeitens durch Homeoffice bestehen, ein Trend, der bereits im Gange war und durch die Pandemie beschleunigt wurde.

Größere Wahlfreiheit war ein wichtiger Aspekt des Fortschritts im Leben von Frauen und Männern und damit auch bei der Gestaltung von Familien; nicht zuletzt wurde es wesentlich einfacher, sich scheiden zu lassen oder sich von Partner oder Partnerin zu trennen. Die Statistiken zeigen, dass die Scheidungsraten in Großbritannien 1993 ihren Höchststand erreichten und in den letzten zehn Jahren um mehr als 34 Prozent gesunken sind. Diese Statistik geht jedoch mit einem Rückgang der Eheschließungen einher, da sich die Paare stattdessen für ein Zusammenleben ohne Trauschein entscheiden. Jüngste Statistiken zeigen, dass sich 45 Prozent der verheirateten Paare scheiden lassen und dass sich jedes zweite unverheiratete Elternpaar vor dem fünften Geburtstag des gemeinsamen Kindes trennt. Bei drei Vierteln der auseinanderbrechenden Familien mit Kleinkindern sind die Eltern nicht verheiratet, was bedeutet, dass sich die Familienstruktur während des Heranwachsens eines Kindes mehrmals ändern kann. Junge Erwachsene von heute können in ganz unterschiedlichen Familienkonstellationen aufgewachsen sein: mit wechselnden Geschwisterkonstellationen, unterschiedlicher Dynamik, verschiedenen Wohnorten, unterschiedlichen Regeln und Werten. Sie können sogar mehrere Familien haben (bei Müttern, Vätern und Großeltern). Das Ergebnis kann entweder eine erhöhte Widerstandsfähigkeit oder eine größere Verletzlichkeit sein. In jedem Fall ist dies einer der markantesten Unterschiede zu früheren Zeiten, für Familien und insbesondere für Kinder.

Das gemeinsame Element über die Jahrhunderte hinweg ist die vielschichtige Rolle, die Frauen in der Familiendynamik einnehmen, nämlich als Betreuerin, Putzfrau, Köchin, Managerin, während sie gleichzeitig einem Beruf nachgehen. Die feministischen Soziologinnen Christine Delphy und Diana Leonard haben untersucht, inwiefern die Rolle der Frau in der Familie patriarchalische Systeme und Unterdrückung aufrechterhalten hat. Ich habe den Eindruck, dass sich die Rollen von Männern und Frauen in der Praxis nicht so schnell ändern, wie wir uns das vorstellen. Frauen verrichten immer noch den größten Teil der unbezahlten Arbeit in Familienhaushalten. Es bleibt zu hoffen, dass diese bisher geschlechtsspezifischen Aufgaben in Zukunft gerechter verteilt werden: Zumindest wird darüber diskutiert. Darüber hinaus könnten die Partnerbeziehungen in nicht heteronormativen Familien zeigen, wie es auch anders geht.

Das traditionelle Bild der heteronormativen Familie ist im Umbruch, und die Grenzen werden fließend. Die Zahlen verdeutlichen diesen Wandel. Im Jahr 2007/2008 adoptierten in GB gerade einmal achtzig homosexuelle Paare Kinder im Vergleich zu 2 840 heterosexuellen Paaren. Doch in einer Studie aus dem Jahr 2020 heißt es: »Gleichgeschlechtliche Ehepaare sind die am schnellsten wachsende Form der gleichgeschlechtlichen Familie. Bis 2019 hat die Zahl der Kinder, die über die Jahre von bi-, homo- oder transsexuellen Paaren adoptiert wurden, stetig zugenommen; 2020 wurde jedes fünfte Kind in LGBTQ+-Familien vermittelt – in Großbritannien gab es 212 000 Familien mit gleichgeschlechtlichen Eltern, was einem Anstieg von 40 Prozent seit 2015 entspricht.«

Moderne Familien spiegeln sowohl soziale als auch emotionale Veränderungen wider: Es besteht eine Parallele zwischen der Bandbreite an nicht heteronormativen Paar- und Familienbildungen und der Ausweitung anderer Elemente unseres Gefühlslebens. Fast hat es den Anschein, als habe sich unsere Fähigkeit, verschiedene Lebensweisen zu akzeptieren, im Gleichschritt mit dem besseren Verständnis unserer Psyche entwickelt. Binäre Vorstellungen von Geschlecht und Sexualität sowie dem Alleinleben oder Zusammenleben als Ehepaar werden zunehmend infrage gestellt.

Ein Aspekt der Familienforschung, der noch angesprochen werden muss und dessen ich mir bei meiner Arbeit über dieses Thema bewusst bin, ist der weiße, westliche Blickwinkel, unter dem bis vor Kurzem Familien in Großbritannien erforscht wurden. Diese einseitige Sichtweise führt zu einer sich selbst erfüllenden Prophezeiung, wie eine Familie aussehen und welche Werte sie vertreten sollte. Es ist wichtig, dass wir unsere Perspektive erweitern, um breitere, umfassendere Werte und Überzeugungen einzubeziehen, die von kultureller und ethnischer Vielfalt geprägt sind.

Unsere Familie prägt uns auf vielfältige Art und Weise: in unseren persönlichen Bindungen, unserer Lebensart, unseren Werten, unseren Überzeugungen und – ganz entscheidend – unserem Gefühl von Sicherheit und Zugehörigkeit. Wichtiger noch: Unsere Familie beeinflusst unsere künftigen Beziehungen und unsere eigenen Familien, wie auch immer sie aussehen und funktionieren mögen. Wir können jedoch Einfluss darauf nehmen, indem wir die Wurzeln unserer Herkunftsfamilie ergründen und verstehen lernen, wie diese in der Gegenwart auf uns einwirken.

Anhang

Alle hier folgenden Fragen wurden übersetzt von Stefanie Schäfer.

Fragebogen zu belastenden Kindheitserlebnissen

Unter belastenden Kindheitserlebnissen – »adverse childhood experiences« (ACE) – versteht man unterschiedliche Kindheitserlebnisse, die negative und anhaltende Effekte auf Gesundheit und Wohlbefinden [im Erwachsenenalter] haben können. Die ACE-Studie untersuchte den Zusammenhang belastender Kindheitserlebnisse und negativer Auswirkungen für die Betroffenen. Das Konzept der belastenden Kindheitserlebnisse beinhaltet neben dem Bereich Kindesmisshandlung auch den Bereich Probleme im Elternhaus (»household dysfunction«). Der *Adverse Childhood Experiences International Questionnaire* ist ein 43-Punkte-Screening-Fragebogen der Weltgesundheitsorganisation zur Messung von Arten von Kindesmissbrauch oder Trauma.

Normalerweise wird dieser Fragebogen im Rahmen eines therapeutischen Settings bearbeitet. Ich möchte ihn dennoch einfügen, weil er Ihnen dabei helfen kann, sich und Ihre Psyche besser zu verstehen. Bevor Sie die Fragen beantworten, sollten Sie sich darüber im Klaren sein, dass sie belastende Erinnerungen hervorrufen können; teilweise wird unmittelbar nach Missbrauchserlebnissen gefragt. Bitte stellen Sie sicher, dass Sie im Zweifelsfall Unterstützung, zum Beispiel durch Ihren Therapeuten, in Anspruch nehmen können oder die Nummer einer Beratungsstelle griffbereit haben.

Die Adverse-Childhood-Experiences-Studie ergab, dass belastende Kindheitserfahrungen ein höheres Risiko für körperliche und psychische Probleme im Erwachsenenalter mit sich bringen können.

Das Risiko steigt deutlich je nach Anzahl der negativen Erfahrungen. Zu diesen gehören nicht nur Traumata und Missbrauch, sondern auch nicht traumatische Stressfaktoren wie Scheidung der Eltern und Probleme im Elternhaus.

Ermitteln Sie Ihren ACE-Wert

Adverse Childhood Experience Study:
Anleitung zum Ausfüllen des Fragebogens

Unten stehend finden Sie zehn Fragen aus der Studie, die Sie jeweils mit Ja oder Nein beantworten können. Antworten Sie mit Ja, tragen Sie eine 1 ein.

Die Fragen wurden ursprünglich in englischer Sprache abgefasst und sind für Erwachsene (ab 18 Jahren) konzipiert. Bitte bedenken Sie, dass die Fragen Ängste auslösen können! Wenn Sie unsicher sind, überspringen Sie diese Fragen und gehen gleich zu Seite 364.

Denken Sie an Ihre Kindheit bis zum Alter von achtzehn Jahren:

1. Hat ein Elternteil oder eine andere erwachsene Person bei Ihnen zu Hause Sie oft oder sehr oft beschimpft, beleidigt, herabgesetzt oder gedemütigt?
   oder
   Hat er oder sie sich so verhalten, dass Sie Angst hatten, Sie könnten körperlich verletzt werden?

   Ja/Nein Wenn ja, geben Sie 1 ein ______

2. Hat ein Elternteil oder eine andere erwachsene Person bei Ihnen zu Hause Sie oft oder sehr oft geschubst, gepackt, geohrfeigt oder etwas nach Ihnen geworfen?

   oder

   Hat er oder sie Sie jemals so hart geschlagen, dass Sie Spuren oder Verletzungen davongetragen haben?

   Ja/Nein Wenn ja, geben Sie 1 ein ______

3. Hat eine erwachsene Person oder jemand, der mindestens fünf Jahre älter war als Sie, Sie jemals auf sexuelle Weise berührt oder gestreichelt oder Sie dazu gebracht, ihren bzw. seinen Körper zu berühren?

   oder

   Hat er oder sie versucht, mit Ihnen Oral-, Anal- oder Vaginalverkehr zu vollziehen, oder hat er oder sie es tatsächlich getan?

   Ja/Nein Wenn ja, geben Sie 1 ein ______

4. Hatten Sie oft oder sehr oft das Gefühl, dass Sie niemand in Ihrer Familie liebt oder Sie für wichtig oder besonders hielt?

   oder

   Haben sich Ihre Familienmitglieder nicht umeinander gekümmert, keine enge Beziehung gehabt oder sich nicht gegenseitig unterstützt?

   Ja/Nein Wenn ja, geben Sie 1 ein ______

5. Hatten Sie oft oder sehr oft das Gefühl, nicht genug zu essen zu haben, schmutzige Kleidung tragen zu müssen und niemanden zu haben, der Sie beschützt?

   oder

Waren Ihre Eltern zu betrunken oder zu high, um sich um Sie zu kümmern oder Sie, wenn nötig, zum Arzt zu bringen?

Ja/Nein Wenn ja, geben Sie 1 ein ______

6. Haben sich Ihre Eltern getrennt oder scheiden lassen?
   Ja/Nein Wenn ja, geben Sie 1 ein ______

7. Wurde Ihre Mutter oder Stiefmutter oft oder sehr oft geschubst, gepackt, geohrfeigt oder mit etwas beworfen?
   oder
   Wurde Ihre Mutter oder Stiefmutter manchmal, oft oder sehr oft getreten, gebissen, mit der Faust oder etwas Hartem geschlagen?
   oder
   Wurde sie jemals wiederholt mindestens einige Minuten lang geschlagen oder mit einer Pistole oder einem Messer bedroht?

   Ja/Nein Wenn ja, geben Sie 1 ein ______

8. Haben Sie mit jemandem zusammengelebt, der Alkoholprobleme hatte oder Drogen konsumierte?

   Ja/Nein Wenn ja, geben Sie 1 ein ______

9. War ein Haushaltsmitglied depressiv oder psychisch krank oder hat ein Haushaltsmitglied einen Selbstmordversuch unternommen?

   Ja/Nein Wenn ja, geben Sie 1 ein ______

10. War ein Haushaltsmitglied im Gefängnis?

Ja/Nein Wenn ja, geben Sie 1 ein ______

Zählen Sie nun Ihre Ja-Antworten zusammen: ______
Dies ist Ihr ACE-Score.

Überarbeitete Version von:
http://www.acestudy.org/files/ACE_Score_Calculator.pdf, 092406RA4CR

Die »Do You Know?«-Skala

Dr. Marshall Duke und Dr. Robyn Fivush entwickelten 2001 die »Do You Know?«-Skala, mit deren Hilfe sie Kindern Fragen zu ihrer Familie stellten. Damit wollten sie die Hypothese überprüfen, dass Kinder, die viel über ihre Familie wissen, widerstandsfähiger sind und besser mit Problemen umgehen können als Kinder, die nur wenig über ihre Familie wissen. Diese Fragen sind sehr hilfreich bei meinen Gesprächen mit Klienten und Klientinnen:

1. Weißt du, wie sich deine Eltern kennengelernt haben?
2. Weißt du, wo deine Mutter aufgewachsen ist?
3. Weißt du, wo dein Vater aufgewachsen ist?
4. Weißt du etwas darüber, wo deine Großeltern aufgewachsen sind?
5. Weißt du etwas darüber, wo sich deine Großeltern kennengelernt haben?
6. Weißt du, wo deine Eltern geheiratet haben?
7. Weißt du, wie das war, als du geboren wurdest?
8. Weißt du, woher dein Name kommt?

9. Weißt du, wie es war, als deine Brüder oder Schwestern geboren wurden?
10. Weißt du, welcher Person in deiner Familie du am ähnlichsten siehst?
11. Weißt du, welcher Person in deiner Familie du am ähnlichsten bist?
12. Weißt du, welche Krankheiten und Verletzungen deine Eltern hatten, als sie jünger waren?
13. Weißt du, was deine Eltern aus guten oder schlechten Erfahrungen gelernt haben?
14. Weißt du etwas darüber, was deine Mutter oder dein Vater in der Schule erlebt haben?
15. Weißt du, woher deine Familie ursprünglich stammt?
16. Weißt du etwas darüber, was deine Eltern in ihrer Jugend beruflich gemacht haben?
17. Weißt du, ob deine Eltern einmal Preise oder Auszeichnungen erhalten haben?
18. Kennst du die Namen der Schulen, auf die deine Mutter gegangen ist?
19. Kennst du die Namen der Schulen, auf die dein Vater gegangen ist?
20. Gibt es in deiner Verwandtschaft eine ganz humorlose Person, die nie lacht?

Zehn wichtige Fragen, wenn Sie eine langfristige Beziehung eingehen wollen

Diese Fragen stammen aus der Forschung von Professor Anne Barlow an der Universität Exeter und auch sie sind ausgesprochen hilfreich in meinen Gesprächen:

Passen mein:e Partner:in und ich gut zusammen?
Haben wir eine starke freundschaftliche Basis?
Haben wir identische Ziele und Vorstellungen von unserer Beziehung und unserem Leben?
Sind unsere Erwartungen realistisch?
Sehen wir generell das Beste im anderen?
Arbeiten wir beide daran, unsere Beziehung lebendig zu halten?
Haben wir beide das Gefühl, dass wir über alles reden und Probleme mit dem oder der anderen ansprechen können?
Sind wir beide dazu bereit, auch schwierige Zeiten miteinander durchzustehen?
Würden wir in stressigen Situationen gemeinsam an einem Strang ziehen?
Haben wir beide unterstützende Personen in unserem Umfeld?

EMDR

Eye Movement Desensitization and Reprocessing (EMDR) ist eine wirkungsvolle Form der Psychotherapie, die Betroffenen dabei hilft, traumatische Ereignisse in ihrem Leben zu verarbeiten. Sie ist von der Weltgesundheitsorganisation (WHO) und den deutschen Krankenkassen anerkannt. Ich erwähne diese Form der Psychotherapie häufig. Wenn Sie mehr darüber erfahren möchten, besuchen Sie https://emdrassociation.org.uk/ oder als deutschsprachige Alternative: https://www.emdria.de/emdr/emdr-therapie/

Danksagung

Ohne die Bereitschaft meiner Klientinnen und Klienten, an diesem Projekt teilzunehmen, gäbe es dieses Buch nicht. Es gehörte viel Mut und Großzügigkeit dazu, so offen über die schmerzlichsten privaten Aspekte ihres Lebens zu sprechen und zu erlauben, dass diese Erfahrungen veröffentlicht werden, damit andere sie lesen können. Ihre Motivation hinter diesem Entschluss war es, anderen dabei zu helfen, sich selbst besser verstehen zu lernen, und ich hoffe, dass sie stolz auf das sind, was sie erreicht haben. Mir war es sehr wichtig, die Identität der Teilnehmenden zu verschleiern, und ich möchte an dieser Stelle noch einmal persönlich betonen, wie sehr ich mich bemüht habe, Personen und tatsächliche Ereignisse zu anonymisieren und dabei dem Geist des Werkes treu zu bleiben.

Um einen flüssig lesbaren Text zu schaffen, habe ich keine Verweise eingefügt; man findet sie im Literaturverzeichnis, kapitelweise zugeordnet. Ich bitte um Entschuldigung, falls mir Fehler oder Irrtümer unterlaufen sind; die Verantwortung dafür liegt allein bei mir.

Das Team von Penguin Life hat mich und das Buch wie immer in jeder Hinsicht unterstützt. Ich möchte mich bei meiner brillanten Lektorin Venetia Butterfield bedanken, die das Buch dankenswerterweise in Auftrag gegeben und eng mit mir zusammengearbeitet hat, bis sie zu einem anderen Penguin-Verlag wechselte. Daniel Crewe hat mir als neuer Lektor großartig zur Seite gestanden und mir geholfen, das Buch in seine bestmögliche Form zu bringen. Julia Murday, Kayla Fuller und Alice Gordge haben mit viel Leidenschaft, Geduld und Können dazu beigetragen, das Buch herauszubringen. Hazel Orme ist eine wunderbare Lektorin, die mit Präzision, Intelligenz, Einsicht und Akkuratesse redigiert und dabei die Eigenheit meines Textes bewahrt hat.

Meine Literaturagentin Felicity Rubinstein und ihre Kolleginnen Fran Davies und Hana Grisenthwaite haben sich vehement für meine Interessen eingesetzt und dabei das Buch so breit gestreut wie möglich vermittelt. Ich bin ihnen ewig dankbar für ihre Herzlichkeit, ihre Freundlichkeit und ihr Know-how.

Professor Tim Bond, Autor des Buches *The Ethical Framework for the Counselling Professions*, war wie immer sehr hilfsbereit, als wir über die wichtigen Punkte und möglichen Fallstricke bei der Veröffentlichung von Klientenarbeit diskutierten. Er verkörpert den menschlichen Aspekt der Ethik, wofür ich sehr dankbar bin.

Geraldine Thomson, meine Supervisorin, war eine hochwillkommene und wichtige Unterstützung. Ihr unfehlbares Einfühlungsvermögen, ihre Erfahrung und ihr Können sind ein besonderes Geschenk. Sie hat mir auch in der Konzeptionsphase des Buches geholfen, als es darum ging, wie ich Familien dazu bewegen könnte, einen Beitrag zu dem Buch zu leisten.

Eine lange Reihe von Personen haben zur Korrektheit der Angaben und zum Inhalt des Buches beigetragen haben, darunter Adrian Cayford, Kai Downham, Raffaella Barker, Mary Russell, Sophie Ford, Zoe Blaskey, Professor Eamon McCrory, Dr. Renee Singh, Rahul Jacob, Marianne Tatepo. Juliet Nicolson hat mir wie immer als treue Freundin und Beraterin während des Projekts zur Seite gestanden. Mein Dank gilt Clara Weatherall und dem Team des *Maggie Centre*, Andrew Anderson und George Bustin, für ihre hilfreichen Beziehungen.

Dr. Priscilla Short und Dr. Lesel Dawson haben phänomenal viel Zeit, Wissen und Einsicht in dieses Buch eingebracht, indem sie Themen, Weisheiten, Theorien oder Denkweisen aufzeigten, die mir vollkommen entgangen wären, und dies wie immer auf eine herzliche und großzügige Art und Weise. Ich kann kaum in

Worte fassen, wie sehr ich die Freundlichkeit dieser Kolleginnen schätze.

Tilly St Aubyn hat die schwierige Arbeit der Zusammenstellung der Bibliografie überaus schnell, exakt und gut gelaunt erledigt. Maisy Ash hat die Geschichte der Familie meisterhaft recherchiert und zusammengefasst, sodass ich mit einer kohärenten Vorlage arbeiten konnte.

Meine Kinder Natasha, Emily, Sophie und Benjamin haben mich mehr darüber gelehrt, was eine Familie ausmacht, als jede andere Quelle es hätte tun können. Sie haben mich oft auf Ideen für meinen Text gebracht oder waren so nett, Teile des Buches zu kommentieren. Wenn ich sie mit ihren Partner:innen Rich, Keenan, Jake und Drusie zusammen sehe, ist das jedes Mal inspirierend für mich.

Zu guter Letzt möchte ich mich bei meinem geliebten Mann Michael bedanken, der mir wie immer herzlich, klug, geduldig und unendlich beruhigend zur Seite gestanden hat. Er hat mich mit seiner liebevollen Art und seinem Humor in der Spur gehalten, während ich meine üblichen Turbulenzen beim Bücherschreiben durchmachte.

Weitere Informationen über mich finden Sie unter
www.juliasamuel.co.uk oder folgen Sie mir auf: @juliasamuelmbe

Literatur

Einführung

Abel, J. et al. (2018), »Reducing Emergency Hospital Admissions: A population Health Complex Intervention of An Enhanced Model of Primary Care and Compassionate Communities«, *British Journal of General Practice*, 68(676), e803–e810

Allen, K. R. et al. (1999), »Older Adults and Their Children: Family Patterns of Structural Diversity«, *Family Relations*, 48(2), 151–7

Birkjaer, M. et al. (2019), »The Good Home Report 2019: What Makes A Happy Home?«, *Happiness Research Institute*, 1–40

Bowlby, John (2005), Das Glück und die Trauer: Herstellung und Lösung affektiver Bindungen, (Stuttgart: Klett-Cotta)

British Association for Psychotherapy and Counselling (2014), *Men and Counselling: The Changing Relationship Between Men in the UK and Therapy*, www.bacp.co.uk/news/news-from-bacp/archive/28-april-2014-men-and-counselling/

Britton, R. (1989), »The Missing Link: Parental Sexuality in the Oedipus Complex«, in J. Steiner (ed.), *The Oedipus Complex Today* (Oxfordshire: Routledge), 83–91

Burnham, John B. (1995), *Systemische Familienberatung: eine Lern- und Praxisanleitung für soziale Berufe* (Weinheim; Basel: Beltz)

Cagen, Sasha (2006), *Singles aus Leidenschaft:* Quirkyalone *für Anfänger* (München; Zürich: Piper)

Carter, E. A.; McGoldrick, M. (Hrsg.) (1988), *The Changing Family Life Cycle: A Framework for Family Therapy*, 2nd edition (London: Psychology Press)

Copeland, W. (2014), »Longitudinal Patterns of Anxiety from Childhood to Adulthood: The Great Smoky Mountains Study«, *Journal of the American Academy of Child and Adolescent Psychiatry*, 53(1), 1527–1548

Cryle, P.; Stephens, E. (2018), *Normality: A Critical Genealogy* (Chicago: University of Chicago Press)

Donath, Orna (2016), *#regretting motherhood: Wenn Mütter bereuen* (München: Knaus)

Dunning, A. (2006), »Grandparents – An Intergenerational Resource for Families: A UK Perspective«, Journal of Intergenerational Relationships, 4(1), 127–35

Fingerman, K. et al. (2012), »In-Law Relationships Before and After Marriage: Husbands, Wives and Their Mothers-In-Law«, *Research In Human Development*, 9(2), 106–25

Fivush, R. (2011), »The Development of Autobiographical Memory«, *Annual Review of Psychology*, 62(1), 559–82

Fuentes, A. (2020), »This Species Moment«, Interview von Krista Tippett für *On Being, onbeing.org*

Galindo, I.; Boomer, E.; Reagan, D. (2006), *A Family Genogram Workbook* (Virginia: Educational Consultants)

Goleman, Daniel (1997), *EQ: Emotionale Intelligenz* (München: dtv)

Golombok, S. (2020), *We Are Family: The Modern Transformation of Parents and Children,* (New York: PublicAffairs Books)

Lippa, R. A. (2005), *Gender, Nature and Nurture* (Philadelphia: Routledge)

Mayes, L.; Fonagy, P.; Target, M. (2007), *Development Science and Psychoanalysis: Integration and Innovation* (Oxfordshire: Routledge)

McCrory, E. et al. (2019), »Neurocognitive Adaptation and Mental Health Vulnerability Following Maltreatment: The Role of Social Functioning«, *Child Maltreatment*, 24(4), 1–17

McGoldrick, M. (2006), »Monica McGoldrick on Family Therapy«, Interview von Randall C. Wyatt und Victor Yalom, psychotherapy.net

Messinger, L.; Walker, K. N. (1981), »From Marriage Breakdown to Remarriage: Parental Tasks and Therapeutic Guidelines«, *American Journal of Orthopsychiatry*, 51(3), 429–38

Patel, V. (2018), »Acting Early: The Key to Preventing Mental Health Problems«, *Journal of the Royal Society of Medicine*, 111(5), 153–7

Siegel, Daniel J.; Hartzell, Mary (2020), *Gemeinsam leben, gemeinsam wachsen: Wie wir uns selbst besser verstehen und unsere Kinder einfühlsam ins Leben begleiten können* (Freiburg: Arbor)

Singer, J. A. et al. (2012), »Self-Defining Memories, Scripts, and the Life Story: Narrative Identity In Personality and Psychotherapy«, *Journal of Psychotherapy*, 81(6), 569–82

Waldinger, R. (2016), »What Makes A Good Life? Lessons from the Longest Study on Happiness«, *TED Conferences*

Watters, E. (2003), *Urban Tribes: A Generation Redefines Friendship, Family and Commitment* (New York: Bloomsbury)

Winnicott, D. (1960), »The Theory of the Parent-Infant Relationship«, *International Journal of PsychoAnalysis* 41, 585–95

Wolynn, Mark (2017), *Dieser Schmerz ist nicht meiner* (München: Kösel)

Yehuda, R. (2015), »How Trauma and Resilience Cross Generations«, *Onbeing.org*

Unklare Vaterschaft

Bradford, D.; Robin, C. (2021), *Connect: Building Exceptional Relation- ships with Family, Friends and Colleagues* (New York: Currency)

Duffell, N. (2000), *The Making of Them: The British Attitude to Children and the Boarding School System* (London: Lone Arrow Press)

Feiler, B. (2013), »The Stories That Bind Us«, *New York Times* 17. Mai

Fry, R. (2017), »Richard Beckhard: The Formulator of Organizational Change«, in Szabla, D. B. et al. (eds.), The Palgrave Handbook of Organizational Change Thinkers (Cham: Palgrave Macmillan), 91–105

genesinlife.org, *Genetics 101: Main Inheritance Patterns*

Hicks, B. M.; Schalet, B. D.; Malone, S. M.; Iacono, W. G.; McGue, M. (2011), »Psychometric and genetic architecture of substance use dis- order and behavioral disinhibition measures for gene association studies«, *Behavior Genetics,* 41, 459–75.

Liu, M.; Jiang, Y.; Wedow, R. et al. (2019), »Association studies of up to 1.2 million individuals yield new insights into the genetic etiology of tobacco and alcohol use«, *Nature Genetics*, 51, 237–44. https://doi. org/10.1038/s41588-018-0307-5

Martin, A. J., et al. (2016), »Effects of Boarding School«, Psychologist, 29, 412–19

McCrory, E.; De Brito, S. A.; Sebastian, C. L.; Mechelli, A.; Bird, G.; Kelly, P.; Viding, E. (2011), »Heightened neural reactivity to threat in child victims of family violence«, *Current Biology*, 21, R947–8

McCrory, E. J.; De Brito, S.; Kelly, P. A.; Bird, G.; Sebastian, C.; Viding, E. (2013), »Amygdala activation in maltreated children during pre-attentive emotional processing«, *British Journal of Psychiatry*, 202 (4), 269–76

McCrory, E. et al. (2019), »Neurocognitive Adaptation and Mental Health Vulnerability Following Maltreatment: The Role of Social Functioning«, *Child Maltreatment*, 24(4), 1–17

Plomin, R. (2018), *Blueprint: How DNA Makes Us Who We Are* (Massachusetts: MIT Press)

Prochaska, J.; DiClemente, C.; Norcross, J. (1992), »In Search of How People Change: Applications to Addictive Behaviors«, *American Psychologist*, 47(9), 1102–14

strategies-for-managing-change.com, »*Beckhard Change Equation*«

UK Trauma Council, *How Latent Vulnerability Plays Out Over a Child's Life*, https://uktraumacouncil.org/resource/how-latent-vulnerability-plays-out-over-a-childs-life

Eltern werden durch Adoption

Adoption UK.org, *It Takes A Village To Raise A Child*

Anon. (2012) »Overwhelming Majority Support Gay Marriage in Ireland«, *Gay Community News*, https://web.archive.org/web/20120302153735/http:/www.gcn.ie/Overwhelming_Majority_Support_Gay_Marriage_In_Ireland

Anon. (2015), »Ireland is Ninth most gay-friendly nation in the world, says new poll«, *Gay Community News*

Anon (2017), »Understanding the Difference Between Adoption and Mental Health Issues«, *Vertava Health Massachusetts*, online article, Vertava Health

Aryan, A. (2012), »Why Hinduism is the most Liberal Religion«, *Apna Bhaarat*, https://apnabhaarat.wordpress.com/2012/03/10/why-hinduism-is-the-most-liberal-religion/

BBC Bitesize, *What Does Hinduism Say About Homosexuality?*

Beauman, N. (2016) »Do different generations of immigrants think differently?«, *Aljazeera America*, online article

Borba, M. (2021), »Thrivers: the surprising reasons why some kids struggle while others shine« (London: Putnam)

Chopra, D. (2016), »Are You Where You Thought You Would Be?«, *Chopra*, https://chopra.com/articles/life-expectations-are-you-where-you-thought-you-would-be

Coramadoption.org.uk, *Five facts about LGBT fostering and adoption* Gayparentmag.com

First 4 Adoption (2017), *The Great Behaviour Breakdown*, training programme run by First 4 adoption, www.first4adoption.org.uk

Hakim, D.; Dalby, D. (2015), »Ireland Votes To Approve Gay Marriage, Putting Country in Vanguard«, *New York Times*, A(1), Section A, page 1

Iqbal, H.; Golombok, S. (2018), »The Generation Game: Parenting and Child Outcomes in Second-Generation South Asian Immigrant Families in Britain«, *Journal of Cross-Cultural Psychology*, 49(1), 25–43

Kendrick, J.; Lindsey, C.; Tollemache, L. (2006), *Creating New Families*, 1st Edition (London: Routledge)

Maisal, E. (Feb 2011), »What Do We Mean By Normal?«, *Psychology Today*, https://www.psychologytoday.com/ca/blog/rethinking-mental-health/201111/what-do-we-mean-normal

Rudd Adoption Research Program (1994), Outcomes for Adoptive Parents, https://www.umass.edu/ruddchair/research/mtarp/key-findings/outcomes-adoptive-parents

Sanders, S. (2019), »Families and Households in the UK: 2019«, Office *for National Statistics*, 1–14, online article

Solomon, Andrew (2023*), Weit vom Stamm: Wenn Kinder ganz anders als ihre Eltern sind* (Frankfurt am Main: Fischer Taschenbuch)

Winterman, D. (2010), »When Adoption Breaks Down«, *BBC News Magazine*

Woolgar, M.; Simmonds, J. (2019), »The Impact of Neurobiological Sciences on Family Placement Policy and Practice«, *Adoption and Fostering*, 43(3), 241–351

Ziai, R. (2017), »The Evolutionary Roots of Identity Politics«, *Areo Magazine*, online article

Empty Nest

Anon. (2018), »The Declining State of Student Mental Health in Universities and What Can Be Done«, *Mental Health Foundation*, https://www.mentalhealth.org.uk/blog/declining-state-student-mental-health-universities-and-what-can-be-done

Armstrong J. (2017), »Higher Stakes: Generational Differences in Mother and Daughters' Feelings About Combining Motherhood with a Career«, *Studies in the Maternal*, 9(1)

Arnett, J. J. (2006), *Emerging Adulthood: The Winding Road From the Late Teens Through the Twenties* (New York: Oxford University Press)

Badiani, F., and Desousa, A. (2016), »The Empty Nest Syndrome: Critical Clinical Considerations«, *Indian Journal of Mental Health*, 3(2), 135–42

Barber, C. E. (1989), »Transition to The Empty Nest«, in S. J. Bahr and E. T. Peterson (Hrsg.), *Aging & The Family* (Washington: Lexington Books), 15–32

Borelli, J. L. et al. (2017), »Gender Differences in Work-Family Guilt in Parents of Young Children«, *Sex Roles*, 76 (5–6), 356–68

Bouchard, G. (2014), »How Do Parents React When Their Children Leave Home? An Integrative Review«, *Journal of Adult Development*, 21(2), 69–79

Brown, S. L.; Lin, I. (2012), »The Gray Divorce Revolution: Rising Divorce Among Middle Aged and Older Adults, 1990–2010«, *Journals of Gerontology: Series B*, 67(6), 731–41

Bukodi, E.; Dex, S. (2010), »Bad Start: Is There a Way Up? Gender Differences in the Effect of Initial Occupation on Early Career Mobility in Britain«, *European Sociological Review*, 26 (4), 431–46

Dunning, A. (2006), »Grandparents – An Intergenerational Resource for Families: A UK Perspective«, *Journal of Intergenerational Relationships*, 4(1), 127–35

Gottman, J.; Gottman, J. (2017), »The Natural Principles of Love«, *Journal of Family Theory and Review*, 9(1), 7–26

Gottman, J. M.; Levenson, R. W. (1999), »What Predicts Change in Marital Interaction Over Time? A Study of Alternative Models«, *Family Process*, 38(2), 143–58

Harkins, E. B. (1978), »Effects of Empty Nest Transition on Self-Report of Psychological and Physical Wellbeing«, *Journal of Marriage and the Family*, 40(3), 549–56

Hendrix, H.; LaKelly Hunt, H. (2021), *Doing Imago Relationship Therapy: In The Space-Between* (New York: W. W. Norton & Company)

Hunt, J.; Eisenberg, D. (2010), »Mental Health Problems and Help- Seeking Behaviour Among College Students«, *Journal of Adolescent Health*, 46(1), 3–10

Joel, S. et al. (2020), »Machine Learning Uncovers the Most Robust Self- Report Predictors of Relationship Quality Across 43 Longitudinal Couples Studies«, *PNAS*, 117(32), 19061–71

Jungmeen, E. K.; Moen, P. (2002), »Retirement Transitions, Gender, and Psychological Well-Being: A Life-Course, Ecological Model«, *Journals of Gerontology: Series B*, 57(3), 212–22

Maté, Dr. Gabor ; Neufeld, Dr. Gordon (2022), *Unsere Kinder brauchen uns: Wie Eltern sich ihre Rolle zurückerobern* (Kandern: Narayana)

McKinlay, S. M.; Jefferys, M. (1974), »The Menopausal Syndrome«, *British Journal of Preventive and Social Medicine*, 28(2), 108–15

Mitchell, B. A.; Lovegreen, L. D. (2009), »The Empty Nest Syndrome in Midlife Families: A Multimethod Exploration of Parental Gender Differences and Cultural Dynamics«, *Journal of Family Issues*, 30(12), 1651–70

Mount, S. D.; Moas, S. (2015), »Re-Purposing the ›Empty Nest‹«, *Journal of Family Psychotherapy*, 26(3), 247–52

NUK.co.uk (2013), *Simply Not Being Good Enough*

Parker, J.; Summerfeldt, L.; Hogan, M.; Majeski, S. (2004), »Emotional Intelligence and Academic Success: Examining the Transition from High School to University«, *Personality and Individual Differences*, 36(1), 163–72

Radloff, L. S. (1980), »Depression and the Empty Nest«, *Sex Roles*, 6(6), 775–81

Rubin, L. B., (1979), *Women of A Certain Age: The Midlife Search for Self* (New York: Harper Collins)

Sartori, A. C.; Zilberman, M. L. (2009), »Revisiting the Empty Nest Syndrome Concept«, Revista de Psiquiatria Clinica, 36(3), 112–22

Konfliktreiches Patchwork

Bray, J. H.; Kelly, J. (1998), *Stepfamilies: Love, Marriage and Parenting in the First Decade* (New York: Broadway Books)

Bray, J. H.; Hetherington, E. M. (1993), »Families in Transition: Introduction and Overview«, *Journal of Family Psychology*, 7(1), 3–8

Fosha, D., Siegel, D. J., and Solomon, M. F. (2009), *The Healing Power of Emotion: Affective Neuroscience, Development and Clinical Practice* (New York: W. W. Norton & Company)

gingerbread.org.uk

Gordon, D. et al. (2000), »Poverty and Social Exclusion in Britain«, *Joseph Rowntree Foundation*

Gottman, J. M. (1993), »A Theory of Marital Dissolution and Stability«, *Journal of Family Psychology*, 7(11), 57–75

gov.uk, *Financial Help If You Have Children*, https://www.gov.uk/browse/childcare-parenting/financial-help-children

Guinart, M.; Grau, M. (2014), »Qualitative Analysis of the Short-Term and Long-Term Impact of Family Breakdown on Children: Case Study«, *Journal of Divorce and Remarriage*, 55(5), 408–22

Guy, P. (2021), »Households by Type of Household and Family, Regions of England and UK Constituent Countries«, Office for National Statistics

Hall, R., and Batty, D. (4 May 2020), »I Can't Get Motivated: The Students Struggling with Online Learning«, *Guardian*

Hetherington, E. M. (1987), »Family Relations Six Years After Divorce« in K. Pasley and M. Ihinger-Tallman (Hrsg.) *Remarriage and Stepparenting: Current Research and Theory* (New York: Guilford), 185–205

Hetherington, E. M.; Arasteh, J. (1988), *The Impact of Divorce, Single Parenting and Stepparenting on Children* (New Jersey: Lawrence Erlbaum), 279–98

Inman, P. (6 February 2020), »Number of People in Poverty in Working Families Hits Record High«, *Guardian*

Joel, S., et al., »Machine Learning Uncovers the Most Robust Self-Report Predictors of Relationship Quality across 43 Longitudinal Couples Studies«, *Proceedings of the National Academy of Sciences of the United States of America*, 117(32), 19061–71

Joseph Rowntree Foundation, *Impact of Poverty on Relationships*, https://www.jrf.org.uk/data/impact-poverty-relationships

mother.ly (2019), Motherly's 2019 State of Motherhood Survey Results

O'Neill, O. (27 November 2015), »How Students and Young Entrepreneurs Can Start Their Own Business While at University«, *Independent*, 27 November

Papernow, P. (2006), »Stepfamilies Clinical Update«, *Family Therapy Magazine*, 5(3), 34–42

Papernow, P. (2012), »A Clinician's View on ›Stepfamily Architecture‹« in J. Pryor (ed.) *The International Handbook of Stepfamilies: Policy and Practice in Legal, Research, and Clinical Environments* (New Jersey: Wiley), 422–54

phys.org (2019), »Female Mammals Kill the Offspring of Their Competitors When Resources Are Scarce«

Pill, C. (1990), »Stepfamilies: Redefining The Family«, *Family Relations*, 39(2), 186–93

Poverty and Social Exclusion UK (2011), *A Single Parent*

Reis, S. (2018), »The Female Face of Poverty«, Women's Budget Group

Richter, D.; Lemola, S. (2017), »Growing Up with a Single Mother and Life Satisfaction in Adulthood: A Test of Mediating and Moderating Factors«, *PLOS One*, 12(6), 1–15

Rutter, V. (1994), »Lessons from Stepfamilies«, *Psychology Today*, online article, May 1994

Stock, L. et al. (2014), »Personal Relationships and Poverty: An Evidence and Policy Review«, *Tavistock Institute of Human Relations*, 3–115

Tominay, C. (30 January 2021), »Five Children in Every Class Likely to Need Mental Health Support as Lockdown Bites«, *Daily Telegraph*

Vaillant, G.E. (2000), »Adaptive Mental Mechanisms: Their Role in Positive Psychology«, *American Psychologist*, 55(1), 89–98

Verity, A. (May 2020), »Coronavirus: One Million Under-25s Face Unemployment, Study Warns«, *BBC News*

Wittman, J.P. (2001), *Custody Chaos, Personal Peace: Sharing Custody with an Ex Who Drives You Crazy*, (New York: Penguin)

Woodall, K. (2020), »Parental Alienation and the Domestic Abuse Bill UK«, Karen Woodall: Psychotherapist Teaching Relational Trauma in Divorce and Separation

Tod eines Kindes

Adler-Baeder, F. et al. (2010), »Thriving In Stepfamilies: Exploring Competence and Well-Being Among African American Youth«, *Journal of Adolescent Health*, 46(4), 396–8

Bethune, S. (2019), »Gen Z More Likely To Report Mental Health Concerns«, *American Psychological Association*, 50(1), 19–20

British Medical Journal, BMJ 2020:368 doi: *It's Time to Act on Racism in the NHS*, article published February 2020

Faust, K.; Manning, S. (2020), »To Truly Reduce Racial Disparities, We Must Acknowledge Black Fathers Matter«, *Federalist*

Gonzalez, M., et al. (2014), »Coparenting Experiences In African American Families: An Examination of Single Mothers and Their Non-Marital Coparents«, *Family Process*, 53(1), 33–54

Heald, A. et al. (2018), »The LEAVE Vote and Racial Abuse Towards Black and Minority Ethnic Communities Across the UK: The Impact on Mental Health«, *Journal of the Royal Society of Medicine*, 111(5), 158–61

Kinouani, G. (2021), *Living While Black: The Essential Guide to Overcoming Racial Trauma*, (London: Ebury)

Klass, D.; Silverman, P.R.; Nickman, L. (1996), *Continuing Bonds: New Understandings of Grief*, (Oxfordshire: Taylor & Francis)

Knight, M. et al. (2018), »Saving Lives, Improving Mothers' Care: Lessons Learned to Inform Maternity Care from the UK and Ireland; Confidential

Enquiries into Maternal Deaths and Morbidity 2014–16«, *Maternal, Newborn and Infant Clinical Outcome Review Programme, MBRRACE-UK*, 1–84
Massiah, J. (1982), »Women Who Head Households«, *Women and the Family* (Barbados: Institute of Social and Economic Policy)
Plummer, K. (2021), »David Lammy Makes Another Powerful Point About Racism Following Viral Clip About ›Being English‹«, *Independent*
Sharpe, J. (1997), »Mental Health Issues and Family Socialization in the Caribbean« in Roopnarine, J. et al., *Advances in Applied Developmental Psychology – Caribbean Families: Diversity Among Ethnic Groups*, 14 (New York: Ablex Publishing)

Suizid des Vaters

Beck, A.; Steer, R. (1989), »Clinical Predictors of Eventual Suicide: a 5- to 10-year Prospective Study of Suicide Attempters«, *Journal of Affective Disorders*, 17(3), 203–209
Borba, M. (2021), *Thrivers: The Surprising Reasons Why Some Kids Struggle and Others Shine*, (New York: Putnam)
Bowlby, John (1985), *Bindung: eine Analyse der Mutter-Kind-Beziehung*, (Frankfurt am Main: Fischer Taschenbuch)
Erlangsen, A.; Runeson, J. et al. (2017), »Association Between Spousal Suicide and Mental, Physical, and Social Health Outcomes: A Longitudinal and Nationwide Register-based Study«, *JAMA Psychiatry*, 74(5), 456–64
Ilgen, M.; Kleinberg, F. (2011), »The Link Between Substance Abuse, Violence and Suicide«, *Psychiatric Times*, 28(1), 25–7
Klass, D.; Silverman, P.; Nickman, S. (1996), *Continuing Bonds: New Understandings of Grief*, (Oxfordshire: Routledge)
Kolk, Bessel van der (2015), *Verkörperter Schrecken – Traumaspuren in Gehirn, Geist und Körper und wie man sie heilen kann*, (Lichtenau: Probst Verlag)
Pitman, A., Osborn, D., King, M., and Erlangsen, A. (2014), »Effects of Suicide Bereavement on Mental Health and Suicide Risk«, *Lancet Psychiatry*, 1(1), 86–94
Ross, C. (2014), »Suicide: One of Addiction's Hidden Risks«, *Psychology Today*, Blog
Scutti, S. (2016), »Committing Suicide Increases Family, Friends' Risk of Attempting Suicide By 65%«, Medical Daily, https://www.medicaldaily.com/suicide-bereaved-self-destruct-371022

Shapiro, Francine (2022), *EMDR – Grundlagen und Praxis: Handbuch zur Behandlung traumatisierter Menschen*, (Paderborn: Junfermann Verlag)

Shapiro, Francine (2002), »Paradigms, processing, and personality development«, in F. Shapiro (ed.), *EMDR as an integrative psychotherapy approach: Experts of diverse orientations explore the paradigm prism*, (Washington DC: American Psychological Association Books), 3–26

Shapiro, Francine (2007), »EMDR, adaptive information processing, and case conceptualization«, *Journal of EMDR Practice and Research*, 1, 68–87

Shapiro, F.; Kaslow, F.; Maxfield, L. (Hrsg.) (2007), *Handbook of EMDR and family therapy processes* (New York: Wiley)

Shellenberger, S. (2007), »Using the genogram with families for assessment and treatment – in EMDR and family processes book«, in Shapiro, F.; Kaslow, F.; Maxfield, L. (Hrsg.), *Handbook of EMDR and family therapy processes* (New York: Wiley), 76–94

Worden, J. W. (2009), *Grief Counselling and Grief Therapy: A Handbook for the Mental Health Practitioner* (New York: Springer)

Holocaust-Trauma

Behere, P. (2013), »Religion and Mental Health«, *Indian Journal of Psychiatry*, 55(2), 187–94

Bierer, L. M.; Schmeidler, J.; Aferiat, D. H.; Breslau, I; Dolan, S. (2000) »Low cortisol and risk for PTSD in adult offspring of Holocaust survivors«, *American Journal of Psychiatry*, 157: 1252–9

Borkovec, T. D. et al. (1983), »Preliminary Exploration of Worry: Some Characteristics and Processes«, *Behaviour Research and Therapy*, 21(1), 9–16

Campaign to end loneliness, https://www.campaigntoendloneliness.org/

Chen, Y.; Kim, E. S.; VanderWeele, J. (2020), »Religious-Service Attendance and Subsequent Health and Well-Being Throughout Adulthood: Evidence from Three Prospective Cohorts«, *International Journal of Epidemiology*, 49(6), 2030–40

Cooley, E. et al. (2008), »Maternal Effects on Daughters' Eating Pathology and Body Image«, *Eating Behaviours*, 9(1), 52–61

Currin, L. et al. (2005), »Time Trends in Eating Disorder Incidence«, *British Journal of Psychiatry*, 186(2), 132–5

Danieli, Y.; Norris, F. H.; and Engdahl, B. (2017), »A question of who, not if: Psychological disorders in Holocaust survivors' children«, *Psychological*

Trauma, August; 9(Suppl 1):98–106. doi: 10.1037/tra0000192. Epub 2016, 19 September. PMID: 27642804.

Eckel, S. (2015), «Why Siblings Sever Ties«, *Psychology Today*, https://www.psychologytoday.com/gb/articles/201503/why-siblings-sever-ties

Epstein, Helen (1990), *Die Kinder des Holocaust: Gespräche mit Söhnen und Töchtern von Überlebenden*, (München: dtv)

Frankl, Viktor (1993), *… trotzdem Ja zum Leben sagen – ein Psychologe erlebt das Konzentrationslager* (München: dtv)

Gilbert, P. (2010), *The Compassionate Mind: A New Approach To Life's Challenges* (California: New Harbinger Publications)

Grossman, David (2016), *Stichwort: Liebe* (München: Hanser)

Halik, V.; Rosenthal, D. A.; Pattison, P. E. (1990), »Intergenerational Effects of the Holocaust: Patterns of Engagement in the Mother-Daughter Relationship«, *Family Process*, 29(3), 325–39

helpguide.org, *»How To Stop Worrying«, https://www.helpguide.org/articles/anxiety/how-to-stop-worrying.htm*

Hogman, F. (1998), »Trauma and Identity Through Two Generations of the Holocaust«, *Psychoanalytic Review*, 85(4), 551–78

Kellerman, N. (1999), »Bibliography: Children of Holocaust Survivors«, AMCHA, the National Israeli Centre for Psychosocial Support of Holocaust Survivors and the Second Generation

Kellermann, N. (2001a), »Psychopathology in Children of Holocaust Survivors: a Review of the Research Literature«, *Israel Journal of Psychiatry and Related Sciences*, 38(1), 36–46

Kellermann, N. (2001b), »Transmission of Holocaust Trauma – an Integrative View«, *Psychiatry Interpersonal and Biological Processes*, 64(3), 256–67

Kellermann, N. (2008), »Transmitted Holocaust Trauma: Curse Or Legacy? The Aggravating and Mitigating Factors of Holocaust Transmission«, *Israel Journal of Psychiatry and Related Sciences*, 45(4), 263–71

Lebrecht, N. (2019), *Genius and Anxiety: How Jews Changed the World* (London: Oneworld Publications)

Lorenzi, N. (2019), »What to Know About Older, Younger, and Middle Child Personalities«, Parents, https://www.parents.com/baby/development/sibling-issues/how-birth-order-shapes-personality/

May, Rollo (1990), *Sich selbst entdecken: Seinserfahrungen in den Grenzen der Welt* (München: dtv)

Neo, P. (2018), »What Codependent Behaviour Looks Like These Days (And How To Change It)«, interviewed by Angela Melero, *Perpetuaneo*

Nir, B. (2018), »Transgenerational Transmission of Holocaust Trauma and Its Expressions in Literature«, *Genealogy*, 2(4), 1–18

Pillemer, K. (2020), *Fault Lines: Fractured Families and How to Mend Them*, (London: Hodder & Stoughton)

Rakoff, V.; Sigal, J.; Epstein, N. (1966), »Children and Families of Concentration Camp Survivors«, *Canada's Mental Health* 14(4), 24–6

Robichaud, M.; Koerner, N.; Dugas, M. (2019), *Cognitive Behavioral Treatment For Generalized Anxiety Disorder*, (New York: Routledge)

Rowland-Klein, D.; Dunlop, R. (1998), »The Transmission of Trauma Across Generations: Identification with Parental Trauma in Children of Holocaust Survivors«, *Australian & New Zealand Journal of Psychiatry*, *32*(3), 358–69

Sacks, J. (2010), *On Being* Podcast with Krista Tippett

Scharf, M. (2007), »Long-Term Effects of Trauma: Psychosocial Functioning of the Second and Third Generation of Holocaust Survivors«, *Development and Psychopathology*, 19(2), 603–22

Seidel, A.; Majeske, K.; Marshall, M. (2020), »Factors Associated with Support Provided by Middle-Aged Children to Their Parents«, *Family Relations*, 69(2), 262–75

Seligman, Martin (2015), *Wie wir aufblühen: die fünf Säulen des persönlichen Wohlbefindens* (München: Goldmann)

Shrira, A. (2017), »Does the Holocaust trauma affect the aging of the second generation?«, Presented at the Annual Seminar on Innovations and Challenges in the Fields of Gerontology and Geriatrics, Beer-Sheva, Israel

Villani, D. et al. (2019), »The Role of Spirituality and Religiosity in Subjective Well-Being of Individuals with Different Religious Status«, *Frontiers in Psychology*, 10(1525), https://www.frontiersin.org/articles/10.3389/fpsyg.2019.01525/full

Vohra, S. (2020), *The Mind Medic: Your 5 Senses Guide to Leading a Calmer, Happier Life* (London: Penguin Life)

Welch, A. (2017), »Parents Still Lose Sleep Worrying About Grown Children«, *CBS News*, PubMed, htpps://pubmed.ncbi.nlm.nih.gov

Yamagata, B. et al. (2016), »Female-Specific Intergenerational Transmission Patterns of the Human Corticolimbic Circuitry«, *Journal of Neuroscience*, 36(4), 1254–60

Yehuda, R.; Daskalakis, N. P.; Bierer, L. M.; Bader, H. N., Klengel, T.; Holsboer, F.; Binder, E. B.: »Holocaust Exposure Induced Intergenerational Effects on FKBP5 Methylation«, *Biological Psychiatry*, 2016 Sep 1;80(5): 372–80. doi: 10.1016/j.biopsych.2015.08.005. Epub 2015

Unheilbar krank

Abel, J.; Clarke, L. (2020), *The Compassion Project: A Case For Hope & Humankindness From The Town That Beat Loneliness*, (London: Octopus Publishing Group)

Allen, Jon G.; Fonagy, Peter; Bateman, Antony W. (2011), *Mentalisieren in der psychotherapeutischen Praxis*, (Stuttgart: Klett-Cotta)

Berkman, L. F.; Leo-Summers, L.; Horwitz, R. I. (1992), »Emotional Support and Survival After Myocardial Infarction«, *Annals of Internal Medicine*, 117(2), 1003–9

Bloomer, A. (2020), »New Research Into Biological Interplay Between Covid-19 and Cancer«, *GM Journal*

Cancer.net, »How Cancer Affects Family Life«

CancerresearchUK.org

Cole, M. A. (1978), »Sex and Marital Status Differences in Death Anxiety«, *OMEGA: Journal of Death and Dying*, 9(2), 139–47

Cook Gotay, C. (1997), »The Crisis of Cancer: Psychological Impact on Family Caregivers PhD«, *Oncology*, 11(2)

Esnaashari, F.; Kargar, F. R. (2015), »The Relation Between Death Attitude and Distress: Tolerance, Aggression and Anger«, *OMEGA: Journal of Death and Dying*, 77(2), 1–19

Evans, J. W.; Walters, A. S.; Hatch-Woodruff, M. L. (1999), »Death-Bed Scene Narratives: A Construct and Linguistic Analysis«, *Death Studies*, 23(8), 715–33

Florian, V.; Kravetz, S. (1983), »Fear of Personal Death: Attribution, Structure and Relation to Religious Belief«, *Journal of Personality and Social Psychology*, 44(3), 600–607

Fogg, Dr. B. J. (2019), *Die Tiny Habits®-Methode: kleine Schritte, große Wirkung*, (München: btb)

Fonagy, P., Gergely, G., Jurist, E. & Target, M. (2002), *Affektregulierung, Mentalisierung und die Entwicklung des Selbst*, (Stuttgart: Klett-Cotta)

Fonagy, Peter et al. (1997), *Reflective-Functioning Manual, Version 4.1, For Application To Adult Attachment Interviews*, (London: University College London)

Golics, C. et al. (2013), »The Impact of Patients' Chronic Disease on Family Quality of Life: an Experience from 26 Specialties«, *International Journal Of General Medicine*, 2013(6), 787–98

Maggies.org, »Advanced Cancer and Emotions«

Mannix, K. (2017), *With The End In Mind* (Glasgow: William Collins)

Medicalxpress.com (2015), »Emotional Health of Men With Cancer Often Unaddressed«

Mikulincer, M. (1997), »Fear of Personal Death in Adult-Hood: The Impact of Early and Recent Losses«, *Death Studies*, 21(1), 1–24

Morasso, G. (1999), »Psychological and Symptom Distress in Terminal Cancer Patients with Met and Unmet Needs«, *Journal of Pain and Symptom Management*, 17(6), 402–9

Okun, B.; Nowinski, J. (2011), *Saying Goodbye: How Families Can Find Renewal Through Loss* (New York: Berkley)

Rabkin, J. G. et al. (1993), »Resilience In Adversity Among Long-Term Survivors of Aids«, *Hospital and Community Psychiatry*, 44(2), 162–7

Samuel, Julia (2018), *Trauert! Geschichten über das Leben, den Tod und die Kraft zum Weiterleben* (Weinheim; Basel: Beltz)

Sandberg, Sheryl; Grant, Adam (2017), *Option B: Wie wir durch Resilienz Schicksalsschläge überwinden und Freude am Leben finden*, (Berlin)

Smith, Y. (2019 Feb), »The Effects of Cancer on Family Life«, *News Medical Life Sciences*, online publication

Snyder, C. R. (2002), *Hope Theory: Rainbows in the Mind* (Kansas: Taylor and Francis), 249–75

Stangl, W. (2022, 23. Juli), Mentalisierung: Online Lexikon für Psychologie und Pädagogik, https://lexikon.stangl.eu/4416/mentalisierung

Stein, A.; Russell, M. (2016), »Attachment Theory and Post-Cult Recovery«, *Therapy Today*, 27(7), 18–21

Timmerman, C.; Uhrenfeldt, L. (2014), »Room for Caring: Patients' Experiences of Well-Being, Relief and Hope During Serious Illness«, *Scandinavian Journal of Caring Sciences*, 29(3), 426–34

Tomer, A. (2000), *Death Attitudes and the Older Adult: Theories, Concepts and Applications*, (New York: Brunner-Routledge)

Wall, D. P. (2013), »Responding to a Diagnosis of Localized Prostate Cancer: Men's Experiences of Normal Distress During the First 3 Postdiagnostic Months«, PubMed, www.pubmed.ncbi.nlm.nih.gov, 36(6), E44–50

Schlussbetrachtungen

Goemans, A., Viding, E., and McCrory, E. (2021), »Child Maltreatment, Peer Victimization, and Mental Health: Neorocognitive Perspectives on the Cycle of Victimization«, PubMed, DOI: 10.1177/152483802 11036393

Yehuda, R.; Daskalakis, N.; Lehrner, A. L. (2021), »Intergenerational trauma is associated with expression alterations in glucocorticoid- and immune-related genes«, Neuropsychopharmacology (46/4), S. 763–773

Zwölf Tipps für eine glückliche Familie

Bettelheim, Bruno (1995), *Ein Leben für Kinder: Erziehung in unserer Zeit* (Weinheim; Basel: Beltz)

Bowlby, John (1985), *Bindung: eine Analyse der Mutter-Kind-Beziehung* (Frankfurt am Main: Fischer Taschenbuch)

Bradford, D.; Robin, C. (2021), *Connect: Building Exceptional Relationships with Family, Friends and Colleagues* (New York: Penguin)

Faber, Adele; Mazlish, Elaine (2018), *Hilfe, meine Kinder streiten: Wie Sie Geschwistern helfen, einander zu respektieren* (München: ObersteBrink)

Gendlin, Eugene T. (2012), *Focusing-orientierte Psychotherapie: ein Handbuch der erlebensbezogenen Methode* (München: Klett-Cotta)

Gibson, L. C. (2015), *Adult Children of Emotionally Immature Parents* (California: New Harbinger)

Jory, B.; Yodanis, C. L., »Power: Family Relationships, Marital Relationships«, *Marriage and Family Encyclopedia,* https://family.jrank.org

Neff, Kristin (2012), *Selbstmitgefühl: Wie wir uns mit unseren Schwächen versöhnen und uns selbst der beste Freund werden* (München: Kailash)

Neufeld, Dr. Gordon; Maté, Gabor (2022), *Unsere Kinder brauchen uns: Wie Eltern sich ihre Rolle zurückerobern* (Kandern: Narayana)

Siegel, Daniel J.; Tina Payne (2021), *Präsente Eltern – starke Kinder: Warum Verlässlichkeit für die kindliche Entwicklung so wichtig ist* (München: Kösel)

Siegel, Daniel J.; Bryson, Tina P. (2019), *Achtsame Kommunikation mit Kindern: Zwölf revolutionäre Strategien aus der Hirnforschung für die gesunde Entwicklung Ihres Kindes* (Freiburg: Arbor)

UKEssays.com (2018), »The Role of Family Power Structure«

Eine kurze Geschichte der Familie

Barker, H.; Hamlett, J. (2010), »Living above the Shop: Home, Business, and Family in the English Industrial Revolution«, *Journal of Family History*, 35(4), 311–28

Bengtson, V. (2001), »The Burgess Award Lecture: Beyond the Nuclear Family: The Increasing Importance of Multigenerational Bonds«, *Journal of Marriage and Family, 63*(1), 1–16

Berrington, A.; Stone, J.; Falkingham, J. (2009), »The changing living arrangements of young adults in the UK«, *Popular Trends* 138, 27–37

Bryan S. Turner. (2004), »Religion, Romantic Love, and the Family«, in Treas, J., Scott, J., and Richards, M. (Hrsg.), *The Wiley Blackwell Companion to the Sociology of Families*, 287305 (Oxford: Blackwell Publishing)

Burgess, E. W. (1931), »Family Tradition and Personality«, in K. Young (ed.) *Social Attitudes* (New York: Henry Holt), 188–207

Burgess, E. (1930), »The New Community and Its Future«, *Annals of the American Academy of Political and Social Science, 149*, 157–64

Chambers, Deborah (2012), *A sociology of family life: Change and diversity in intimate relations* (Cambridge: Polity Press), 1–25

Clulow, C. (1993), »New families? Changes in societies and family relationships«, *Sexual and Marital Therapy*, 8(3), 269–73

Delphy, C.; Leonard, D. (1992), *Familiar Exploitation: A new analysis of marriage in contemporary western societies* (Cambridge: Polity Press)

Dunlop Young, M.; Willmott, P. (1957), *Family and Kinship in East London*, (London: Routledge)

Edgar, D. (2004), »Globalization and Western Bias in Family Sociology«, in Treas, J.; Scott, J.; Richards, M., *The Wiley Blackwell Companion to the Sociology of Families* (Oxford: Blackwell Publishing), 1–16

Hantrais, L.; Brannen, J.; Bennett, F. (2020), »Family change, intergenerational relations and policy implications«, *Contemporary Social Science, 15*(3), 275–90

Howard, S., »Is it ever acceptable for a feminist to hire a cleaner?«, Guardian, 8 March 2020

Ives, L., »Family size shrinks to record low of 1.89 children«, BBC Health, 22 November 2018

Jenkins, S.; Pereira, I.; Evans, N (2009), *Families in Britain: The Impact of Changing Family Structures and What the Public Think*, Ipsos MOR Policy Exchange

Mabry, J. B.; Giarrusso, R.; Bengtson, V. L. (2004), »Generations, the Life Course, and Family Change«, in Treas, J.; Scott, J.; Richards, M., *The Wiley Blackwell Companion to the Sociology of Families* (Oxford: Blackwell Publishing), 85–108

McCartan, C.; Bunting, L.; Bywaters, P.; Davidson, G.; Elliott, M.; Hooper, J. (2018), »A Four-Nation Comparison of Kinship Care in the UK: The Relationship between Formal Kinship Care and Deprivation«, *Social Policy and Society*, 17(4), 619–35

Schwartz Cowan, R. (1976), »The ›Industrial Revolution‹ in the Home: Household Technology and Social Change in the 20th Century«, *Technology and Culture*, 17(1), 1–23

Smart, C. (2004), »Retheorizing Families«, *Sociology*, 38(5), 1043–1048.

Tadmor, N. (1996), »The Concept of the Household-Family in Eighteenth-Century England«, *Past and Present*, (151), 111–40.

Turner., Bryan S. (2004), »Religion, Romantic Love, and the Family«, in Treas, J., Scott, J., and Richards, M. (eds.), The Wiley Blackwell Companion to the Sociology of Families, (Oxford: Blackwell)

Wallis, L., »Servants: A life below stairs«, BBC News, 22 September 2012

Weeks, J., Heaphy, B., and Donovan, C. (2004), »The Lesbian and Gay Family«, in Treas, J., Scott, J., Richards, M. (eds.), The Wiley Blackwell Companion to the Sociology of Families (Oxford: Blackwell), 340–55

Anhang

acesaware.org, *Adverse Childhood Experience Questionnaire For Adults*

cdc.gov (2020), *Adverse Childhood Experiences (ACEs)*

Barlow, A., Ewing, J., Janssens, A., and Blake, S. (2018), »The Shackleton Relationships Project Summary Report«, University of Exeter

Felitti, V. J. et al. (1998), »Relationship of Childhood Abuse and Household Dysfunction to Many of the Leading Causes of Death in Adults: The Adverse Childhood Experiences (ACE) Study«, *American Journal of Preventive Medicine*, 14(4), 245–58

myrootsfoundation.com, »*The ›Do You Know?‹ Scale?*«

Über die Autorin

© Justine Stoddart

Julia Samuel arbeitet seit 30 Jahren als Psychotherapeutin, ist Sunday Times Bestsellerautorin und Member of the Order of the British Empire für ihren Einsatz für trauernde Eltern. In Großbritannien wurde sie bekannt durch ihre öffentliche psychologische Auseinandersetzung mit dem Tod ihrer Freundin Prinzessin Diana. Julia Samuel lebt mit ihrer Familie in London.

Dein inneres Kind kann sich verändern

Verunsichert. Bockig. Auf dem Rückzug. Wir alle haben Denk- und Verhaltensweisen, die uns stören oder gar schaden. Wenn wir im Leben immer wieder in dieselben Fallen tappen, liegt das daran, dass wir unbewussten Mustern folgen: dem ängstlichen oder zornigen Kind in uns – oder dem strengen Richter, der mit Strafen und Liebesentzug droht.

Die Psychotherapeutin Gitta Jacob zeigt, dass es auch anders geht und solche Verhaltensmuster geändert werden können: Zahlreiche Übungen und Impulse helfen, sich von Ängsten und Zwängen zu befreien, um dauerhaft Souveränität und inneren Frieden zu finden. Und endlich neue Wege zu gehen.

»Ein sehr wertvoller Ratgeber, mit dem jeder auf eine innere Reise gehen und seine Verhaltens- und Denkmuster hinterfragen kann.« Christiane K., Managementbuch.de

Gitta Jacob
Raus aus Schema F
Das innere Kind verstehen, Verhaltensmuster ändern und neue Wege gehen
Klappenbroschur, 280 Seiten
ISBN 978-3-407-86614-1

www.beltz.de **BELTZ**

Was hält mich gefangen und sabotiert mein Leben?

Glaubenssätze beeinflussen, was wir uns zutrauen. Sie bestimmen unseren Blick auf uns selbst, was wir meinen, (nicht) zu können oder tun zu müssen. Aber ist das, was wir über uns glauben, wirklich wahr? In zehn Geschichten aus ihrer Therapiestunde erzählt Psychotherapeutin Nesibe Özdemir, wie es Menschen verändert, wenn sie tief verankerte Überzeugungen erkennen und hinterfragen. Sie hört auf die Zwischentöne, das Ungesagte, das Querstehende und entdeckt Glaubenssätze, die jede:r von uns in sich trägt. Fragen und Tipps inspirieren dabei zur Selbstreflexion: Welche Überzeugung hält mich gefangen? Was macht mich frei?

»Das Buch zeigt nicht nur, wie hinderlich und teils zerstörerisch negative Glaubenssätze sein können, sondern hilft, sie aufzulösen und den Glauben an sich selbst zu stärken.«
Pia Kabitzsch, Buchautorin und Host des funk-Kanals psychologeek

Nesibe Özdemir
Was wir glauben, wer wir sind
Vom Mut, sich neu zu denken.
Geschichten aus der Psychotherapie
Klappenbroschur, 248 Seiten
ISBN 978-3-407-86756-8

www.beltz.de BELTZ

Wer seine Gefühle kennt, lebt besser

Heute bleibt kaum noch Raum und Zeit für Gefühle – und doch bestimmen sie alle Facetten unseres Handelns. Deutschlands bekannteste Gefühlsexperten machen Lust und Mut, unser persönliches Innenleben zu erkunden. Schöne Gefühle, gefährliche Gefühle, verdrängte Gefühle – wer sie annimmt, erhält wichtige Auskünfte über die eigene Persönlichkeit, Geschichte und Entwicklung. Rat und individuelle Anregungen wechseln sich ab mit Inspirationen aus Literatur und Philosophie und machen »Das große Buch der Gefühle« zum Kursbuch für unsere Emotionen.

»Es gibt keine ›richtigen‹ und ›falschen‹ Gefühle. Es gibt Gefühle, an denen Menschen sich erfreuen und die dazu beitragen, ein gutes Leben zu führen. Und es gibt Gefühle, unter denen Menschen leiden. Immer müssen sie ernst genommen und gewürdigt werden. Und genau das ist unser Anliegen mit diesem Buch.« Udo Baer & Gabriele Frick-Baer

Udo Baer,
Gabriele Frick-Baer
Das große Buch der Gefühle
gebunden im Schutzumschlag,
380 Seiten
ISBN 978-3-407-86702-5

www.beltz.de **BELTZ**